DELICIOUS HO…
CHOCO … ES

With recipes from the famous
Maison Bourdaloue, Paris

by Patrick Dalison and David Cotrez
English version by Sarah Joyce

SEARCH PRESS

WHY CHOCOLATE?

Traditionally chocolates are enjoyed in France at Easter and at the end of the year. But why spend all year waiting for an excuse to eat something so delicious? Luckily, in other countries there is no such limitation, so this is a book for all seasons.

This book makes it possible to produce at home the same tempting delicacies you see displayed in the windows of confectioners' shops. This is thanks to simple recipes such as those which follow, for praliné, almond paste, and liqueur sweets.

Equipment

Apart from the basic saucepans and wooden spoons which are used for all cooking, you will require also certain smaller items, some of which are specific to chocolate-making.

A checklist: the numbers in brackets correspond to those in the picture below:

- 1 dipping fork, for coating the individual sweets (4);
- 1 dipping ring, for coating, for example, stalkless cherries (2);
- 1 chocolate thermometer, for checking the temperature of the chocolate during its stages of preparation (3);
- 1 piping bag with size 8–10 nozzle, for filling chocolates (5);
- 1 large spatula or scraper, for covering and smoothing chocolate on to the moulds (1);
- 2 strips of either wood or iron, about 1cm–1.5cm (¾ in.) thick;
- 1 rolling pin;
- moulds of different shapes and sizes (8, 9, 10, 11, 12).

As a general rule all these articles can be bought from bakery, confectionery and catering suppliers, and from specialist cooking shops.

1. Tools (see text above)
2. A professional chocolate-maker's oven.

1
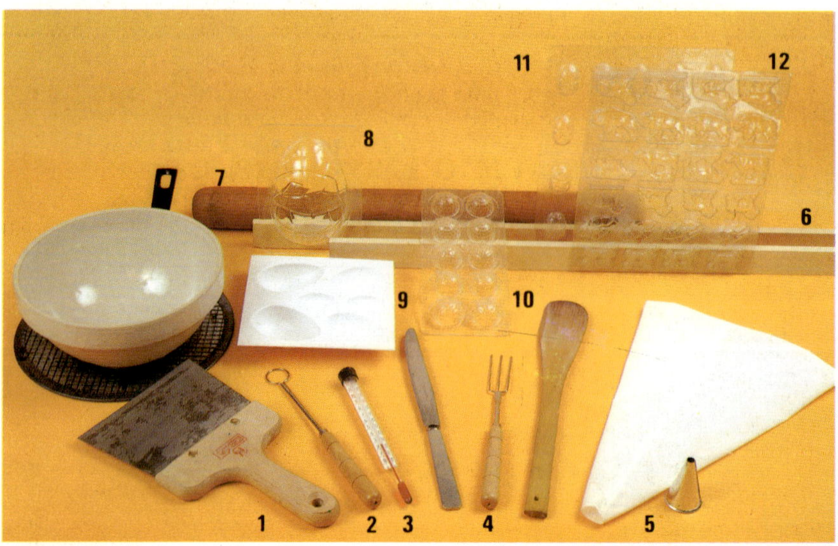

2

Kinds of chocolate

All kinds of chocolate may be used. Eating chocolate will give adequate results; however we recommend:

– plain or cooking chocolate (richer in cocoa butter) for their special qualities of appearance, taste and consistency;

– white chocolate for which the directions are the same as for plain chocolate;

– milk chocolate which follows the same process as for plain chocolate (for which the method is given on p. 4) except that the temperatures are a few degrees lower; these are indicated in brackets in the section on basic technique.

The recipes all use plain chocolate, although milk chocolate may be used equally well.

BASIC TECHNIQUE

Plain or cooking chocolate should be melted at 50°C (122°F). This must be done very carefully to avoid burning, otherwise the chocolate will whiten as it sets, and lose its gloss and consistency.

1

2

1. The melting process at 50°C (122°F)
2. The cooking process at 20°C (68°F) after grated pieces of chocolate have been added.
3. 'Whitened' chocolates. These show the results of not keeping to the ideal temperature (50°C=122°F) during the first melting process.

3

Method

Half-fill a large saucepan with water, and place over it a bowl containing broken-up pieces of chocolate. Place the saucepan and bowl on a very gentle heat and insert a diffuser between the flame and the pan to distribute the heat evenly (Picture 1).

Using the chocolate thermometer make sure that the temperature does not rise above 50°C (122°F) (for milk chocolate 40°C or 104°F). Wait until the pieces of chocolate have softened before you begin to stir, and then stir continuously with a wooden spoon. The result should be a perfectly smooth and soft paste (2).

Remove the pan from the heat.

Cool the chocolate to 20°C (68°F) and then add more chocolate roughly cut with a knife (3). Add about 100 g (4 oz.) grated chocolate to 500 g (1 lb 4 oz.) melted chocolate. Stir the mixture continuously to stop lumps forming, but, remember, the pan should still be away from the heat (4). When the mixture is completely smooth, raise the temperature to 30°C or 86°F (20°C or 68°F for milk chocolate) – the ideal temperature for coating (5).

The main problem now is to keep the chocolate at a constant temperature. Our advice is to place a double-saucepan on an electric plate, for that will enable you to complete the cooking without rushing. An electric plate warmer may also be suitable. If you possess neither, and you find that the chocolate is hardening, return the pan of water to the heat.

1

2

3

WARNING: The temperature of the room in which you are working may influence how quickly the chocolate sets. The warmer the room, the longer the chocolate will take to set. On the other hand in a chilly room in winter, you may need to raise the temperature of the electric plate by one or two degrees to maintain the ideal temperature.

Remove it before the water boils and replace the bowl of chocolate over it (6).

Before you start to coat the confectionery, check the chocolate's consistency with the point of a knife. Dip the knife blade into the chocolate, remove it, and wait for a few seconds; if the chocolate sets and remains shiny, it is ready for coating.

Note

The most delicate part of chocolate-making is what the French call the 'mise au point', or 'make-ready' – that is, the process of melting the chocolate to the point where it is ready for use. This is why we do not give precise quantities, and prefer to leave you the choice, once that point has been reached, of making as many or as few chocolates as you want.

As a general rule 1 kg (2.2 lb) of chocolate will give reasonable quantities; but use larger rather than smaller quantities as any surplus will keep and may be used again later.

4

5

6

MOULDING

Solid moulds

Two kinds of moulds exist: solid and hollow. Solid moulds are usually used for small items such as traditional Easter sweets: little chocolate fish, for example. You can also hunt around in toy shops for moulds sold for modelling and use them for confectionery-making.

Whatever kind of mould you use it is vital that you clean it thoroughly, using cotton wool soaked with liquid paraffin (Picture 1). Then wipe the mould with some dry cotton wool to remove any trace of paraffin. Thorough cleaning will always make turning-out easier.

Using the scraper, fill the mould with chocolate (2) and then, again using the scraper, tap the edge of the mould to bring any air bubbles to the surface. This is to avoid holes forming when the chocolate sets. Carefully smooth over the top of the mould with the scraper and remove any excess chocolate (3). Wait for a few moments; if the room temperture is too warm, place the moulds in the refrigerator and leave them for 5 minutes. When the chocolate has set, upturn the mould and tap it gently; the small items should turn out easily (4).

2

1

3

Warning. If the room temperature is too warm, do *not* put the moulds into the refrigerator before filling them. They must be at room temperature.

When the chocolate has set, trim it with the scraper before turning out to obtain really smooth shapes.

4

Hollow moulds

These are generally used for rather larger objects, such as Easter eggs, or rabbits, or Father Christmas.

5

Easter eggs are made in two halves which are then held together with ribbon.

Having carefully cleaned the moulds with cotton wool and liquid paraffin (5), use the scraper to line them with chocolate (6) and, again using the scraper, tap the sides to bring any air bubbles to the surface (7). Then, holding the mould over the bowl, remove any excess chocolate (8). Leave for a few moments, placing the flat side of the mould on a sheet of wax paper to stop the chocolate accumulating in the rounded part of the egg (9). When the chocolate has set, trim away the edges to make both half-shells as even as possible (10 & 11).

6

7

8

9

10

11

Pour a second layer of chocolate into the mould and repeat the same process; this will strengthen the egg by thickening the shell. The larger the mould, the more fragile it is likely to be. Generally, two layers should be enough, but if you are working with large surfaces add an extra layer. After the final layer has set, turn out gently. The shell should turn out cleanly by itself because the chocolate contracts slightly while cooling. If this does not happen, wait a little longer.

ORANGE STICKS

125 g (5 oz.) orange rind
10 centilitres (cl) (1/5 pt) cooking juice
90 g (3½ oz.) castor sugar
500 g (1¼ lb) plain chocolate

This recipe is for chocolate-coated crystallized orange peel. You can buy ready prepared orange peel, but if you have time, you can crystallize it yourself, using the following method:
Choose 'untreated' oranges which have a thick skin. Quarter and peel them, taking care not to tear the skin. Scrape carefully, removing as much of the pith as possible. Put the rind into a pan of water and bring to the boil. Continue to boil until the rind has softened. Change the water once while you do this to prevent bitterness, and immediately afterwards plunge the rind into cold water to stop it cooking. Keep 20 cl (1/3 pt) of the pan water and add the castor sugar. Bring to the boil, continue to boil for a minute, and then pour the syrup over the rind which has been cut into strips 5cm (2 in.) long: leave to steep in the syrup for 24 hours.

Pour the syrup and peel into a pan. Boil for 3 minutes, then leave steeping for another 24 hours. After this, begin the final stage by boiling the mixture for about 10 minutes until the rind is almost transparent. Drain the pieces of rind on a wire rack and leave for 8–10 days, to ensure they are really dry.

Using the dipping fork, coat them with chocolate (prepared by using the method on p. 4). After coating, place the orange sticks on wax paper to set (Pictures 1–3).

1

2
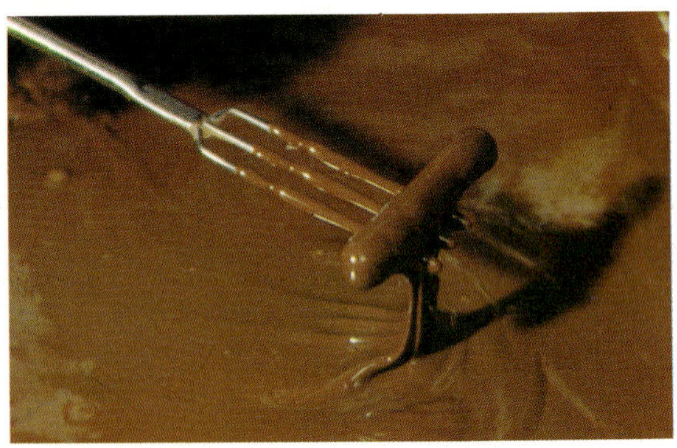

3

CHOCOLATE ALMOND CREAMS

1

100 g (4 oz.) ground almonds
100 g (4 oz.) icing sugar
1 egg white
a few drops Kirsch
500 g (1¼ lb) plain chocolate

First, prepare the almond paste by mixing the ground almonds, icing sugar, a lightly beaten egg white and the Kirsch. Blend the ingredients well (Picture 1). The paste should be firm but soft enough to pass through the piping bag. Take a mould (2), or an ice cube tray if you have no special mould. Line the mould with melted chocolate (3), fill as for the hollow moulds, page 7. Upend it (4) and leave the chocolate to set.

10 minutes later, fill a piping bag, fitted with a size 10 nozzle, with the almond paste (5). Fill each section about three-quarters full (6). Next, using the scraper, cover all the cubes with chocolate (7) tapping the edges of the mould and smoothing the top to bring any air bubbles to the surface. Leave to set. Then turn out.

2

3

4

5
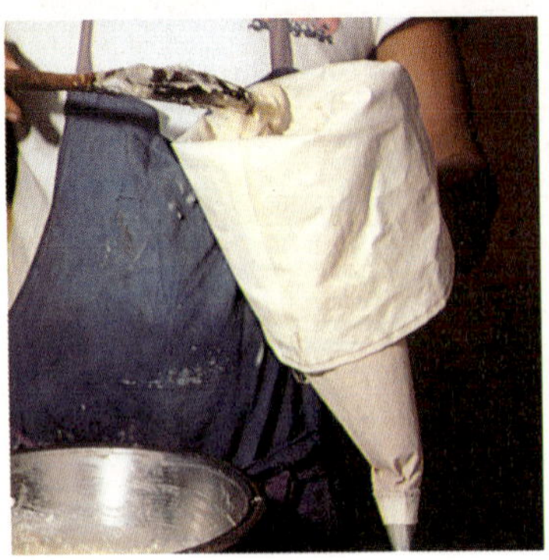
6

7

COATED FRUITS: Chocolate-coate

500 g (1¼ lb) plain chocolate
100 g (4 oz.) sugar fondant (available ready-made)
a few drops Kirsch
Fruits of your choice (soaked in liqueur)

These chocolates are made with liqueur-soaked fruits (Picture 1). Use either specific moulds or ice-cube trays. Line them with chocolate (2) covering the bottom and sides (3) (as you would fill the hollow moulds, page 7). Tap the moulds well to bring any air bubbles to the surface. Leave to set.

Meanwhile add a few drops of Kirsch to the fondant and blend in well, making sure the mixture remains fairly soft. Fill the piping bag with the mixture (4). Fit a size 10 nozzle and pipe a nut-sized blob of fondant into each cube or round (5–6). Next, place a piece of the fruit into each cube (7–8). Using a scraper cover all the cubes with chocolate, tapping the edges of the mould and smoothing the top to bring any air bubbles to the surface (9). Leave to set and then cover with a second layer (10) which will make the chocolates more solid. Turn out (11).

Warning. The fondant-fruit mixture should not take up more than three-quarters of the mould as the fondant-Kirsch mixture may expand. This is why two layers of chocolate are necessary at the base. If you overfill the mould there will no longer be room for two layers.

1

2

3

4
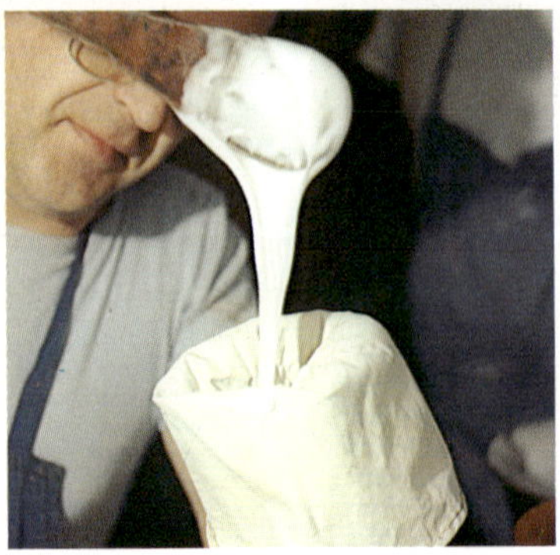

5

ineapple, raspberries, grapes, cherries

6

7

8

9

10

11

CHOCOLATE-COATED CHESTNUT CREAMS

300 g (12 oz.) chestnut purée (ready-made)
100 g (4 oz.) icing sugar
a few drops rum
100 g (4 oz.) chocolate vermicelli
500 g (1¼ lb) plain chocolate

1

Blend the chestnut purée with the icing sugar, and flavour the paste with rum. Dust your work surface with icing sugar. Roll out the paste between two pieces of wood 1.5cm (¾ in.) thick, using a rolling pin dusted with icing sugar to stop the mixture sticking (Picture 1).

With a knife or cutter, cut rounds about 2cm (1 in.) in diameter (2). Roll the rounds into balls in your hands (3), then pinch the top of the balls between thumb and forefinger into a chestnut shape (4). Slide a thin wire hook into the lower part of each ball (5). Dip each chestnut into the melted chocolate (see method, page 4) and hang from a rack. In setting, the chocolate will keep the chestnut shape (6). Do not cover the bottom of the chestnut completely, or the chocolate will break when you remove the hook.

Fill the bottom of a bowl with chocolate vermicelli. When the chocolate is set, take the hook out, then holding the tip of the chestnut, dip the bottom in the vermicelli to cover the hook mark. Place the chestnut on a layer of vermicelli which will cling to any still moist chocolate (7).

2

3

4

5

6

7

PRALINÉ ROCKS

1

2

3

200 g (8 oz.) praliné
550 g (1½ /lb) plain chocolate, melted
100 g (4 oz.) hazlenuts

4

Praliné is a nougatine reduced to a paste by being blended with oil. Reducing nougatine requires a special machine for its consistency is hard and household equipment is seldom powerful enough. You can buy ready-made praliné which you mix with melted chocolate at a temperature of 35°C (95°F) in a ratio of 200 g (8 oz.) to 50 g (2 oz.). Place the resulting paste in the refrigerator to harden (1–2 hours) (Picture 1).

Dust your work surface with icing sugar and, with a scraper, spread the paste to give it elasticity without making it too soft. Mould into a ball (2), and roll out between two flat pieces of wood, 1.5cm (¾ in.) thick, with a rolling pin dusted with icing sugar (3).

Using a cutter or a knife, cut rounds about 4cm (1½ in.) in diameter and roll them into small balls with your hands (4, 5). Add the hazlenuts, toasted and roughly crushed, to the melted chocolate (see method, page 4). Mix well to distribute the nuts evenly in the chocolate.

Using your hands, dip the balls one by one into the chocolate mix and roll them in your hands to coat them thoroughly (6–7). Alternatively, use a dipping ring to coat the balls.

5

6

7

ALMOND AND FRUIT FLORENTINES

1

500 g (1¼ lb) plain chocolate, melted
300 g (12 oz.) almonds

These florentines (or pavés) are easy to make. If you do not have a special confectioners' mould, the lids of jam jars or tea caddies serve equally well. The average size of each mould should be 8cm (3⅛ in.) in diameter and 1cm (½ in.) deep. You do not have to use round moulds. You may find some rather more imaginative shapes (Picture 1).

Make sure that the moulds are cleaned thoroughly with cotton wool and liquid paraffin, then carefully dried afterwards. Pour the melted chocolate (2) (prepared using the method on page 4) into the moulds and gently press in the blanched almonds (3). Leave to set (4); then turn out (5).

You could also use other ingredients such as raisins, walnuts, hazlenuts or cashew nuts and mix them together.

2

3

4

5

PRALINÉ CHOCOLATES

1

200 g (8 oz.) praliné
550 g (1½ lb) plain chocolate, melted

As praliné is difficult to make at home (see page 20), buy ready-made praliné.

Prepare a paste by mixing 200 g (8 oz.) praliné with 50 g (2 oz.) melted chocolate (see method, page 4). Spread the paste on a baking sheet (Picture 1) and leave in an airy place to dry out for a few days.

Dust your work surface thoroughly with icing sugar. Roll the praliné paste into a ball and place it between two flat pieces of wood 1.5cm (¾ in.) thick. Roll out the paste with a rolling pin dusted with icing sugar (2).

With a knife or cutter, cut squares 1cm × 1cm (½ in. × ½ in.), or diamond shapes (3). Dip each piece into the melted chocolate using a dipping fork (4). Let any excess chocolate drip off (5). You can decorate the chocolates with patterns using the side of a fork (6).

2

3

4

5

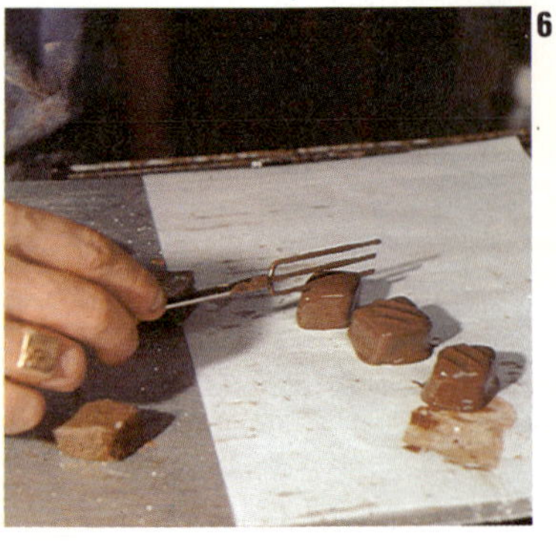
6

CHERRIES IN KIRSCH

1

2

3

4

5

500 g (1¼ lb) plain chocolate, melted
300 g (12 oz.) sugar fondant
A few drops of Kirsch
Chocolate vermicelli
100 g (4 oz.) cherries soaked in brandy

These chocolates are best made with cherries soaked in brandy, with their stalks still attached. Heat the sugar fondant (available ready-made) to a temperature of 40°C (104°F), but do not let the temperature rise beyond 40°C (104°F) as the sugar will crystallize. Remove from the heat, add the Kirsch.

Take the cherries and dip them into the fondant (Picture 1), but do not cover them completely (2). The fondant should not touch the stalk as this will prevent the chocolate setting (3). Leave the cherries to cool on a sheet of silicon paper (4).

Fill a bowl with chocolate vermicelli; 15 minutes later dip the cherries into the melted chocolate (see method, page 4) and place them immediately on the chocolate vermicelli. If you choose cherries without stalks, then use a dipping ring (5, 6, 7, 8).

Wait a few days before you eat the cherries to allow time for the fruit to ferment and the fondant to change into liqueur.

6

7

8

WHISKY CLUSTERS

200 g (8 oz.) plain chocolate
90 g (3½ oz.) fresh cream
300 g (12 oz.) white chocolate
1 small glass whisky

Very gently melt the plain chocolate in a double-saucepan, stirring with a wooden spoon to obtain a smooth paste. Remove from the heat, add the fresh cream (Picture 1), and the whisky (2). Mix together and leave in the refrigerator for 24 hours.

Next, roll the whisky-chocolate in your hands to create a snake-like shape roughly 2cm (1 in.) in diameter. Cut slices about 1.5cm (¾ in.) thick.

Roll each slice into a small ball in the palms of your hands (3). Leave to stand for a few minutes. Meanwhile melt the white chocolate using the method on page 4. Plunge the small ball in the white chocolate (4) and then, with your fingertips, work the ball to give a bristly appearance (5). Place it on a sheet of wax paper and leave to set.

You could use other spirits to flavour the clusters, in which case it is a good idea to colour the white chocolate so that you can later recognise which flavour is which.

1

2

3

4

5

BOURDALOUE TRUFFLES

400 g (1 lb) plain chocolate
180 g (7 oz.) fresh cream
100 g (4 oz.) cocoa powder
50 g (2 oz.) icing sugar

In a double-saucepan melt 300 g (12 oz.) of the chocolate, cut into pieces, over a gentle heat.

Meanwhile, boil the fresh cream and pour it over the chocolate. Mix the two together well to obtain a smooth paste. The chocolate will completely melt when mixed with the hot cream. Leave the mixture to harden in the refrigerator for 24 hours (Picture 1). After this roll the chocolate in your hands to create a snake-like shape 2cm (1 in.) in diameter (2). Cut slices 1.5cm (¾ in.) thick (3) and roll each one into a small ball in the palms of your hands (4).

Mix the icing sugar and cocoa powder together in a bowl. Very gently melt the remaining 100 g (4 oz.) of chocolate, leave it to cool for a few minutes, and then dip the balls into the melted chocolate (5) and then roll them in the cocoa powder (6).

You may, if you wish, flavour the truffles with cognac or whisky.

1

2

3

4

5

6

INDEX OF SUBJECTS AND RECIPES

Equivalent temperatures

Centigrade and Fahrenheit

TO CONVERT CENTIGRADE (°C) INTO FAHRENHEIT (°F), multiply by 9, divide by 5, add 32.

TO CONVERT FAHRENHEIT (°F) INTO CENTIGRADE (°C) subtract 32, multiply by 5, divide by 9.

The authors, helped by Jean-Marie SELLE, Jacques BLED and Bernard HEGO, would like to thank the House of BOURDALOUE, 'Glacier', 7 rue Bourdaloue, 75009 Paris, and STHORER, 51 rue Montorgueil, 75002 Paris, for their help in the production of this book.

First published in Great Britain 1986
by Search Press Limited,
Wellwood, North Farm Road,
Tunbridge Wells, Kent TN2 3DR

Printed in Belgium by

ISBN 0 85532 581 X

GALICIA

ANAYA TOURING CLUB

CONTENIDO

CÓMO USAR ESTA GUÍA

MAPA GENERAL

Mapa de Galicia actualizado. En él se incluyen todas las localidades y lugares que aparecen en esta guía. Se recomienda su consulta para organizar los desplazamientos por las distintas provincias de la Comunidad.

LA GUÍA: GALICIA DE LA A A LA Z

En este apartado aparecen, por orden alfabético, las localidades, lugares turísticos y espacios naturales más significativos de Galicia. La descripción de cada uno de ellos consta de varias secciones fijas: Info, Transportes, Visita, Comer, Dormir, Tapeo, Cafés, La Noche, Compras...

Además, en cada caso, se añaden otras secciones específicas en función de las características concretas de cada lugar: fiestas, deporte, gastronomía...

También se incluyen, en las páginas con fondo azul, diversas rutas de interés, con sus correspondientes apartados de información práctica.

INFO

Incluye direcciones y teléfonos de las distintas oficinas de turismo (autonómica, municipal, patronatos municipales, centros culturales y de iniciativas turísticas...) o Ayuntamientos, así como las publicaciones donde encontrar las últimas informaciones locales.

TRANSPORTES

Resultará muy útil esta sección para realizar desplazamientos por la localidad o fuera de ella: aeropuertos, estaciones de ferrocarril y de autobuses, paradas de taxis, transportes marítimos, aparcamientos...

VISITA

En este apartado aparece la **descripción monumental o paisajística** de cada lugar. En algunos casos se incluyen también los **alrededores,** con información sobre localidades, playas o espacios de interés que pueden visitarse fácilmente desde el núcleo descrito. En las páginas de la visita aparece también, en recuadros de color, información para conocer las zonas de **tapeo,** con los bares donde tomar el aperitivo, los **cafés** de moda o los más tradicionales, las calles más comerciales para realizar las **compras,** las **fiestas** más divertidas...

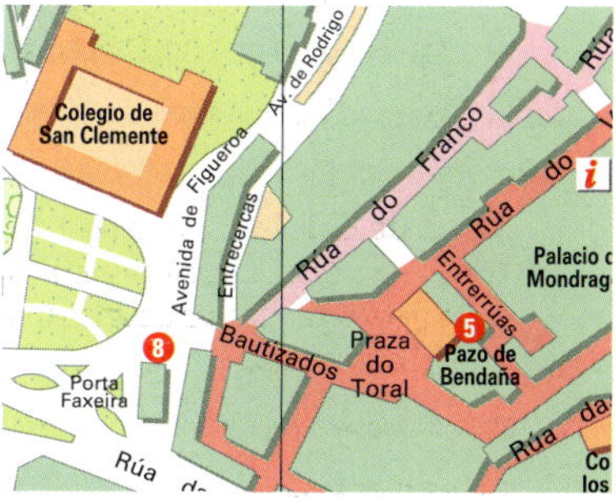

En el caso de las grandes ciudades, acompañando a la visita y para facilitarla, aparecen dos **planos** (de día y de noche) que en colores diferenciados muestran los distintos ambientes que se pueden vivir en esa ciudad. En el **plano de día** se resaltan las zonas comerciales, las de tapeo, así como los restaurantes y monumentos más interesantes para visitar. En el **plano de noche,** donde se destacan los hoteles recomendados, se señalan las zonas más animadas para salir de noche.

Dormir y comer

Se da información detallada de los distintos hoteles y restaurantes que hemos seleccionado siguiendo un riguroso criterio de calidad/precio. En cuanto a los **alojamientos** se recomiendan, en primer lugar, los que no exceden de los **70 €.** En segundo lugar se informa sobre la posibilidad de alojarse en otros hoteles de precio más elevado. Este **precio es orientativo** corresponde, en general, al de la habitación doble con baño en temporada alta sin IVA incluido.

Los **restaurantes** se han ordenado conforme a dos categorías: las casas con menú (que rondan los **15 €**) y los restaurantes en que se puede comer a la carta desde **24 €.** El precio medio, es orientativo, corresponde a una entrada, un plato principal, postre y vino de la casa. Resultará fácil localizar los alojamientos y restaurantes en los planos de las localidades que lo incluyen.

Índices

Los índices, al final de la guía, ayudarán a localizar fácilmente las localidades, mapas y planos.

SIGNOS CONVENCIONALES EN LOS PLANOS

PLANOS DE DÍA

- Edificios de interés turístico
- Parques y jardines
- Restaurantes
- Información turística
- Aparcamientos

PLANOS DE NOCHE

- Edificios de interés turístico
- Parques y jardines
- Alojamientos

SIGNOS CONVENCIONALES EN LAS EXCURSIONES

- Autopista y autovía
- Carretera nacional
- Carretera comarcal
- Otras carreteras
- Pistas
- Itinerario recomendado
- Ferrocarril
- Ciudades con más de 5.000 habitantes
- Ciudades de 1.000 a 5.000 habitantes
- Ciudades con menos de 1.000 habitantes
- Caseríos, barrios, urbanizaciones
- Ciudades de importancia turística

- Balneario
- Castillo, fortificación
- Deporte de invierno
- Faro
- Iglesia, capilla, santuario
- Monasterio, convento
- Mirador vista panorámica
- Museo
- Parador de turismo
- Refugio
- Restos arqueológicos

MAPA DE CARRETERAS

ESCALA 1:1.500.000

SIGNOS CONVENCIONALES EN EL MAPA DE CARRETERAS

- Autopista de peaje
- Autovía
- Carretera primera categoría
- Carretera segunda categoría
- Otras carreteras
- 52 — Distancias en km totales
- 25 — Distancias en km parciales
- 65 — Salida de las autovías y autopistas
- Pto. 340 — Puerto de montaña
- Espacios naturales
- E 5 A I — Carretera europea/Autopista
- N IV — Carretera nacional radial
- N 391 — Carretera nacional
- LU 546 — Otras carreteras
- Aeropuerto

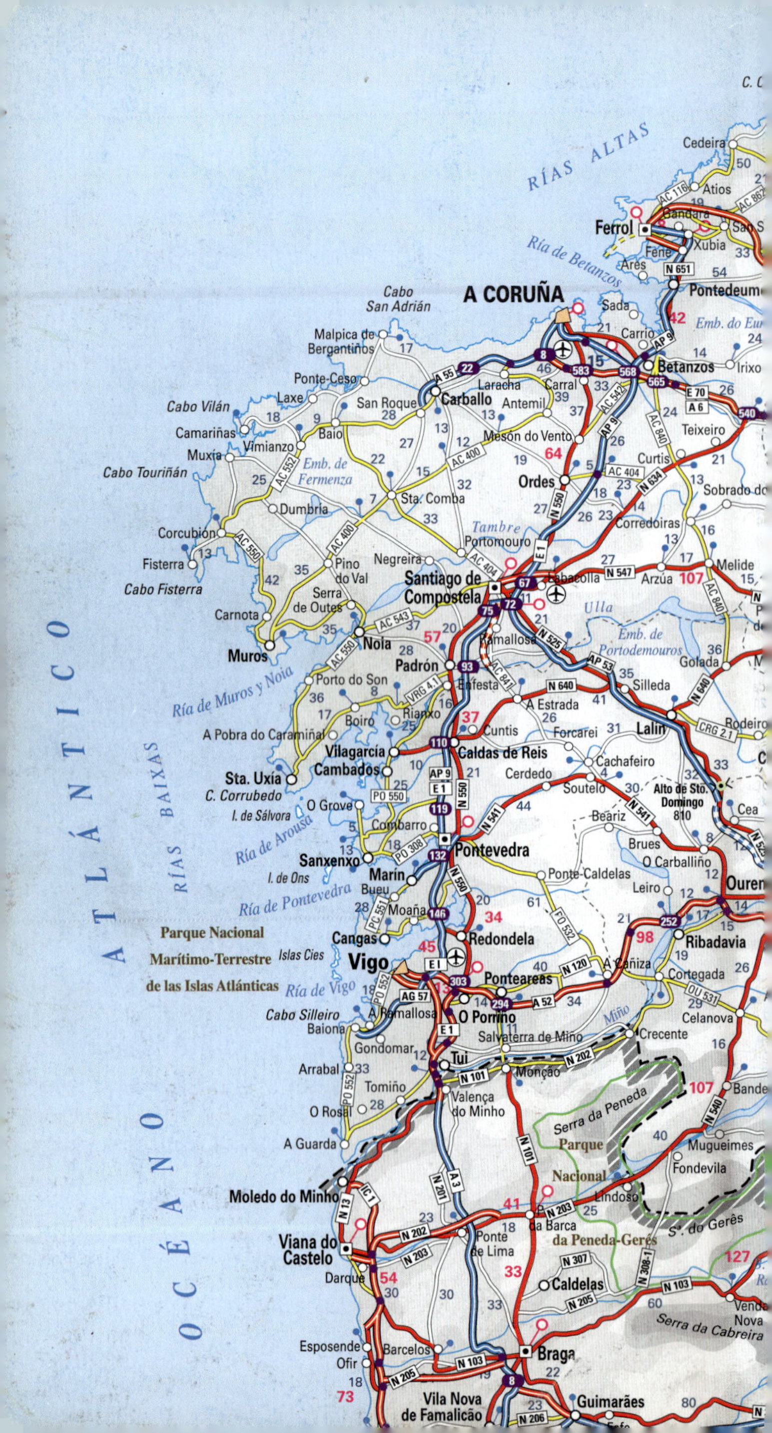

OCÉANO ATLÁNTICO
RÍAS ALTAS
RÍAS BAIXAS
Cedeira
Atios
Ferrol
Xubia
Fene
Ares
Ría de Betanzos
Pontedeume
A CORUÑA
Cabo San Adrián
Sada
Carrio
Betanzos
Irixo
Emb. do Eume
Malpica de Bergantiños
Ponte-Ceso
Laxe
Cabo Vilán
Camariñas
Muxía
Cabo Touriñán
Vimianzo
Baio
San Roque
Carballo
Laracha
Carral
Antemil
Mesón do Vento
Teixeiro
Curtis
Sobrado dos Monxes
Emb. de Fermenza
Sta. Comba
Ordes
Dumbría
Corcubión
Fisterra
Cabo Fisterra
Tambre
Portomouro
Corredoiras
Negreira
Pino do Val
Santiago de Compostela
Lavacolla
Arzúa
Melide
Serra de Outes
Carnota
Muros
Noia
Ulla
Emb. de Portodemouros
Padrón
Ramallosa
Golada
Porto do Son
Ría de Muros y Noia
Esfesta
Silleda
A Estrada
Lalín
Rodeiro
Boiro
Rianxo
A Pobra do Caramiñal
Cuntis
Forcarei
Vilagarcía
Caldas de Reis
Cachafeiro
Cambados
Cerdedo
Soutelo
Alto de Sto. Domingo 810
Sta. Uxía
C. Corrubedo
I. de Sálvora
O Grove
Beariz
Cea
Ría de Arousa
Combarro
Brues
O Carballiño
Sanxenxo
Pontevedra
Ponte-Caldelas
I. de Ons
Marín
Bueu
Leiro
Ourense
Ría de Pontevedra
Moaña
Ribadavia
Parque Nacional Marítimo-Terrestre de las Islas Atlánticas
Cangas
Redondela
Islas Cíes
Vigo
Ponteareas
A Cañiza
Cortegada
Ría de Vigo
A Ramallosa
O Porriño
Celanova
Cabo Silleiro
Baiona
Miño
Salvaterra de Miño
Crecente
Gondomar
Tui
Monção
Arrabal
Tomiño
Valença do Minho
Bande
O Rosal
Serra da Peneda
A Guarda
Parque Nacional da Peneda-Gerês
Mugueimes
Fondevila
Moledo do Minho
Lindoso
S. do Gerês
Viana do Castelo
Ponte de Lima
da Barca
Darque
Caldelas
Vendas Novas
Serra da Cabreira
Esposende
Ofir
Barcelos
Braga
Vila Nova de Famalicão
Guimarães
Fafe
C. Ortegal

MAR CANTÁBRICO
Costa Verde
P. de Estaca de Bares
Cariño
Porto do Baqueiro
San Ciprián
Ortigueira
Vivero
Ourol
Ferreira
Alfoz
San Cosme
Foz
Ribadeo
Tapia de Casariego
Navia
Luarca
Cabo Vidio
Canero
Cudillero
Castropol
Coaña
Soto del Barco
As Pontes de García Rodríguez
Lourenzá
Mondoñedo
Vegadeo
Pto. de la Xesta 545
Emb. de la Ribeira
Cabreiros
Villalba
Sierra de Lorenzana
A Pontenova
Sta. Eulalia de Oscos
Pto. de la Garganta
Boal
E. de Arbón
E. de Doiras
Llano
Pesoz
S. Martín de Oscos
Grandas de Salime
Pto. del Palo 1.146
Pola de Allande
La Espina
Cornellana
Salas
Tineo
Soto de los Infantes
Belmonte
Narcea
E. de la Barca
Cangas del Narcea
Bahamonde
Parajes
Meira
Miño
Rábade
Outeiro de Rei
A Fonsagrada
E. de Salime
Marentes
La Plaza
Trubia
Lugo
Castroverde
Cadabo
Navia de Suarna
Venta Nueva
Pto. de Leitariegos 1.525
Pto. de Somiedo 1.486
Pto. Ventana
Nadela
Corgo
Guntín de Pallares
Ibias
Degaña
Villager
Villablino
Piedrafita
S. Emilian
Baralla
Becerreá
Sª de Ancares
Palacios del Sil
Pto. de la Magdalena 1.434
Murias de Paredes
Portomarín
Sarria
Triacastela
Pedrafita do Cebreiro
Fabero
Vegarienza
Emb. de Belesar
Samos
O Cebreiro
Vega de Valcarce
Vega de Espinareda
Toreno
Emb. de Villameca
Pto. de Pedrafita do Cebreiro 1.109
Villafranca del Bierzo
E. de Bárcena
Escairón
Bóveda
Sª de Courel
Cacabelos
Bembibre
Albares
Pto. del Manzanal 1.225
Sueros
La Barrela
Carracedelo
Ponferrada
Torre del Bierzo
Monforte de Lemos
Quiroga
Peares
Sil
A Rúa
Puente de Domingo Flórez
Sta. Colomba de Somoza
Astorga
Nogueira de Ramuín
Castro Caldelas
O Barco
Freixido
Casoio
A Pobra de Trives
O Bolo
Alto del Couso 701
Alto del Rodicio 943
A Veiga
1950
Teleno 2.185
Sª del Teleno
Destriana
Xunqueira de Ambía
Sª de San Mamede
Emb. de Chandrexa de Queixa
E. de Bao
Emb. de Prada
Alto deCovelo 1052
Encinedo
Truchas
Sierra de la Cabrera
Lago de Sanabria
Xinzo de Limia
Viana do Bolo
Emb. de S. Sebastián
Castrocontrigo
Alto de Estivadas 849
Emb. das Portas
A Gudiña
Galende
Espadañedo
Palacios de Sanabria
Santibáñez de Vidriales
Mombuey
Cualedro
Baltar
Verín
Alto de Fumaces 850
Padornelo
Puebla de Sanabria
Calabor
Emb. de Valparaíso
Villardeciervos
Moimenta
Portelo
Sierra de la Culebra
Ferreras de Abajo
Montalegre
Vinhais
Feces
Chaves
Bragança
Sabor
Figueruela de Arriba
S. Vitero
Rebordelo
Quintanilha
Trabazos
S. Vicente de la Cabeza
Tua
Tâmega
Sª de Nogueira
Sta. Comba de Rossas
Alcañices
Aliste
Carbajales de Alba
Serra da Padrela
Valpaços
Vimioso
Fonfría
Carrazedo de Montenegro
Macedo de Cavaleiros
Izeda
Pouca Aguilar
Pedras Salgadas
Mirandela
Morais
Miranda do Douro
Ricobayo

GALICIA

DE LA A A LA Z

ALLARIZ

OURENSE. 2.621 HABITANTES

Situada 22 km al sur de Ourense, cobijada –o engastada, como la pequeña joya que es– en un recodo del río Arnoia, Allariz mantuvo en el medievo una relación privilegiada con la Corona. En la misma época tuvo una importante judería, albergó peregrinos y se llegó a convertir en un centro cultural de primera magnitud –aquí compuso Alfonso X el Sabio sus *Cantigas de Santa María*–. Recuerdo de aquel esplendor es hoy una villa monumental impecablemente cuidada y restaurada, un ejemplo a seguir en las labores de conservación y explotación del patrimonio de Galicia. Los trabajos de rehabilitación le valieron el Premio Europeo de Urbanismo, y sus propuestas de desarrollo sostenible, que fuese incluida en el Catálogo de Buenas Prácticas de la ONU; además, en 2005, los municipios de Allariz, Vilar de Santos, A Bola y Rairiz da Veiga fueron declarados por la UNESCO Reserva de la Biosfera. Muchos galardones que, así es la política, a algunos les escuecen.

INFO

Oficina Municipal de Turismo
Alameda, s/n.
Telf. 988 442 008.
www.allariz.com

Oficina de Información Xuvenil do Concello
Centro Social O Portelo. O Portelo, 4.
Telf. 988 442 210.

Reatur
Telf. 988 442 006.
Es una empresa municipal de servicios turísticos.

También se puede encontrar información puntual en los periódicos *La Región* y *La Voz de Galicia,* en su edición comarcal.

TRANSPORTES

Estación de autobuses
Emilia Pardo Bazán.
Telf. 988 440 508.
Monbús (telf. 988 215 356) tiene líneas a ciudades y pueblos grandes.
Allarbús es la empresa que creó el Ayuntamiento y que ofrece servicios a los pueblos más pequeños.

Taxis. Campo da Barreira.
Telf. 988 440 486/ 086.

Aparcamiento
En el Campo da Barreira, alrededores del monasterio de Santa Clara, y en La Granxa, junto al parque Portovello.

VISITA

El recorrido por el casco antiguo nos ofrece iglesias, pazos, santuarios y monasterios, mucha y muy interesante piedra histórica. Tras la cultura, un paseo por las orillas arboladas del río Arnoia, con su parque etnográfico, constituyen un relajante epílogo a la visita.

La villa antigua

Las huellas de una historia como la de Allariz, tan rica en personajes ilustres, se perciben en cada esquina. Por las retorcidas callejuelas típicas del desorganizado urbanismo medieval podemos visitar en primer lugar la **iglesia de San Pedro,** con su recia torre de tradición militar. El templo se fundó en el siglo XII pero de la primitiva construcción románica sólo conserva la torre y un desfigurado ábside. En 1902 se encajó en el muro norte la portada de la **iglesia de San Salvador de Piñeiro,** destruida por un rayo que había entrado por la sacristía matando a 25 personas.

Por la rúa Marcial López se llega hasta el noble **pazo de Castro-Oxea,** con su hermosa fachada barroca. En la inmediata rúa do Portelo, el antiguo pazo del juzgado alberga ahora un Centro Social y un entrañable **Museo do Xoguete,** único de su género en Galicia. En la rúa Castelao, prolongación de la de O Portelo hacia el río, la Fundación Aser Seara ha contribuido a enriquecer el patrimonio alaricano con su **Museo Iconográfico** (palacio de los Conde-Aldemira). Entre la praza de Abaixo y la Praza Maior, centrando el entramado de calles medievales, se ubica la **iglesia** parroquial **de Santiago.** Se levantó entre los siglos XII y XIII, y conserva casi toda la estructura de esa época: las sencillas portadas norte y principal, el hermoso ábside y la nave única del interior. Dentro del templo vale la pena acercarse hasta la **capilla** renacentista **de la Virgen de la Esperanza,** en cuyo retablo, bajo una bóveda estrellada, se aloja la talla de la *Virgen de la Expectación,* de Juan de Juni.

Vista de Allariz.

El tapeo

Hay pequeñas tascas desperdigadas por el pueblo, sin conformar una zona de vinos concreta. Una de ellas se encuentra en el **Centro Social O Portelo,** en el casco antiguo, con unos pinchos sencillamente fabulosos. Los callos del **Bar Novo** (Campo da Barreira) tienen justa fama en el pueblo. Otros bares como **A Rolda, Os Pacos** y **O Conxuro** (Emilia Pardo Bazán), también ofrecen tapeo. **A Micalla** es una vinacoteca para degustar los caldos gallegos y adquirir productos gastronómicos. Entre las novedades del casco antiguo se cuentan el **Baiuca** (al lado de la Praza Maior) y el **Roi Xordo** (Praza dos Mesóns).

CAFÉS

Los cafés son pocos pero excelentes. El **Catro Portiñas,** frente al río, es un café típico, grande y con buen ambiente, que también funciona por la noche.
A Fábrica es una antigua industria de curtidos rehabilitada, sólo que ahora en vez de cuero ofrecen chocolate. Tiene una estupenda galería que da al Arnoia. El **Cámper** es otro café con una pequeña terraza que se eleva de una forma impresionante sobre el río. También vale la pena el café del **Centro Social O Portelo,** con su cómodo salón junto a la chimenea o el jardín con terraza.
Mención aparte merece el molino rehabilitado modélicamente por la escuela-taller de Allariz que acoge el restaurante **Acea da Costa** y, en su planta baja, el café **Malvia.** Un suelo de planchas de metacrilato permiten ver el paso del agua que movía el antiguo molino. El Patronato Etnográfico del Río Arnoia ha rehabilitado una nueva fábrica de curtidos, la de **Vilanova,** que también dispone de un agradable café. Otro tanto cabe señalar del **Bodegón Portovello.**
Entre las novedades cabe destacar el café **A Muralla,** que en su interior "contiene" un trozo de la cerca medieval.

A la **Praza Maior** se abren el elegante **pazo dos Enríquez,** el edificio del Ayuntamiento y una sencilla **fuente** del siglo XVIII. Siguiendo por la antigua rúa Fonteiriña, hoy rúa Sarmiento, se llega a la **iglesia de Santo Estebo,** levantada en el siglo XII pero muy modificada en el XVI; para las reformas se usó cantería procedente de la antigua muralla, que así comenzó a ser desmantelada.
En las inmediaciones del **Campo da Barreira,** el popular campo del mercado en Allariz, se encuentra el **santuario** barroco **de San Bieito,** modelo de equilibrio entre los volúmenes de su arquitectura, con dos hermosos cruceiros del siglo XVI ante la fachada. En su interior podemos se conserva el renacentista **retablo mayor de la iglesia de Santiago** (siglo XVI), trasladado aquí en 1970.
Al lado de esta capilla se yergue el gran **convento de Santa Clara,** fundado en el siglo XIII por doña

CALLE DE ALLARIZ.

Violante, la esposa del rey Alfonso X el Sabio. De la primitiva construcción románica, destruida por un incendio en 1757, nada queda; en su lugar se levantó a finales del siglo XVIII el imponente y severo edificio actual, del que se afirma tiene el mayor claustro de España. En su interior hay un pequeño **museo** de arte sacro que guarda dos pequeños tesoros: una cruz gótica de cristal y esmaltes y la deliciosa joya de marfil que constituye la llamada **Virgen Abrideira de Allariz:** es una imagen de la Virgen con el Niño que, al abrirse, se convierte en un pequeño tríptico con miniaturizadas escenas en las que se representan hasta nueve episodios de la vida de María.

Al abandonar el Campo da Barreira podemos echar un vistazo a la **fuente** que lo preside, diseñada por Ferro Caaveiro en 1783.

Un delicioso paseo por la ribera del Arnoia

Del antiguo castillo real de Allariz tan sólo quedan algunos cimientos. Este lugar se conoce hoy como el **Penedo da Vela,** y es una excelente atalaya para disfrutar de una buena vista del centro monumental, del conjunto de Vilanova y de las riberas del Arnoia.

La **iglesia de Santa María de Vilanova** es un sencillo templo románico de finales del siglo XII, bastante reformado con posterioridad, que perteneció a los caballeros de la orden de Malta, y en su **retablo** barroco se rinde culto a la patrona de la villa. Cerca de la iglesia se alza un **cruceiro** del siglo XVI, y frente a ella el **puente de Vilanova** abre sus dos ojos góticos sobre el río.

Entre este puente y el de San Lorenzo se extiende el agradable **paseo do Arnado,** por el que podemos deambular en una tranquila, gozosa y relajante caminata por las riberas arboladas del Arnoia, que conforman un entorno idílico. Por el camino, además de

Ecoespacio de O Rexo.

patitos y cisnes y demás cosas bucólicas, podemos ver el **muíño do Burato,** en el que aún se muele grano los fines de semana; el inmediato **Museo do Tecido "O Fiadeiro",** que explica el laborioso proceso artesanal con el que hasta hace poco eran elaborados los textiles de lana o lino; y, al otro lado del río, el **Museo do Coiro,** que ocupa la planta baja de la curtiduría de los Nogueira, una de las varias que se distribuían en las márgenes del río (existe un billete conjunto para visitar, por un módico precio, todos los museos). La recuperación de este paseo tuvo mucho que ver con la obtención por parte de Allariz de un gran premio europeo de urbanismo. La verdad es que el cuidado exquisito con el que ha sido tratado el entorno en los últimos años debiera ser un ejemplo para otras villas históricas de Galicia.

El **campo de San Isidro,** con un cruceiro del siglo XVI y una fuente historiada, antecede al **puente de San Lourenzo,** por el que se vuelve a entrar en la villa. La última novedad de Allariz, aguas arriba del Arnoia por la carretera de Xunqueira de Ambía (2 km), se encuentra en el **Ecoespacio de O Rexo,** bosque y pedregal "vestidos de domingo", siguiendo la pauta aplicada en el bosque bizkaino de Oma y el espigón de Llanes, por el artista vasco Agustín Ibarrola.

ECOESPACIO DE O REXO.

DORMIR EN ALLARIZ

La oferta hotelera, antes ubicada en la N 120, ha regresado al casco antiguo recuperando antiguos edificios. Otro tanto ha sucedido en el entorno rural.

HOSTAL ALARICO*

Godaya, 4.
Telf. 988 440 790. Es el más cercano al casco antiguo. Habitaciones remodeladas y buenos servicios. La atención es excelente. Habitación doble: 40 €.

HOTEL RURAL O PORTELO**

Rúa do Portelo, 20.
Telf. 988 440 740. Un establecimiento histórico y encantador, de trato personalizado, provisto de salón con chimenea, sala de lectura, terraza con jardín y comedor, todo ello decorado con piezas de Ibarrola. Diez habitaciones, algunas un poco escasas de espacio, de 45 a 53 €.

PENSIÓN PALLABARRO***

Rúa Sur, 1.
Telf. 988 554 027. En el casco antiguo y con acento italiano. Cuatro habitaciones de 43 a 50 €.

HOSTAL O MIRADOR*

Ctra. N 525, km 516.
Telf. 988 440 909.
Es aceptable, pero su excesiva lejanía puede causar incomodidades. Habitación doble: 35 €.

HOSTAL LIMIA*

N 525. Telf. 988 440 820. Alojamiento digno pero alejado del centro. Habitación doble: 32-42 €.

■ TURISMO RURAL

TORRE LOMBARDA

Alfredo Nan, s/n.
Telf. 988 554 005. A la salida de la carretera de Celanova, prácticamente en el centro. Es una posada de primera categoría, que en la

COMPRAS

ARTESANÍA

Hay **mercado** los días 1 y 15 en el Campo da Barreira, y en él se pueden encontrar buenas piezas de cestería y objetos relacionados con la labranza.
En **O Sarillo** (Castelao, s/n) ofrecen alfarería comarcal y orfebrería. **A Tulla** (Castelao), por su parte, es una tienda completita en la que se puede adquirir desde objetos de cuero, cerámica, cestería o lino, hasta licores, chocolates o almendrados (no dejéis de probar la tarta

real), y todos son productos de Allariz. En **Arte-Cerámica Allariz** (Santo Estebo, 8) venden cerámica popular, artículos de uso cotidiano e incluso cerámica tradicional. Por su parte, los esmaltes grabados y trabajos en metal pueden adquirirse en **A Moa** (Hospital, 10). Otros artesanos han ido instalando sus talleres en diversos locales del casco viejo, que así va recuperando su viejo esplendor gremial: la cerámica creativa de **Xaime Piñeiro** (Pardo Bazán, 26), los encajes de **Josefa Seara** (Portelo, 17) y **Olga Ferreiro** (Castelao, 10), la pintura de **Xabier Varela** (Pardo Bazán), las esculturas de **Arturo Andrade** (Portelo, 15) o las joyas de **José Luis Cid** (Pepe Puga, 5).
Talabarte está en el Museo do Coiro (A Granxa, s/n), donde nos enseñan el antiguo arte del curtido, además de permitirnos comprar todo tipo de productos artesanales de cuero. Lo mismo ocurre con **O Fiadeiro** (Museo do Tecido), donde podemos ver el proceso de obtención del lino y los antiguos telares y comprar productos de lino.

GASTRONÓMICAS

Y para acabar con buen sabor de boca, una copita en **Zirall** (A Cruz, s/n), un antiguo edificio donde elaboran licores de la zona (imprescindibles los de hierbas y el de café) y la más fina repostería alaricana (tartas reales, roscas de pico, almendrados y almendras de pico) en las **confiterías Fina Rei** (rúa Castelao), **Osi** y **Luisa** (las dos últimas en Pardo Bazán).

Edad Media sirvió de torre de asedio al castillo de Allariz. Debe su nombre a las lombardas o proyectiles encontrados en ella. La cuidada restauración ha respetado la estructura original del edificio, incluido el molino que preside el comedor. Habitaciones muy originales e innovadoras.
Habitación doble: 48-60 €.

Casa do Briñal

Telf. 988 442 006.
Es una casa pequeña, rústica, a orillas del Arnoia, a 2,5 km de Allariz y a 500 m del cámping; a ella sólo se puede acceder a pie o en barca. Tiene una habitación con baño y otras dos con baño compartido. La casa completa cuesta al día de 80 € a 90 € dependiendo de la temporada.

Muíño do Briñal

Telf. 988 442 006. Está al lado de la anterior, pero sobre el río. Es un viejo molino del siglo XVIII muy bien rehabilitado, con dos habitaciones dobles con baño. Tranquilidad garantizada. Entre 80 € y 90 € la casa completa.

Casa Vilaboa

Vilaboa, Santo Estevo (a 2 km del centro por la ctra. a Xunqueira de Ambía).
Telf. 988 442 424.
www.casaruralvilaboa.com
Una casa de aldea restaurada con mucho diseño y soluciones originales. Cuenta con siete habitaciones (52-65 €) y un buen restaurante que integra los pilones pétreos de la curtiduría que aquí existió (sobre 15-25 €).

Casa das Augas Santas

Santa Mariña de Augas Santas.
Telf. 988 442 150.
www.augassantas.com
A 7 km de Allariz, en una bonita, legendaria e histórica aldea, ocupa una casona del siglo XVIII decorada con muebles comprados en rastros y anticuarios. Seis habitaciones dobles de 60 a 85 €.

COMER EN ALLARIZ

■ **Casas con menú (menos de 15-18 €)**

Alarico

Godaya, 4. Telf. 988 440 790.
También alojamiento, tiene un menú del día francamente económico y variado.

Torre Lombarda

Alfredo Nan, s/n.
Telf. 988 554 005. Aquí se come lo que te ponen, sin elección posible, pero todo está muy bueno y a un precio muy ajustado. Conviene reservar mesa. Se come junto al rodicio de un molino, ¡por si alguien quiere abrir apetito o hacer rápido la digestión!

Pallabarro

Rúa Sur, 1.
Telf. 988 554 027. Un comedor

muy mono para degustar pasta hecha por Luigi, un vero italiano. Además escalopines, *saltimboca* y pescados. Se presenta también un cuidado menú del día. Cierra los martes salvo en verano.

A FÁBRICA DE VILANOVA

Ponte de Vilanova.
Telf. 988 442 434. Otro delicioso comedor "de curtiduría", pero algo más moderno e informal que otros de la villa. Prepara cocina gallega con algún que otro toque creativo (puerros rellenos, pulpo a la brasa, bacalao gratinado, carnes a la piedra y postres caseros).

■ RESTAURANTES (SOBRE 24 €)

Acea da Costa (Parque Portovello, s/n; telf. 988 442 288) es un bonito molino restaurado sobre las aguas del Arnoia, donde podemos disfrutar, en una reducida pero innovadora carta, de la nueva cocina gallega. En la vieja fábrica de curtidos de los Nogueira, a orillas del río Arnoia, se encuentra el **Mesón Portovello** (fábrica dos Nogueira-Museo do Coiro; telf. 988 442 329). En un marco muy agradable y con terrazas sobre el río, ofrece platos muy consistentes como las carnes hechas a la piedra o la pizarra, conejo, pescados al horno, bacalao, etc.
Con vistas al Arnoia, y un comedor de lo más moderno, el **Porta da Vila** (pza. Lombarda, 1; telf. 988 442 329) es el que mejor elabora sus platos en la villa, cultivando las salsas y los adobos en la línea de la nueva cocina.

LA NOCHE

La noche alaricana es relajada, con un buen ambiente que se prolonga hasta muy tarde. El **DILEMA**, junto al puente, es para las primeras horas y para los más jóvenes. Más talluditos son los que se acercan, también temprano, al **CATRO PORTIÑAS**. En cuanto al **ROI XORDO**, antiguo donde los haya, se nos presenta como un típico local de pueblo en el que se agradece, cuando aprieta el duro invierno ourensano, la tradicional estufa de leña. Hasta las 4 h es imprescindible el **BAR DE FRAN**, pub normal con muy buen ambiente y estupenda música. Se suelen alternar estos dos locales antes de ir, a última hora, al **DIFFER**, que ya a estas alturas de la noche tiene un ambiente más bien discotequero, tanto en la música como en las luces.

BAIONA

PONTEVEDRA. 4.694 HABITANTES

Una plácida bahía tendida entre Monte Real y Monte Ferro acoge a esta maravillosa villa. Tras un agitado pasado, repleto de invasiones, Baiona se fue dedicando a las actividades pesqueras –que han dejado un añejo sabor marinero– y en las últimas décadas, a la actividad que proporciona la mayor fuente de ingresos: un turismo de calidad atraído por su playa, que ostenta la bandera azul europea, por su dinámico puerto deportivo y por el lujoso Parador de Turismo de Monterreal.

INFO Y TRANSPORTES

Oficina Municipal de Turismo
Pº da Ribeira. Telf. 986 687 067.
www.baiona.org

Autobuses
Paradas en el paseo y en Sabarís.
Autobuses a Vigo y A Guarda. *ATSA.* Frente a la lonja.
Telf. 986 355 330.

Taxis. En el centro, en rúa Alférez Barreiro. Telf. 986 355 389. En Sabarís, en la avda. de Julián Valverde. Telf. 986 351 006.

Marítimos. *Vapores Mar de Ons* por la ría y a las Cíes, de julio a principios de septiembre.
Telf. 986 225 272.
www.mardeons.com

VISITA

Una plácida bahía tendida entre Monte Real y Monte Ferro acoge a esta hermosa villa. La visita se organiza en torno a dos núcleos: el puerto, presidido en lo alto del monte Boi por la silueta del imponente castillo, y el casco antiguo, formado por empedradas calles con soportales y casas marineras.

EL PUERTO Y EL CASTILLO

Preside el puerto, con el aspecto imponente que se les supone a las fortalezas, el **castillo de Monterreal.** Se eleva sobre el monte Boi, rodeado de murallas que se levantaron y remendaron varias veces entre los siglos XI y XVII, y hoy su recinto es todo un complejo turístico que nos ofrece parador, pinar, marisquería, club de yates y tres viejas **torres** de leyenda: la **del Reloj,** la **de la Tenaza** y la **del Príncipe Cautivo,** en la que al parecer estuvo preso un infante de la familia de Austria, con una máscara de hierro, como en la novela de Dumas.

CASTILLO DE MONTERREAL.

En las inmediaciones de la fortaleza se alternan las pequeñas **calas** (Barbeira, playa dos Frades, playa Cuncheira) con los agradabilísimos paseos: el **paseo do Monte Boi,** que circunda el castillo; el **de Pinzón,** el **paseo de la Palma...** Junto a la playa Ribeira funciona como museo flotante una réplica de la **carabela *Pinta,*** cuyo pozo de Aguada se conserva en el paseo de la Palma. Un bonito **monumento al rey Alfonso IX** con su caballo (Oliveira), que otorgó carta puebla o foral a la villa en 1201, ha sido colocado en el acceso a la fortaleza, junto a la oficina de turismo.

EL CASCO HISTÓRICO

El casco antiguo tiene el sabor añejo de los viejos puertos pesqueros, con calles empedradas y casas marineras con soportales. La **praza de Santa Liberata** es una amplia explanada que agrupa dos de las más interesantes construcciones religiosas de Baiona: la antigua **colegiata de Santa María** y la capilla de la santa. La primera es una iglesia de aire cisterciense, erigida en el siglo XIII, con planta basilical de tres naves y tres ábsides. La sobriedad estética del cisterciense, austero y elegante, contrasta con el retablo barroco de siglo XVIII.

EL TAPEO

Las inmediaciones de las rúas Ventura Misa, la Bola, San Juan y San Lorenzo constituyen la zona de vinos. Son muy conocidos **El Patio,** una típica cervecería de ambiente agradable y tapas variadas; los **Jaqueivi** (Ventura Misa, 45 y Reloxo, 4), dos mesones muy bien decorados de una cadena que ha copado el sur de Pontevedra, con tablas de quesos, jamón y buenos vinos; el **Bacco's** (Xogo da Bola, 1), que se reserva para tapas de calidad o **El Candil** para productos más elaborados, nada clásicos, la *nouveau cuisine* de las tapas, por decirlo de alguna manera. **O Rincón,** en Ventura Misa, es otro de los más típicos. Otros lugares recomendables son el **Bodegón San Xoán** (en la plaza de la que toma nombre), con variedad de vinos, pulpo, almejas, berberechos, mejillones, *xoubas,* empanadas, etc; **De Pintxos** (rúa do Conde), con tostadas vascas y demás; **Jalisco, O Refuxio d'Antón** (abierto en 1944 pero debidamente renovado), **El Zaguán** (con vinatería y tienda), **Cerchas, O Cantiño, Fava Rica** (en el Barrio do Burgo, junto a la gasolinera) y **Loureiro** (Marqués de Quintanar, 26), un local entre rústico y bucólico, con porche de madera y jardín con parra y viña, en el que probar el pulpo, las tortillas y croquetas, pescaditos, pollo con gambas y empanadas de maíz con zamburiñas.

FIESTAS Y OTROS EVENTOS

Desde hace unos años, y cada vez con mayor auge, se escenifica el 1 de marzo la **arribada de la carabela *Pinta.*** La gente se viste en plan medieval, la playa se convierte en un escenario y la fiesta dura tres días.
El último domingo de mayo y los dos primeros de junio se suceden, en los montes de Baiona y Oia, unos **curros y rapas das bestas** de los más afamados de Galicia.
En verano tienen lugar las fiestas más concurridas: el segundo domingo de agosto las **patronales de la Virgen de la Anunciada,** con juegos y verbenas, y el último domingo del mismo mes la **romería de la Virgen de la Roca,** con una apetecible *sardiñada.* Por San Cosme y San Damián (26 de septiembre) se celebra un **mercado** de nueces y miel muy popular.

La **capilla de Santa Liberata,** por su parte, se levantó por suscripción popular a finales del siglo XVII, y en su sencilla fachada barroca resalta la imagen de la titular en una hornacina.
Liberata fue una joven que, para librarse de un matrimonio impuesto y poco grato, solicitó y obtuvo del Altísimo que en su rostro surgiera de repente una hirsuta barba, algo que, suponía, le restaría atractivo ante el novio no deseado. Evidentemente acertó, pero el consiguiente rechazo provocó la crucifixión de la santa y, en el mismo lote, la decapitación de sus ¡ocho hermanas gemelas! y de su nodriza.
El interior de su capilla es de nave única, con un recargado **retablo** barroco (1738) de madera dorada en la que aparecen la titular, las ocho hermanas, la nodriza, San Pedro, San Pablo y, presidiendo, Santiago Matamoros.
Cerca quedan la **Casa de la Cultura** (siglo XVIII), antiguo hospital de Sancti Spiritus, y la sencilla **capilla de San Juan.** El paseo por el casco histórico de la villa nos irá descubriendo nobles casonas y pazos como el que alberga el **Ayuntamiento,** antiguo pazo de los Correa, con sus escudos y balconadas; el asoportalado **pazo** barroco **del Deán Mendoza** (siglo XVII), la **casa de Salgado** (siglo XVI), o la señorial **casa de Ceta o del Perdón** (siglo XVI).
El **convento de las Madres Dominicas,** fundado en el siglo XVI, presenta una portada barroca y un

PLAYA DE BAIONA.

teatral retablo mayor dieciochesco, presidido por una Anunciación.

Alrededor del casco antiguo

Algo alejado del centro, camino de Vigo, en la antigua entrada de la villa, encontraremos el curioso y original **cruceiro** gótico con baldaquino **de la Santísima Trinidade** (siglo XVI). En otros tiempos, su altar servía para oficiar una misa especial para apestados, quienes no solían ser bien recibidos en el interior de los templos.

En la subida al monte de A Grova fue construida la impresionante mole de la **Virxe da Roca,** una imagen en piedra hueca de 15 m de altura, con una escalera de caracol de 45 escalones y un mirador en forma de barco que la Virgen sostiene con el brazo derecho. Se construyó por suscripción popular en el primer tercio del siglo XX. Las manos y el elegante y clasicista gran rostro de mármol blanco fueron esculpidos por el valenciano Mariano Benlliure.

Puerto deportivo de Baiona.

Dormir en Baiona

El Parador Conde de Gondomar** (Monte Real; telf. 986 355 000; www.parador.es; habitación doble: 180 €) es considerado el mejor de esta cadena en Galicia.**

Hotel Arce*

Julián Valverde, 40. Sabarís, Baiona.
Telf. 986 386 060.
www.hotelarce.com
Una casona de piedra en pleno centro de Sabarís y junto a la iglesia. Inaugurado en 2005, cuenta con 11 habitaciones muy bien arregladas, entre ellas algunas familiares. En el bajo dispone de cafetería y peluquería. Con aparcamiento subterráneo.
Habitación doble: 45-75 €.

Hotel La Anunciada**

Elduayen, 16.
Telf. 986 356 018.
www.galicianet.com/anunciada.
En primera línea y en el casco antiguo, con vistas al puerto deportivo y Monterreal desde algunas habitaciones. Éstas son amplias y cómodas, pero con lo justito en lujos. Habitación doble: 40-60 € (con vistas al mar: 62-80 €).

Hotel Tres Carabelas**

Ventura Misa, 61.
Telf. 986 355 133.
www.hoteltrescarabelas.com
En el cogollo del casco antiguo, pero un tanto anticuado en su decoración, más propia de los años 70. Las habitaciones son pequeñas.
Habitación doble: 42-66 €.

Hotel Santa Cristina*

Julián Valverde, 41. Sabarís.
Telf. 986 354 728.
Se trata de un alojamiento familiar de temporada, que sólo abre de julio a septiembre para disfrutar de la vecina playa. Dispone de 8 habitaciones con TV, secador y alguna de ellas con salón.
Habitación doble: 45-70 €.

Apartamentos Casa Soto

Laxe, 7. Telf. 986 355 332. En un edificio de ladrillo con arcadas y patio, ofrece apartamentos bien equipados (vitrocerámica, lavadora, hilo musical, ducha de hidromasaje) y decorados con capacidad para 2, 3, 4 y 6 personas. Habitación doble de 40-63 €, triple de 50-76 €.

■ Turismo rural

En el vecino municipio de Nigrán se encuentra el señorial Pazo da Touza (Camos; telf. 986 383 047), con 9 habitaciones de 86 a 96 €. Otros alojamientos más económicos son:

Casa San Lourenzo

Camiño da Bouza Levada (Belesar, Baiona).
Telf. 986 354 599.
www.casasanlourenzo.com
Hacia el interior de Sabarís, son dos casas de piedra rehabilitadas que ofrecen cuatro habitaciones.
Habitación doble: 48-68 €.

Estarque

Sequeiros, 32. Gondomar.
Telf. 986 360 114.
www.casaestarque.com
A unos 12 km, un caserón típico de la zona, sin sin lujos, pero emplazado en un bonito paraje campestre.
Habitación doble: 45-65 €.

Casa Roque

Bade, Gondomar.
Telf. 686 144 412.
www.casaruralroque.com
Bonita vivienda de piedra de dos pisos con su jardín, sita en medio de una aldea. Cinco habitaciones de 42-60 €.

■ Otros hoteles de precio más elevado

Otra alternativa interesante es el **Hotel Pazo de Mendoza**** (Elduayen, 1; telf. 986 355 012; fax: 986 389 888; habitación doble: 60-90 €), palacio del siglo XVIII, y ofrece las comodidades de un hotel. Completa este capítulo el **Hotel Bahía Baiona***** (avda. Sta. Marta, 13; telf. 986 385 004; habitación doble: 70-110 €), emplazado frente a la playa de Sabarís. Muy recomendable es el pequeño **Hotel Entre Robles**** (Camino Benito Farina, s/n; Sabarís; telf. 986 386 984; www.hotelentrerobles.com; habitación doble: 60-105 €), que ocupa una casa rodeada de un agradable jardín y situada junto al mar. Sus 20 habitaciones están decoradas de manera sencilla y ofrecen bellas vistas al valle o al mar.

COMER EN BAIONA

Casas con menú (menos de 18 €)

Mesón Casa Soto

Laxe, 7. Telf. 986 355 332. Ofrece una gran cantidad de raciones económicas, marisco a precio razonable, pescados de todo tipo (también las sabrosas sardinas con cachelos), mejor a la plancha, y

carnes a la brasa, particularmente brochetas y churrasco de cerdo y ternera. Cuenta también con platos para niños. Comedores rústicos, con mucha madera, bajo arcadas de ladrillo

Mesón Fonte de Zeta

Pza. Fonte da Zeta, 5.
Telf. 986 358 214. Elabora cocina gallega (salpicón de marisco, fabada) y castellana (chuletillas o pierna de cordero), con raciones muy generosas, una completísima bodega y deliciosas tartas caseras.

Loureiro

Marqués de Quintanar, 26.
Telf. 986 356 868.
Local de ambiente rústico, con agradable jardín.

Jaqueyvi

Rúa do Reloxo, 4.
Telf. 986 356 773. Mesón y freiduría, un tanto oscuro, en el que además de tablas y raciones con buen vino (zona del mesón), también tiene un restaurante en el que preparan paellas y arroces marineros, calderadas y pescado a la plancha, fideuá, pulpo a la brasa, carnes, etc. Cierra los miércoles en temporada baja.

El Corralito

Ventura Misa, 7. Telf. 986 355 462. Especializado en pollos y huevos, y sobre todo en revueltos. Barato.

CAFÉS

La mejor calle para pasar la tarde es la bulliciosa Elduayen, con lujosillas cafeterías que llenan las aceras de terrazas. Cerca del Ayuntamiento está **Vagalume,** un pequeño y acogedor local cinéfilo. **El Patio** se llena por las tardes de numerosos tahúres.
Otras terrazas distinguidas son la del **Monterrey,** en la que presidió tantas tertulias Torrente Ballester, y la más sofisticada del **Pazo de Mendoza. A Roca** (Ventura Misa) es ideal para degustar cafés, tés y licores. Presumen de sus vistas el **Mirador,** en la zona de A Trinidade (sobre el Auditorio), y el **Habana Libre** (zona de Santa Marta), amplio, luminoso y muy animado al anochecer.

LA NOCHE

La noche de Baiona, que hasta hace poco decaía en invierno, ha recuperado su pujanza con la apertura de nuevos locales. La típica ruta, después de un cafelito en cualquier local de Elduayen, se orienta siempre hacia la zona de los vinos, donde hay ambientes diferenciados hasta las tres de la mañana.

En general se trata de pequeños locales entre tabernas, cervecerías y pubs. **El Capitán** (rúa Gondomar) es uno de los veteranos que sigue congregando a los jóvenes. Por el casco viejo se suceden otros como **D'Sastre** (con sus patrones y máquinas de coser antiguas, pero también con un toque Irish), **Brutus, Sonrie, Muelle** y **Caimán.**
A partir de las tres hay varias opciones. En el centro de Baiona el público se divide en dos: unos eligen **Villa Rosa** (paseo Martín Alonso), que de día es una cafetería y de noche se convierte en pub y discoteca con tres ambientes diferenciados (en cada una de las plantas de la antigua morada) y terraza superior panorámica; y otros prefieren la discoteca **Basic** (zona de la lonja), con buena decoración y alta calidad musical, que pincha música house y electrónica. Una segunda posibilidad, que antes era la más clásica (el **Persígueme Rodríguez** llegó a ser un local de obligada asistencia), nos puede conducir a Sabarís. Justo a la entrada del lineal caserío tenemos el **Níu Port,** antiguo almacén con su jardín y todo, y ocupando casitas de piedra, en el otro extremo del pueblo, el **Da Vinci.**

■ Restaurantes (sobre 30-40 €)

Pazo de Mendoza. Elduayen, 1. Telf. 986 385 014. En el palacio homónimo, que perteneció a un deán de Santiago, se mantiene activo el figón que le dio de comer al prebendado, pero ahora en una feliz mezcolanza entre lo tradicional, la temporada y la innovación. Ofrece un menú degustación.

El Candil. San Xoán, 46.
Telf. 986 357 493. Precioso local y excelente servicio. Especialidad en parrilladas de pescado y marisco, bacalao a la portuguesa, cordero al horno y la estrella rutilante de las Rías Baixas: el arroz con bogavante.

Abeiro. Ventura Misa, 30.
Telf. 986 358 375. Cocina gallega, tradicional y moderna, en un local exquisitamente restaurado con sus muros de piedra y lareira.

O Muíño de Sabarís. Fontiñas, Sabarís. Telf. 986 351 108. Restaurante instalado en un molino de agua, que ha sido ampliado para darle más capacidad. Su fuerte son las carnes a la parrilla (solomillos, chuletones de buey), el pulpo a la brasa, las almejas a la plancha y la carta de vinos.

Rocamar. Baredo.
Telf. 986 355 204. Tiene el comedor junto a las rocas. El restaurante es un mirador hacia la bahía.

O BARCO DE VALDEORRAS

OURENSE. 9.075 HABITANTES

De aspecto similar a las vecinas localidades del Bierzo, la capital de Valdeorras tiene un origen reciente, pues su historia arranca de una ermita y un hospital fundados en 1578. Los ejércitos franceses pasaron por aquí en 1809 y se toparon con la aguerrida resistencia de los vecinos, comandados por los abades de Casoio y Millarouso, dos de esos clérigos montaraces que tanto solían prodigarse en la Galicia rural. El mayor despegue de la comarca se produjo desde los años sesenta, con la explotación e industrialización de la pizarra. La ciudad, moderna en su trazado urbano, tiene su área de esparcimiento en las alamedas ribereñas del Sil. El vino y la citada pizarra constituyen el eje económico de la zona.

INFO

Información turística
Casa da Cultura. Rúa da Estación, 2. Telf. 988 320 053.
www.concellodobarco.org

Fundación Valdeorras. Casa Grande de Viloira. Praza Ramón Otero Pedrayo, 11. Viloira.
Telf. 988 321 905.
www.valdeorras.com

Centro Comarcal de Valdeorras
Casa Río-Cigueño.
Rúa A Veiguiña, s/n.
Telf. 988 347 425. Inaugurado en 2005, con exposición de recursos turísticos de la comarca.

TRANSPORTES

Estación de autobuses
Río Cailir, s/n. La empresa *Trives* (telf. 988 212 688) tiene líneas por toda la comarca.

Estación de ferrocarril
Avda. Eloy Rodríguez Barrios.
Telf. 902 240 202.

Taxis. La parada de taxis más céntrica de O Barco se halla en la avenida Eulogio Fernández. Hay otra junto al Hospital Comarcal (Conde de Fenosa). Telf. 988 320 989. Además está la situada en la avenida Manuel Quiroga.
Telf. 988 320 209.

VISITA

El moderno núcleo urbano de O Barco conserva todavía, pese a la presión demográfica, algunas viejas casonas en la **Rúa Real.** Muy agradable es el paseo fluvial de **O Malecón.** En el cercano **barrio de Viloira,** la zona más antigua, al otro lado del Sil, se encuentra el viejo **pazo de los Quiroga,** del siglo XVII y recientemente restaurado para diversos usos públicos.

Vale la pena también acercarse a la antigua plaza fortificada de **O Castro,** en tiempos cabeza del Ayuntamiento, situada en lo alto de un pequeño monte: aquí aún se mantienen en pie la **Casa Grande** de origen medieval, con su torreón, y el notable **pazo de los Flórez y Losada** (siglo XVII), transformado en un lujoso alojamiento de turismo rural.

Al pie de este monte, en un hermoso valle cubierto por vegetación mediterránea, se halla el **monasterio de Xagoaza,** con su iglesia románica del siglo XII. Perteneció a la orden de San Juan de Jerusalén y hoy –los tiempos cambian– alberga una bodega.

La segunda población de Valdeorras, moderna y en constante rivalidad con O Barco, es **A Rúa,** que mantiene este nombre en referencia al paso de una calzada romana. Por el valle es muy aconsejable realizar la **ruta del vino de Valdeorras,** comarca productora poco conocida, amparada por una D.O., que destaca por sus *godellos* (blancos) y *mencías* (tintos). Remontando el curso del Sil, a naciente la N 120 cruza el **Parque Natural Serra da Enciña de Lastra,** que destaca por sus formaciones calizas (cuevas, palas, gargantas, Penedos de Oulego), únicas en Galicia, y por la presencia del bosque mediterráneo dominado por las encinas que le dan nombre, los sauces y las plantas espinosas.

ALREDEDORES DE O BARCO.

DORMIR EN O BARCO DE VALDEORRAS

HOSTAL MAYO**

Eulogio Fernández, 70.
Telf. 988 322 098. Céntrico y con la mejor relación calidad/precio. Habitaciones casi nuevas, incluso con televisión. Habitación doble: 30 €.

HOSTAL LA GRAN TORTUGA*

Conde Fenosa, 34.
Telf. 988 321 175. Agradable pero más alejado y caro.
Habitación doble: 26-36 €.

HOSTAL VILOIRA*

Pza. Otero Pedraio, 13.
Telf. 988 322 152. Pequeño y acogedor alojamiento que entre sus cualidades exhibe la completa accesibilidad a los discapacitados. Habitaciones con TV y vistas al palacio, y con buen restaurante-asador en el bajo –fuera de la corta temporada alta, muy barato–.
Habitación doble: 30-45 €.

PENSIÓN A BARCA**

Elena Quiroga, 31.
Telf. 699 366 085. Otro sencillo y nuevo hospedaje de Viloira, núcleo desde luego más tranquilo que O Barco, sin mayores pretensiones. Con TV por satélite. Habitación doble: 33 €.

■ OTROS HOTELES DE PRECIO MÁS ELEVADO

El **Pazo do Castro** (O Castro; telf. 988 347 423; www.pazodocastro.com; habitaciones de cuatro categorías, de 60 a 90 €), es el mejor alojamiento de O Barco y la comarca de Valdeorras, y también cuenta con un buen restaurante. La villa no cuenta con una oferta muy variada, pero tampoco se puede decir que sea cara. **Hotel Espada 2** (O Castro. Ctra. N 120; telf. 988 322 686). Con restaurante.

EL TAPEO

Todavía quedan algunos bares de tapeo en la zona vieja, por ejemplo la típica taberna **O Buraco** (Praza Maior) o la escondida **Tapería Los Robles** (San Mauro, 3), que prepara a diario hasta 20 tapas diferentes, que además varían con la estación, entre las que destacan el pulpo, las mollejas, las ancas de ranas y los callos. Una pulpería clásica es **El Dorado** (avda. Condes de Fenosa, 36), con vinos de cosecha propia. Para tomar los vinos y picar algo también nos podemos dirigir a los restaurantes recomendados.

Muy conocidos y concurridos son el **Fernando III** (Conde Fenosa) y el **San Mauro** (praza Igrexa); el último es un poco más caro. Alrededor del campo da Feira de Viloira, al otro lado del río, también hay algún bar como el **Isla** y **O Paco** típicos para el pulpo y los calamares.

CAFÉS

Los clásicos cafés para sobremesa, donde echar una partida o simplemente charlar, son el **Principal,** que tiene un aire como de otros tiempos, y el **Real** (Rúa Real), un poquillo abandonado. Bajando la rúa Conde Fenosa se halla **O Cafetín,** una cafetería-bollería que sirve un café delicioso. El **Azúcar,** por su parte, es un salón de té con pastelería (buenas pastas). Para la tarde-noche funciona con más ambiente el **Despiste Café** (Abdón Blanco). En el Malecón y con vistas al río funcionan la cafetería **Crip** y el **OVK,** también indicado para las copas.

Cruzando el río también podemos relajarnos en las terrazas de Viloira, muy concurridas por los lugareños, cerca de la fabulosa Casa Grande (pazo de los Quiroga).

FIESTAS

Las patronales son las **Festas do Cristo** (en torno al 14 de septiembre). La imagen del Nazareno, según la creencia popular, tiene su origen en un madero que bajaba suelto por el río y se negó a ser cortado para leña. Durante estas fiestas tiene lugar un pintoresco **Descenso Internacional del río Sil** en piragua, además de festivales de cine, teatro y otras actividades.

El 17 de septiembre es el día de Valdeorras, con muestras de todos los productos gastronómicos de la comarca, y el día anterior hay degustación de godellos y mencías.

LA NOCHE

La noche es muy animada, sobre todo durante los meses de verano. La calle con más ambiente es Abdón Blanco, que lleva el nombre del último alcalde republicano de O Barco; dispone de varios locales hasta el malecón. También hay otros dos o tres pubs con fama cerca del Ayuntamiento.

Muy concurrido es el **DISTRITO SÓNICO,** con buena música y mucho movimiento. Otros locales de moda son **BIK BOK, KAOS** y **ZIG-ZAG,** y en el Malecón destacan el **GALILEO** y el disco-pub **RIVER,** sin olvidar la **SALA ZERO.** La discoteca más clásica en O Barco es **KOMITÉ,** emplazada en lo que fue un almacén, grande y a la vieja usanza. Cada día acude más gente a **PLANETA,** local moderno y bien puesto que se ubica en unos antiguos cines.

COMER EN O BARCO DE VALDEORRAS

■ CASAS CON MENÚ (MENOS DE 15 €)

No se puede ir uno de O Barco sin probar el botelo –tripa de cerdo con huesos adobados y curada al humo–, acompañado a ser posible de patatas y grelos y regado todo ello con un buen vino local. Alcanzan también un buen nivel la cecina de jabalí y los embutidos. Capítulo aparte merecen los vinos, que tienen Denominación de Origen Valdeorras, con exquisitas variedades autóctonas, como el blanco de Godello, de altísima calidad, o los tintos de Mencía y Gran Negro. También tienen fama los aguardientes.

LA POSADA GALAICA

Eulogio Fernández, 37.
Telf. 988 347 235.

Pasa por ser uno de los mejores en relación calidad/precio de O Barco de Valdeorras. Ofrece una buena combinación entre la cocina tradicional y las tendencias más innovadoras. Destacan el entrecot, la carrillera de ternera y los platos elaborados con bacalao.

■ RESTAURANTES (SOBRE 24 €)

Correctos, sin grandes pretensiones pero con una cocina muy digna, se pueden recomendar:

San Mauro (praza da Igrexa, 11; telf. 988 320 145), con más acierto en los platos tradicionales destaca en su carta la merluza a la gallega y el chuletón.

Fernado III (avda. Conde de Fenosa, 61; telf. 988 320 371). Pescados y buenos mariscos y algún guiso de carne en un ambiente familiar y popular. El **Asador Viloira** (Otero Pedraio, 13; telf. 988 322 152), prepara la carne a la brasa con un toque especial.

El **Pazo do Castro** (O Castro; telf. 988 347 423) dispone de un restaurante que goza de gran aceptación en la comarca de Valdeorras. Un espacio acogedor donde disfrutar de una carta que no defrauda a quienes buscan sabores de siempre bajo formas diferentes.

BAIXO MIÑO Y RIBEIRO

RUTA DE 122 KM

El vino es uno de los protagonistas de este flanco meridional de Galicia. Dentro de la Denominación de Origen Rías Baixas se incluyen los vinos del Rosal, elaborados mayoritariamente a partir de las variedades albariño y loureiro, y de O Condado, que emplea sobre todo cepas de albariño y treixadura. Ambos están menos comercializados y son menos conocidos que el albariño, aunque también poseen blancos de gran nivel. Y, naturalmente, está el ribeiro, sin duda el vino gallego más conocido y en alza creciente tras su firme apuesta por la calidad.

Para recorrer esta área, remontaremos el curso inferior del Miño hasta Ribadavia para avanzar después hasta O Carballiño, atravesando el corazón de la comarca vitivinícola de O Ribeiro. El amplio estuario que crea el río en su desembocadura tiene un contrapunto en los tramos encajados de su discurrir entre Salvaterra y Crecente. El tramo inferior, o galaico-portugués, aparece repleto de pesquerías tradicionales para la captura de salmones, truchas, anguilas, sábalos, róbalos y lampreas. Vino y lampreas, pues, se imponen como argumentos básicos de una ruta fluvial y fronteriza en la que no faltan conjuntos monumentales de primer orden (Tui, Ribadavia) y que puede ser aún más interesante si el recorrido se completa con la visita a las localidades lusas de la orilla opuesta del Miño. Éstos son los hitos de la ruta:

REMONTANDO EL CAUCE DEL PADRE MIÑO

A Guarda [pág. 139]. Esta localidad es un pintoresco puerto pesquero, con importantes restos castreños y un privilegiado mirador que nos sitúa en la desembocadura del Miño y permite contemplar alguno de los atardeceres más hermosos del mundo.

Desde la villa hay que ascender al **monte de Santa Tegra** para visitar el gran **castro** consolidado, con algunas viviendas circulares reconstruidas, el **museo** que exhibe los objetos hallados en las excavaciones, la **ermita de la santa** y para contemplar la incomparable panorámica que se obtiene sobre la villa, la costa portuguesa, el estuario del Miño y la inmensidad del océano, experiencia especialmente inolvidable en los atardeceres despejados.

CASTRO DE SANTA TEGRA. A GUARDA.

El azul alcanza todos los matices posibles en su **playa de Area Grande,** que es una cala bastante pequeña y de grano grueso, inmediata a la localidad. A pesar de sus aguas frías, en verano suele ser la playa más concurrida de la zona. Tiene acceso directo desde el casco urbano y dispone de infraestructura hostelera a pie de playa.

Caminha. Enfrente de A Guarda encontraremos esta pequeña villa que fue levantada para defender el estuario del Miño, conoció tiempos mejores cuando era un importante centro comercial que competía con Porto. Se puede iniciar la visita desde la animada **praça do Terreiro,** rodeada de restaurantes y cafés y presidida por un soberbio chafariz del siglo XV con una preciosa escalinata. Pero, sin duda, el edificio más relevante de la villa es su **iglesia matriz,** antigua colegiata, que se levanta entre los restos de la muralla, muy próxima a la Oficina de Turismo.

A los pies de A Guarda aparecen la privilegiada **playa de Camposancos** (lancha a Caminha según las mareas) y la zona turística de **Salcidos.** Bancos arenosos, marismas e islas, como la Canosa y las Morraceiras, sirven de refugio y despensa a una legión de aves de todo tipo: cormoranes, ánades, avefrías, gaviotas argénteas, agujas, chorlitos, cercetas y las elegantes garzas reales. La caza está prohibida y existen dos centros de observación ornitológica señalizados.

Antes de iniciar la remontada del Miño por la carretera PO 552, un indicador anuncia la presencia del fértil y delicioso **valle del Rosal,** cubierto de frutales tan exóticos como los mirabeles, de viñas emparradas y de las aromáticas flores que le dan nombre.

Fornelos. Aquí se suceden nada menos que 19 molinos sobre el Tamuxe. Camino de Tui pueden verse algunas **casonas** de principios de siglo. En sus jardines florecen camelios, naranjos y limoneros.

El Miño suele aparecer envuelto en brumas y surcado por gamelas (embarcación en forma de artesa y fondo plano) y *carochos* (típicas barcas con proa alargada y popa redondeada).

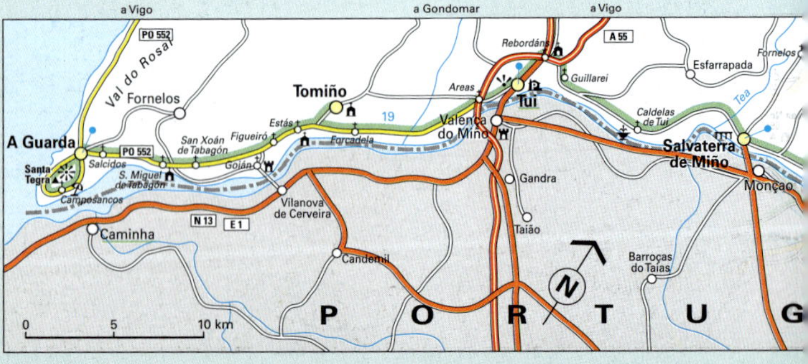

San Miguel de Tabagón.

San Miguel de Tabagón. En este bello pueblo, a 5 km de A Guarda, se alza una **iglesia** de 1812.

A continuación tendremos a la vista la parroquia de **San Xoán de Tabagón** que recuerda las relaciones fraguadas en las viejas romerías luso-galaicas de la pequeña y boscosa **isla** miñota **dos Amores,** vecina de la más extensa y cultivada de **Boega.**

Goián. Esta población y su fortaleza fronteriza tenían réplica en **Vilanova de Cerveira.** Un transbordador comunica actualmente ambas poblaciones cada media hora. Cerca del embarcadero del ferry existen una **ermita** rodeada de alcornoques y una playa fluvial.

Se dice que el topónimo de Vilanova de Cerveiro está relacionado con los numerosos ciervos que vivían en los bosques cercanos. En Vilanova se llevan a cabo los Bienais de Arte, festivales que se celebran desde 1978 y en los que se dan cita los más conocidos artistas, escultores, músicos y pintores de Portugal. Gracias a estos encuentros la ciudad ha recibido el sobrenombre de Villa de las Artes. Resultará muy agradable pasear por la empedrada rua César Maldonado, que bordea el **castillo,** construido por el rey Dom Dinis en el siglo XIII.

San Campio de Figueiró. Frente a la **isla Baqueriza** parte un camino hacia este lugar.

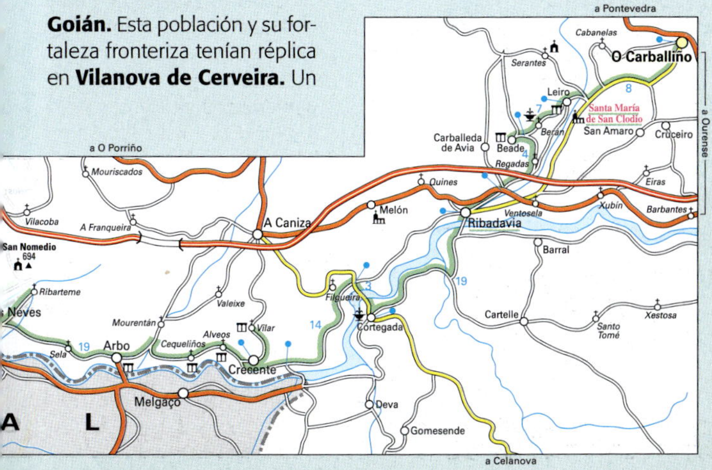

Estás. El mencionado camino llega hasta Estás, con su Virgen Peregrina en la iglesia parroquial y desemboca en **Tomiño**, la antigua *Turonia,* que cuenta con el **templo** románico **de Santa María.** Invernaderos y plantaciones de kiwis y caquis modernizan el paisaje agrario tradicional en terrazas. La carretera que conduce a Gondomar recorre el valle de Tebra, dominado por la **torre** medieval **de los Churruchaos,** reformada por Pedro Madruga en el siglo XV.

Tui [pág. 345]. Se puede enlazar de nuevo con la PO 550 en el puertecillo fluvial de Forcadela, situado a 10 km de esta ciudad que semeja una acrópolis coronada por su catedral-fortaleza. Muy pronto se impone la bella estampa de esta antiquísima plaza fronteriza, desparramada por la colina que corona su **catedral** (1120-1225). Desde este templo bajan hacia el río una serie de callejuelas de intenso carácter medieval con soportales y casas blasonadas.

De camino a Vigo, aún se puede visitar la **iglesia** románica **de San Bartolomé de Rebordáns,** con capiteles arcaizantes y frescos del siglo XVI. Hay que seguir después, por la derecha, la carretera hacia Guillarei y Caldelas para continuar nuestra ruta fluvial.

Caldelas de Tui. Las aguas de este balneario (47 °C) son aptas para el aparato digestivo, la piel y el reúma. El establecimiento abre sus puertas en verano.
A través de huertas y viñedos nos adentramos en la comarca del Condado, antaño detentada por los Sarmiento y los Soutomaior. A 16 km de Tui se cruza el Tea por el puente que ha sustituido al medieval de **Fillaboa,** que se mantiene río arriba con sus cuatro arcos apuntados.

O Castelo (Salvaterra). La villa, con una **iglesia parroquial,** del siglo XVI, está comunicada con la vecina lusa **Monção** por un puente.
Recomendamos una pequeña excursión al **mirador del monte Castelo,** indicado a los 3 km en dirección a Ponteareas. La **ermita de la Asunción** parece empotrada en un gran peñasco.

Carretera y vía férrea avanzan al unísono junto al lecho rocoso por el que discurre el Miño.
La localidad de **Liñares** da paso a la de **As Neves,** surgida como consecuencia de una milagrosa aparición mariana en el siglo XVII. Como recuerdo del hecho se edificó un **templo** en honor a la Virgen (1668), que ostenta una torre con remate piramidal. Hacia el norte, los **montes de San Fins** y **San Nomedio**

VISTA DEL MIÑO DESDE TUI.

(con ermita a 694 m) son auténticas atalayas sobre el valle del Miño.

Ribarteme. Es aquí donde tiene lugar la **festividad de Santa Marta** cada 29 de julio. En su impresionante procesión, la mejor del género en Galicia, los oferentes portan sus cajas mortuorias y las campanas tocan a difunto mientras se entonan antiguas canciones dedicadas a la Virgen.

Arbo y **Melgaço.** Protagonizan el último binomio fronterizo con paso estable de barca.
Es obligado hablar de la popular **Festa da Lamprea** (tercer domingo de abril) y del dieciochesco **pazo de A Moreira,** sede de una famosa bodega de albariños. Más adelante están los **pazos de los Vázquez Puga** (**Cequeliños**), también del siglo XVIII, **de Fraga** (**Alveos**) y **Barreiro** (**Vilar**).

Crecente. Así llegamos a la cabecera del condado creado por Felipe IV en 1642. Sólo conserva unas ruinas del **castillo de Fornelos** y una arcada gótica en la **iglesia parroquial.** El río compañero se ve embalsado al tiempo que deja de ser linde con Portugal: de esta manera concluye el *Baixo Miño.*

Siguiendo el desvío al pueblo balneario de **Cortegada,** en la otra orilla del Miño, desde el paso fronterizo de **Ponte Barxas** puede hacerse el descenso del río por la orilla portuguesa.

San Xés de Francelos. Antes de alcanzar la capital del Ribeiro, vale la pena detenerse para visitar estos interesantes vestigios prerrománicos.

PORTADA DE LA IGLESIA DE SAN XÉS DE FRANCELOS.

DE RIBADAVIA A O CARBALLIÑO

Ribadavia [pág. 278]. La histórica y monumental Ribadavia, capital de O Ribeiro, ocupa la margen derecha del Avia en su confluencia con el Miño. La ciudad posee, junto con Allariz, el conjunto histórico mejor conservado de la provincia de Ourense. Destacan varios templos y edificios del medievo distribuidos a lo largo y ancho de su excepcional conjunto histórico, enriquecido con la peculiar arquitectura de la **aljama.**

En Ribadavia abandonamos el Miño para seguir el curso de su afluente el Avia, eje rector del corazón de O Ribeiro: una ancha carretera, decorada con modernas esculturas en poliester dorado, discurre paralela por su orilla izquierda, rodeada de viñedos. Hasta O Carballiño recorremos 19 km.

Beade. Por la izquierda parte un desvío a esta localidad (cuenta con varios pazos y un calvario) y al **balneario de Berán.**

Leiro. Antes de entrar, aparece airoso el bello **puente de San Clodio** (siglo XV) en un enclave declarado paraje pintoresco, que permitía el paso al vecino **monasterio** cisterciense **de Santa María de San Clodio,** imponente conjunto en el que destacan la iglesia, y los dos claustros (siglos XVI y XVII). Muy cerca queda el elegante **pazo de Rioboó.**

De nuevo en Leiro, pero en sentido contrario, es muy aconsejable efectuar un recorrido que incluya el conjunto histórico de **Pazos de Arenteiro,** formado por viviendas típicas y casas solariegas.

Serantes. Destaca por la **iglesia parroquial** románica de **San Miguel** (1170), sorprendente por la profusión decorativa de sus portadas, tornalluvias y canecillos.

O Carballiño [pág. 67]. En esta moderna villa termal, muy propicia para el reposo y concurrida en verano termina la ruta.

PARADA Y FONDA

Sugerencias para alojarse y comer a lo largo del recorrido:
O Buxo (Currás; telf. 986 633 503; casa completa: 352-440 €) con 8 habitaciones.
Arbo cuenta con varias casas de turismo rural:
Cruceiro (telf. 986 665 544; habitación doble: 40-50 €).
Casa Barcia (telf. 986 665 293).
Casa Mezquita (telf. 986 665 186) es un restaurante que abre sólo en temporada de lamprea.
En **Leiro,** el **Hostal Residencia y Restaurante Souto*** (Cruceiro de Olmo; telf. 988 488 181; abierto de abril a octubre), y el **Cámping Valleverde** (1ª categoría; telf. 988 488 036).
En **Vilanova de Cerveira** hay dos magníficos lugares para domir y comer:
Casa da Anta (Aldea de Lanhelas; www.casa-da-anta.com), es un antiguo caserón que ofrece habitaciones y restaurante. Éste ultimo, con mesas de granito y sus correspondientes bancos anclados en el suelo, es el lugar ideal para disfrutar de una excelente comida.

Estalagem da Boega (Gondarém; telf: 251 700 500; fax: 251 700 509), magnífico caserón de piedra del siglo XVIII con bonitas habitaciones y con la posibilidad de comer y cenar bien.

BETANZOS

A CORUÑA. 9.224 HABITANTES

Ceñida por los ríos Mendo y Mandeo, ocupando el alto del antiguo castro de Untia, la ciudad de Betanzos conserva uno de los más hermoso centros monumentales de Galicia (no sin motivo lleva la villa el sobrenombre de "dos cabaleiros"). Es considerada la capital de As Mariñas.
A finales del siglo XIX y comienzos del XX las iniciativas filantrópicas de los hermanos García Naveira devolvieron a la ciudad parte de un pasado esplendor perdido hacía tiempo. Hoy el centro de la ciudad cobra vida los días 1 y 16 de cada mes, en unas ferias que instituyó el rey Sancho IV en el siglo XIII y que tienen su máxima expresión los primeros de enero, mayo y noviembre. Los fines de semana, la afamada zona de vinos acoge gente de toda la comarca. Entre los vestigios de su pasado destacan tres notables templos góticos.

INFO

Oficina de Turismo del Ayuntamiento. Emilio Romay, s/n (en el Museo das Mariñas).
Telf. 981 776 666.
Oficina de Información Xuvenil (Casa da Xuventude). Emilio Romay, s/n. Telf. 981 771 300.
Hay información sobre actividades diarias en *La Voz de Galicia,* aunque es mejor *Betanzos e a súa Comarca,* periódico de la Asociación de Comerciantes y Empresarios de Betanzos.

TRANSPORTES

Autobuses
Pasan por Betanzos hacia A Coruña cada media hora, y a Ferrol cada hora. Hay también servicio al resto de Galicia, Asturias, Cantabria, Francia, Suiza y Madrid. Empresas: *Arriva* (telf. 902 277 482, para A Coruña, Ferrol y algunos pueblos), *Castromil* (telf. 981 589 700, a Santiago), *Alsa* (telf. 981 151 100, para fuera de Galicia; www.alsa.es) y *Autos Calpita* (telf. 981 235 759, hacia Sada y las playas).
Trenes
RENFE (telf. 902 240 202) mantiene servicios hacia A Coruña y Ferrol (cinco diarios, salvo domingos y festivos, en los que se suprime el primero de la mañana).
Aeropuertos. No quedan lejos los aeropuertos de A Coruña-Alvedro (24 km) y Santiago-Labacolla, a 57 km.
Aparcamientos. Hay un aparcamiento subterráneo en la praza dos Irmáns García Naveira. Es barato, cómodo, céntrico y suele haber siempre sitio.
Taxis
Hay una parada de taxis en Betanzos, está situada en la praza de Galicia, junto al edificio del Liceo (telf. 981 771 557).

VISITA

Sin duda el máximo interés de la villa de Betanzos radica en su espectacular casco histórico, pero si tenéis tiempo vale la pena visitar, en las afueras, el decadente parque de O Pasatempo, el jardín de un visionario.

La praza dos Irmáns García Naveira

La praza dos Irmáns García Naveira es el mejor punto de partida para un recorrido por la zona antigua de la ciudad, declarada conjunto histórico-artístico en 1970. La **estatua** de los próceres locales, en mármol de Carrara, preside hoy esta plaza, aunque antiguamente se situaba en los jardines de O Pasatempo, junto a una estatua alegórica de la Caridad. Cerca podemos ver la **fuente de Diana,** forjada en París en 1866 a imitación de la de Versalles.

Rodeando la siempre animada plaza se distribuyen otros edificios de interés: la ecléctica **casa de Juan García Naveira,** el antiguo **convento de Santo Domingo,** con su campanario barroco construido por Fernando de Casas Novoa, el mismo que diseñó la fachada del Obradoiro en Santiago, y el **Museo das Mariñas,** que ocupa buena parte de las dependencias de Santo Domingo y que permite ver un *Apostolado* de la escuela de Rubens, sepulcros romanos y medievales y una buena sección dedicada al traje gallego. A su lado un gran edificio neoclásico, construido como **Archivo del Reino de Galicia,** se dedica hoy a casa de la cultura y sala de exposiciones. El **Hospital de San Antón,** antiguo refugio de peregrinos y hoy edificio de juzgados, y el llamado **Colegio de Huérfanas,** convertido en biblioteca, completan el recorrido por esta plaza central en la vida cotidiana de Betanzos.

Antes de adentrarnos en la parte alta de la ciudad, la más monumental, conviene dar un paseo por las estrechas callejuelas que bajan

Vista de Betanzos.

EL TAPEO

Se concentra principalmente en la parte baja de la zona vieja, aunque no hay que despreciar otras partes de la villa. En la rúa dos Ánxeles hay varios mesones: el **Vega** es bueno, aunque no de los más baratos, y nos ofrece tapas y raciones de derivados del cerdo y de marisco, con buenos vinos. **O Que Faltaba** es el clásico mesón más dedicado a comidas. **Os Ánxeles** es una *pulpeira* tradicional, como las de las populares *feiras,* con su barra central alargada y su toldo. En la rúa Fonte de Unta se halla la **Tasca Fonte de Unta,** muy *enxebre,* con barriles, mesas de madera oscurecida, etc.

La Adega do Pino, conocida como "O Manolito", es una casa de barrio vieja y bien restaurada, con buenos productos, que incluso se permite el exotismo de dar algún conciertillo de blues; los sábados es parada obligatoria.

Sin salir de esta calle, aún podemos optar por **O Paxeiro,** especializado en rabo de buey, y **O Picho Carolo,** una popular y surtida vinoteca.

Las Calexas son dos estrechísimas travesías que parten de los soportales de la praza García Naveira; estamos en la zona más emblemática de Betanzos, aunque su aire decadente resulta a veces excesivo.

En **O Pote** sirven buenas tapas tradicionales gallegas; en **Casa Miranda,** podéis tomar más tapas, sobre todo sus pinchos de bacalao frito, jamón y chicharrones;

La Freiduría 017 es una taberna muy conocida, y más bien poco cuidada, con arenques, mejillones en vinagre y alguna cosilla a la plancha. En **O Progreso** ponen pescado, tapas cuidadosas con productos frescos, y además tiene buenos precios. Entre las novedades podemos distinguir otros locales como **D'Picoteo** (en los soportales de la rúa dos Ferradores), que siempre tiene tortilla de Betanzos, tostadas al estilo vasco pero sobre torrijas, serranitos, callos, etc; el **Malecón,** con buena terraza, o la típica **Taberna Lastras.**

En otra zona de Betanzos se encuentra **A Peneda** (rúa das Monxas), con excelentes tripas y callos los domingos.

El **Mesón Barreiros** (más conocido como *Mesón Os Arcos*) es de los mejores en relación calidad/precio y en surtido de productos; tiene una decoración campesina, sirven tapas y medias raciones y, por supuesto, está siempre hasta la bandera.

hacia la zona conocida como **As Balconadas:** son las calles de los vinos, donde al tiempo que vemos algunas de las mejores muestras de arquitectura popular, con sus soportales de tradición medieval, podemos entrar en alguna de las numerosas tabernas a reponer fuerzas con un vinillo y una tapa para continuar el paseo.

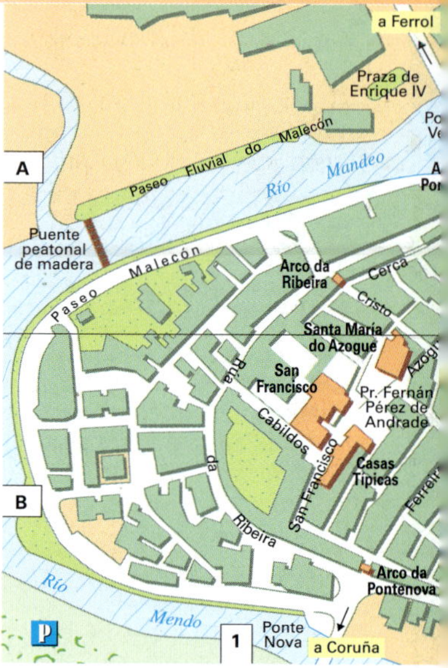

Paseo por el casco antiguo

La **Porta da Vila** nos indica la entrada al casco antiguo. Subiendo por la rúa do Castro llegaremos a la praza da Constitución, con el **pazo de Bendaña** y su soportal de arcos ojivales, el **Ayuntamiento,** de estilo neoclásico y la **iglesia** gótica **de Santiago.** En el amplio interior de este templo destacan la **capilla** renacentista **de don Pedro de Ben** y un buen **retablo** del escultor hispano-flamenco Cornelis de Holanda. En la **fachada** principal, el apóstol Santiago protege a una dama orante, recuerdo de su milagrosa intervención para liberar a los cristianos del tributo de las Cien Doncellas, un oneroso gravamen para cualquier honorable caballero que se precie.

Frente a la iglesia se alza el **pazo de Lanzós**, antigua sede de la jurisdicción civil y criminal de la ciudad. Curiosamente, la **torre del reloj** del Ayuntamiento se encuentra adosada a los ábsides de la iglesia de Santiago, en una involuntaria alegoría de la unión de los poderes sagrado y profano.

No lejos aquí se encuentra el principal conjunto monumental de la ciudad, la **praza de Fernán Pérez de Andrade,** con las notables **iglesias** góticas **de Santa María do Azogue** y **San Francisco,** separadas por una plazoleta, donde en tiempos se celebraba un mercado, y un cruceiro. En la **fachada** de Santa María destaca el tímpano con las escenas de la Anunciación y la Epifanía, y en el interior, de tres naves y cubiertas de madera,

IGLESIA DE SAN FRANCISCO.

Paradójicamente, en el casco antiguo de Betanzos no hay otra cosa que monumentos espléndidos y alguna que otra tienda tradicional o taberna, pues toda la vida urbana se desarrolla alrededor de la praza dos Irmáns García Naveira.

Rúa dos Ferradores

Bajo los acogedores soportales que dan a la citada plaza están las terrazas de los cafés y algunos restaurantes.

Zona tabernaria

Estrechas callejas descienden desde los elegantes soportales mencionados hasta los más populares colgados sobre la fonte de Unta y la rúa do Pozo. Aquí corre el vino de Betanzos, y el público, apretado ante la escasez del espacio, degusta las raciones con avidez.

Zona de marcha (f. p.)

La vida nocturna cuenta con un sinfín de locales en la parte nueva. Su concentración es tal a pesar de la diversidad de los ambientes, que copan por completo calles como la de Rosalía de Castro.

las tallas flamencas del **retablo,** robadas hace años por el afamado ratero Erik el Belga y recuperadas tiempo después.
La iglesia de San Francisco pasa por ser el mejor ejemplo de la arquitectura mendicante gallega. Se terminó a finales del siglo XIV, gracias al patrocinio de Fernán Pérez de Andrade, O Bo, el mayor benefactor de Betanzos e impulsor de muchas obras en toda la comarca. El **sepulcro** de este noble destaca, elevado sobre un oso y un jabalí, en el interior del templo, auténtico panteón de la aristocracia gallega de la baja edad media. En la **capilla mayor** poligonal, de gran belleza, podemos ver una de las mejores representaciones del Juicio Final, y en su versión más genuinamente galaica, ya que uno de los ángeles ha sustituido su trompeta por una gaita.
No nos debe extrañar la profusión de jabalíes en esta iglesia: es el

Iglesia de Santa María del Azogue.

FIESTAS

Las fiestas populares, que se prolongan durante el mes de agosto, alcanzan su cumbre con el lanzamiento del globo y las romerías de Os Caneiros.
La noche de **San Roque,** el 16 de agosto, tiene lugar desde 1814 el lanzamiento del mayor globo de papel del mundo. Las **romerías de Os Caneiros,** los días 18 y 25 de agosto, son concurridas excursiones fluviales en las que la gente remonta el río Mandeo en barcas empavesadas, disfrutando de la comida que llevan a bordo y, sobre todo, de la bebida. Últimamente son fiestas bastante desmadradas en las que no es difícil salir duchado en vino.
Un vino que, por otro lado, tiene sus propias celebraciones, intentando por todos los medios conseguir la denominación de origen, en abril. El vino de Betanzos es afrutado, ácido como la sidra y suave, muy suave. A las anteriormente citadas hay que sumar, por la gran pujanza que ha adquirido, la **Feria Franca Medieval,** a través de la que Betanzos regresa al medievo, con un gran número de puestos de venta, figurantes, actividades y representaciones, durante el primer fin de semana de julio.

animal emblemático de los Andrade, que se cuidaron de recordar su mecenazgo en cada rincón.
El resto del casco antiguo merece un reposado paseo cuesta arriba y cuesta abajo, saboreando las muestras de arquitectura popular, las típicas balconadas de madera e incluso los hórreos, alternados con edificaciones eclécticas y modernistas.

SEPULCRO DE FERNÁN PÉREZ DE ANDRADE.

UN RINCÓN DECADENTE: EL PARQUE DE O PASATEMPO

Ya en las afueras, conviene acercarse al exótico, romántico y visionario **parque de O Pasatempo.** Construido a finales del siglo pasado por los hermanos García Naveira, fruto en buena medida de sus viajes y de su afán educativo, es un jardín de otra época, cuando se creía posible conjugar el progreso técnico y científico, una idealista pedagogía popular y un benéfico sentido de la filantropía y el bien social.
En sus mejores tiempos, el jardín enciclopédico, con sus gru-

tas, fuentes, canales, laberintos, miradores, 265 estatuas de papas, escritores, emperadores e incluso un pequeño parque zoológico, formó un conjunto admirado en toda Europa. La desidia y el abandono en que se vio sumido en años posteriores, sobre todo a raíz de la guerra civil, terminó por arruinarlo. Algunos soldados ilustrados usaron sus estatuas para prácticas de tiro al blanco (increíble, pero cierto), sus materiales fueron expoliados y el lugar olvidado hasta que, hace poco, una escuela-taller inició su ya difícil recuperación.

Nos sorprenderá sin duda la **estatua de la Caridad:** la imagen clásica de la leyenda piadosa –una hija amamantando a su padre, preso y condenado a morir de hambre– lleva en su mano derecha un teléfono que, originariamente, le comunicaba con uno de los hermanos García Naveira; hoy, con el cambio de emplazamiento de la estatua de los hermanos, la llamada deviene casi en conferencia, y se pierde el sentido alegórico del conjunto. Este singular eclecticismo es una buena muestra de las intenciones e ideas que alentaron la creación del parque: la unión del progreso y la técnica con la cultura y la educación.

PARQUE DE O PASATEMPO.

DORMIR EN BETANZOS

COMPLEJO SAN ROQUE*** (f. p.)

Avda. Castilla, 38.
Telf. 981 775 555.
www.complejosanroque.com
En un edificio neoclásico.
Habitación doble: 70-110 €.

HOTEL LOS GARELOS** (B1) **1**

Alfonso IX, 8.
Telf. 981 775 930.
www.hotelgarelos.com
Muy próximo al centro, ocupa un moderno e insulso edificio que ofrece 20 habitaciones dobles, funcionales y luminosas (sobre todo las abuhardilladas de la última planta), todas ellas con minibar y conexión a internet, y dos suites con hidromasaje.
Habitación doble: 70-80 €.

CASA DE GRAÑA DA ACEA (f. p.)

As Aceas, 4. San Fiz de Monfero. Monfero. Telf. 981 788 282 y 639 652 331. www.granhadacea.com
Varios edificios componen este alojamiento rural. Documentada en el siglo XVII, la vivienda destaca por la amplitud de sus espacios, y también por la fina decoración de las habitaciones, todas diferentes. El gran salón cuenta con una sencilla galería. Una balconada se asoma al jardín.
Habitación doble: 55-79 €.

COMER EN BETANZOS

■ CASAS CON MENÚ (MENOS DE 15 €)

ADEGA O PICHO CAROLO

Rúa da Fonte de Unta, 10. Es una de las tabernas más típicas de Betanzos, con entrada por los soportales del medievo, donde sitúa algunas mesas con bancos corridos de madera, y comedor en la parte alta. Además del vino local reúne una variada selección de caldos de todo el mundo, que pueden ser degustados en la buena compañía de raciones tan características como la tortilla de Betanzos, la zorza y el raxo con patatas, etc.

MESÓN O PASATEMPO

Rúa das Mariñas, 23.
Telf. 981 775 022. Ofrece cada día un buen menú, y entre las especialidades de su carta se cuentan las tablas de embutidos ibéricos de Guijuelo.

LA CASILLA

Avda. de Madrid, 90.
Telf. 981 770 161. Se ajusta al precio convenido siempre y cuando nos limitemos a pedir los platos que le han hecho tan popular: la tortilla de Betanzos (con el huevo un poco crudo, un tipo de tortilla que ya se ha exportado a otros lugares de la provincia), la carne asada, los callos y su flan casero.

EL POTE

Travesía del Progreso, 9.
Telf. 981 770 414.
Lleva casi cincuenta años ofreciendo una excelente cocina casera asequible, quizá por eso sea uno de los sitios más pupulares de Betanzos. Tapas, raciones, carnes de la región, guisos...

CAFÉS

La zona de cafés por excelencia tiene tomados los soportales de la praza dos Irmáns García Naveira, con sus terrazas repletas en verano. En este típico lugar de reunión se encuentran desde cafés elegantes como **A Goleta,** hasta otros más tradicionales como **Capitol, Avenida** o **Soportales.**
El más recientemente remodelado es el pequeño y acogedor **O Lodeiro,** decorado con fotos del Betanzos de principios del siglo XX sobre sus paredes recubiertas de barro cocido.
Fuera de esta zona, ya en el casco monumental, la mayor fama se la lleva **La Banca,** asentado en una antigua sucursal del Banco de España –no es tan caro como pudiera parecer por el nombre, y vale la pena probar sus tartas caseras–. El **Lanzós,** frente a la iglesia de Santiago, es un café grande y tranquilo con una esmerada decoración. A los anteriores se puede sumar, en la rúa do Rollo, el **Smoga.**

LA NOCHE

Betanzos se divide en zonas: As Calexas, las inmediaciones de la gasolinera y la parte alta de la ciudad nueva.

Por As Calexas se circula antes de la medianoche, en locales como la **ADEGA DO PINO** y algún otro más sencillo como **BARMACIA,** un pequeño bar reconvertido para el copeteo. Cerca de la gasolinera hay varios pubs tranquilotes para las primeras copas. Entre otros nos encontraremos con el **GARELOS** –con la mejor música–, el **GALES** –para moteros– y el **SALOON** –en plan salón de película de vaqueros, todo decorado en madera. Por la placita del Padre Francisco Rubio se distribuyen algunos bares para adolescentes, con fiestecillas y copas baratas. Finalmente, en la zona alta de la ciudad, entre la rúa Rosalía de Castro y la del Rollo, se hallan un buen número de disco-pubs de todos los estilos, desde el tranquilo **SE ALQUILA** a los mastodónticos **LA FRONTERA** (muy yanqui), **SARAIBA** o **PEOPLE'S.** En otra onda están el **ZIRROSIS** (radicalillo y contestatario, como nos podríamos imaginar por el nombre), el **RÉPLICA** (discotequero), el **PARKING,** el **TRONK** y el **famoso VERDE MENTA.** La noche termina en la discoteca **XOLDA.**

MESÓN VEGA

Anxeles, 3. Telf. 981 773 254. Cocina casera en la que no falta, durante todo el año, un buen caldo gallego entre sus propuestas diarias.

También podemos comer barato y con menú del día en el **Mesón Os Arcos** (Rollo, 6; telf. 981 772 259) o en la **Pizzería Alameda** (Linares Rivas, 14; telf. 981 770 353).

■ RESTAURANTES (SOBRE 24 €)

Probablemente el mejor de la ciudad sea **La Penela** (A2 ❶) (praza Irmáns García Naveira, 15; telf. 981 773 127), famosa por sus tortillas, callos y carnes asadas.
Merece también ser reseñado el **San Andrés** (Anxeles, 4; telf. 981 772 044), con su cocina gallega de toques innovadores y especialidades como el bacalao de la abuela o el jamón asado a la tobarreña, todo ello sin olvidar, para el postre, la tarta de filloas con crema y chocolate.
Tienen igualmente fama el **Mesón Pulpeira** (B2 ❷) (Valdoncel, 3; telf. 981 772 703), que como su nombre indica prepara un buen pulpo, que suele ser seguido de una parrillada de pescado; y **Casa Paco** (avda. Jesús García Naveira, 6; telf. 981 774 597), donde se elabora cocina casera de calidad a base de pulpo con cachelos, callos, tortilla de Betanzos o cocido (durante el invierno, cada domingo).

CAMBADOS

PONTEVEDRA. 6.400 HABITANTES

Según la leyenda, cuando Satanás tentó a Cristo le dijo en verso ripioso, al tiempo que le mostraba el mundo:

Si postrado me adorares,
todo cuanto veas te daré,
menos Cambados, Fefiñáns y Santo Tomé.

Éstos son hoy los tres núcleos que configuran Cambados. La verdad es que comprendemos a Satanás: ofrecerlos también en el lote era subir mucho en la puja. Y es que Cambados une a su gran conjunto histórico artístico, que no es poco, el ser la capital del albariño, uno de los mejores vinos blancos del mundo, el "príncipe dorado de los vinos", como lo llamó Álvaro Cunqueiro, que de esto, como de muchas otras cosas, sabía un rato largo. Un paseo por la villa, que es cuna del poeta Ramón Cabanillas y de los escultores Asorey y Leiro, nos permitirá descubrir el sabor hidalgo y marinero que aún conserva.

INFO

Oficina Municipal de Turismo
Praza do Concello, s/n.
Telf. 986 520 786.
www.cambados.es

Centro Comarcal Exposalnés
Paseo da Calzada.
Telf. 986 526 013.
Es un antiguo edificio recuperado, con un moderno anexo, con exposición de los recursos comarcales.

Museo Etnográfico e do Viño
Avda. da Pastora, 104.
Telf. 986 526 119. Visita de 10.30 h a 14 h y de 17 h a 19.30 h; cierra el lunes. Información sobre la D.O. Rías Baixas y las rutas del vino.
Encontraréis información diaria en las ediciones comarcales de *La Voz de Galicia* y en *El Faro de Vigo.*

TRANSPORTES

Autobuses
A Pontevedra se dirige la empresa *Plus Ultra* (telf. 986 851 664) y a Santiago y A Coruña, *Monbús-Castromil* (telf. 902 292 900).

Aeropuertos. Vigo-Peinador, a 52 km. Santiago de Compostela-Labacolla, a 56 km.

Taxis
La parada más céntrica está en la praza do Concello (telf. 986 542 434) y hay otra junto al centro de salud (telf. 986 542 288).

Marítimos
En verano, la empresa *Cruceros do Ulla* (telf. 986 731 818 y 986 733 543) ofrece excursiones en catamarán por la ría de Arousa, en las que es posible conocer los parques de cultivo de ostras, vieiras y mejillones, la gran variedad ornitológica de la ría, y las más antiguas y tradicionales artes de pesca. El fondo de cristal de las embarcaciones permite disfrutar de los fondos marinos.
La empresa de Cambados *Naturalezaatlántica,* por su parte, propone un recorrido por las islas inéditas de la Ría de Arousa.
Telf. 986 565 026 y 619 375 884.
www.naturalezaatlantica.com

CAFÉS

En la ciudad abundan los cafés de toda la vida, como el **Plaza** (detrás del Ayuntamiento) o el **Avenida** (avda. de Vilariño).
Pequeñito y acogedor resulta el **Fefiñáns** (Infantas).
Destaca por su encanto y por su decoración el **Continental** (rúa do Hospital, 7) que ocupa los bajos de una antigua casa.
En la plaza de Asorey están los mejores cafés-pubs de Cambados: **Tía Molly's,** pequeño local que se escapa un tanto del diseño habitual de los irlandeses; **La Abadía,** cervecería que también funciona como café-tertulia; y **Anduriña,** que tiene la virtud de ocupar la casa en la que residió don Ramón María del Valle Inclán. La nota original la pone **A Casa do Leri,** café de dos plantas también especializado en los chupitos de licor.

VISITA

La visita se ordena en torno a los tres viejos núcleos unidos por el tiempo: la praza de Fefiñáns, monumental y señorial; Cambados y Santa Mariña, con sus ruinas llenas de encanto, y Santo Tomé, la zona más antigua, con su puerto y los paseos al borde de la ría.

POR LA PRAZA DE FEFIÑÁNS

El nombre completo es el de praza Vizcondal de Fefiñáns, por el **pazo** que la domina. Se diseñó en el siglo XVII y en su aspecto sobrio y elegante llaman la atención las torres almenadas, que le confieren un aire defensivo y señorial, las originales balconadas de las esquinas y el pasadizo elevado bajo el que pasa el camino hacia Ponte Arnelas. Cierra la plaza por un costado la **iglesia de San Benito,** con sus torres del siglo XVIII y su antigua capilla mayor del XVI. Ésta era la iglesia del señor de Fefiñáns, que accedía a ella por una serie de pasadizos elevados, sin pisar para nada el suelo de la plaza, pues era "zona de plebeyos".

Hace doscientos años esta monumental plaza, al igual que la lisboeta *del Comerço,* estaba abierta al mar por el oeste, pero los tiempos cambian, y después de padecer durante muchos años el trá-

PAZO DE FEFIÑÁNS.

fico de la carretera de Vilagarcía a O Grove, por fin una circunvalación la ha liberado de tan pesado tributo y devuelto para el disfrute de los ciudadanos de a pie.

El resto de Fefiñáns puede recorrerse en un agradable paseo por callejuelas estrechas y empedradas y por típicas plazoletas, descubriendo en el camino los recuerdos de dos ilustres cambadeses: el escritor Ramón Cabanillas, con su **casa museo** (visita, de martes a domingo, de 10 h a 14 h y de 16.30 h a 19.30 h), y el escultor Asorey, a quien honra un monumento en la plaza que lleva su nombre. Un tanto apartado de este conjunto, en un entrante de la ría, merece una visita el musealizado **Muíño da Seca** (Tragove), del siglo XVII, movido por las mareas (visita, de martes a domingo, de 10 h a 14 h y de 16.30 h a 19.30 h).

IGLESIA DE SAN BENITO.

EL NÚCLEO DE CAMBADOS Y LAS RUINAS DE SANTA MARIÑA

El pazo de Bazán, que hoy lleva el buen nombre de **Parador del Albariño,** separa el antiguo núcleo de Cambados de la zona de Fefiñáns. Se construyó en el siglo XVII sobre las ruinas de otro medieval, y perteneció al linaje de la escritora Emilia Pardo Bazán. Junto a él se extiende el tranquilo y arbolado **paseo da Calzada,** que termina en la praza do Concello. La rehabilitada **casa da Calzada** acoge en la actualidad un centro comarcal de información.

Componen el resto del núcleo histórico típicas rúas intrincadas y pequeñas plazas salpicadas de más pazos y casonas señoriales, como el de **Salgado,** del siglo XVI,

PAZOS DE ULLOA.

EL TAPEO

Hay dos zonas diferenciadas, la de la Rúa Real, cerca de la praza de Fefiñáns, y la zona del centro, en el viejo núcleo de Cambados.

En la primera zona destaca por su tipismo y los buenos caldos la taberna **A Fonte do Viño,** que se abre con sus soportales y barriles a la rúa Príncipe. En la inmediata praza das Rodas, en dos plantas y en la terraza funciona **A Casa da Leña,** vinatería y coctelería muy surtida que tiene su fuerte en las raciones de queso (hasta 40 variedades), la tortilla y los embutidos, y también vale para comer en plan informal. En la propia praza de Fefiñáns está la **Vinoteca Laya** (telf. 986 542 030), que ha evolucionado a partir de un bazar con vinos a uno de los mejores lugares para degustar los vinos de Rías Baixas acompañados de embutido y otras raciones y platos. En la parte baja de Fefiñáns se encuentran el **O Camarote** (rúa Pombal, 4; telf. 986 520 090), con tapas más que generosas, **O Muiño** (también en Pombal, con restaurante) y **A Traiña** (Ribeira), que funciona más como restaurante. Cerca del anterior destaca especialmente la **Enoteca Ribeira de Fefiñáns** (telf. 986 524 997), que cuenta con más de 400 marcas de vinos de España y el resto del mundo, y los jueves organiza catas; para picar tiene quesos, embutidos, patés, revueltos, moluscos y conservas de calidad, sin olvidar las tartas caseras.

Ninguna de las calles del viejo Cambados llega a configurar una, especializada en el chateo, encontrándose los locales dispersos. En la avenida de Vilariño la gente acude a **Los Barriles,** un negocio sin especial atractivo pero famoso por sus tapas de oreja.

Raciones y tapas de todo tipo son servidas en el **Mesón las Regiones** (paseo da Calzada) y el **Reboredo** (avda. de Galicia). En la rúa Hospital **O Galo Negro** (telf. 986 531 909), con su acogedora terraza, ocupa una antigua casona en la que además de tapas (empanada, queso) y albariño también se sirve comida casera, y tiene Internet. Sin salir de la calle, en la vetusta **Casa Germán** ponen albariño de cosecha y empanadillas. Algo apartada, pero de camino a Santa Mariña, queda el **Bodegón Pata Negra** (avda. da Pastora), indicado para tomar pulpo, pimientos, embutidos y, cómo no, el aquí omnipresente albariño.

con romántica hiedra cubriendo su fachada; el **pazo de Otero,** con decoración de vieiras a semejanza de la salmantina Casa de las Conchas; o el de **Ulloa,** ya más alejado del centro, reedificado en el siglo XVIIII. Entre las obras religiosas destaca la **iglesia de San Francisco,** templo gótico de estilo "mariñeiro", con nave única y techumbres de madera, del siglo XVI.

CALLE REAL.

Mención aparte merecen las románticas **ruinas de Santa Mariña Dozo,** en las afueras de la villa, colina arriba. De esta antigua iglesia tardomedieval sólo quedan en pie la capilla mayor, algunas capillas laterales y los arcos de piedra de la nave. El camposanto que la rodea se prolonga en el propio pavimento del templo, a cielo abierto. Entre las costillas desnudas de Santa Mariña aparecen, aquí y allá, imágenes de peregrinos y graciosas representaciones de vicios y pecados, ya muy alejadas de sus primitivas intenciones, muy poco intimidatorias. En la capilla mayor y en la sacristía todavía se descubren, muy estropeados, restos de pinturas del siglo XVI. Últimamente ha sido creado en su vecindad un moderno y atractivo **Museo Etnográfico e do Vino,** con una aproximación a la cultura del vino desde la arquología, el arte, la literatura, la investigación y, por supuesto, la etnografía. Desde el cercano **mirador de A Pastora** se disfruta de una excelente panorámica.

EL VIEJO ENCLAVE DE SANTO TOMÉ

Ésta es la zona más antigua, y de hecho se conoce en Cambados como la "vila vella". Al puerto se abre una agradable alameda, en cuyo extremo se encuentra el **pazo de Santo Tomé** o de los marqueses de Montesacro, una gran casa señorial que mira al mar, con su fachada realzada por una escalinata de piedra y presidida por el escudo familiar. Como todo gran pazo barroco que se precie, tiene adosada una pequeña **capilla** privada, donde se venera la imagen de la *Virgen de la Valvanera.* Santo Tomé cuenta, además, con un pequeño museo marinero ubicado en la **Casa do Pescador.**

Bordeando la península en la que se asienta el barrio, dejando a nuestra derecha el activo puerto pesquero, por un moderno puente de piedra pronto llegaremos al pequeño **islote de A Figueroa,** donde se elevan los desmoronados restos de la **torre de San Sadorniño,** que fue en tiempos faro romano, refugio de reinas abandonadas y fortaleza asediada y destruida por los irmandiños.

FIESTAS

El albariño es, sin duda, el rey de las fiestas. Su **feria,** celebrada desde 1952 cada primer domingo de agosto, es una de las más antiguas de España en su género y se completa con un concurso de vinos y con espectáculos folclóricos y deportivos.
Resultan curiosas, y un tanto tétricas, las romerías de **San Bieito de Lores** (Meaño), el 21 de marzo y el 11 de julio; el santo al parecer tiene propiedades terapéuticas para las enfermedades de la piel, y los fieles portan ataúdes y mojan sus pañuelos en las lámparas del santo para aplicarlas en las infecciones.
Las del otro **San Bieito,** el de Fefiñáns (tienen lugar por las mismas fechas), resultan un poco más festivas, con antiguos bailes folclóricos, oferentes con largos cirios y subastas de animales.
Al ciclo del vino pertenece también la **Festa da Vendima,** que se celebra en los primeros días de octubre y sirve para "bautizar", en el buen sentido de la palabra, el mosto de uva albariña del que saldrán los deliciosos caldos de la próxima añada.

DORMIR EN CAMBADOS

La oferta de mayor nivel está representada por el agradable Parador de Cambados* (paseo de A Calzada, s/n; telf. 986 542 250; www.parador.es; habitación doble: 115-149 €), con todas las comodidades, que ocupa el antiguo pazo de Bazán. Dispone de restaurante.**

Hotel Casa Rosita**

Avda. de Vilagarcía-Corbillón.
Telf. 986 542 878.
Fax: 986 542 878.
Es un hotel situado en las afueras con todas las comodidades, con agradables habitaciones y un buen restaurante. Durante el verano suben un poco los precios, pero aún así es muy recomendable.
Habitación doble: 51-64 €.

Hotel Carisán*

Eduardo Pondal, 3.
Telf. 986 520 108.
Fax: 986 542 470.
Un hotelito mono, con restaurante y discoteca. Cuenta con aire acondicionado y televisión en las habitaciones.
Habitación doble: 30-70 €.

Hotel El Duende*

Ourense, 10.
Telf. 986 543 075.
Fax: 986 542 900.
Es un hotelillo céntrico, bien cuidado y muy digno. Dispone de televisión y teléfono en las habitaciones, y la relación calidad/ precio es más que aceptable.
Habitación doble: 45 €.

HOTEL EUROPA*

Ourense, 12.
Telf. 986 543 725.
Fax: 986 543 761.
Está justo al lado del anterior y es parecido, quizás algo menos cómodo; el problema es que en el verano se exceden en el precio.
Habitación doble: 40-60 €.

■ TURISMO RURAL

Si algo caracteriza al alojamiento rural de Cambados, además de los altos precios estivales, es que la mayor parte de las casas, salvo el elegante Pazo A Capitana con sus bodegas (rúa Sabugueiro, 42; telf. 986 520 513; habitación doble: 70-90 €), son de reciente construcción. Entre las más céntricas y asequibles se cuentan:

A PASTORA

Rúa do Castro, 5.
Telf. 986 543 273.
www.casapastora.com
Inmediata a Santa Mariña Dozo, en una zona aún semi-rural y basante tranquila, próxima al mirador de A Pastora. Con siete habitaciones dobles algo pequeñas, huerta y jardín.
Habitación doble: 48-60 €.

CASA MARIÑEIRA LOURDES

Avda. da Pastora, 95.
Telf. 986 543 985.

COMPRAS

VINOS Y LICORES

Para comprar albariño podemos ir a **Anuska** (praza de Fefiñáns), que además ofrece, entre otras cosas, artesanía variada y otras delicias gastronómicas; otro tanto podemos encontrar en la vecina **Casa Torres.** Los mismos productos abundan en las tiendas que se suceden con insistencia, creando un verdadero circuito, en las rúas Real y Príncipe, entre otras **Cucadas, Grandola, A Casa do Albariño,** etc. Las **Bodegas del Pazo de Fefiñáns,** en su entorno excelso, disponen de albariños y licores de todo tipo (de uva albariña, hierbas, frambuesa...), y también con todo tipo de precios. En la otra ala del pazo, igualmente especializada en licores, están las **Bodegas de Joaquín Gil Armada.** Por otro lado, varias bodegas organizan visitas concertadas a los viñedos donde se fragua el dorado albariño: **Adega Durán** (telf. 986 542 354), **Bodega Martín Códax** (telf. 986 524 499), **Salnesur** (telf. 986 543 535), **Pazo de Fefiñáns** (telf. 986 542 204), **La Capitana** (telf. 986 543 000), **Viña Blanca do Salnés** (telf. 986 542 910) y **Vieites** (telf. 986 542 481).

LA NOCHE

Lo mejor de la noche de Cambados se asienta en el casco antiguo, entre la praza de Ramón Cabanillas y la rúa do Rollo.

A primera hora, o para la noche tranquila, se recomiendan las cervecerías y cafés de Fefiñáns (Asorey), con buena música para charlar tranquilos. Lo mejor está en Ramón Cabanillas, San Francisco, Infantas y la rúa do Rollo.

Un segundo núcleo es el de la más moderna rúa Pontevedra, donde los jóvenes frecuentaban el **Bachata** hasta que **La Pera** (rúa de Pontevedra) se ha puesto de moda como sala de conciertos abierta a todos los estilos y tendencias; las actuaciones en directo suelen tener lugar los jueves.

En la rúa do Rollo están **A Bordo** y **.Com.** Cerca, en la rúa Nova está **O Pilón,** pub reducido pero provisto de pista de baile, y en Infantas está **La Zona.**

Por estas calles también nos podemos encontrar otros pubs como **Scape** (Ramón Cabanillas, 5), **A Fabela** y el más famoso **Cloaca** (Rollo, 14). La disco por excelencia, donde termina la noche, es **Zao** (en pleno centro, en la rúa Infantas).

www.cmlourdes.net
Con 10 habitaciones, de 42 a 65 € según tengan o no baño y dependiendo de la temporada.

Pazo Carrasqueira

Sisán-Ribadumia.
Telf. 986 710 032. A 3 km de Cambados, y aunque el edificio nunca fue pazo (las alegorías vinateras del escudo recién labrado lo confirman), es una opción muy tranquila para los que deseen descansar en el corazón de una de las principales zonas productoras de albariño. Finca, piscina y bodega. El precio varía según el tipo de habitación y la temporada, pero no resulta excesivo: de 49 a 73 € las normales, de 59 a 85 € las especiales, y un poco más las suites.

■ Otros hoteles de precio más elevado

Hotel A Mariña.** Rúa Os Pazos, 6-8. Telf. 986 520 108. Una buena opción, en un edificio nuevo revestido de piedra situado en una zona bastante tranquila, próxima al pazo de Ulloa. Tiene 28 habitaciones amplias y funcionales, y la mayoría tienen balcón a la calle.
Habitación doble: 50-70 €.

Hotel Herbiña
Avda. de Vilariño, 12.
Telf. 986 526 946. Céntrico, bastante nuevo y con 26 habitaciones, todas ellas con una decoración sencilla y agradable. Buen servicio de restaurante con menú. En julio y agosto se dispara el precio.
Habitación doble: 46-72 €.

COMER EN CAMBADOS

■ CASAS CON MENÚ (MENOS DE 15 €)

En Cambados conviven las marisquerías caras, los restaurantes con menú del día (en

verano suelen subir los precios), las tabernas y las vinotecas para comer a base de raciones, y en muchos casos es el vino el que dispara la cuenta. En la sección de tapas ya hemos citado varios locales en los que comer en plan informal. Otras opciones pueden ser:

EL TROPEZÓN

Avda. de Castrelos, 4.
Telf. 986 542 409. Bar restaurante situado en la carretera de salida hacia O Grove. Es un local tipo taberna, muy sencillo, tal vez algo descuidado en la decoración. El marisco barato y el pescado fresco atraen a mucha gente.

A TRAÍÑA

Fefiñáns, 20.
Telf. 986 524 684.
En la Ribeira de Fefiñáns. Restaurante familiar que destaca por los detalles decorativos que hacen agradables sus comedores y por su cocina casera a un precio más que razonable.

O BO PALADAR

Avda. de Vilagarcía, s/n.
Telf. 986 524 899.
Buena opción para probar el menú del día, muy casero o para tomarse unas raciones de churrasco en su amplio comedor.

■ RESTAURANTES (SOBRE 30 €)

Por su parte, **Ribadomar** (Terra Santa, 17; telf. 986 543 679) ofrece en su carta pescados y mariscos bien elaborados.
Ocupando un edificio de piedra rehabilitado está el restaurante **Yayo Daporta** (rúa Hospital, 7; telf. 986 526 062; precio medio, 36 €), la representación local de las últimas tendencias culinarias. En su salón de moderno diseño, entre grises, blancos y luces indirectas se puede disfrutar de la imaginación llevada a los fogones; así encontraremos en la carta caramelizados, espumas, crujientes, cremas... esta es la forma, el fondo está constituido por las mejores materias primas de la zona, especialmente pescados, mariscos y verduras, además de alguna carne.
En las afueras de la localidad, **Casa Rosita** (avenida de Vilagarcía, 8; telf. 986 542 878) ofrece cocina de mercado, con preferencia por los pescados y mariscos. El congrio y el salpicón de mariscos son sus platos más celebrados.

En Fefiñáns se halla **María José** (San Gregorio, 2, 1º; telf. 986 542 281), es un pequeño y acogedor local que destaca, sobre todo, por su lenguado con vieiras y los pescados en general. Ofrece también un completo menú por 20 €.

EL CAMINO DE SANTIAGO EN GALICIA

RUTA DE 206 KM

A partir del hallazgo de la tumba del apóstol Santiago en Compostela, en los albores del siglo IX, la vía jacobea comenzó a imponerse como ruta peregrina y contribuyó decisivamente a fraguar la unidad de Europa. Durante los siglos XI al XV su pujanza fue tal que acabó eclipsando el reclamo de otras andaduras clásicas, como las que tenían por meta Roma o Jerusalén.

La afluencia de jacobitas fue descendiendo paulatinamente e incluso desapareció en el siglo XIX. En la actualidad, sin embargo, ha vuelto a revitalizarse. Promociones de amplia difusión como los Xacobeos, la designación como "Primer Itinerario Europeo" por el Consejo de Europa, en 1987, y posteriormente, en 1993, la calificación de Patrimonio de la Humanidad, acciones todas acordes con los innegables valores artísticos, culturales y paisajísticos que reúne la ruta, parecen asegurarle una larga vida. Los peregrinos jacobeos seguían –y siguen– el camino diurno del sol hacia poniente. El viaje emula así la traslación del cuerpo de Santiago desde Palestina al Finis Terrae.

Entre la leonesa Villafranca del Bierzo, a las puertas de Galicia, y ciudad de Santiago discurren las últimas etapas de la vía compostelana por antonomasia, el llamado Camino Francés. Las carreteras que vamos a seguir, aunque no coinciden estrictamente con la vía tradicional, sí unen todos sus núcleos esenciales.

DESDE O CEBREIRO HASTA LA RIBERA DEL MIÑO

Villafranca del Bierzo. Aunque Galicia comienza en las cumbres, esta población leonesa se nos ofrece como el mejor punto de partida para iniciar el recorrido por el tramo final de la ruta jacobea. La elección será recompensada por la categoría de su conjunto monumental, y también por la oportunidad de saborear la peculiar mesa berciana (vinos, *botillo*, pimientos...).

Dicen que El Bierzo es la puerta, y Galicia la huerta, y en verdad, al ascender por el valle del Valcarce hacia O Cebreiro, constatamos una rápida entrada en otro país, el mismo que Aimeric

VILLAFRANCA DEL BIERZO.

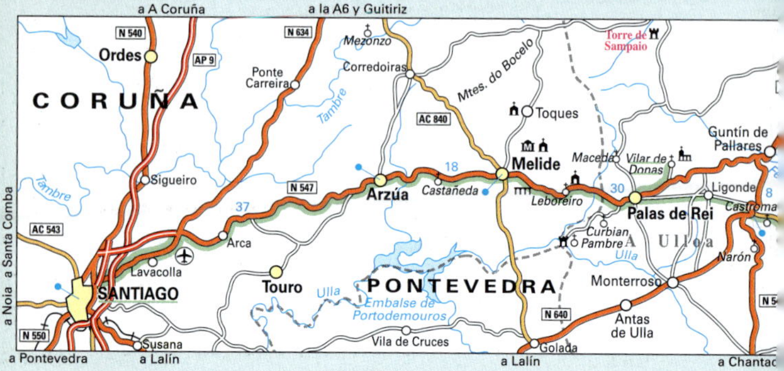

Picaud describía así en el libro V del *Códice Calixtino* (siglo XII): "Viene luego la tierra de los gallegos, pasados los confines de León y los puertos de los montes Irago y Cebreiro.

Ambasmestas y **A Veiga de Valcarce.** No adelantemos aún acontecimientos y avancemos por la carretera N VI, cuyo antiguo trazado al paso por estas localidades coincide en parte con el Camino de Santiago.

O Cebreiro. Debe tomarse la carrera provincial LU 633 desde **Pedrafita** hasta este modesto poblado de montaña que desde el medievo ha sido un hito crucial de la peregrinación.

Entre las razones de esta fama se cuentan la existencia de un hospital regentado por los monjes de Aurillac (actualmente, convertido en **hospedería**), la presencia de varias **pallozas,** el panorama que divisamos sobre los majestuosos macizos de montañas circundantes y el **santuario de Santa María la Real,** templo de origen prerrománico, de aspecto entre rudo y montañés, precedido de torre y pórtico.

Las diferentes versiones del milagro eucarístico coinciden en el meollo esencial: un clérigo incrédulo que al decir misa ve cómo la hostia y el vino se transforman en la carne y la sangre de Cristo.

De nuevo en marcha, atrás queda el nido de hospitalidad que supone O Cebreiro, empequeñecido en medio del anfiteatro formado por las **sierras de Ancares** y **O Courel.**

O CEBREIRO.

Liñares y **Hospital da Condesa.** La subida por los **montes do Rañadoiro** aún no ha concluido, pues primero viene el **alto de San Roque;** después estas

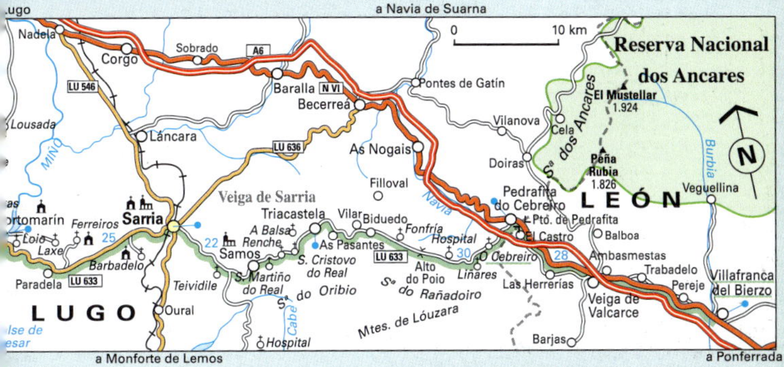

aldeas (donde cabe destacar la iglesia de montaña parecida a la de O Cebreiro) y finalmente el de **O Poio,** que con sus 1.337 m de altura es el techo del Camino Francés en Galicia.

Reducidos núcleos de población salpican el descenso al **valle de Triacastela,** dominado por la singular silueta del **monte Oribio.** Los tejados de pizarra suelen quedar envueltos por las nieblas matinales brillando cuando lucen los primeros rayos de sol. El discurrir de los ríos y arroyos está marcado por abedules y vistosas praderas; a la vera del camino aparecen bosquecillos de centenarios carballos y castaños de la aldea de **Ramil.**

VISTA DE SAMOS.

Triacastela. Al llegar, tras los 24 km de O Cebreiro, los peregrinos metían en su morral alguna piedra caliza que, en el mismo Camino, acabarían por depositar en los hornos de Castañeda (Arzúa), donde se fabricaba la cal para la catedral de Santiago. Con su esfuerzo, todos ellos aportaron su granito de arena para levantar la portentosa casa del apóstol.

En esta localidad podemos pasear por la jacobea **rúa do Peregrino** y contemplar el **monumento al romero,** poco antes de alcanzar la bifurcación de la ruta.

A la derecha prosigue en línea recta el trazado primitivo del Camino Francés a lo largo de pistas asfaltadas y de tierra **(Montán, San Xil, Calvor, A Aguiada),** pero nuestra carretera se introduce en el bucólico **valle del Oribio.**

Samos. El típico conjunto de **San Cristobo do Real** y la **casa fuerte de Lusío** anteceden a la gran **abadía** benedictina **de San Xulián** (siglo VI). Salvo la aislada **capilla** prerrománica **del Ciprés,** el resto de la obra data de los siglos XVI al XVIII. Merecen ser destacados su **claustro de las Nereidas** y el clásico **templo** dieciochesco, con bella fachada y rica imaginería en sus altares.

Sarria [pág. 335]. Los dos ramales procedentes de Triacastela, que dista 23 km por Samos, se unen para subir la **Rúa Maior** hasta el casco antiguo.
Desde aquí a Portomarín, el Camino Francés se aparta de la carretera LU 633, desde la cual pueden hacerse desviaciones puntuales hasta el original y sólido **templo** románico **de Santiago de Barbadelo** y hasta el más modesto de **Santa María de Ferreiros,** del mismo estilo.

Los *soutos* de castaños y las *carballeiras* del concejo de **Paradela** nos acompañan hasta el Miño.

TEMPLO DE SAN PEDRO. PORTOMARÍN.

CON LOS ROMEROS HASTA LA CASA DEL APÓSTOL SANTIAGO

Portomarín. En los años 60 la cola del embalse de Belesar engulló para siempre el viejo Portomarín, situado a 24 km de la localidad de Sarria.
Sólo algunos edificios notables pudieron salvarse al ser trasladados piedra a piedra, entre ellos un arco de la medieval **Ponte Miña,** la excepcional **iglesia-fortaleza** románica **de San Nicolás,** la fachada del **templo de San Pedro** y diversos elementos de dos palacios, todos ellos oportunamente distribuidos por el nuevo y bien concebido poblado. Las tartas de almendra que se elaboran en este lugar no tienen nada que envidiar a las compostelanas.

Por **Gonzar** y **Castromaior** desembocamos en la carretera N 540 (Lugo-Ourense) a la altura de **Ventas de Narón.** Una pequeña carretera local asfaltada prosigue al frente hasta culminar en la desforestada serra de Ligonde, con buenas vistas sobre la comarca.

Lameiros y **Ligonde.** En el primero, hay un bello cruceiro, y en Ligonde, una sencilla cruz en recuerdo del cementerio de peregrinos que ocupó lo que hoy es un verde prado.

Eirexe. Pasada esta población, un desvío a la derecha nos conduce al antiguo **monasterio de Vilar de Donas,** edificio del siglo XIII perteneciente a la Orden de Santiago. Desde el **alto do Rosario** los caminantes divisan a lo lejos la inconfundible silueta cónica del **Pico**

Sagro, señal inequívoca de la proximidad de Compostela.

Palas de Rei. Esta localidad era el inicio de la decimotercera jornada calixtina. Al poco de seguir por la carretera N 547, a la izquierda, sale una pista hacia el imponente **castillo de Pambre** (levantado en el siglo XIV), solar de los Ulloa y uno de los pocos que resistió los embates antifeudales de la revolución irmandiña. Tan sólo lo separan 8 km de Palas.

Porto de Bois. La misma carretera desembocará en este lugar, muy cerca del límite con la provincia de A Coruña.

Leboreiro. Para alcanzar esta localidad, puede bajarse a pie por un tramo de la vieja calzada empedrada de origen romano. Esta típica población aún conserva el **hospital** de peregrinos junto a la **iglesia** parroquial de **Santa María** (siglo XIII); existe también un curioso canastro (tipo primitivo de hórreo) para el grano. Otra desviación al margen de la carretera es la que, entrando por la izquierda, lleva al hermoso **ponte Furelos,** puente medieval de cuatro ojos.

Melide. Se llega después a esta población, situada en el centro geográfico de Galicia, que ha experimentado un notable crecimiento en los últimos años. En la **iglesia parroquial,** antiguo templo de un convento franciscano, contrasta el interior gótico (siglo XV) con la fría fachada neoclásica. Una **fuente** situada en la

IGLESIA DE SANTA MARÍA. LEBOREIRO.

plaza homenajea al arzobispo de México Mateo de Segade, hijo de la villa y fundador de la Obra Pía de San Antonio, cuya sede, está ocupado por el Ayuntamiento. Muy cerca, el pequeño **Museo da Terra de Melide,** dedicado a la arqueología y la etnología de la comarca. Fuera de este núcleo se sitúan la **iglesia de San Pedro** y el considerado como el **cruceiro** más antiguo de cuantos se conservan en Galicia, del siglo XIV. A la salida de la población se alza la **iglesia de Santa María de Melide.**
A partir de Melide, la carretera N 547 discurre paralela a la senda jacobea, atravesándola en varias ocasiones.

Castañeda. Superada esta localidad, surge, en la parte baja de la hondonada del Iso el **hospital de San Antón de Ribadiso,** recuperado para los peregrinos.

Arzúa. Tiene fama por sus quesos, redondos y planos, o "de tetilla", todos ellos frescos y cremosos.

Lavacolla. Después del Aeropuerto Internacional, construido encima del Camino, llegamos a este núcleo, cuyo expresivo topónimo revela cuán completo era el baño que realizaban los romeros en su río.

A muchos de poco les serviría, pues en los grupos era costumbre ascender en frenética carrera hasta el **Monxoi** (Monte do Gozo) para saber quién era el primero en contemplar las torres de la catedral compostelana. A esta colina se accede desde **San Marcos.**

Santiago [pág. 308]. El final del Camino se hace por las rúas de los Concheiros y San Pedro, porta do Camiño, Casas Reáis, plaza de Cervantes y Acibechería, para llegar a la **catedral;** si es Año Jubilar, desde la última calle se toma la Vía Sacra para entrar en la basílica por la **Puerta Santa (A Quintana).**

Finalmente, excursiones típicamente jacobeas son las que conducen a **Padrón, Fisterra** y **Muxía.**

PARADA Y FONDA

En **Liñares** (Pedrafita do Cebreiro) se puede dormir en **Casa Jaime** (telf. 982 367 166; habitación doble: 30 €), una casa tradicional con cuatro habitaciones dobles y una agradable sala de estar.

En **Arzúa** son recomendables el **Hotel Suiza**** (Lugar de Río Vello, ctra. de Santiago-Arzúa; telf. 981 500 862; habitación doble: 38-40 €) y la **Casa Teodora** (avda. de Lugo, 38; telf. 981 500 083), que ofrece cocina casera.

En **O Biduedo** (Triacastela) está **Casa Quiroga** (telf. 982 187 299) que tiene tres habitaciones dobles, sala de estar y comedor, además, se puede participar en las tareas agropecuarias.

A 2 km de Triacastela se halla el núcleo de turismo rural de **Vilavella,** que cuenta con varios alojamientos, como **Casa Pacios** (telf. 982 548 158; habitación doble: 32 €) y **Casa da Veiga** (telf. 982 548 156).

Casa de Gayo (Louzarela, 4; 982 161 580) son dos alojamientos contiguos en **Pedrafita do Cebreiro.** La primera es una casa de nueva planta en una finca agrícola y la segunda una casa tradicional en plena naturaleza. Ofrecen desayunos y comidas.

CANGAS DO MORRAZO

PONTEVEDRA. 13.019 HABITANTES

Situada en la ría frente a Vigo, conserva un interesante conjunto urbano y nada menos que 35 playas en el ayuntamiento. Su activo puerto tiene vida propia pese a pertenecer al área metropolitana de Vigo, ciudad con la que está comunicada por los vapores de pasaje y, desde el puente de Rande, por una carretera muy lenta, a través de Moaña, y una vía de alta capacidad (pronto autovía) que ha causado importantes daños en el paisaje de la península. Entre los atractivos del municipio se cuentan alguna de las playas nudistas más famosas de Galicia, la impresionante y acantilada costa da Vela, el delicioso núcleo marinero de Aldán o el cruceiro más alambicado del país, que es el de Hío.

INFO Y TRANSPORTES

Organismo Autónomo de Turismo. Rúa Benigno Soage, 5. Telf. 986 392 023/ 630. Estación Marítima (telf. 986 300 875) Durante la Semana Santa y el verano funcionan sendas casetas de información en la y junto a la iglesia de Hío y en la estación de autobuses. www.cangas.org www.concellodecangas.org

Estación Marítima. Con líneas a Vigo y, en temporada (principios de julio a principios de septiembre, 16 € ida y vuelta adultos, 5 € niños de hasta 10 años), a las islas Cíes. *Empresa Naviera Mar de Ons.* Telf. 986 225 272. www.mardeons.com

Estación de Autobuses Montero Ríos, s/n (al lado de la Estación Marítima). Telf. 902292 900. Telf. 986 300 111/ 122.

Aparcamiento. Al lado de la estación de autobuses, junto a la lonja y las conserveras y a la entrada de la villa, en la playa de Rodeira.

VISITA

UN PASEO POR LA VILLA

Junto al abrigado puerto, abrazándolo, se extiende una agradable **Alameda** que, como suele ocurrir con las zonas portuarias, tiene mucho ambiente de día y de noche. El centro urbano de la villa aún conserva gran cantidad de viejas casas marineras, agrupadas en calles estrechas y sombreadas, con la ropa tendida y el ambiente popular. Al otro extremo de la Rúa Real se encuen-

RÍA Y PUEBLO DE ALDÁN.

tra la antigua colegiata, hoy **iglesia de Santiago de Cangas,** con una fachada del siglo XVI que recuerda a la del compostelano templo de San Martiño Pinario.

Durante cierto ataque pirata, que cogió a la iglesia recién estrenada, dicen que se negó a arder el **Cristo Vello** (o Cristo da Pila Bautismal), tallado en madera. Eso es tener voluntad propia.

Este ataque grabó la fecha de 1617 con números negros en la historia de Cangas. En tal año apareció por estas costas una escuadra con 11 bajeles de piratas argelinos y berberiscos que, no pudiendo atacar la bien protegida ciudad de Vigo, desembarcaron en Cangas. Los piratas robaron, incendiaron casas, hicieron cautivos y dieron muerte a la mayoría de sus habitantes.

El desastre provocó un trauma colectivo e hizo enloquecer a algunas mujeres que todo lo habían perdido y que desde entonces se dedicaron a vagar sin rumbo, entre los chismes y maledicencias de unos vecinos que comenzaron a considerarlas *meigas.* La histeria colectiva dio pábulo a rumores de aquelarres, de campanas que

EL TAPEO

Todo el casco antiguo puede ser considerado como zona de vinos y tapeo, abundando las típicas tabernas marineras.

O Arco, en la plaza abierta al paseo (praza do Arco), ocupa un antiguo edificio y sirve tapas variadas.

O Porrón (rúa do Lirio), taberna marinera con pulpo, chinchos, sardinas... y el mesón **O Batel** son otros locales de tapeo en la Alameda.

Por el interior de la zona vieja destacan la bien ambientada **Taberna do Xefe,** para tomar vinos de la casa con pescado frito, y la **Taberna Típica dos Chata** (rúa Hío, 16), que sirve jamón, queso, patés y ahumados. Por la rúa Alfredo Saralegui se accede al famoso **Balcón do Porto,** que además de tapería funciona como restaurante y tiene unas bonitas vistas sobre la ría. En la misma calle, pero más bien para raciones y comidas, queda **Casa Macillos.** La especialidad resulta obvia en el **Mesón da Tortilla,** junto a la iglesia, y las tapas acompañadas con sidra se toman en **A Fonte do Galo,** en la calle que le da nombre. Cerca de la playa de Rodeira, en la rúa Espírito Santo, se encuentra el **Mesón Guimeráns,** en el que es posible degustar unas estupendas raciones de pulpo de la ría y el pescado del día.

Otro lugar típico a la entrada del pueblo, por sus tapitas de elaboración casera, es el **Mesón O Forte** (Félix Ozámiz, 8; telf. 986 303 247), que también ofrece a sus clientes un menú del día con varios platos a elegir.

CAFÉS

Los cafés de tarde, como todo en Cangas, se concentran en el puerto. En Montero Ríos hay varios locales con pequeñas terracitas en la acera. Clásicos de toda la vida son **A Borneira** y **La Marina** (descuidado, pero con una terraza que se agradece; este bar presume de tener el teléfono más antiguo de O Morrazo); más elegante, fino y modernizado es el **Asubío.** Frente a la Alameda se halla el café más concurrido, **La Oficina.**
O Caixón de Quini (Eirado do Costal) es un agradable y acogedor local de piedra de la zona vieja, con una terraza en un típica plaza en cuesta. Otros cafés con ambiente agradable son el **Plantaciones de Origen** (Real) y el **Agora,** en la zona vieja. A ellos tenemos que unir las terrazas de la peatonalizada rúa de Eugenio Sequeiros. Otro local de referencia es **La Buena Vida,** café que destaca por su mobiliario, con la particularidad de que todas las mesas y las sillas son diferentes (cada una de su padre, y su madre). Los cafés más nuevos son los inaugurados en el muelle de pasajeros. También resulta muy relajante la terraza de la Estación Marítima, que nos permite disfrutar de la ría y el ir y venir de los vapores.

tañían solas, de actos de brujería, de pactos con el diablo. La intervención de la Inquisición sólo era cuestión de tiempo, y muchas de estas pobres locas terminaron en la hoguera.
La segura **playa urbana de Rodeira** se ofrece, con su paseo marítimo, para nuestro solaz y esparcimiento.

ALREDEDORES

Una pequeña excursión hacia el oeste nos llevará, tras pasar por la playa de Liméns, hasta la **iglesia** románica **de San Andrés** de **Hío.** En su atrio se conserva el **cruceiro** más monumental de Galicia, una obra de 1872 realizada por Ignacio Cerviño. El mérito de esta consideración radica en el hecho de que su capitel fue esculpido en una sola pieza. Es un cruceiro espectacular, barroco, teatral, exaltado, que sustituye la sencillez de los habituales Cristos y Dolorosas de los cruceiros más populares por una compleja escena de Descendimiento, próxima, por su desarrollo, a los Calvarios bretones, dramática y poblada de figuras. El trabajo se completa con varias representaciones de Adán y Eva, Cristo en el limbo

CRUCEIRO DE HÍO.

de los justos y la Virgen del Carmen consolando a las almas del purgatorio.
Continuando el pequeño recorrido por la península del Morrazo, veremos cómo se suceden las **playas de Nerga** y el gran arenal de **Barra,** la más antigua y famosa playa nudista de Galicia. En el extremo se encuentra por fin el **Cabo Home,** el mejor mirador hacia las **Islas Cíes,** que con las de Ons y Sálvora, que también se sitúan en la boca de sus respectivas rías (Pontevedra y Arousa), y la de Cortegada (en el interior de la ría de Arousa), forman parte del **Parque Nacional das Illas Atlánticas,** creado en 2002; desde aquí contemplamos su perfil más escarpado.
Cerca de Cabo Home, en el **monte Facho de Donón,** se conservan los restos de una caseta de piedra construida, tras el ataque pirata, para vigilar la costa. Junto a ella ha sido excavado desde 2003 el **castro,** en el cual además de viviendas, murallas y el foso, ha sido descubierto un santuario galaico-romano en el que aparecieron 161 aras dedicadas al dios indígena Berobreo.
Al norte, la pequeña ría de Aldán ofrece también muchas playas recogidas.
También podéis disfrutar de una bella panorámica de la ría desde el **balcón do Rei,** a 2 km de Cangas, y desde el atrio repleto de cruces de la **iglesia** de **Coiro,** 3 km al norte. Junto a esta iglesia, aseguraban las leyendas que tenían lugar los aquelarres en el siglo XVII y que las campanas del templo tañían solas para convocar a las brujas. Cerca, como recuerdo de estos sucesos, queda la **Casa de la Inquisición.**

FIESTAS Y TRADICIONES

Las **fiestas patronales del Cristo** (26 de agosto-1 de septiembre) son las más populares de Cangas. Se prolongan durante una semana con festejos, conciertos, actuaciones, desfiles...
También tienen gran relevancia la **Semana Santa,** declarada Fiesta de Interés Turístico Gallego –que alterna las clásicas procesiones religiosas con otras actividades más lúdicas, como ciclos de teatro aficionado–, y el **Entroido** o Carnaval, que reúne entre Cangas y Moaña a decenas de miles de personas.
Otras romerías atractivas son la de **Darbo** (8 de septiembre), con una célebre y antigua danza y contradanza recientemente recuperada; la de **San Roque do Monte** (en Hío, el domingo más próximo al 16 de agosto), muy tradicional y en la que se baila una danza conocida desde finales del siglo XVI; y la de **San Sebastián de Aldán** (20 de enero), con otra pintoresca danza de más de 300 años.

DORMIR EN CANGAS DO MORRAZO

El mejor alojamiento del municipio es A Casa de Aldán (Aldán, telf. 986 328 732, www.acasadealdan.com; 95 €), que ocupa una antigua fábrica de salazón, en primera línea del puerto, brillantemente rehabilitada con criterios muy contemporáneos, toques minimalistas y mobiliario de diseño. En la villa resultan bastante más económicos los que siguen:

HOTEL AIRIÑOS DO MAR**

Eugenio Sequeiros, 30.
Telf. 986 304 000.
www.airinos.com
Hotel bien situado con una capacidad de 56 habitaciones, que son de tamaño bastante reducido.
Habitación doble: 36-80 €.

HOTEL HOLLYWOOD**

Avda. de Mariña, 21.
Telf. 986 305 052.
Pequeño y acogedor hotel con decoración muy sencilla y unos precios bastante competitivos.
Habitación doble: 40-60 €.

HOTEL PLAYA**

Avda. Ourense, 78.
Telf. 986 301 363.
www.hotel-playa.com
Presenta una gran ventaja: la de su situación en primera línea del paseo marítimo de la playa de Rodeira, en el que coloca vegetación abundante y terrazas. Ofrece también estudios y apartamentos con 1, 2 y 3 dormitorios.
Habitación doble: 37-57 €.

HOTEL JUCAMAR**

Avda. de Marín, 5.
Telf. 986 304 177. Un hostal frente al puerto, en un edificio moderno. Habitaciones cómodas, con excelentes vistas si dan al mar.

HOSTAL BELÉN*

Antonio Nores.
Telf. 986 300 015.
Está en el centro, pero sin lujos. Discretito y barato.
Habitación doble: 30-40 €.

Otros alojamientos recomendables son el **Hostal Rodeiramar*** (8ª travesía Orense, 11; telf. 986 301 749; habitación doble: 38-53 €), por su situación céntrica, y el **Don Hotel**** (Tobal-San Roque; telf. 986 304 400; habitación doble: 44-71 €) que, aunque no se encuentre en el centro de la población, está muy bien equipado, con acceso para discapacitados.

■ TURISMO RURAL

A Boubeta (A Boubeta; telf. 986 392 236/ 687 470 013; habitación doble: 48-70 €; www.aboubeta.com) es una casa de aldea rehabilitada e instalada en una finca de 2400 m² de jardines con piscina. La casa dispone de 8 habitaciones dobles distribuidas en tres zonas independientes: dos de ellas con 2 habitaciones y galería acristalada y la otra con 4 habitaciones y sala de lectura con chimenea.
En Aldán también tienen asiento, además de la citada Casa de Aldán, **A Cova da Balea** (ctra. del Muelle; telf. 986 329 276; 54-72 €), próxima al mar, con jardín, huerto de frutales y 5 habitaciones con su porche-terraza cubierto, y la **Casa do Ouro** (Erbello, 10; telf. 986 328 451; www.casadoouro.galice.net; habi-

LA NOCHE

El ambiente nocturno comienza, a primera hora, en los cafés de la Alameda y los jardines, y continúa más tarde en la zona de pubs, de la avenida de Marín hacia arriba, decorados con luces de neón y demás.

Merecen la pena el **Boxes,** disco-pub moderno con buena música que cuida bastante la decoración (fuera tiene una moto y en el interior esculturas alusivas al mundo de la competición); y el **Competensia.** Entre los clásicos que conservan su tirón no puede faltar el **Daso,** que suele estar a tope. Otros pubs aceptables, sin más, son **Numa, Rato's** y la disco **Clip.**

El ambiente alternativo se refugia en el **Chiapas.** A medio camino entre el café de tarde-noche y el pub está el **K2,** que tiene mucha gente a primera hora. Como novedad cabe destacar el **Triskele,** amigo de la música folk, y el **Lúpulo.**

La discoteca de moda en Cangas es **Thais,** un grandísimo y ruidoso local que ocupa los bajos de todo un alto edificio. Otra disco más pequeña, pero para última hora, es **Dedos.**

En la zona del paseo de Rodeira han abierto dos cafeterías "de diseño", el **Malecón** y el **Casablanca,** que unidos al ya histórico **Habana** convierten este paseo en una de las zonas de terrazas veraniegas más concurridas.

tación doble: 50-62 €), con 6 habitaciones de estilo clásico y jardín. Más barata que las anteriores, pero también menos atractiva por tratarse de una casa moderna, es **La Garita** (praia de Rodeira; telf. 986 300 257; www.casalagarita.com; habitación doble: 40-70 €).

COMER EN CANGAS DO MORRAZO

■ CASAS CON MENÚ (MENOS DE 15 €)

MESÓN SOL PONIENTE

Antonio Nores, 4.
Telf. 986 302 351. Cocina casera a buen precio y vinos de la zona como el tinto femia. Churrasco y pescados a la cazuela.

LA BODEGUILLA

Av. de Bueu, 20.
Telf. 986 304 866. Un tanto claustrofóbico, por ocupar un entresuelo, sirve un buen menú del día, pero sin posibilidad de elección. A la carta destaca por sus chuletones y el entrecot de ternera, que preparan a la vista.

MESÓN O MESTER

Eduardo Vicente, 6.
Telf. 986 306 677. Uno de los varios que se pueden encontrar en las callejuelas del casco antiguo. De ambiente rústico, ofrece especialidades gallegas como la

empanada, el marisco y el pescado de la ría.

CASA ELADIO

Felix Ozámiz, 47. Telf. 986 302 475. Sencillo, en la zona de la playa de Rodeira. Con un económico menú del día, mariscos y pescados de la ría, y embutidos ibéricos.

MESÓN DOADE

Bajada de playa Armedes, 2. Hío. Telf. 986 328 302. Junto al cruceiro de Hío, tiene un comedor pequeño y acogedor, para degustar la cocina típica de calidad, con especialidad en pescados al horno, mariscos de la ría y vinos de cosecha. Con menú del día.

■ RESTAURANTES (SOBRE 24 €)

En la cercana **Balea** (a 1 km) se halla **Casa Simón** (telf. 986 300 016), un reputadísimo restaurante de sabor marinero. Mariscos de la ría, ostras de cultivo propio, empanadas de maíz con berberechos, estofado de vieiras, arroz con bogavante y caldeirada de rodaballo componen su oferta. Sube la factura si nos pasamos con los mariscos caros.

Sin los lujos del anterior, **Macillos** (frente al muelle; telf. 986 304 905) es una casa de comidas tradicional, con excepcional cocina de mercado.

O CARBALLIÑO

OURENSE. 12.300 HABITANTES

Carballiño tiene a fama ser una de las capitales culinarias de Galicia, y no le faltan motivos. El refrán afirma que *Pra carne, pan e viño, Carballiño,* pero lo cierto es que el plato que mayor fama a dado a la villa es el pulpo á feira. Aunque os pueda parecer insólito que sea en un pueblo de interior donde mejor se prepare un molusco, en el vecino lugar de Arcos se localiza desde siempre la flor de las pulpeiras de Galicia.

O Carballino es una villa moderna, que a finales del siglo XIX apenas abultaba lo que unas cuantas casas en un cruce de caminos, pero que ha sabido crecer aprovechando los remanentes de la emigración y consolidando su industria hotelera y de ocio. Hoy la localidad ofrece, además, la posibilidad de disfrutar de los manantiales de aguas termales que nutren a sus balnearios.

INFO

Centro Comarcal do Carballiño
N 541, km 27.
Telf. 988 530 252.
www.carballino.org
Oficina de Turismo Municipal
Alameda. Telf. 988 274 757.

Oficina de Información Xuvenil do Concello. Ayuntamiento.
Telf. 988 530 007.
Fundación para o Desenvolvemento da Comarca do Carballiño. Avda. da Estación.
Telf. 988 272 351.

TRANSPORTES

Estación de autobuses
Avda. Balneario, 66.
Telf. 988 270 812.
La empresa *Auto Industrial* (telf. 988 270 247) cuenta con líneas regulares a ciudades y pueblos grandes. Los pueblos de los alrededores están bien comunicados por la empresa *Montañesa* (telf. 988 270 088).

Estación de tren
Estación, s/n.
Telf. 902 240 202.

Taxis
Las paradas más céntricas se hallan en la Praza Maior (telf. 988 270 562) y en la Alameda (telf. 988 270 007). Hay otra parada de taxis más, situada en el cruce con la carretera de Ribadavia (telf. 988 270 566).

VISITA

La visita de O Carballiño se articula en torno a tres centros de interés: el balneario del Arenteiro, el exuberante parque municipal y la iglesia de la Vera Cruz, construida en el más ecléctico de los estilos.

UN PASEO POR LA VILLA

Carballiño creció al este del río Arenteiro, un río que baña buena parte de los atractivos turísticos de la villa. En sus orillas está el **Gran Balneario,** un centro de salud con modernas instalaciones para el tratamiento de afecciones intestinales, hepáticas, respiratorias, dermatológicas y de garganta, instalado en un hermoso edificio de 1900. Las aguas de este balneario son sulfurado-sódicas, fluoradas, templadas (28ºC) y, al parecer, ligeramente radiactivas, y se pueden beber o usar para baños, hidromasajes, duchas e inhalaciones. En fin, todo un mundo de aplicaciones y de posibilidades que ya eran conocidas en el siglo XVIII, cuando este lugar se conocía como la "Poza de Sanar".

El pequeño parque privado del balneario nos sirve de anticipo para conocer el gran **Parque Municipal,** que se extiende en la orilla izquierda del río. Con sus 32 ha de avenidas, bosquetes y jardines, fue diseñado por el arquitecto ourensano Conde Fidalgo en 1924. En este espacio natural se congregan y armonizan gran cantidad de especies arbóreas como chopos, cedros, camelias, robles, abedules, pinos y muchos tipos de plantas, sin olvidar una variada fauna de pájaros, ardillas, cisnes, ocas y truchas. Podemos pasear relajadamente y perdernos en este parque durante horas, o bien llegar hasta la piscifactoría que señala su límite por el sur; frente a ella se extiende una pequeña y agradable playa fluvial muy frecuentada para aliviar los rigores térmicos del

BALNEARIO DE O CARBALLIÑO.

verano. La piscifactoría es el centro de un área recreativa con miradores panorámicos, desde donde sale un sendero, paralelo al río, que conduce hasta la **Pena dos Namorados** y hasta el conocido como **Muíño das Lousas.**

En el centro urbano, cuyo caótico urbanismo poco tiene que ver con la armonía natural de su parque, se ubica la **iglesia de la Vera Cruz,** un exótico templo diseñado por el arquitecto de Porriño Antonio Palacios Ramilo que se comenzó a construir en 1943 y se concluyó, en sus partes más importantes, hacia 1957, después de salvar enormes dificultades económicas. Al mirar este curioso edificio historicista no deja de sorprendernos la enorme variedad de estilos que pudo llegar a conjuntar el arquitecto, una especie de popurrí en la que se combinan el románico, el gótico, el arte bizantino, las construcciones militares, las catedrales, los pazos, los monasterios... Vamos, que no le falta de nada. Destacaremos del conjunto la airosa **torre** de 52 m con sus grandes vanos, y la rotonda interior, clave del diseño espacial de la iglesia, cubierta por una cúpula rodeada de ábsides. En las afueras de la villa es merecedor de una visita el **Centro Comarcal,** con exposi-

EL TAPEO

La vida en O Carballiño se concentra en dos zonas, la del Ayuntamiento, con su Praza Maior, que constituye la parte vieja de la ciudad; y la de la Pista Roja, cerca de la Alameda, en la zona nueva. El tapeo predominante es el de mesón y, por supuesto, el pulpo es la madre de todas las raciones, siempre acompañado por el pan de Cea. En la zona del Ayuntamiento destaca la cervecería **O Xardín,** que llama la atención por los azulejos que la adornan. Tienen justa fama el **Bar de Dios,** más conocido como "Bar dos Callos" (a ver quién acierta la especialidad) y **Casa Gazpara** (recomendado como restaurante). Completaba la oferta la **Taberna de Xosé,** un mesón que, con las debidas mejoras –siempre se pierde en autenticidad– se ha trasladado a la rúa Calvo Sotelo.

En la zona de la Pista Roja los locales más frecuentados son el **Latino** (popular por sus buenos pinchos y vinos) y, sobre todo, el **Mesón do Pulpo,** que, a pesar de su nombre, no alcanza en fama al Gazpara. A los anteriores tenemos que sumar otros nuevos y exitosos como **O Bagazo** (rúa Perfectino Vieitez), **Nene** (rúa Aldara), **Ningures** (rúa do Paseo), que en realidad se trata de un café que da pinchos, y la reputada y ya famosa vinoteca a la que, por poético nombre, le pusieron **Abadía dos Sentidos.**

LA NOCHE

La noche, como todo en esta villa, también se articula en torno a las dos zonas. La del Ayuntamiento es la más tranquila y suele estar frecuentada por gente de mayor edad. El antedicho **Café-Pub Plaza** abre por la noche su segunda barra y pincha buena música. Tras el Ayuntamiento se sitúan dos pubs juntos que dan ambiente a la zona: el **Jazmín** y el **Vai Ven,** tipo modernillo. Junto al Ayuntamiento también destacan dos locales más bien tipo discoteca: el **Enigma** y el **Tubos.** Para tomar copas muy baratas nos dirigiremos al **N VI** (galerías de la avda. Julio Rodríguez Soto).

En la zona de la Pista Roja los locales son más modernos y con gente más joven. Destacan el **ADN** (uno de los más nuevos), **La Kalle** (de los más concurridos), el **Grease** (para los más tranquilos, un local acogedor con techo bajo y cuidadosa decoración, ideal para tomar un café al principio de la noche o una copa relajada al final) y el **Lord Black** (normalito, de los que siempre tienen gente).

La gran discoteca, frecuentada por los más jóvenes, es **Maxim's** (tipo macrodisco, con bakalao, tecno, luces láser...). Algo más alejada se halla la otra disco, **Cool Sesion,** con público de mediana edad.

ción permanente de los recursos turísticos del territorio (interesante reproducción en 3D del castro de San Cibrao de Lás) y un apartado dedicado a la emigración.

Muy cerca de O Carballiño merece una visita la curiosa **iglesia de Banga,** célebre por las pinturas renacentistas, de corte neoplatónico, situadas en la capilla mayor.

Camino de Ourense, en el concello de San Amaro queda bien señalizado el **castro de San Cibrao de Lás** o ciudad de *Lansbrica,* que es uno de los mayores de Galicia y va a ser dotado de un centro de interpretación sobre el mundo castreño. Cuenta con dos recintos y sus murallas aparecen defendidas por cubos.

DORMIR EN O CARBALLIÑO

Suele haber ofertas turísticas de fin de semana, con rutas de senderismo, a caballo, visitas guiadas, cicloturismo, aguas medicinales en balneario, pesca y alojamiento en hotel u hostal. En general, la oferta y el precio son muy competitivos.

Hotel Castro*

Julio Rodríguez Soto, 36.
Telf. 988 270 388. Muy céntrico y cómodo, relativamente nuevo. Las habitaciones tienen lo básico y el servicio es algo corto, pero se compensa con el buen precio. Habitación doble: 35-50 €.

Hotel Derby*

Avda. Julio Rodríguez Soto, 44. Telf. 988 274 740.
Está en la praza de Abastos, en un edificio antiguo. Aunque las habitaciones tienen lo básico, ofrecen otros servicios singulares como peluquería de señoras o pista de tenis. Habitación doble: 30 €.

Hostal La Cubana**

Praza do Balneario, s/n.
Telf. 988 274 136. Además de céntrico, tiene comodidades inesperadas si tenemos en cuenta el precio, como televisión, teléfono en las habitaciones, garaje...
Habitación doble: 39 €.

Hostal Noroeste**

Travesía Calle Cerca, s/n.
Telf. 988 270 970. Situado en la zona vieja, con buena atención y habitaciones muy apañadas.
Habitación doble: 28 €.

Hostal Tojo*

Cuesta, 5. Telf. 988 270 334. También es céntrico, en la zona antigua, ocupando un viejo edificio que da a una coqueta plazoleta. Habitaciones algo gastadillas pero cómodas y muy limpias. Sólo en verano. Habitación doble: 27 €.

■ Turismo rural

Pazo Almuzara

Boborás. Telf. 988 402 175.
www.pazoalmuzara.com
A unos 5 km de O Carballiño por la N 541. El pazo, muy clásico y sobrio, tiene el inconveniente de estar ubicado al pie de la carretera de Pontevedra. El precio varía mucho según se escojan las habitaciones de la zona noble (50-70 €) o las de un anexo (40-60 €).

Casarellos

Casarellos, Piñor. Telf. 988 403 222. 15 km al noreste de O Carballiño, próxima a la ctra. de Ourense a Santiago. En 3 edificios separados ofrece 8 habitaciones dobles, sala de lecturas, salón, piscina y una huerta ribereña del Arenteiro de 80.000 m^2. Habitación doble: 42-52 €.

COMER EN O CARBALLINO

Pocos lugares de Galicia consagran tantas fiestas a la gastronomía como O Carballiño: el verano se dedica completito al condumio, empezando por el pan de Cea (celebrado el segundo domingo de julio), seguido por el cabrito (primer domingo del agosto), el pulpo (segundo domingo de agosto) y la empanada (tercer domingo de agosto); a la cachucha (cabeza de cerdo) le toca en el domingo de Carnaval. Sin embargo, estos productos pueden ser también consumidos en sus restaurantes. Son recomendables los siguientes:

■ Casas con menús (menos de 15 €)

Gazpara

Flores, 2. Telf. 988 275 320. En un lateral del Ayuntamiento y precedido por un emparrado, es un viejo bar con la barra muy alta, popular y concurrido, con el pulpo siempre hirviendo en sus potas de cobre (también merece la pena la carne *ó caldeiro*).

Abadía dos Sentidos

Curros Enríquez, 31.
Telf. 988 531 919. Aunque en este local se acude más a picar tapas o raciones en compañía de un buen vino, muchos también se apuntan a comer a base de sus especialidades: ibéricos, patés, quesos, pizzas de masa casera y pan árabe (relleno de un sinfín de cosas).

Belmont

Perfectino Viéitez, 14.
Telf. 988 272 460. De la emigración no sólo vienen parrilladas o bares con nombres de ciudades suizas, también cocinas de calidad de otros países como México o Panamá. Tal es este caso, que nada tiene que ver con el folclorismo tex-mex de la comida rápida.

En la avda. de Julio Rodríguez Soto, que baja al balneario, se concentran varios hostales que cuentan con restaurantes de tipo medio, económicos y muy similares: **Derby** (telf. 988 274 740), **Esclavo** (telf. 988 270 495) o **Castro** (telf. 988 270 388).

■ Restaurantes (desde 24 €)

En el Parque Municipal está **O Pote** (telf. 988 270 015), con carnes, pescados y pulpo acompañados por vinos de Ribeiro y Rías Baixas y en el km 29 de la ctra. de Ourense a Pontevedra **O Xardín** (telf. 988 530 208), que forma parte del nuevo hotel del mismo nombre y está especializado en la cocina gallega y vasca. En **Maside,** a unos 5 km de Carballiño, tienen fama los pescados y mariscos a la plancha de **O'Barazal** (telf. 988 288 691; precio medio a la carta: 65 €).

CAFÉS

Hay muchos cafés, sobre todo si tenemos en cuenta el pequeño tamaño de la villa. Por la zona del Ayuntamiento están el **Café das Airas,** un local bohemio y cómodo, bajo los clásicos soportales de la Praza Maior; el **Café Real,** antiguo y reformado, con una terraza en la que se está de maravilla; el **Gourmet,** muy fino, como su nombre indica, con cafés y tés de todo el mundo para tomar en el local o comprar al peso; el **Café-Pub Plaza,** una buena combinación de lo tradicional y lo moderno, con un acogedor piso superior con grandes vigas de castaño y balcones a la plaza; y finalmente, el **Café Que lo Sepas,** detrás del edificio del Ayuntamiento.
En la zona de la Pista Roja se hallan el **César,** más una cafetería de lujo que un café, grande, moderno y concurrido; el **Yakimor,** otro local moderno como la mayoría en esta zona; el **Archy,** como los anteriores, muy concurrido y algo alejado, y **La Creme,** el sitio ideal para tomar un pastelillo con el café viendo la Alameda (probad las cañas fritas).

CEDEIRA

A CORUÑA. 4.950 HABITANTES

La vieja Cetaria de los romanos es hoy una villa marinera muy animada en verano. Las céntricas playas de Area Longa, junto al puerto de activa lonja, y A Madalena, un extenso arenal de casi 2 km, se abren a la pequeña bahía y son parte del atractivo turístico de Cedeira.

INFO

Oficina de Turismo. Ezequiel López, 17. Telf. 981 482 187.
Oficina de Información Xuvenil Avda de España, 60.
Telf. 981 482 633.
Hay alguna información, pero poca, en *La Voz de Galicia,* edición de Ferrol. También en *El Ideal Gallego.*

TRANSPORTES

Estación de autobuses. En la rúa do Ensino. La empresa con mejores comunicaciones es *Rialsa,* con autobuses casi cada hora desde Ferrol.
Taxis. Parada en praza do Sagrado Corazón, justo en el centro del pueblo. Telf. 981 480 211.

VISITA

Las playas de A Madalena y el puerto se encuentran unidos por un agradable **paseo marítimo,** alegrado con jardines, en el que surge la estatua de una robusta mujer marinera.
En el casco antiguo, situado en un pequeño alto, la **iglesia gótica de Santa María do Mar** (siglo XVI) fue descuidadamente remendada con cemento en el siglo pasado, pero conserva casi intactas las dos bellas **capillas** laterales, capillas que prestan un servicio inestimable a la procreación al estar dedicadas a la Virgen de la Concepción la una, y a la Virgen del Parto la otra.

VISTA DE CEDEIRA.

EL TAPEO

La mejor zona es la del río Condomiñas. La gente diferencia las partes derecha e izquierda del puente por los bares. A la derecha se hallan el **Alitas,** de especialidad obvia, uno de los más concurridos, y el **Ría,** un mesón clásico con mucha variedad de pinchos y vinos. En **A Taberna da Calexa** también se pueden tomar tapas –al aire libre, si el tiempo lo permite, en los barriles dispuestos en las plazoletas colindantes–. **O Kilowatio** es un mesón pequeñito, tirando a tasca portuaria, especializado en *marraxo* (una especie de escualo) a la plancha, pinchos morunos, zorza y raxo, croquetas, calamares fritos a las mil maravillas y albóndigas, todo servido a una velocidad de vértigo; el **Marieta** es otra tasca típica y tranquila. También ponen tapas en el bar-restaurante **Badulaque,** del puerto, y en **A Revolta,** en el paseo marítimo.

A orillas del Condomiñas se conserva una agrupación de casas con las blancas galerías típicas de las Rías Altas.

Alrededores

Resulta imprescindible una excursión a **San Andrés de Teixido,** una pequeña aldea al norte del municipio que cuenta con uno de los santuarios de mayor devoción de Galicia, en un entorno natural soberbio: en la punta **Vixía de Herbeira** se hallan los acantilados más altos del sur de Europa, con sus vertiginosos 600 m de caída a pico.

Al templo, del siglo XVI, concurren nutridas romerías entre el 16 de agosto y el 9 de septiembre (especialmente el día 8) y el 29 de este último mes.

Dicen que Cristo prometió a un San Andrés celoso de Santiago que todo el mundo debería ir al menos una vez a su santuario, y si no lo hacía en vida, lo haría después de muerto. Así el dicho popular afirma que *"Ao San Andrés de Teixido, vai de morto o que no foi de vivo"*, y los romeros actúan en consecuencia.

El antiguo ritual era curioso: días antes de partir hacia San Andrés, los romeros se acercaban a los cementerios donde reposaran sus muertos, a los que avisaban del viaje con pequeños golpes en las lápidas; durante el trayecto el peregrino hablaba con el difunto, le guardaba sitio en el medio de transporte, dejaba comida para él y actuaba en todo momento como si en verdad lo acompañara en carne mortal. Además es costumbre orientar hacia San Andrés a los insectos, lagartijas, sapos, culebras y otros animales que se encuentren por el camino, pues es creencia que las almas de los muertos pueden cumplir su peregrinación usando los cuerpos de estos bichos.

Al llegar al destino, y tras visitar la capilla, se echan migas de pan en la fuente del santo: si flotan es señal de que San Andrés intercederá por el romero para cumplir sus peticiones; si no flotan no hay nada que hacer. Como recuerdo del viaje se pueden traer *sanadreses*, típicas figuras elaboradas con masa de pan sin fermentar; un ramo de San Andrés, hecho con vara de avellano y ramas de tejo, o la muy solicitada *herba namoradeira* (clavel marino), si hemos de ser sinceros, de efectividad más que dudosa.

SAN ANDRÉS DE TEIXIDO.

DORMIR EN CEDEIRA

HOTEL HERBEIRA***

Lugar de Cordobelas, s/n.
Telf. 981 492 167. A 1 km de Cedeira se ubica este novísimo y moderno hotel. Muy bien equipado, con una enorme piscina y unas bonitas vistas de la ría.
Habitación doble: 60-85 €.

HOSTAL BRISAS**

Arriba da Ponte, 19.
Telf. 981 481 054. Es un hostal muy céntrico, junto al puerto y la ría en todo su esplendor.
Habitación doble: 37 €.

HOSTAL CHELSEA**

Praza Sagrado Corazón, 9.
Telf. 981 482 340. De mayo a octubre, también muy céntrico, pero al otro lado del río, a unos metros de la playa. Habitación doble: 40 €.

TURISMO RURAL

CASA CORDOBELAS

Cordobelas.
Telf. 981 480 607/ 679 059 776. A 1 km en dirección a Ferrol. Es una casa tradicional restaurada con buen gusto. Las habitaciones, que han sabido combinar tradición y modernidad, resultan cómodas y algunas tienen vistas a la ría.
Habitación doble: 45-70 €.

O CARREIRO

Santalla de Cervo.
Telf. 981 480 094. Está camino de San Andrés de Teixido, algo más lejos que el anterior. La construcción es meritoria: una casa antigua, de piedra pequeña, con balconadas de madera, reconvertida en dos apartamentos con bonitas y cómodas habitaciones que se alquilan por unos 52 €. La casa cuenta con un típico mesón que sólo abre los fines de semana por la tarde.

AVISO

La selección de los establecimientos incluidos en esta guía se ha hecho siguiendo, exclusivamente, el criterio independiente de los autores. Ninguno de los hoteles, restaurantes, comercios, etc. aquí contenidos ha desembolsado cantidad alguna para aparecer en la guía.

LA NOCHE

La noche es tranquila y suave, y transcurre casi toda en la zona nueva, en torno a la carretera de Ferrol (avda. Generalísimo y avda. de España). Típico local para las primeras copas, hasta las 2 h de la mañana, es **La Central.**

Muy concurrido es el **Quercus,** aunque pasan sin avisar del mejor pop español de los ochenta a Julio Iglesias; emociones fuertes, vamos. Tiene zona de baile en la parte de atrás y funciona con intensidad hasta las dos y media, poco más o menos.

El **Universal,** en plan cervecería inglesa, también suele estar lleno. En la misma zona destacan también el **Maracama** y la discoteca **Memphis Beel.**

A última hora, a partir de las cuatro, la gente se acumula en **Saa,** variada en fauna y música.

COMER EN CEDEIRA

A Cedeira se viene sobre todo a comer el bonito, preparado en rollo o en salsa, los chocos rellenos y los célebres percebes del cabo Ortegal, por lo que, como se comprenderá, los precios se disparan, aunque no tanto como se pueda pensar.

CASAS CON MENÚ (MENOS DE 15 €)

NÁUTICO

Rúa do Mariñeiro, 7.
Telf. 981 480 011.
Es el restaurante más famoso de la villa, donde se puede probar todo lo citado anteriormente.

MESÓN A CALEXA

Tras da Igrexa, 7.
Telf. 981 482 009.
Al otro lado del puente, un mesón ubicado en una restaurada casa de dos pisos, muy afamado por su cocina y bien ambientado, al estilo tradicional. Entre sus especialidades: el salpicón de marisco, el bonito y el *marraxo.*

VILLA DE CEDEIRA

Campo do Hospital, Montoxo.
Telf. 981 411 244.
Para el que siga a Ortigueira, a 13 km de Cedeira, éste es un lugar muy recomendable con menú económico. Sus especialidades son los callos, el entrecot y la caldeirada de pescado.

RESTAURANTES (SOBRE 30 €)

Mariscos y pescados a la moda, que dirían los portugueses, de Cedeira, en el moderno y azulón **Badulaque** (Area Longa, 1; telf. 981 492 265), que destaca por su salpicón de langosta, el pastelón cedeirés de raya o bonito y el rape con guisantes.

Mucho más rústico resulta **A Revolta** (avda. Fraga Iribarne, s/n; telf. 981 480 764), con pescado fresco de la lonja, así el pez espada, el marrajo o los chipirones.

CELANOVA

OURENSE. 3.249 HABITANTES

Así como su vecina Allariz es villa de reyes, Celanova tiene a fama ser villa de poetas. La historia de Celanova y su propia distribución urbana están ligadas al gran monasterio de San Salvador, fundado por un natural de la villa, San Rosendo, en el año 936. Su presencia domina el centro de la villa y constituye el mayor atractivo turístico de la localidad. En los alrededores conviene acercarse al núcleo medieval de Vilanova dos Infantes, donde se ha realizado un importante esfuerzo para revitalizar el caserío.

INFO Y TRANSPORTES

Oficina Municipal de Turismo
Praza Maior, 1. Telf. 988 432 201.
www.celanova.es
Centro Comarcal da Terra de Celanova. Vilanova dos Infantes. Telf. 988 432 267.
www.comarcasdegalicia.com
Oficina de Información Xuvenil del Ayuntamiento
Praza Maior, 1.
Telf. 988 432 201.
Autobuses. Información en el **Bar Rocarine** (Avda. San Rosendo, 16; telf. 988 451 269).
Autobuses
Empresas *Ampián* (telf. 988 225 288). Autobuses diarios a Ourense y a otros pueblos.
Aparcamientos
Se puede aparcar con comodidad en la praza Rubí, cerca de la Praza Maior o en la parte baja de la Alameda.
Taxis. En Catro Camiños (telf. 988 431 519).

VISITA

Un reposado paseo por San Salvador es lo mejor que nos ofrece Celanova, deteniéndonos especialmente en los claustros y en el pequeño oratorio de San Miguel. Si tenemos tiempo, vale la pena deambular por las callejas del casco antiguo o, incluso, acercarnos al villorrio medieval de Vilanova dos Infantes.

EL MONASTERIO DE SAN SALVADOR

San Rosendo fue en vida (allá por el año 936), entre otras cosas, obispo de Iria Flavia, de Mondoñedo y hasta virrey de Galicia, y se permitió el lujo de rechazar la mitra compostelana para pasar los últimos años de su vida en su tierra natal. El monasterio que fundó en tierras de su familia llegó a ser,

MONASTERIO DE SAN SALVADOR.

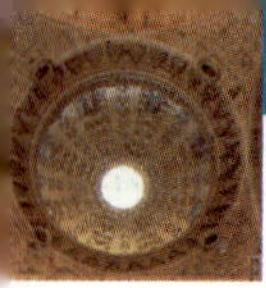

andando el tiempo, uno de los más poderosos de España, con posesiones que se extendían desde Zamora hasta las islas Cíes, frente a Vigo.

Durante el siglo XV la abadía sufrió las habituales –en Galicia– rebeliones de los irmandiños y diversos ataques de la bulliciosa nobleza gallega, aunque pronto se recuperó. Tras adherirse a la regla de San Benito, el abad de Celanova llegó a coleccionar, entre otros, los ampulosos títulos de conde de Bande, marqués de Sande y capellán del rey.

Tras la desamortización de Mendizábal en el siglo XIX, las dependencias del monasterio pasaron a tener ocupaciones diversas y a ser, sucesivamente, colegio de escolapios, salesianos o agustinos, y también Casa do Concello, juzgado, cárcel, cuartel, instituto de BUP o FP y hogar de la tercera edad. Lo que se dice un centro multiusos.

La iglesia y el claustro

La **iglesia** –para muchos, una de las más hermosas del barroco gallego– se construyó, bajo la dirección de Melchor de Velasco, durante el siglo XVII. La ornamental cúpula (similar a la de Sobrado) es obra de Pedro de Monteagudo. El interior de la iglesia tiene planta de cruz latina, con tres naves en el brazo mayor y una en el crucero, y en las pechinas de la cúpula se representan escudos de órdenes militares.

Los aficionados a las reliquias, que los hay, tienen en el retablo de la sacristía un buen muestrario de casquería sacra: el corazón de San Rosendo, la mandíbula de San Torcuato y un par de cráneos de santos. Destacan también en el interior del templo el suntuoso **retablo** del altar mayor, de Castro Canseco, con sus cuatro grandes columnas salomónicas, y los dos **coros:** el coro alto es ojival, del siglo XVI, y en el gran coro bajo, del XVIII, se

EL TAPEO

Los habitantes de Celanova no están muy acostumbrados al tapeo diario, pero podemos matar el gusanillo en algunos locales como el mesón **O Forno** (Travesía de San Roque), en plena zona vieja, con tapas variadas en un ambiente cuidado.

La cervecería **Lúpulo,** en la misma calle, ofrece orejas, riñones, lenguas y otras menudencias además de la especialidad de la casa, las salchichas alemanas. El **Bodegón Trigal** (Colón) es una taberna típica, con sus barriles haciendo las veces de mesas y buenos pinchos y tapas. La **Taberna do Galo** (Praza do Millo), otra tasca tradicional, está acogida bajo unos impresionantes soportales. **O Tellado** (Emilia Pardo Bazán) es un mesón agradable y muy animado, con una curiosa decoración y un pulpo de premio.

CAFÉS

La cervecería **Lúpulo,** ya mencionada por sus tapas, dispone de ordenadores para conectarse a Internet. En la Praza Maior tenemos el **Café Agarimo,** un bonito local de piedra, aunque algo descuidado y con máquinas tragaperras dando la paliza. En la misma plaza, frente al monasterio, se hallan el **Goya** –una moderna cafetería, cómoda y con buena atención– y el **Plaza,** del que dicen hace el mejor café de Celanova. El **América** (Emilia Pardo Bazán, 8) es un café que suele contar con exposiciones de artistas locales, y el **Londres 98,** en la misma calle, tiene un diseño vanguardista y es frecuentado por gente mayor a algunas horas del día. Como novedad, en la zona a la que alude, cabe citar el **Alameda.**

relatan las vidas de San Benito y San Rosendo, en las tablas inferiores, y se representan santos de la orden en las superiores.

Saliendo de la iglesia podemos pasear por los claustros: el sobrio **claustro nuevo** es del siglo XVII y tiene un curioso balcón sobre ménsulas, popularmente conocido como *O Poleiro* (el gallinero), que servía de acceso a las celdas de los novicios. Más interesante es el claustro viejo, llamado **de las Procesiones:** el piso bajo, diseño de Juan de Badajoz, se decora con los típicos medallones y ménsulas del siglo XVI, mientras que el piso alto, con sus gárgolas y filigranas, se debe a un monje de la casa, fray Plácido Iglesias, quien lo levantó en el siglo XVIII.

Desde el claustro de las Procesiones se pasa a una de las joyas de la arquitectura prerrománica gallega, el pequeño **oratorio de San Miguel de Celanova.** Esta construcción del siglo X, que se mantiene intacta desde los tiempos de San Rosendo, es un perfecto modelo de equilibrio y armonía de volúmenes en el que nos llama la atención su reducidísimo tamaño: sólo mide 2 x 2,5 m y su altura máxima es de 6 m.

Tan corto espacio le fue suficiente al constructor para conjugar en su planta un rectángulo, un cuadrado y un círculo, y para disponer en el interior, con delicadeza de miniaturista, una bóveda de arista, una pequeña cúpula en el ábside y un hermoso juego de arcos de herradura.

En la inscripción del exterior se solicita, en una oración rimada, el

ORATORIO DE SAN MIGUEL.

perdón de los pecados de un cierto hermano Froila. Pues le sean perdonados, si a él debemos este pequeño tesoro. Y al salir del monasterio veremos, frente a la fachada de la iglesia, la elegante fuente barroca que antes se hallaba en el claustro viejo.

Y NO TODO ES EL MONASTERIO

Aunque dominada por la apabullante presencia del monasterio, el resto de la villa ofrece algunos rincones de interés. Junto al monasterio se hallan una coqueta alameda y la pequeña praza do Rubí. La llamada **praza do Millo** ocupa, con sus soportales, su fuente y su cruceiro, el centro antiguo de la villa.

Hay otras calles interesantes como la rúa do Areal y la rúa Manuel Lezón, en la que la altura de las casas estuvo tradicionalmente limitada por un privilegio del monasterio que impedía construir edificios por encima de la línea de sus ventanas; lamentablemente, la norma cesó hace tiempo.

Decíamos que Celanova se considera villa de poetas, y con razón. Aquí nacieron Curros Enríquez, gran figura del Rexurdimento de las letras gallegas durante el siglo XIX (en su casa está previsto crear un **Museo dos Poetas**), y Celso Emilio Ferreiro, uno de los grandes poetas gallegos de nuestro siglo. Estas figuras señeras de la cultura gallega y el fundador San Rosendo son recordados en las calles de Celanova con esculturas de Buciños, Asorey y Acisclo Manzano.

ALREDEDORES

A 1 km escaso de Celanova se encuentra el pintoresco villorrio medieval de **Vilanova dos Infantes,** con sus calles y casas arremolinadas en torno a una torre militar del siglo XV, ahora transformada en el **Centro de Información Comarcal.** La madre de San Rosendo había fundado

FIESTAS Y FESTIVALES

Las fiestas más famosas son las de la Encarnación (el primer fin de semana de agosto), que incluyen **A Ramallosa,** o fiesta de los Faroles, una espectacular procesión nocturna que en su origen era una fiesta pagana dedicada a la primavera y el verano; para acompañarla, la noche del primer sábado de agosto se apagan todas las luces del pueblo. Todos los viernes de julio y los dos primeros de agosto tienen lugar las llamadas **Noites do Mosteiro,** con actuaciones musicales, teatrales y veladas de cine que se desarrollan en los claustros del monasterio.

En el municipio tienen además lugar dos importantes romerías marianas, ambas en septiembre: la de la **Virxe da Armada,** el día 9, y la de la **Virxe do Cristal,** seis días después, ambas con sus procesiones, rosquillas, pulpeiras y comidas campestres.

LA NOCHE

Por la noche, los más jovencitos prefieren acudir a los bares del casco antiguo. En la zona nueva, por su parte, hay algunos pubs modernos que se concentran en la rúa de Celso Emilio Ferreiro y que suelen abrir incluso por las tardes los fines de semana; son los mejores sitios para la primera copa.
El disco-pub **Patapaf** es el primero de la citada calle, con mucha luz de neón y música muy movida; el café-pub **Pórtico** es mejor si preferimos tranquilidad; el **Conxuro,** nada especial, también vale para la primera copa, aunque más tarde quitan las mesas para que la gente se mueva un poco.
Entre las 12 y las 3, el público se traslada a la zona de la praza do Millo, y en particular a los pubs **Solo Festa** y, en su particular metamorfosis para estar a todo, a la **Taberna do Galo.** Entre las novedades se cuentan el **Bab-Y'o** o el más llamativo, por su decoración, **O Que Faltaba.**
Los alrededores de la praza do Millo, en la parte vieja, acumula baretos viejos que dan ambiente a las calles hasta altas horas de la madrugada. En verano es, junto a la praza das Pitas, la zona más popular.
A los de Celanova no les van mucho las discotecas, aunque alguna tenemos si hay necesidad. **La Villa** (avenida de López Blanco) es la más concurrida, sobre todo por adolescentes de tendencias bakaladeras. La cercanía de Ourense pone freno a un mayor desarrollo de la movida local.

aquí un monasterio femenino, en el que con el tiempo ingresarían ella, su hija, varias mujeres de la nobleza e incluso alguna hija del rey Alfonso X. No es de extrañar que en aquellos tiempos el apelativo del pueblo fuera "das Infantas". El cambio de nombre se produjo, según tradiciones espúreas difíciles de comprobar y aun de creer, por el nacimiento en la villa de 11 niños ¡en un solo parto!
En la **iglesia parroquial** se conserva un impresionante Cristo románico de 1,80 m de altura, probablemente procedente del citado y desaparecido monasterio femenino.
A la salida de la aldea, ya en la carretera, se encuentra el **santuario de la Virxe do Cristal,** construido en un tardío barroco del siglo XIX. La citada Virgen es una curiosísima imagen, conservada en el altar mayor (aunque a veces la guarda el cura), dentro de una especie de vidrio transparente. Al parecer, fue descubierta en el siglo XVII por un campesino tras una colosal granizada y nadie desde entonces ha conseguido descubrir cómo pudo confeccionarse. A 2,5 km de la villa se encuentra el yacimiento arqueológico de **Castromao,** castro celta habitado desde el siglo VI a.C.

DORMIR EN CELANOVA

■ Turismo rural

Pazo A Fábrica

Sampaio da Veiga.
Telf. 988 432 092. Este edifico de tipo palaciego se encuentra a sólo 3 km de Celanova, en medio de una explotación agrícola. Es un pazo modernizado, de cuidado diseño interior, con un ambiente cálido, una galería hacia los jardines exteriores e incluso una biblioteca. Dispone de seis habitaciones dobles muy lujosas, sala, camas supletorias, mobiliario tradicional y chimenea. El precio de la habitación estandar es de 53 € a 58 €. Además ofrece desayunos y la posibilidad de media pensión o pensión completa.

Rectoral de Ansemil

Sta. María de Ansemil (a 2 km de Celanova por la ctra. de Xinzo). Telf. 687 775 726. Ocupa una rectoral de 1670 con su patio, antiguos hornos, dos salones con chimenea y una agradable decoración moderna. Habitación doble: 57-75 €.

Casa Ramirás

O Viso, 19. Telf. 988 479 610 y 625 406 310. A 5 km de Celanova. Antigua casa de labranza de piedra rehabilitada. Consta de 6 habitaciones dobles, bien equipadas, distribuidas en dos edificios unidos por un patio de césped y un jardín. En el comedor para los huéspedes se puede disfrutar de los productos de temporada de la zona. 48-75 €.

COMER EN CELANOVA

■ Casas con menú (menos de 15 €)

Mesón O Forno

Travesía de San Roque, 16.
Telf. 988 432 105. Para comer a la carta su bacalao al horno y otras especialidades.

O Candil

Celso Emilio Ferreiro, 11.
Telf. 988 451 243. La carta es un poco clásica y aburrida, pero si no se come aquí todos los días no se nota. Mejor las carnes. Precios medios tirando a bajos.

Arnoya

Carfaxiño, s/n. Telf. 988 431 453. Un sitio bien conocido por los lugareños. Ofrece una cocina gallega reconocible, caldos, pescados frescos, carnes de la región y mariscos. Es recomendable su menú del día. Dispone de aparcamiento.

Mesón Vieira

Castor Elices, 5. Telf. 988 451 585. Ofrece gran variedad de tapas y raciones por lo que es ideal para un picoteo rápido.

Centro Comarcal

En Vilanova dos Infantes (al pie de la torre). Telf. 988 431 739. Comida casera con toques innovadores. Aquí lo apropiado es comerse un buen cocido.

Parrillada O Cristal

Vilanova dos Infantes (junto al santuario). Telf. 988 451 168. Aquí se viene a comer bacalao y carnes a la brasa.

A CORUÑA

CAPITAL DE PROVINCIA. 259.419 HABITANTES

Asentada en una península rodeada por el mar, con el puerto en la ría y las playas urbanas, a poniente, en la ensenada del Orzán, A Coruña ha convertido a la torre de Hércules, único faro de la Roma imperial aún en funcionamiento, en su principal emblema. Consolidada como centro de servicios con clara vocación comercial, entre sus atractivos, además del animado y vital casco histórico, se cuentan el más largo paseo marítimo de Europa y una envidiable red de museos de la ciencia. La cosmopolita y liberal "Marineda" –así la bautizó doña Emilia Pardo Bazán–, también llamada la "Ciudad de Cristal" por sus galerías o "el lugar en que nadie es forastero", acaso se presente, al menos en apariencia, como la menos gallega de las siete grandes poblaciones de la comunidad. De la costumbre de sus habitantes por dejarse ver y disfrutar del ambiente nocturno son testigos los cientos de locales que se reparten por toda la ciudad. Las mil y una noches han vuelto en forma de obras faraónicas: Paseo Marítimo, Auditorium, Coliseum, Domus o Forum; todo, como se ve, con la nomenclatura de la Roma Imperial.

INFO

Oficinas de Turismo de la Xunta de Galicia (A Mariña; telf. 981 221 822) y **Municipales:** en la pza. de María Pita (telf. 981 184 344) y en la plaza de Ourense.
Durante los meses de verano también se puede acudir a la **Casa del Sol** (situada junto a la playa del Orzán; telf. 981 212 915).
www.turismocoruna.com
La agenda diaria del ocio figura en los periódicos de la ciudad, *La Voz de Galicia* y *El Ideal Gallego*. El IMCE (Instituto Municipal Coruña Espectáculos; telf. 981 134 450) edita un boletín de actividades.

TRANSPORTES

Las comunicaciones entre A Coruña y Madrid son muy buenas por avión. El tren sólo ofrece un servicio rápido en la línea Coruña-Santiago-Vigo.
Por autobús son frecuentes las conexiones con Santiago (cada

hora), Pontevedra-Vigo, Ferrol y Lugo, pero más flojas con Ourense y Asturias.

Aeropuerto de Alvedro
A 9 km. Telf. 981 187 200 y 981 232 240.

Estación de Renfe
Telf. 902 240 202.

Estación de autobuses
Telf. 981 184 335.

Autobuses urbanos
Telf. 981 250 100.
Fácilmente identificables por su color rojo, los coruñeses echan de menos aquéllos de dos pisos que conferían un aire londinense a la ciudad. En el centro confluyen varias líneas en Puerta Real (el 1 y el 2 van hasta Cuatro Caminos) y la plaza de Pontevedra (el 3 a Los Rosales y la Torre de Hércules, el 4 a la estación de autobuses y el 5 a la de ferrocarril).

Taxis. Servicios *Tele Taxi* (telf. 981 287 777) y *Radio Taxi* (telf. 981 243 333).
Paradas estratégicas en Puerta Real (telf. 981 221 738), plaza de España (telf. 981 205 035), Obelisco (telf. 981 229 600), plaza de Pontevedra (telf. 981 251 087) y Cuatro Caminos (telf. 981 288 028).

Aparcamientos. El subsuelo coruñés es un queso de Gruyere, en particular el centro, que cuenta con más de 1.000 plazas en los de Orzán-Riazor (el más largo de Europa) y los Cantones. Otros bien situados son los de Maria Pita, Juana de Vega-plaza de Pontevedra, plaza de Galicia y plaza de Vigo.

VISITA

En Coruña, salvo los días de lluvia y viento, cualquier época del año, y en particular el animado mes de agosto (fiestas grandes), resulta idónea para una visita en la que no pueden faltar los largos paseos: por su zona comercial, de museo en museo, hasta la torre de Hércules o bordeando el litoral.

A lo largo del flamante **paseo marítimo,** con la ensenada del Orzán (playas) o la ría a la vista, encontramos dos de los principales monumentos de la ciudad **(castillo de San Antón y torre de Hércules),** así como las espectaculares **casas de los Peces y del Hombre,** sin olvidar otros museos singulares que componen un circuito cultural único en su género.

Aunque la parte más antigua y noble de la urbe **(Ciudad Vieja)** no sea, precisamente, la más cuidada, aún conserva el encanto, con sus plazas recoletas, calles estrechas y templos medievales, de las tradicionales villas gallegas.

A Coruña tiene su corazón en la **Pescadería,** antaño arrabal marinero hoy caracterizado por la presencia de las galerías y el bullicio comercial.

Fuera de las rutas turísticas se extienden el **Ensanche,** "zona bien", con algunos edificios modernistas y repleta de interesantes boutiques, y una serie de barrios en los que sentir la esencia coruñesa.

POR EL PASEO MARÍTIMO Y SUS ALEDAÑOS

Al recorrer el agradable litoral de A Coruña, por momentos podemos creer hallarnos en Gijón, Santander o Donostia, tales son las semejanzas entre estas ciudades norteñas. A través de los 8 km de su **Paseo Marítimo,** muchas son las imágenes a captar. Si a ello sumamos la posibilidad de conocer, sin apenas desviarnos de la línea de la costa, varios museos y

PASEO MARÍTIMO.

EL AMBIENTE DE DÍA EN A CORUÑA (ver plano págs. 86-87)

La Ciudad Vieja

Ideal para un paseo mañanero con vocación cultural, para una vuelta al borde del mar por los jardines y el paseo de Maestranza o para husmear en sus tiendas de antigüedades.

Entre las calles Real y San Andrés

En la Real y Riego de Agua domina el comercio de calidad (moda, joyerías, zapaterías, regalos), carácter que también puede hacerse extensible a la de San Andrés. Entre ambas, sin embargo, se prolonga indefinidamente el reino del tapeo. Entre tanta callejuela, las terrazas de Maria Pita suponen un respiro. A la dinamización de este sector clásico de la ciudad ha contribuido la apertura del Centro Comercial y de Ocio El Puerto (tiendas, restaurantes temáticos, 11 salas de cine), diseñado por Ricardo Bofill y César Portela.

El Orzán-Riazor

Si estamos en verano y sale el sol, aunque sólo sea un poquito, las playas se llenarán y el paseo marítimo, en su tramo más popular, también. En el frente marítimo abundan los cafés con terrazas y, últimamente, los restaurantes.

Distrito Picasso

Es la gran área comercial del Ensanche, pródiga en tiendas de ropa, zapaterías, perfumerías, complementos y regalos; como curiosidad, cabe recordar que en Juan Flórez está la primera tienda abierta por Zara, marca coruñesa hoy convertida en multinacional, y que en la plaza de Lugo hallaremos el mejor surtido de pescado y marisco fresco de Europa. Es zona también de bares y mesones para el tapeo.

Cuatro Caminos

Grandes centros comerciales llenan de bullicio este sector de la ciudad. Aquí se halla la famosa *Cervecería de La Estrella de Galicia.*

A CORUÑA DE DÍA

1. Iglesia de Santiago
2. Real Academia Gallega
3. Plazas de la Constitución y del General Azcárraga
4. Palacio de la Capitanía General
5. Palacio de Camarasa
6. Palacio de Cornide
7. Colegiata de Santa María del Campo
8. Convento y plazuela de las Bárbaras
9. Convento de Santo Domingo
10. Museo Militar Regional
11. Puertas del Mar
12. Domus o Museo del Hombre
13. Parque Escultórico Celta
14. Fundación Luis Seane
Obelisco Milenium
OCÉANO ATLÁNTICO
0 100 200 m
Aquarium Finisterrae
Carretera de Circunvalación
Paseo Marítimo
Monte Alto
Ronda de Monte Alto
Torre de Hércules
Carretera de la Torre de Hércules
Playa del Matadero
Rotonda del Matadero
Ángel Rebollo
Avenida de Hércules
Forcarey
Santo Tomás
Faro
Vereda del Polvorín
Parque de Marte
Torre
Plaza del Parque
Avenida de Navarra
Carretera de los Polvorines
Mirador de Punta Herminia
Orillamar
Cementerio de San Amaro
Playa de San Amaro
Paseo Marítimo de Orillamar
Polígono de Adormideras
Paseo Marítimo
Ensenada de San Amaro

monumentos, bien valdrá la pena dedicar una jornada completa a esta excursión urbana, ecológica y cultural.

Desde la **dársena de la Marina,** el paseo rodea las **murallas do Parrote** frente al muelle del Centenario. Alcanza así el **castillo de San Antón,** fortaleza del siglo XVI que defendía, desde un islote ya unido a tierra firme, el puerto. En él fue instalado el **Museo Arqueolóxico e Histórico** (visita, de martes a sábados, de 10 h a 19 h, y los domingos, de 10 h a 14.30 h). Desde este punto funciona, para los que se hayan cansado prematuramente, un tranvía histórico que pasa junto a la torre de Hércules hasta el Hotel Tryp (los fines de semana en invierno, todos los días en Semana Santa y verano). Tendido y farolas, rojos a rabiar, van decorados con esmaltes.

Sobre el **dique de abrigo,** que penetra en la ría más de 1 km, fue levantada la elegante **torre** que controla el tráfico marítimo. El tramo más abierto del paseo discurre junto al **parque de Maestranza,** con el edificio militar reconvertido en **Rectorado.** En un plano inferior se hallan el **templo de la Orden Tercera** y el **Museo Militar** (de lunes a sábado, de 10 h a 14 h y 16 h a 19 h; domingos sólo mañana). Junto a estos edificios ha surgido el moderno y atractivo edificio de la **Fundación Luís Seoane** (J. Creus, C. Carrasco), que reúne una colección de este gran pintor gallego. Con anterioridad, del lugar se esfumó, en un lamentable traslado, la iglesia de San Francisco.

TORRE DE HÉRCULES.

La siguiente visita –es optativa– nos puede llevar al romántico **cementerio de San Amaro.** Los **menhires** de Manolo Paz (*Stonhenghe* en la memoria) son la primera sorpresa del **parque escultórico** que se extiende por Punta Herminia y el entorno del faro, en

DOMUS

EL AMBIENTE DE NOCHE EN A CORUÑA (ver plano págs. 90-91)

La Ciudad Vieja

Al anochecer, su romanticismo se transforma por la presencia de la que fue legión, cada vez más reducida, de pequeños cafés y pubs, que alteran la calma en que viven los cada vez más escasos habitantes del barrio.

El Orzán

La animación de esta fachada se traslada de noche a las calles del interior, muertas durante el día, pues en ellas se desarrolla, pared con pared, el meollo de la movida coruñesa. Locales como el *Tranvía,* el *Jazz Filloa* o el *Latino* son historia viva; su solera contrasta con el frío diseño de la mayor parte de los pubs. Últimamente han proliferado los cafés de época que abren a todas horas y algunos locales temáticos, ¡ya era hora!, que destacan por su decoración, entre ellos, a medio camino hacia el estadio de Riazor, el *Twenty Century Rock.*

Orillamar-Plaza de España

Es la zona más alternativa e innovadora, con locales jóvenes, creativos y, en algún caso, con conciertos.

Juan Flórez-Riazor

En plena reconversión de lo que fue una etapa gloriosa, conserva locales con cierto gancho y algunas discotecas que hacen innecesario el uso del coche.

Matogrande (f. p.)

Al cerrarse el grifo de las licencias en el centro, pues los vecinos ya no aguantan más ruido, los hosteleros de la noche se han trasladado a un nuevo barrio con amplios locales. Los pubs están cuidados en la decoración y acogen a un público más veterano.

gran medida alusivo a la mitología griega y céltica.

La **torre de Hércules** (visita de 10 h a 18 h en invierno, y de 10 h a 19 h de abril a septiembre, los fines de semana del verano también de noche; telf. 981 223 730), de corazón romano forrado en tiempos de Carlos III, nos invita a subir sus 239 escalones.

A sus pies, la rosa de los vientos se orienta hacia las siete naciones celtas. Paseo adelante, el **Aquarium Finisterrae** o Casa de los Peces (visita: de 10 h a 19 h; julio y agosto, de 11 h a 21 h) surge, junto a un elevado chorro de agua, como uno de los más modernos en su concepción.

En la sala Nautilus se halla la pecera de mayor capacidad, siendo todos los moradores–aquí no hay pececitos de colorines– representantes de las costas gallegas. En el exterior *The Beatles* dan nombre al *Octopus Garden,* paraíso de los pulpos indultados de la sal gorda y el pimentón. Ya en la ensenada del Orzán un singular edificio, con su gran frente curvo de pizarra (Arata Isozaki y César Portela), acoge la **Domus** o Casa del Hombre (visita

A CORUÑA DE NOCHE

Obelisco Milenium
1. Iglesia de Santiago
2. Real Academia Gallega
3. Plazas de la Constitución y del General Azcárraga
4. Palacio de la Capitanía General
5. Palacio de Camarasa
6. Palacio de Cornide
7. Colegiata de Santa María del Campo
8. Convento y plazuela de las Bárbaras
9. Convento de Santo Domingo
10. Museo Militar Regional
11. Puertas del Mar
12. Domus o Museo del Hombre
13. Parque Escultórico Celta
14. Fundación Luis Seane
A
OCÉANO ATLÁNTICO
0 100 200 m
B
Aquarium Finisterrae
Carretera de Circunvalación
Paseo Marítimo
Playa del Matadero
Monte Alto
Ronda de Monte Alto
Forcarey
Hércules
Torre de Hércules
Carretera de la Torre de Hércules
Avenida de Rebollo
Ángel
Santo Tomás
Faro
Vereda del Polvorín
Navarra
Avenida de
C
Parque de Marte
Plaza del Parque
Torre
Carretera de los Polvorines
Mirador de Punta Herminia
Orillamar
Cementerio de San Amaro
Playa de San Amaro
Paseo Marítimo de Orillamar
Polígono de Adormideras
Paseo Marítimo
Ensenada de San Amaro

EL TAPEO

El tapeo es una afición de gran arraigo entre los coruñeses y es tal el número de los bares que las ofrecen, tanto en el centro como en cada uno de los barrios, que sería prolijo elaborar un listado que refleje la situación. Por lo tanto, nos limitaremos a sugerir una serie de zonas con los locales más emblemáticos.

PESCADERÍA, PLAZA DE ESPAÑA Y CIUDAD VIEJA

Una interminable senda de los elefantes, donde aún suelen servir el ribeiro en tazas, se prolonga por las peatonales rúas de la Estrella, Olmos, Galera, Barrera, Franja, Florida y, al otro lado de la plaza de Maria Pita, Troncoso. En la Galera, el coruñesismo deportivista tiene plaza fuerte en el sencillo local de **La Traída** o **Las Guapas** (estrecha del antiguo cine París, ahora *Zara),* para tomar vino de barril y tapas de queso de la berza o chicharrones. Junto a él, también es muy popular **La Bombilla,** donde pasan la bandeja con los pinchos a escoger; frente a ella está **La Codorniz,** y en la misma calle los mesones **Galera, El Serrano** y el **Mesonciño Galaico.** Añadiremos en esta calle el **Mesón Astur,** donde merecen ser probadas sus croquetas al gusto. En la calle de la Barrera comparten espacio varias tabernas muy animadas como son **Casa Andrés, A Troula, E'Lotro** (con tapas exóticas de avestruz, canguro y cocodrilo), **O Corno** (especialidad en *cornos* y *piroliños*), **La Espuela, Barrera** (calamares fritos y chipirones en su tinta), **O Tarabelo** (mejillones, berberechos, zorza y el famoso filete con patatas fritas y tabasco son algunas de las 13 tapas fijas, y otras tantas variables, que se ofrecen cada día), **O Lorcho** (macarrones con roquefort, alitas de pollo picantes) y la impecable **Cervecería del Centro.** Además podemos recomendar **A Cancela** (destacan sus tapas de champiñones, puntilla y tomates emparedados). Muy cerca de éstos, bajo la parra que cubre la Travesía de San Andrés, se bebe el caíño al aire libre en **O Viñedo** (buen jamón y chicharrones); en la rúa do Sol se pueden degustar las tapas caseras del **Moncho.** Y el suma y sigue continúa por el Orzán, donde podemos optar por la popular sidrería **Abrente** (número 15) o el *enxebre* **Peccata Mínuta** (número 28). En la Franja tienen solera **Veiga, Precedo** y **O Galego,** que en la mayor concentración de tabernas comparten espacio con otros

más nuevos como **O Pallote** o la cervecería **L'Abadia** (también con entrada por Riego de Agua, 44). En la misma zona, **Casa Ramón** (Oliva, 6) es uno de los últimos santuarios, con nutrida parroquia de jubilados, del vino de barril.
En Troncoso tienen fama las descomunales tapas de **A Roda I** y **II** (con más de dos ya no se come) y las patatas-cerillas de **La Cerilla.** Por su parte, **El Tequeño** ofrece la especialidad que le da nombre en Maria Pita y Franja **(La Viña).**
Después de saborear unas patatillas del quiosco de San Agustín, por la rúa del Mercado se alcanza la plaza de España, otro sector en el que abundan los bares de tapeo, sobre todo en la inmediata calle de San Juan **(El Huevito, San Juan).** En la propia plaza, las tapas de diseño, muy al estilo de las iruñesas o donostiarras, son la especialidad de la **Taberna Gaioso,** también con restaurante; una muestra de sus preparados: el calabacín relleno de gaiosiños (jamón cocido y piperrada).
La ruta se puede prolongar por los barrios de A Torre, Atocha y Monte Alto, esencia del coruñesismo y cuna del deportivista Fran o de los "bravú" *Diplomáticos de Monte Alto* (la última tendencia musical gallega). Por la Ciudad Vieja cabe citar la **Jamonería Leonesa** y el mesón **Los Arcos** (Repeso).

Ensanche

Aún en la Pescadería se halla un medio café con pinchos en **El Molino** (Santa Catalina). Las mejores empanadas están en **La Arzuana** (lateral del Banco de España); en el otro extremo de la misma calle tenemos el vasco **Don Pintxo** y la cafetería **Alameda.**
Por el Ensanche tienen gran solera **Casa Enrique** (Compostela), los vinos bercianos de **La Cantera** (Glorieta de América) y, por sus callos, **El Gasógeno** (Marcial del Adalid). En Payo Gómez, **Prada a Tope** ofrece productos del Bierzo. Otros mesones de esta zona son **O Padriño** y el oscuro **Del Toro** (Federico Tapia), **Mamá Manuela, Casa Pilar, La Masía** y **La Hacienda** (Pardo Bazán) y **La Taberna de Manolo** (Ramón de Sagra).

Santa Lucía-Cuatro Caminos

En Santa Lucía, los jóvenes buscan los económicos precios de sus tabernas, algunas tan clásicas como las **Bodegas Ribadavia** y **Santa Lucía.**
La mejor cervecería de A Coruña, donde únicamente corre la cerveza local, es la de **La Estrella de Galicia** (Concepción Arenal).
En esta misma zona de Cuatro Caminos quedan las cervecerías **Internacional** y **A Cervexa.**

COMPRAS

Gastronómicas

La principales zonas comerciales de A Coruña están en la céntrica y peatonal Área Obelisco, el Districto Picasso del Ensanche, las calles que rodean los centros comerciales de Cuatro Caminos y la calle de Barcelona. Sin olvidar los coloristas **mercados** de San Agustín y la plaza de Lugo, una serie de tiendas especializadas en gastronomía ofrecen los productos gallegos de calidad: **Casa Claudio** (San Andrés, 113), **Aniceto** (Cantón Pequeño, 23) y **Casa Tenreiro** (San Nicolás, 31) y, muy cerca de ella, **Casa Cuenca** (Marqués de Pontejos, 5).

Chocolates y cacaos artesanos son fabricados por **Pereiro** (Estrecha de San Andrés, 3), con su fachada cubierta de vistosos azulejos, y **Expres** (plaza de Lugo, 10). Para los más golosones están los demandados pastelillos del **París** (La Torre, 8) y las pastas de **Hildita** (Alameda, 17), pero la pastelería decana de la urbe, todo un museo, es **La Gran Antilla** (Riego de Agua, 54).

Artesanía y regalos

Si hablamos de artesanía, pocas son, en verdad, las tiendas que la tengan gallega: para la cerámica de Buño está

el despacho de los **Alfares** (pza. de los Ángeles). **Xosé Antón** es un artesano del cuero (Orzán, 63), material que también se ofrece, elaborado por discapacitados, en **dCuero** (Enrique Dequidt, 16). Por su parte **Beatriz Deus,** en su tienda dedicada al hogar, tiene encajes de Camariñas.

Ropa

Presumidos como pocos, los coruñeses visitan mucho las tiendas de ropa y boutiques de los diseñadores gallegos: **Roberto Verino, Adolfo Domínguez** y **Kina Fernández** (Real), **Chicha Solla** (San Andrés, 104), **Antonio Pernas** (Teresa Herrera), **Purificación García** (Fonseca), la peletera **Olga Ríos** (Juan Flórez, 47); **Pidolti** y **La Base** (pza. San Andrés) o **Studio Viriato** (Juan Flórez, 29). Recordemos que a una empresa coruñesa, INDITEX, pertenecen marcas tan conocidas como *Zara, Massimo Dutti* o *Pull & Bear, Stradivarius, Bershka u Oysho.* Algunas de estas firmas también tienen tiendas en los centros comerciales de Cuatro Caminos y Los Rosales.

de 10 h a 19 h, domingos de 11 h a 14.30 h; lunes cerrado), uno de los museos más originales y visitados de España. El orondo guerrero griego que Botero situó a su entrada tiene su opuesto, vigilando la cala del Matadero, en una dulce, aunque no tan famosa como la de Copenhague, sirenita.

Más allá del monumento a los surfistas, un corto desvío nos permite seguir la ruta de los museos, ahora con el que ocupa un edificio de Gallego Jorreto galardonado con el Premio Nacional de Arquitectura. Nos referimos al nuevo **Museo Provincial de Belas Artes** (visita los martes de 10 h a 15 h, de miércoles a viernes de 10 h a 20 h, sábados de 10 h a 14 h y de 16.30 h a 20 h y domingos de 10 h a 14 h). Destacan sus colecciones de pintura flamenca, italiana,francesa, española y gallega. Ya en la zona de Riazor, las "Catalinas", aquellas recatadas bañistas del ayer, cuentan también con su monumento. Cerca de ellas se alza el **campo de fútbol de Riazor**,

INTERIOR DEL DOMUS.

GUERRERO DE BOTERO.

donde además de jugar el *Deportivo,* tiene lugar el prestigioso trofeo Teresa Herrera. El público coruñés, escaldado tras haber perdido toda una liga al fallar un penalti en el último minuto, modera su entusiasmo en la línea de aquel sabio entrenador llamado Arsenio. Desde **Labañou,** fin del paseo, volvemos a contemplar la torre de Hércules entera desde el **obelisco Milénium,** fina aguja forrada con paneles de cristal, con temas alusivos a la historia local, que fue levantada para conmemorar la entrada en el nuevo milenio; los coruñeses lo llaman "el Pirulí", y destaca especialmente de noche.

LA CIUDAD VIEJA

Pese a constituir el origen de la urbe, y su núcleo señorial durante muchos siglos, no está todo lo mimada que debiera. Arropada por algunos tramos de **murallas**, en ella deben ser visitados los **templos** medievales **de Santiago** (en la puerta, para igualar en altura a su hermanito Juan, el titular hizo trampa y se puso un libro en la cabeza) y la **colegial de Santa María**. En el atrio de la primera se reunía el concejo (¡cómo cambiaron los tiempos!) y frente a la segunda está el **palacio** del ilustrado **Cornide,** que, como el pazo de Meirás, acabó en manos de Franco (ahora, en las de sus herederos).

El **Museo de Arte Sacro** de la colegiata (visita de 10 h a 13 h y 17 h a 19 h, sábado sólo mañanas, cierra lunes y festivos), básicamente de orfebrería, tiene aspecto de caja fuerte (para encontrarlo lo mejor es preguntar). En las inmediaciones de la colegiata también ha sido reformada y convertida en museo histórico la casa de María Pita, heroína local que en el asalto inglés de 1589 destacó por su valentía (Dios sabe…). Otro museíto, el de **Pardo Bazán** (de lunes a viernes, de 10 h a 12 h), nos permite conocer la casa de aquella literata que, adelantada a su época, se subió a las barbas de tanto mediocre. En las inmediaciones de la colegiata, a Maria Pita, otra mujer de armas tomar, también le están arreglando

CAFÉS

Las mejores terrazas al aire libre, si el tiempo lo permitía, eran las de la plaza de María Pita, ahora integradas en unos bloques de cristaleras que no gustan nada a los coruñeses. A ellas se suman las de **O Parrote,** con vistas sobre el puerto deportivo, y las más concurridas que ocupan los soportales de la Marina; aquí podremos degustar uno de los mejores cafés irlandeses en el **Plaza Cafetería.**

De los antiguos cafés del centro, pocos han resistido los golosos traspasos a otros negocios más pujantes, tan sólo el pequeño **Marfil** (General Mola), en el que es costumbre jugar a las cartas o al parchís, y el más progre y estudiantil **Borrazás** (en el Orzán, inmediato a la plaza de Pontevedra).

En Cuatro Caminos cabe decir otro tanto del **Delicias,** al que le ha nacido un moderno **Anexo** (Alcalde Marchesi) e incluso un competidor en **La Antigua** (Fernández Latorre, 52). Sin embargo, y por fortuna, la vieja cultura del café ha vuelto a resurgir en los últimos años, y de su mano muchos locales que recrean el ambiente de otra época. Entre ellos, destacan varios de la calle San Andrés como el **Universal** (juegos) y el **Cascarilla** (con muros de piedra) o, hacia la plaza de Pontevedra, el **Café de Macondo.**

Al mismo estilo pertenecen los cafés del Orzán: en el número 8, una original fachada modernista da nombre al simpático de **Los Elefantes;** calle adelante están el **Tío Ovidio** y el **Ágora Café.**

En Panaderas prosigue la lista de los cafés que de noche

su **casa museo.** Cautivadoras resultan la romántica **plaza de Azcárraga,** cuyo centro está ocupado nada menos que por la **fuente del Deseo** y la más recogida de **As Bárbaras,** y también el **Jardín-mirador de San Carlos,** en esta ocasión presidido por la tumba de un bravo general inglés de la Guerra de la Independencia –tampoco fue para tanto– al que visita, cada 16 de enero, el espectro de su *lady* amante. En la **iglesia** barroca **de**

AYUNTAMIENTO.

funcionan como pubs, caso de **El Dublin 50 Irish Pub.**
Más tranquilote, y de época, resulta el **Tortoni** (plaza de San Nicolás) Con el encanto de las irregulares paredes en piedra, las resonancias compostelanas acuden, en la Ciudad Vieja, a **La Troya** (Herrería). Murales de Urbano Lugrís decoran el gran **Café Vecchio** de la calle Real, arteria en la que también, por sus pasteles, suele estar muy frecuentada la **Jijonenca;** esta misma firma ha abierto un precioso café "estilo fin de siglo" en la rúa Feijóo (también da comidas).
En Magistrado Artime recordamos el álbum de la banda *Milladoiro* en el **Maeloc.** Cafés de importación son servidos en el **Veracruz** (hay cuatro, pero nombramos el de Riego de Agua, 22), **El Café del Trópico** (Panaderas) y la **Boutique del Café** (Picavia, 5), a estos debe ser sumado el **A Rúa** (rúa Nova), de moderno diseño y excelente café. Sólo por las tardes funciona **El Mirador,** instalado en el pabellón de La Atalaya (jardines de Méndez Núñez). Sobre el arenal de Riazor, las cristaleras del **Playa** (plaza de Portugal) dominan la bahía. Chocolaterías muy conocidas son **Bonilla** (Galera) y **Pier** (Real).
En todos los casos con vistas al mar sobresalen asimismo el **Café Madeira** (avda. Barrie de la Maza), el **Pianeta Expreso Café** (avda. de A Mariña) o el mítico **Playa Club** (Riazor), así como los que acaban de ser instalados en la segunda planta del centro comercial y de ocio **El Puerto,** por su forma más conocido como *las alas de gaviota,* todos ellos con terrazas a la dársena deportiva, el puerto de trasatlánticos o el Parrote.

ACONTECIMIENTOS DEPORTIVOS

El que más antención reclama es el torneo veraniego de fútbol Teresa Herrera (benefactora que nada tenía que ver, la pobre señora, con el balón). Celebrado a mediados de agosto, es el más prestigioso de España y en él suelen participar cuatro equipos de alto nivel. El trofeo: una gran torre de Hércules de plata.

Santo Domingo, con la torre girada, es venerada la *Virgen del Rosario,* patrona de la ciudad.

La Pescadería

El aluminio va sustituyendo a la madera en muchos sitios pero al menos el cristal sigue siendo cristal en las blancas galerías. Su estampa más clásica, de postal, surge en la **Marina**, de homogeneidad sólo rota por un edificio modernista y otro "patito feo". La armonía también preside la gran **plaza de María Pita**, con su **estatua** a la heroína que, además de mandar al otro barrio a varios ingleses durante el cerco del corsario Drake (1598), enviudó hasta cuatro veces de dos carniceros y dos soldados (lástima que no se hagan culebrones sobre esto).

El **Ayuntamiento** ecléctico, inaugurado en 1917, además del reloj de la fachada guarda otros muchos en su interior **(Museo de Relojes),** aunque no todos en hora.

En las calles peatonales de la Pescadería, en otro tiempo arrabal de pescadores y mercaderes, abundan galerías y miradores ("quitapesares" para tantas colegas encerradas, pensaba la Pardo Bazán). Permanece el comercio –sobre todo en la elegante **Rúa Real**–, así como una interminable senda de los vinos repleta de tabernas y mesones; la cosa viene de atrás si atendemos a que los soldados de Drake, borrachos como cubas tras tomar la Pescadería, ya no podían con su alma cuando el jefe les ordenó asaltar la ciudad alta.

Plaza de María Pita.

Por aquí se encuentran también las **parroquiales** barrocas **de San Nicolás** y **San Jorge,** el neoclásico grave del **Real Consulado** o las **Casas de Paredes,** el decimonónico **Teatro Rosalía de Castro** y la vanguardia racionalista del **mercado de San Agustín.** Junto a este último, el dibujante Siro concibió la **praza do Humor,** un homenaje a escritores, caricaturistas y personajes como Asterix o la Pantera Rosa; es de precepto la foto, sentados con Castelao u Otero Pedrayo.

A partir del **obelisco,** columna de estilita coronada por un reloj, comienzan los **Cantones,** tramo bancario dominado por la mole, estilo Chicago pero sin Al Capone, del **Banco Pastor.** A su vera están las **fundaciones Barrié** (detalles neobarrocos) y **Caixa Galicia** (el futuro según Nicholas Grimshaw), ambas con salas de exposiciones. En un relleno fueron plantados los **jardines de Méndez Núñez.** Aunque sus especies arbóreas son muy variadas, los viajeros valoran más el **reloj** y el **calendario vegetales.**

Bajo tantas palmeras como en Alicante, la alameda cuenta con el modernista **Kiosco Alfonso** (exposiciones) y el **monumento a Curros Enríquez** realizado por Asorey (véanse las instituciones, criticadas por el poeta, representadas en la base por ridículos bicharracos). Como ya son pocos los que se acuerdan de Curros, suele generar más expectación el recién instalado **monumento de John Lennon** (2005), obra de José Luis Ribas. De nuevo en la dársena de la Marina, podemos matar el gusto de navegar cruzando la ría en la *barca de Santa Cruz* (en verano).

El Ensanche, Cuatro Caminos y los barrios

En el Ensanche, que no es el barcelonés pero también tiene sus casas modernistas y eclécticas (plaza de Lugo, Ferrol), vivió el joven Picasso (Payo Gómez), que acudía al instituto de la plaza de Pontevedra y realizó su primera exposición en la ciudad. Su morada, ¡cómo no!, será pronto convertida en museo.

Desde un alto, rodeada por el **parque de Santa Margarita** –el preferido de los jubilados–, la **Casa de las Ciencias** (visita, en julio y agosto, de martes a sábados de 11 h a 21 h, y de 11 h a 15 h, los domingos; el resto del año, de 10 h a 19 h, y los domingos, de 11 h a 14.30 h) cuenta con su péndulo de Foucault y un **Planetario.** A sus pies, con una colosal columnata, vemos el **Auditórium y Palacio de la Ópera.**

En el paseo de los Puentes, recién remodelado, la pobre **iglesia** gótica **de San Francisco** se halla penando, no se sabe qué pecados, entre altos edificios que se la quieren comer. Avenida de Finisterre arriba, en el barrio del Agra se puede pasear por la peatonal calle de Barcelona hasta alcanzar, Ronda de Outeiro abajo, el centro comercial de Los Rosales, situado en la falda del **monte de San Pedro,** que será convertido en un gran parque.

Al otro extremo de la urbe, la plaza de Cuatro Caminos, con la **Cervecería de la Estrella,** constituye un bastión del deportivismo, que celebra las victorias en su fuente luminosa. Pero el aroma que envuelve la zona no es de malta, sino el procedente de la **Fábrica de Tabacos** de A Palloza, cuyo foco obrerista protagonizó, en el siglo XIX, las primeras huelgas proletarias de Galicia; su larga historia, y no por la presión antitabaquista, ha concluido con un anunciado cierre. Ahora se baraja instalar en el edificio el Museo Nacional de la Ciencia, que al parecer se haya perdido y diseminado por almacenes de Madrid.

Completan la red de museos, saliendo hacia Carballo, el **Eléctrico** y el **de Arte Contemporáneo,** ambos de Unión Fenosa (de martes a sábados, de 10 h a 14 h y 17 h a 20 h, y domingos por la mañana).

CASA DE LAS CIENCIAS.

DORMIR EN A CORUÑA

En la ciudad de A Coruña, se hallan los flamantes hoteles **Hesperia Finisterre******* (paseo do Parrote, 2; telf. 981 205 400; desde 120 €); **Meliá María Pita****** (C3 **1**) (avenida de Barrié de la Maza, 1; telf. 981 205 000; fax: 981 205 565; habitación doble: 160 €), y el **NH**

Atlántico**** (C2 **2**) (Jardines de Méndez Núñez, 2; telf. 981 226 500; fax: 981 201 071; habitación doble: 60-250 €) y otros dos de nueva creación a la entrada de la ciudad por la avda. de Alfonso Molina: el **Barceló Coruña****** (Enrique Mariñas, s/n; telf. 981 179 299; www.barcelocoruna.com; sobre 130 €), o el **AC A Coruña** (Enrique Mariñas, s/n; telf. 981 175 490; www.ac-hoteles.com; habitación doble: 70-125 €), con su restaurante **Casa Paula.**

Además de éstos, Pescadería adelante, varios son los hostales que ofrecen comodidad y buen servicio a precios económicos (al menos durante los meses de la temporada baja).

HOTEL NIDO* (B2) 3

San Andrés, 146.
Telf. 981 213 201.
Fax: 981 213 265.
Moderno y económico, pero con aspecto de caja de zapatos. Dispone de acceso para discapacitados.
Habitación doble: 42-57 €.

HOSTAL ALBORÁN** (C2) 4

Riego de Agua, 14.
Telf. 981 222 562.
Fax: 981 222 562.
Situado en un calle peatonal, dispone de algunas habitaciones con

galería. Con acceso para personas con alguna discapacidad.
Habitación doble: 33-50 €.

HOSTAL SOL** (C2) **5**

Sol, 10. Telf. 981 210 019.
Moderno, en plena zona de ambiente del Orzán y a un minuto de la playa, reúne buenas condiciones para pasar una agradable estancia en la ciudad siempre que no sea en verano, cuando los precios aumentan.
Habitación doble: 48-80 €.

HOSTAL MARA** (C2) **6**

Galera, 49. Telf. 981 221 802.
Discreto y pequeño. En su restaurante se ofrece un buen menú del día muy económico.
Habitación doble: 40-60 €.

HOSTAL MAYCAR** (B2) **7**

San Andrés, 159.
Telf. 981 225 600.
Fax: 981 229 208. Al final de la transitada calle de San Andrés, tiene mayor capacidad que los anteriores (59 habitaciones).
Habitación doble: 44-60 €.

HOSTAL LA PROVINCIANA**

(C2) **8**. Nova, 7.
Telf. 981 220 400.
Fax: 981 220 440. Cómodo y funcional. Habitación doble: 40-53 €.

HOSTAL ALAMEDA* (B2) **9**

Alameda, 12. Telf. 981 227 074.
Pequeño, discreto y sencillo hostal situado en la trasera del Cantón Pequeño.
Habitación doble: 30-48 €.

HOSTAL CARBONARA* (C2) **10**

Nova, 16. Telf. 981 225 251.
Fax: 981 225 251. Hostal familiar instalado en una casa con galería.
Habitación doble: 36-60 €.

HOSTAL EL PARADOR* (C2) **11**

Olmos, 15. Telf. 981 222 121. En una zona peatonal y tranquila.
Habitación doble: 35-50 €.

FESTIVALES

Durante el mes de agosto se celebran, en honor de Maria Pita, las fiestas grandes y laicas de la ciudad. En estos días son programados espectáculos para todos los gustos, pero acaso merezca ser destacado, por su excelente nivel de participación, el **Festival Intercéltico** (tres días de la última semana), con presencia de grupos de Galicia, Asturias, Bretaña, Irlanda, Inglaterra, Gales y Escocia, y desfiles de bandas por las calles.

El **Coliseum** (avda. Alfonso Molina; telf. 981 133 195) es el edificio donde tienen lugar los grandes conciertos y la feria taurina (agosto), quedando reservado el **Auditorio** (Glorieta de América; telf. 981 140 404) para la música clásica, con la temporada de la prestigiosa Orquesta Sinfónica de Galicia o el Festival de Ópera (otoño). No debemos dejar de nombrar el **Noroeste Pop-Rock,** que con una gran participación de público joven se celebra cada verano en la playa de Riazor.

Junto al campo de fútbol y la playa de Riazor, en una misma manzana del paseo de Ronda se sitúan varios establecimientos semejantes:
Almirante*** (telf. 981 259 600; fax: 981 259 608; habitación doble: 35-50 €); **Brisa**** (telf. 981 269 650; 981 269 654; habitación doble: 35-48 €); **Mar del Plata**** (telf. 981 257 962; habitación doble: 33-40 €) y **Nogallás**** (telf. 981 262 100; habitación doble: 33-48 €).

■ OTROS HOTELES DE PRECIO MÁS ELEVADO

Por su nivel de servicios y su situación junto a la playa son recomendables:

Eurostars Ciudad de La Coruña*** (D4 13)
Paseo Adormideras.
Telf. 981 211 100.
Fax: 981 224 610.
Próximo a la torre de Hércules.
Acceso para discapacitados.
Habitación doble: 150-197 €.

Hotel Riazor*** (B2 14)
Avenida de Pedro Barrié de la Maza, 29. Telf. 981 253 400.
Fax: 981 253 404. Con acceso para discapacitados.Remodelado.
Habitación doble: 103-130 €.

Hotel Hesperia A Coruña****
Juan Flórez, 16.
Telf. 981 010 300. Inaugurado en el año 2002.
Habitación doble: 145 €. Dispone del restaurante **O Caurel.**

Hotel Zenit Coruña
Comandante Fontanes, 19 (junto al Paseo Marítimo y la pza. de Pontevedra).
Telf. 981 218 484.
Habitación doble: 50-250 €.

■ CAMPINGS

Los campings más cercanos se hallan en las playas de la ría, así el de **Bastiagueiro,** 3ª categoría (a 6 km de la capital; playa de Bastiagueiro; telf. 981 614 878), abierto de junio a septiembre, o el más alejado de **Los Manzanos,** 1ª categoría (a 11 km en la carretera de Meirás, en Franzomel; ctra. Sta. Cruz de Meirás, km 0,7); telf. 981 614 825), que abre de abril a septiembre.

COMER EN A CORUÑA

No podemos hablar de platos típicos de la ciudad pero sí afirmar que toda la cocina gallega está presente en sus mesones y restaurantes. Un clásico coruñés es **Casa Pardo** (Novoa Santos, 15; telf. 981 280 021; precio medio: 30 €; cierra domingo y segunda quincena de junio; con acceso para discapacitados), que pone el listón bien alto; por debajo existen otras muchas opciones.

A TENER EN CUENTA

A los coruñeses les encanta comer, más que de plato, a base de raciones, y para ello nada mejor que el típico mesón lleno de referencias a la Galicia agraria y marinera, presente en

todos los rincones de la ciudad. Algunos de ellos son **Trotamundos** y **As Landras** (plaza de España), **El Sauce** (Sinagoga), la **Taberna da Penela** (plaza de Maria Pita, 12; telf. 981 209 200; cierra domingo), **del Pulpo** (Franja, 9), **O Bebedeiro** (Ángel Rebollo), de excelentes arroces, **O Recanto** (praza de San Luis), **O Boo** (plaza de Vigo), **O Cabazo** (Enrique Dequit) y **Os Bocois** (Pla y Cancela).
Uno de los más populares es la taberna **O Secreto** (Alameda, 18). Otro tanto cabe decir de las pulpeiras, como las de **Arzúa** y **Melide,** próximas a la estación del ferrocarril. Los viejos mesones y tabernas van siendo en parte sustituidos por elegantes vinotecas, que se concentran en el ensanche; en ellas suelen servir raciones y algunos platos calientes: entre otras **Ribera & Cía** (Feijóo, 2), **Merlot** (Feijóo, 5), **Galería del Gourmet** (Picavia, 3), **El Pajarito** (Posse, 12), **Maridaje** (Estrella, 10), **O Carro** (Mª Luisa Durán Marquina, 6-zona estadio Riazor) o **La Cava** (Eusebio da Guarda).
En la línea de la comida rápida, los jóvenes frecuentan la crepería **Petite Bretagne** (Riego de Agua; plaza de Vigo) o las más desenfadadas **Chapa** (Orzán, 130) y **El Tío Gerardo** (Sinagoga, 10).
Otro local temático es la **Casa de las Tortillas** (Orzán, 5).
Intelectuales y literatos frecuentan el **Buena Sombra** (Fernández Latorre, 23).
Igualmente socorridas, para quien no desee complicarse la vida, resultan las pizzerías **Cambalache** (Maria Pita, Barrié de la Maza-zona Orzán y Pardo Bazán) o los negocios de la surtida y desenfadada cadena local **Gasthof** (Paseo Marítimo-Juan Canalejo, Marina). Sin embargo, las mejores pizzas se saborean en **Donato** (Rúa Alta, 10) y la mejor pasta en **La Tavernetta** (Julio Rodríguez Yordi, 6; telf. 981 279 080) y **Il Tocco Genovese** (Parrote, 6), que cierra los miércoles y es de lo más exquisito.
Para vegetarianos están el **Bania** (Cordelería, 7; telf. 981 153 608) y, en la Ciudad Vieja, el más creativo **Vexetariano** (Porta de Aires; telf. 981 213 826).

■ Casas con menú (menos de 15 €)

O Bebedeiro (C3) ❶

Angel Rebollo, 34.
Telf. 981 210 609. Con casi dos décadas en su haber, la que comenzó como taberna típica de barrio se ha convertido en uno de los locales con más encanto de la ciudad, ello tanto por su decoración etnográfica como por la buena cocina, que puede ser definida como de raíz gallega con unos toques de originalidad que están presentes, por ejemplo, en sus arro-

ces caldosos servidos en cazuela de Buño, pero también en las especialidades reinas de la casa: la lubina rellena con vieiras en hojaldre y el bacalao envuelto en pimientos del piquillo. Eligiendo bien y compartiendo raciones se puede comer de maravilla por menos de 20 €. Cierra la noche del domingo y el mediodía del lunes.

Pil Pil (D2) ❷

Pelamios, 7.
Telf. 981 212 712.
Popular taberna en la Escuela de Artes y Oficios, por la que siente debilidad una numerosa parroquia. La culpa es de su sencilla cocina popular, de los productos de primera calidad utilizados, de los sabrosos guisos que proponen en la carta y de sus precios. Merece la pena. No tiene menú pero los precios de la carta son muy ajustados.
Precio medio, 20 €.

La Montanera (C2) ❸

La Fama (esquina Av. da Mariña).
Telf. 981 228 376.
Tiene mesón y restaurante, con la consabida variación de precios, y su fuerte son los ibéricos y las carnes de calidad. Atención a sus platos del día de cocina casera y regional: callos, fabada, lentejas, cocido, patatas a la riojana, potaje de bacalao, etc. Comiendo de menú cuesta 18 €.
Quien prefiera pescado, al lado de La Montanera tiene **El Artesano** (telf. 981 201 412), de los mismos propietarios pero centrado en los pescados.

O Tanagra (C2) ❹

Ángel, 4.
Telf. 981 228 019. En un oscuro y, pese a su nombre, "desangelado" callejón, ninguna remodelación ha visitado, desde su apertura, a esta tradicional y familiar casa de comidas. Ofrece un afamado cocido.

Tempura (C2) ❺

Barrié de la Maza, 23 (Paseo Marítimo, zona del Orzán).
Telf. 981 201 298. Una apuesta joven y creativa en pleno centro, que apuesta por una cocina de autor con evidentes toques orientales, también presentes en uno de los comedores.
Aunque a la carta puede superar los 25 € (fines de semana), a diario ofrece un interesante menú a un precio asequible. Quien desee irse al oriente, ya sabe: *sushi, niguri moriawasi, sashimi* y demás, pero si permanecemos en Galicia podemos probar su bacalao y los preparados con cefalópodos. Cierra el lunes.

Manolito (B1) ❻

Fernández Latorre, 116.
Telf. 981 230 102.
Mesón rústico de dos plantas, con comedor en la parte superior y buena barra en la baja. La carta trabaja a partir de una amplia gama de productos de diversas procedencias, aunque priman los originarios de la tierra, como los que dan vida al plato estrella de la casa: lacón con grelos. El menú es algo más caro pero recomendable: 22 €.

UTOPÍA (B2) ❼

Avda. de Buenos Aires, 5.
Telf. 981 917 469. En la zona del Estadio, con platos de cocina internacional y otros gallegos y españoles, todo ello con un aire juvenil, presentaciones efectistas y combinaciones rompedoras en sus ensaladas, carpaccios, brochetas, pastas, carnes y pescados. Los postres resultan muy económicos. El comedor, de lo más moderno y atento al diseño, también logrado con un juego de luces intimista. Sobre 15 €.

MUNDO (B2) ❽

Cabo Santiago Gómez, 8.
Telf. 981 140 884.
Pequeño, familiar y acogedor, un tanto atípico en el panorama coruñés por su culto a lo aparentemente modesto. Trabaja a la carta, pero es asequible.

MAMA MANUELA (B1) ❾

Pardo Bazán, 17.
Telf. 981 152 224.
Cocina casera y muchas opciones simpáticas para no arañar en exceso el bolsillo, así las *parrochiñas* fritas (sardinas pequeñas), los jurelitos y bocartes del mismo modo, las *meigas* (gallos) o los calamares. Los postres se encuentran entre lo mejor, y su leche frita resulta excelente.

CASA SAQUÉS (f. p.)

General Sanjurjo, 115.
Telf. 981 280 245. Una huida a un barrio, tal es el de Os Castros, con buenos restaurantes caseros, nos permitirá conocer esta popular taberna. Uno de sus activos radica en el uso de productos procedentes de una granja propia (hoy se les llama ecológicos), con los que se preparan platos sencillos y sabrosos como las tortillas de patata gallega, la empanada de parrochas o bonito, los huevos rotos, el cocido o la carne al estilo de la feria, o sea, al caldeiro. Suele estar lleno los fines de semana.

■ RESTAURANTES (SOBRE 24 € Y MÁS)

Emplazado justo frente por frente del Ayuntamiento está **Pablo Gallego** (C-D2 ❿) (Plaza de María Pita, 11; telf. 981 208 888), un excelente lugar donde darse un lujo sin alejarnos de la cocina gallega ya que en este lugar la cocina de siempre se viste con refinamiento.
A Penela (D2 ⓫) (plaza de Maria Pita; telf. 981 209 200; cierra domingo) que ocupa un edificio histórico, es otro establecimiento cuidado, con excelente carne asada, callos y tortilla.
En pleno corazón de la ciudad está **La lebolina** (D2 ⓬) (Capitán Troncoso, 18; telf. 981 205 044), con una carta pequeña pero atractiva

> **AVISO**
>
> **La selección de los establecimientos incluidos en esta guía se ha hecho siguiendo, exclusivamente, el criterio independiente de los autores. Ninguno de los hoteles, restaurantes, comercios, etc. aquí contenidos ha desembolsado cantidad alguna para aparecer en la guía.**

LA NOCHE

Numerosos locales se agrupan en las cinco grandes zonas dedicadas al ocio nocturno.

En la Ciudad Vieja, que ya vivió tiempos mejores, resisten a duras penas un grupo de pequeños pubs, alguno tan emblemático como **Garufa** (Tinajas), en el que suelen animar el cotarro *Los Doré,* sus propietarios. Los muros de piedra mandan en **El Paso** (Príncipe), "fronterizo", y el moderno diseño en **Hydra** (Zapatería). Dispersos aquí y allá aparecen el **Ítaca** (travesía Puerta de Aires), **La Fundación, El Consulado** o el **Embora** (plaza Azcárraga), huérfanos de los que desertaron a otros lares. De camino, en Herrerías se suele hacer parada en el **Rey das Caipiriñas,** taberna familiar que vivió llenos locos. También suele estar animado el café-cervecería **Rectorado** (Azcárraga). Conservan su público **La Fundación** y, sobre todo, el **Velvet** (Alfonso IX) y el **Planeta Club** (Tabernas).

La media de edad crece en la Marina (más de 40 años), que dispone de varios locales con actuaciones en directo, bingos y el **Casino del Atlántico** (Jardines de Méndez Núñez). Bien oculto, en el callejón de la Estacada está el **Marítimo,** local de *ambiente,* un tanto sofisticado, con pista de baile.

Un enlace entre la Ciudad Vieja y el Orzán lo constituyen Orillamar y la Plaza de España, con locales originales y alternativos como el **Patachím,** el **Inox** (pincha música de los 80) y el **Café de Coco,** el **Bamba Café** (acoge actuaciones de grupos locales) y **La Tata** (zona de Millán Astray), el moderno y tecno-dance **Telefunken** (Alcalde Folla Yordi) o la sala **Mardigrass** (zona de la Plaza de España), que programa conciertos, con más negocios "clandestinos" hacia San José (con la música electrónica del **Soda**), San Juan y el Campo de Marte.

En la rúa do Orzán y sus aledaños hay un buen repertorio de cafés musicales como los célticos de **A Cova Folk, A Casa da Lubre** y **A Cova Céltica,** el histórico **Tranvía,** el denso **Jazz Filloa** (Rúa Cega) con conciertos, el **Retro** o los serenos **Atlantis** (Fita) también con actuaciones y **Rayuela** (Travesía Estrecha de San Andrés). Otros cafés nocturnos hacen compañía al pub irlandés **Dublín** en Panaderas, así **El Feudo** o **El Escondite de Buñuel.** Hacia el sector de mayor densi-

donde destacan los pescados. Precio medio, 21 €.

Una de las grandes sorpresas de los últimos años, por su cocina creativa y desenfadada a partir de los productos frescos de siempre, es el **Artabria** (Fernando Macías, 28; telf. 981 269 646), un local en el que conviene reservar con tiempo; sobre 30 €.

dad, en la rúa Sol se hallan el decadente **Picasso** o el bar **Egeo.** La apoteosis llega en la calle Juan Canalejo, toda ella dedicada al copeteo, desde el más sosegado de **Magazine** y **El Siglo,** a la salsa loca del estrecho **Combo** y el cálido **Latino** (una institución), pasando por sitios más asépticos y "bien": **Café Club Coruña, Studio 80, Grietas** y, sobre todo, el **Garibaldi.** Se han gastado algo más de pasta en decoración el **Geographic** (va de viajes y aventuras), el **Limerick** (otro santuario de la diosa Guiness) y el **Indian Village,** que evoca el lejano oeste y tiene hasta un trencito que circula por el techo. En general más nuevos y amplios, los pubs de Juan Flórez vivieron mejores tiempos. En la calle principal están las discotecas **La Terraza, Pirámide, Fox Trot** y algún karaoke. Costa Rica, su paralela, cuenta con la discoteca **Chaston** y el pub **El Cabo,** y Magistrado Artime con la cueva tribal **Soweto,** un garito incombustible, o el más moderno **Gado Gado,** que cuenta con dos locales. Hacia la Plaza de Vigo los cafés-pubs son más tranquilos, para charlar, caso de **El Gran Capitán** (Menéndez y Pelayo) o **El Antiguo** (Pardo Bazán). Escapan de esta norma los de la antaño bulliciosa calle Joaquín Baamonde (el salsero **Saqqara** o el **Recreo,** que es un after hasta las 9 h); completan la zona los pubs de la calle Nicaragua y la psicodelia del café-pub **La Cama** (División Azul). Hacia Riazor ha supuesto un balón de oxígeno la apertura del **Twenty Century Rock,** local temático USA, de capital futbolero céltico (una pica en Flandes) y a modo de sucursal o hermana pequeña del existente en Vigo. Ocupa un antiguo cine y su decoración recrea, como no, los mitos del cine americano, con un Cadillac rojo en medio del local; lo frecuenta un público heterogéneo. Para cerrar la noche en la ciudad, en pleno paseo Marítimo de Riazor quedan las discos **Playa Club,** que programa actuaciones con vistas al mar, y **Green.**

Ya en la salida de la ciudad por la avda. Alfonso Molina, el moderno barrio de Matogrande acoge una serie de cafés y pubs para los de más de 30 años, algunos tan cuidados como el **Classic London** o **American Corner** (más mitos USA).

Fuera de la ciudad destaca el núcleo de Santa Cristina (a 4 km), con discotecas como **Bambina,** más de adolescentes, o **Chevalier,** que de vez en cuando organiza sesiones porno.

Para darse un gusto, mejor de noche y con la bahía iluminada, resulta un lugar idóneo el restaurante **Domus,** en la homónima Casa del Hombre (Ángel Rebollo, s/n; telf. 981 203 862). Su carta ofrece cocina gallega con productos de primera calidad y moderna presentación; y las vistas ayudan a hacer la digestión (sobre 36 €).

A COSTA DA MORTE

RUTA DE 179 KM

A Costa da Morte, ese segmento del litoral atlántico que se inicia, según opiniones, en Caión, Malpica o Camelle y que, con total seguridad, concluye en el mítico y asombroso cabo de Fisterra, fue descubierto por el turismo hace tan sólo unos años. Desde entonces, los tópicos en torno a su salvaje belleza natural se han repetido incansablemente. Un sinnúmero de naufragios y ahogados han conmocionado y enlutado desde antiguo a las recias gentes de estas comarcas, en parte ancladas en una singular filosofía de la tragedia. Las *cruces de ribeira,* colocadas en los graníticos roquedos, configuran un anónimo camposanto lineal que que rinde homenaje al esfuerzo de los hombres del mar.

El viajero no se verá defraudado en su deseo de encontrar una costa brava, batida por un océano en toda su plenitud, salpicada de islotes y poblada de faros para guiar a unos navíos que, en ocasiones, han sido trágicamente arrastrados hasta sus escolleras y acantilados. Sin embargo, el visitante también puede sentirse invadido por la decepción a causa de un urbanismo incontrolado que, tras haber arrasado casi completamente la arquitectura marinera de las villas, amenaza varios espacios y parajes de notorio valor ecológico y paisajístico; acaso el turismo verde pueda ayudar a su conservación aunque catástrofes como la del Prestige (2002) no parecen contribuir a ello. Para conocer mejor esta zona, proponemos una ruta con las siguientes paradas:

EL LITORAL ENTRE LA TORRE DE HÉRCULES Y EL FARO VILÁN

A Coruña [pág. 83]. La salida de la ciudad hacia la Costa da Morte puede efectuarse por la avenida de Finisterre para tomar el viejo camino al fin del mundo, atravesando un polígono industrial con una refinería. A unos 11 km aparece Arteixo.

Arteixo. Esta renovada población, fue en el pasado villa termal. En el balneario siguen aplicándose para

VISTA DE CAIÓN.

el reumatismo y las afecciones de la piel sus aguas yodo-bromuradas, que brotan de 29 a 45 °C. En el camino, los interesados en el arte sacro disponen de dos paradas posibles: Pastoriza y Oseiro.

Pastoriza. A 5 km de A Coruña, este **santuario** mariano, que queda a la derecha de nuestra ruta, es un lugar de romería otoñal para los coruñeses. Además del templo barroco, con su titular ricamente vestida en el retablo, una escalera asciende hasta las peñas donde se dice que fue hallada la imagen. Es costumbre pasar tres veces por el hueco que la cobijó.

San Tirso de Oseiro. Hacia Arteixo, y hoy envueltos en el poco agradable *smog* de las factorías de Sabón, veremos la **iglesia románica** de esta población (1161-1164), con su bella portada occidental, y el restaurado **puente** romano **dos Brozos,** acaso parte de la calzada *per loca maritima.*

Caión. Situado a la vera de playas como las de **Valcobo, Barrañán** y **Sorrizo,** peligrosas para el baño por su situación a mar abierto. En la **península de Caión** es factible situar el comienzo de A Costa da Morte. El pequeño asentamiento, con puerto y arenal, inicia una tipología que se repetirá con insistencia antes de llegar a Fisterra. La plaza de Vila Fano agrupa a la plateresca **iglesia de San Xurxo,** que lo fue del adjunto convento de San Agustín, y al **palacio de los condes de Graxal.**
El litoral bergantiñán tiene su pulmón en la notable **marisma** y **laguna de Baldaio,** un espacio natural que, después de varias campañas ecologistas, comienza a ser protegido con seriedad.
La playa que la limita, y por donde desagua al mar, es impresionante. Rodeándola en su totalidad, podemos arriesgarnos a seguir la costa, aunque las pistas son peligrosas y carecen de señalización.

MARISMAS DE BALDAIO.

Razo. Con suerte, o con el auxilio de algún paisano, llegaremos a esta localidad, también con buena playa y embarcadero. Por la falda del antaño minero *monte Neme* (volframita) accedemos a la carretera de Carballo a Malpica, en los alrededores del celebérrimo pueblo alfarero de **Buño.**

Malpica de Bergantiños [pág. 170]. Es un puerto vital y colorista. Su foro lo forman las tabernas, a cualquier hora, y la lonja cuando hay subasta.

Seaia. Las **islas Sisargas** quedan más próximas si nos desviamos desde aquí hasta el **cabo de San Adrián,** donde se levanta la **ermita de San Adrián do Mar.** Sus rocas, granitos y gneises, son modelados por el mar y el viento

en acantilados, furnas y agujas. Sobre el achaparrado manto vegetal, emergen algunos pinos e higueras raquíticos. Pero su mayor atractivo estriba en la población de aves, en particular gaviotas, que anidan en los cantiles.

Entre maizales y pinares se discurre junto a los **arenales de Beo, Seiruga y Barizo,** las mejores peñas perceberas de Galicia.

ISLAS SISARGAS.

Las feudales **torres de Mens** (siglo XV) se encargan de poner una nota de solera y severidad en el paisaje. En ellas se evoca el dominio ejercido por la casa de Altamira.

Al otro lado de la carretera completa el binomio medieval un **templo** románico monástico, dedicado al apóstol Santiago. Más adelante, a 2 km, la sacristía de la **iglesia de San Martiño de Cores** guarda algunas piezas romanas.

Corme. Resulta interesante girar en dirección a esta localidad marinera y, más allá, hasta la **punta do Roncudo,** enclave famoso por poseer las mejores peñas perceberas del litoral gallego.

Para los menos pudientes, que no menos exquisitos, bien sabrosas son las *sardiñas* que durante el verano se ofrecen en los bares del puerto.

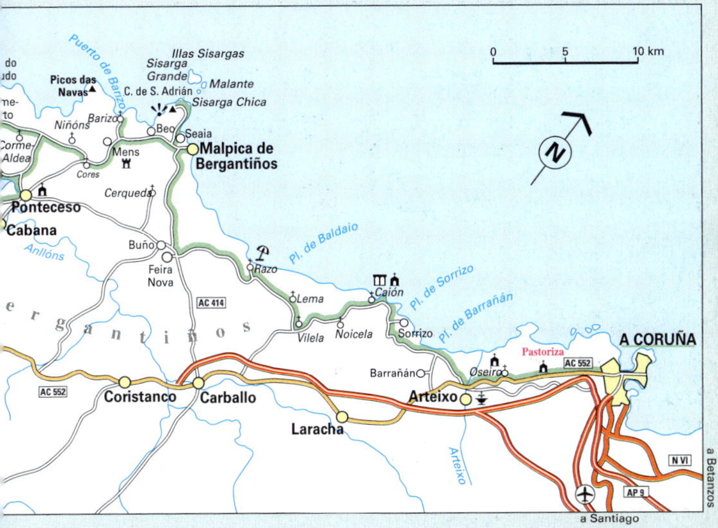

El vecino valle de Gondomil esconde la enigmática **Pedra da Serpenta,** supuesto altar druídico y enclave relacionado con antiguas invasiones.

Ponteceso. De camino a esta localidad, contemplamos en toda su magnitud la ría, el **monte Branco,** así llamado por haber sido cubierto de arena por el viento, las dunas y el **arenal de Balarés** y la **ensenada da Insua,** formada por el Anllóns, que en temporada nos obsequia con las preciadas angulas.
En este paraíso nació el bardo Pondal, autor del poema *Os Pinos,* que en la actualidad constituye el texto del himno de Galicia. Junto a una palmera se halla su **casa,** con galería y jardín.

Entre Ponteceso y Laxe sólo distan 12 km. A mitad de trayecto, la carretera de Baio nos ofrece la posibilidad de conocer el **dolmen de Dombate** y el **castro de Borneiro.**
El dolmen, fechado hacia el 2500 a.C., está formado por siete losas verticales cubiertas y un reducido corredor. Un sendero que arranca al otro lado de la carretera conduce al bien excavado castro celta de Borneiro, que estuvo poblado entre los siglos VI-I a.C.

PONTECESO.

Laxe. Emplazada en una bahía perfecta, la villa de Laxe, con una gran playa y el agradable paseo marítimo, es una de las más afortunadas de la Costa da Morte. Se entra en ella, bordeando el arenal, por una zona de apartamentos. Merece atención la **iglesia de Santa María da Atalaia** (siglo XV), ejemplo del llamado gótico *mariñeiro,* cuyas características se repiten en otros templos de la costa: una sola nave, capilla mayor rectangular y aspecto arcaico.

Cerca del templo se dispone un bello **cementerio** elevado sobre el mar.

Hacia Camariñas puede verse el **pazo de Leis,** donde pernoctó el rey Alfonso IX, y los caprichosos **Penedos de Traba,** anfiteatro de montañas dentadas con aspecto ruiniforme.

En la virginal **ensenada de Traba,** alterada por la cada vez más inútil concentración parcelaria, hay una pequeña laguna y una **iglesia parroquial,** románico-renacentista, de ornamental fachada.

Camelle. Separados del océano a través de los montes que envuelven el **salto de Carantoña,** hemos de seguir hasta esta localidad para tener un brusco reencuentro con él. Por este lugar se recogen el erizo y el alga roja, hasta hace poco despreciados. Un pintoresco "eremita-acuático" alemán, de nombre Manfred, pintó peñascos y compuso curiosas esculturas en este lugar. Murió poco después del desastre del *Prestige.*

A pesar de la mala calidad del firme, recomendamos vivamente seguir la pista forestal que desde Camelle y **Arou** conduce al cabo Vilán (18 km). El tortuoso recorrido nos permitirá contemplar el no menos tortuoso litoral del tramo más salvaje y desierto de toda A Costa da Morte. Se suceden el **cabo Veo,** otro **monte Branco,** con su gran cascada de arena hacia la **playa do Trece;** el patético **cementerio de los ingleses,** perecidos hace ahora algo más de un siglo en el naufragio del buque escuela *Serpent,* y el **cabo Tosto.** La panorámica sobre el **faro** encajado en las agujas del **cabo Vilán** es una de las estampas más bellas que se pueden concebir. En sus inmediaciones ha sido instalado un gran **parque eólico** con multitud de aerogeneradores.

De Camariñas al promontorio Nerio: el límite del Viejo Mundo

Camariñas. La economía de la población ha tenido su base en el mar y un complemento en la comercialización de los encajes de bolillos.

En los días soleados es común contemplar a mujeres y niñas pali-

CAMELLE.

llando por plazas y calles. La artesanal tradición se ha visto potenciada con la creación de una escuela de encaje y gracias a la convocatoria de una muestra anual (Semana Santa).

La desafortunada urbanización reciente ha trastocado por completo el hasta no hace mucho encantador caserío marinero.

La **iglesia parroquial de San Jorge,** del siglo XVIII, está adornada con retablos de José Ferreiro. Un monumento escultórico homenajea a las *palilleiras.*

La **procesión marinera del Carmen,** que se celebra el 16 de agosto, es una romería de barcos engalanados que se dirigen a Muxía. Durante las fiestas, que incluyen una gran *sardiñada,* se baila la *danza dos Arcos.*

Entre Camariñas y Muxía, que distan 22 km por el camino más breve, las suaves formas de la ría nos apartan momentáneamente de los dominios del salvaje y recortado litoral.

Ponte do Porto. Aquí se salva el río Grande por un estrecho paso.

Cereixo. Prácticamente unido a la población anterior, cuenta con un conjunto e casas en piedra bien cuidadas, además de un largo **hórreo** y las **torres** o pazo del siglo XVII. La **iglesita** románica **de Santiago** posee un particular interés por la presencia en el tímpano de su puerta meridional de una muy temprana iconografía de la *Translatio* del cuerpo del apóstol Santiago.

CABO VILÁN.

Para seguir la costa, una vez pasado el cementerio de la localidad, es necesario girar a la derecha por una modesta carretera. Entre los pinares divisaremos el puerto de Camariñas y la alargada península de Muxía.

Leis y **Merexo.** Núcleos rurales que conservan bien la típica arquitectura popular, sobre todo los **hórreos** para depositar el maíz que se cultiva en los campos circundantes. En la **playa de lago** es posible bañarse en el mar, en el río o en una pequeña y variable poza cálida que forma éste en su desagüe.

Os Muiños. Desde esta población, también con playa, el camino a Muxía discurre junto al románico **monasterio de San Xián de Moraime,** asentado sobre una villa romana.

Muxía. Sus calles se alargan sobre un tómbolo arenoso. Hacia la **punta da Barca** están la **iglesia parroquial** gótica y, a la vera del mar, el célebre **santuario** barroco **da Virxe da Barca,** surgido en

torno a una fantástica aparición mariana al apóstol Santiago que en realidad pretendía cristianizar un fuerte culto litolátrico.

Desde el atrio del templo es obligado descender hasta las legendarias **pedras do milagro,** situadas frente a una soberbia panorámica del océano. La leyenda piadosa las considera restos de la barca de piedra en la que la Virgen llegó a Galicia para visitar al apóstol Santiago. El domingo inmediatamente posterior al 8 de septiembre se celebra en el lugar una multitudinaria romería.

La Diputación Provincial ha asfaltado el camino que va de Muxía al **cabo Touriñán,** junto al cabo da Buitra y a la aldea y la ensenada de **O Cuño.**

Recuperamos la estela de los naufragios en una costa acantilada, horadada con *furnas, coídos* (depósitos de cantos) y traicioneros bajos. Si el fin de la tierra ya no es tal en el extremo occidente geográfico de Touriñán, lo sigue siendo en el aislamiento de sus dispersas aldeas agrarias.

Lires. Desde **Nemiña,** hasta aquí, existe un largo y desangelado arenal hasta la móvil embocadura del río Castro. Esta parroquia es un enclave pionero en el desarrollo del turismo rural en casas de labranza. Unos ecologistas alemanes descubrieron este lugar hace años, aunque, si nadie le pone remedio, la urbanización incontrolada de baja calidad, como toda la que se hace por estos lares, amenaza con desvirtuarlo poco a poco.

A la salida del pueblo, en dirección a **Cee,** resulta difícil dar con la pista que conduce a la *playa del Rostro,* otro espacio salvaje sin ningún tipo de servicios para el turismo veraniego.

Fisterra [**pág. 128**]. La villa de Fisterra es un pueblo típico de pescadores, con sus casas escalonadas en el puerto y calles estrechas en el casco antiguo. Algo apartada del núcleo se encuentra la **parroquia de Santa María das Areas** que viene precedida por un excelente cruceiro del siglo XV.

La carretera local depara buenas panorámicas sobre la costa a través de Suarriba y Buxán, cruza el Val de Duio entre las agras sembradas y desemboca en la carretera AC 552 a la altura de la privilegiada **playa Langosteira,** antesala de la villa y el puerto de Fisterra. Nuestro recorrido, que ha discurrido por la cara de poniente, aún nos llama a hacer una incursión hasta la última brava playa de A Costa da Morte, aquella que los fisterranos llaman *de Mar de Fora* en contraposición al sosegado mar interior donde se ubica el puerto.

VISTA DE CEE.

PARADA Y FONDA

Para los amantes de la acampada, a lo largo de la ruta hay varios **campings** donde pernoctar:

Valcobo

Cámping de Valcobo
2ª categoría. Telf. 981 601 040. Abre de abril a septiembre.

Carballo

Cámping de Baldaio
2ª categoría. Telf. 981 739 529. Situado en Rebordelos. Abierto todo el año.

Os Delfins. 3ª categoría. Pedra do Sal-Baldaio. Telf. 981 739 696. Abierto todo el año.

As Nevedas
3ª categoría. Ctra. Carballo-Cayón, km 8,5. Telf. 981 739 552.

Playa de Lago

Lago Mar. 3ª categoría. Telf. 981 750 628. Abierto en verano.

Varias casas pioneras en la modalidad del **turismo rural** ofrecen habitaciones en **Lires.** La mejor arreglada es **Casa Raúl** (telf. 981 748 156).

En cuanto a **hoteles,** entre otros muchos:

Pastoriza

Hotel Residencia Pastoriza**
Ctra. Coruña-Carballo, km 4. Telf. 981 130 250. Fax: 981 130 143. Habitación doble: 48-60 €.

Arteixo

Hotel Europa*
Avda. Fisterra, 31. Telf. 981 640 444. Fax: 981 640 444. Habitación doble: 45-60 €.

Hostal As Camelias**
Vilarrodris. Telf. 981 640 325.

Hostal-Balneario*
Telf. 981 600 014. Fax: 981 600 525. Abierto todo el año.

Para comer

Arteixo

El Gallo de Oro. Avda. de Fisterra. Telf. 981 600 410. Excelente cocina gallega y española.

Villariza
Santuario de Pastoriza, s/n. Telf. 981 644 064. Cerrado lunes. Ubicado en un bellísimo paraje y con una interesante carta en la que destacan las *caldeiradas* de pescado y marisco.

Siruga

Parrillada Xeiruga Junto a la playa se halla este restaurante para tomar un buen chuletón de ternera.

Corme

O Biscoiteiro
Virxe dos Remedios. Telf. 981 738 376. Con estupendas paellas, pescados y mariscos.

Miramar
Arnela, 35. Telf. 981 738 039. Con suculentas caldeiradas.

FERROL

A CORUÑA. 83.045 HABITANTES

El desarrollo de Ferrol siempre estuvo ligado, para bien o para mal, al mar, a través del comercio marítimo o de los astilleros. Durante el siglo XVIII los Borbones convirtieron este puerto en la capital naval del norte de España y su crecimiento urbano se realizó siguiendo el modelo cartesiano y racionalista de la Ilustración. De las últimas y muy graves dificultades económicas, las derivadas de la reciente reconversión industrial y, muy especialmente, de los astilleros públicos, aún no ha podido Ferrol resarcirse del todo. La pérdida del peso específico no ha podido, sin embargo, eliminar su distinguida clase urbana y buen gusto. Sabido es que el perspicaz almirante británico William Pitt, visitando de incógnito el lugar, dejó una frase para la Historia digna de cualquier campaña turística, afirmando que si Inglaterra tuviera un puerto como éste lo rodearía con murallas de plata. Ahora que los tiempos son más seguros, al puerto urbano le ha nacido un hermano, para el tráfico pesado, en la boca de la ría (cabo Prioriño).

INFO

Oficina Municipal de Turismo
Porta Nova, s/n. Telf. 981 446 700.
Oficina de Turismo de la Xunta
Pza. de Vigo. Telf. 981 311 179.
Oficina de Turismo del Puerto.
Coruxeiras, s/n.
Telf. 618 522 527.

El periódico por excelencia es *El Diario de Ferrol,* que trae una buena agenda de actos, aunque las ediciones ferrolanas de *La Voz de Galicia* y *El Ideal Gallego* tampoco están mal.

TRANSPORTES

Aeropuertos
A Coruña-Alvedro a 52 km.
Santiago-Labacolla a 95 km.

Autobuses. En Paseo da Estación, s/n, cerca de la praza de España (telf. 981 324 751).

Existen dos empresas de autobuses urbanos: *Tranvías Ferrol* (telf. 981 350 832/ 383 415), con cinco líneas que cubren el centro, y *Rialsa* (telf. 981 315 955), también con cinco líneas que salen cada hora desde la praza de Galicia.

Estaciones de ferrocarril
RENFE con estación en la avenida de Compostela, s/n; telf. 902 240 202 (se pueden comprar los billetes en *Viajes Río,* con agencia en la praza de Armas). FEVE para el norte de Galicia y el Cantábrico, con estación en avda. de Compostela, s/n; telf. 981 370 401.

Marítimos. Una lancha comunica con Mugardos: *Retrasub* (telf. 981 369 128). Aproximadamente cada media hora, desde las 6.20 h hasta las 22 h (sábados, domingos y festivos, hasta de 6.40 h a 21.15 h de Ferrol a Mugardos, en verano).

Taxis. Lo más recomendable es llamar a:

Radio Taxi (telf. 981 355 555) y *Tele Taxi* (telf. 981 351 111). Hay paradas céntricas en praza de España (telf. 981 311 234), praza de Armas (telf. 981 351 209) y Cantón de Molíns (telf. 981 355 185).

Aparcamientos

Hay varios: los más céntricos en la praza de Armas (telf. 981 350 844) y el Cantón de Molíns (telf. 981 326 900).

Los otros, igualmente bien situados, en la praza do Inferniño, el nuevo de la praza de España y en Irmandiños.

COMPRAS

En el animadísimo **Mercado Central,** reedificado hace poco, se puede adquirir cualquier producto alimenticio gallego, pero en sus quiosquillos también tienen asiento desde joyerías hasta tiendas de antigüedades o pequeños bares para tomar chiquitos; se recomienda la visita sobre todo los sábados por la mañana. También hay una popular **feria** el tercer domingo de cada mes en la rúa Irmandiños.

El pequeño comercio se concentra en las calles peatonales, que son Real, Galiano y Dolores. Cerámica de Sargadelos en la rúa Dolores, 55. Los golosos no podrán resistirse a a las típicas tartas de Ferrol. Para las *delicatessen* gastronómicas están **El Rápido** (Magdalena, 139), un ultramarinos fundado en 1922, **Casa Amador** y **Pan y Moja** (ambas en la rúa de la Iglesia), y **Mundo Alimentación** (María, 135).

VISITA

La ciudad y el arsenal se separan abruptamente por el muro que aísla el recinto militar, que en parte ha sido derribado en los últimos años para propiciar una mejor conexión de la urbe con el mar. Con todo, lo más interesante se concentra en el cartesiano barrio de la Magdalena y en sus inmediaciones.

UN PASEO POR LA CIUDAD

Al **barrio de la Magdalena** se accede por la polémica **praza de España.** Este barrio es un ejemplo singular del racional urbanismo ilustrado que se modeló en Ferrol a partir de 1761. Dos plazas cuadradas, la de Armas y la del Marqués de Amboage, animan la red de manzanas geométricas que se

FERROL

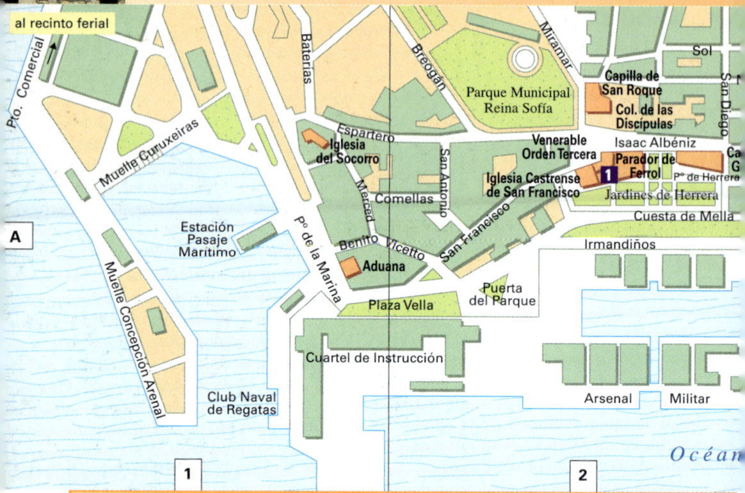

En Ferrol es imposible delimitar zonas, pues el propio trazado urbano de A Madalena –barrio en el que se desarrollan la mayor parte de las actividades económicas y de ocio– lo impide. En cualquier caso puede hacerse la siguiente distinción.

Barrio de A Magdalena

Comprende desde la plaza de Amboage a la de Armas y es el centro de la retícula urbana que forma el corazón de Ferrol. Concentra los sectores gastronómicos de vino y diversión. Destacan los bares de tapeo y los cafés de las rúas Madalena y Sol y el pequeño comercio que ocupa, en gran medida, las calles peatonales (Real y Galiano).

Zonas de marcha noctura

La marcha nocturna oscila desde el centro hacia la carretera de Castilla y otros lugares puntuales de los alrededores. En Esteiro comienza la noche, con bares que se animan a primera hora, para luego proseguir la ruta por la Magdalena y la zona de Ultramar (f. p.). A última hora se acude a los originales locales de la carretera del Castro, dirección Valdoviño (f. p.).

forman cruzando seis largas calles paralelas con otras nueve transversales. Sencillo y práctico, en este entramado urbano se fueron construyendo durante décadas los clásicos edificios de galerías, además de interesantes muestras de eclecticismo y modernismo de finales del siglo XIX y principios del XX. Aquí encontraremos la **Casa Pereira** (Rodolfo Ucha, 1912-1915), ejemplo del mejor modernismo gallego, con su estructura de vidrio, madera y decoración *art nouveau*, el **Café Suizo,** obra del mismo autor, con sus balcones de hierro forjado, y el **Casino Ferrolano** (1921-1925), decorado por Bello Piñeiro, donde se empleó por primera vez en Ferrol el hormigón armado.

El **palacio municipal**, sito en la praza de Armas, es un recio edificio de reminiscencias herrerianas que se levantó en 1953, con esa apariencia solemne y rotunda de las arquitecturas oficiales del franquismo. Por el barrio se desperdigan también algunas capillas sin excesivo interés, como la clasicista de **Nuestra Señora de los Dolores** (en la praza de Amboage) y se conserva la **casa natal de Franco** (rúa María, 136). En Méndez Núñez, junto a la plaza de Amboage, tiene su sede la **Sociedade Galega de Historia Natural,** con una colección de esqueletos y huellas de animales, y otra de mineralogía.

Entre el barrio de la Madalena y la enorme extensión amurallada de los arsenales se levantaron algunos de los más interesantes edificios de Ferrol. La **iglesia de las Angustias,** una sencilla muestra de la arquitectura religiosa de finales del XVIII, se encuentra en la plaza del mismo nombre. El **cantón de Molíns**, con sus veraniegas terrazas, y la **alameda de Suances** son zona de paseo y esparcimiento. Al primero se asoma la **Fundación Caixa Galicia,** que fue inaugurada en 2005 en un sobrio edificio de finales del siglo XVIII que había servido de cárcel, instituto y Gobierno Militar; dispone de un **auditorio** y grandes salas de exposiciones. En el recibidor puede contemplarse la *Sabina,* gran escultura de Martín Chirino. Unida a la alameda queda la praza de Galicia, presidida por un senci-

PLAZA DEL MARQUÉS DE AMBOAGE.

EL TAPEO

Los bares de tapeo se encuentran sobre todo por el centro, en las rúas Madalena y Sol. En la Madalena hay excelentes locales, desde el clásico bar de tapas de toda la vida a otros más cuidados como el **Bodega 147,** un típico bodegón de maderas oscuras, paredes de escayola, barriles para las mesas y fotos del Ferrol antiguo.

A Palloza, que simula una clásica vivienda de la Galicia de montaña, ofrece asequibles tapas de calidad.

Tripas y morros, entre otras "delicatessen", las podemos probar en **El Sur,** y son famosos los pimientos rellenos del mesón **La Posada.** Otro clásico es **El Congreso,** con pescaditos y derivados del cerdo.

En la rúa Sol se concentran varios mesones que también sirven para tapear.

Son muy conocidos **El Hórreo,** de piedra, un pelín hortera pero con buen pulpo; **O Cabazo,** versión *enxebre* del anterior, mejor conseguido, con tripas, callos, lacón y sardinas; **O Toldo,** sólo para el pulpo; **O Galo,** local rústico con buenos vinos y *raxo,* frecuentado por la juventud, y el **Cholas,** un viejo bar de tazas, para viejos, en una de las casas más viejas de la calle; hasta el nombre suena a viejo.

Para tapas más "modernas" podemos dirigirnos a la taberna **O Xustiño,** a la que le viene el nombre por su reducido tamaño, y al **Mesón Carabal.**

Junto al edificio de Correos, en la rúa Igrexa está el **Oslo** con su vikingo en la puerta y los drakar dentro. Pulgas, picadillos y tapas muy variadas que, si se desea, son servidas por docenas en su versión mini y maxi.

Frente al muelle de Curuxeiras, la marinera **Taberna de Anca** tiene influjos tan andaluces como los de la Semana Santa local, pues hace pescadito frito y bienmesabe de melgacho. Del viejo barrio de Esteiro cabe citar el **Nuevo Dique** (Carlos III, 6), que pone tapas cefalopódicas de chocos, chipirones y pulpo en salsa, pero también callos.

En la rúa Nova, ya en el Ensanche, hay que visitar el **Mesón O Pazo,** famoso por su marrajo (algo así como un tiburón). Los bares de vino y tapas de esta zona están cogiendo auge últimamente.

llo y alado **monumento a los Héroes de África,** del escultor gallego Asorey, y por la neoclásica **puerta del Dique** (1783) que sirve de entrada al arsenal; a la plaza se abren también el **Banco Simeón,** con sus airosas y delicadas galerías modernistas, y el elegante **Teatro Jofre,** otra buena muestra del modernismo ferrolano, diseñado en 1872 por Faustino Domínguez.
La **concatedral de San Xulián** (1763) es el edificio principal de neoclasicismo religioso ferrolano. Se trata de una iglesia solemne, con reminiscencias italianas, un tanto fría quizás, sin concesiones decorativas y con la austeridad que cabría esperar del diseño de un ingeniero militar como Julián Sánchez Bort. Su interior de cruz griega se organiza en torno a una cúpula elevada sobre pechinas.

Camino del llamado Ferrol Vello se encuentran los **jardines de Herrera,** un buen mirador sobre los arsenales y la ría, sitos entre el Parador de Turismo y el edificio de Capitanía. Anexa al sobrio parador veremos la **iglesia de San Francisco,** hoy parroquia castrense, levantada en 1757 sobre las ruinas de un antiguo templo medieval. En el interior destaca el hermoso **retablo mayor** de finales del siglo XVIII, obra de José Ferreiro, un escultor que, en un altar lateral, puso a una arrebatada Santa Bárbara el rostro de su esposa (lo que puede ser, más que un homenaje a su mujer, un desahogo marital, teniendo en cuenta que esta Santa Bárbara tuvo un entretenido martirio, siendo azotada con látigos, quemada con las llamas de varias candelas, machacada su cabeza con un martillo, arrancados sus pechos de cuajo y finalmente degollada por su propio padre). La **capilla de la Venerable Orden Tercera,** contigua a la anterior, es otra de las típicas construcciones religiosas neoclásicas de origen militar. El cercano **parque municipal Reina Sofía,** con sus camelios, acacias, eucaliptos y pavos reales, nos sirve para un refrescante paseo. Forma parte de este espacio verde el jardín temático **Acuaciencia** (abierto en 1998), concebido para explicar a los más pequeños el aprovechamiento del agua como fuente de energía.

Entre el parque Reina Sofía y la dársena de Curuxeiras se extiende el llamado **Ferrol Vello,** el barrio poblado más antiguo de la ciudad, en origen medieval pero completamente reformado, como toda la ciudad, durante la época de los Borbones; con todo, mantiene la intrincada estructura urbana anterior, con sus callejas estrechas y curvas, irregulares, en contraste con las rectilíneas manzanas del barrio de la

PUERTA DEL DIQUE.

Madalena. Aquí se encuentra la **iglesia del Socorro** (siglo XVIII), sin otro interés que el de servir de albergue al *Cristo de los Navegantes*. El estado ruinoso de conservación de este antiguo barrio no es sino otra muestra de triste decadencia de una ciudad pujante en otros tiempos. Una nota positiva en el ámbito de la cultura, y a la vez una deuda saldada con el pintor local **Bello Piñeiro,** ha sido la instalación del **museo** a él dedicado, durante 26 años una entidad fantasma, en el **Centro Cultural Torrente Ballester,** que ocupa el hospital dieciochesco de la Caridad (rúa Concepción Arenal). La muestra reúne paisajes del titular y otras obras de Pérez Villaamil, Sotomayor, Castelao, Máximo Ramos o Segura Torrella. En el Ensanche de Ferrol cabe destacar, como novedad, la construcción de la **Porta Nova** (en sus jardines), réplica de la alzada en la entrada de la ciudad a finales del siglo pasado.

El Arsenal Militar

Este amurallado e imponente recinto de 240.000 m^2 aisla casi por completo a Ferrol del mar, y su presencia abrumadora por toda la urbe inevitablemente imprime carácter; parece lo que es, un mundo aparte, imprescindible para la ciudad, pero separado de ella. La mayoría de las convulsiones sociales que agitaron Ferrol desde mediados del siglo XVIII han tenido relación con los arsenales y las crisis económicas de sus astilleros. En una de esas crisis, en 1810, se produjo un insólito motín protagonizado por las aguerridas mujeres ferrolanas, que sacaron a un general a porrazos de las instalaciones militares, lo lincharon, arrastraron su cadáver por las calles de Ferrol y finalmente lo dejaron abandonado como un desperdicio. El desenlace de esta revuelta femenina vino acompañado de la decapitación de su cabecilla, cuya testa fue expuesta frente a la puerta del Dique. Se puede acceder al Arsenal por dos puertas, la del Dique, ya mencionada, y la **del Parque,** en la Praza Vella (visita los fines de semana, de 16 h a 18 h, y concertadas en el telf. 981 336 000). Su construcción comenzó en 1751, según un proyecto inicial del ingeniero Joseph

CASTILLO DE SAN FELIPE.

CAFÉS

Se concentran, al igual que los bares de tapas, por el barrio de la Madalena, desde la rúa da Igrexa a hasta la del Sol, en esa retícula urbana que constituye el corazón de Ferrol.
Exitoso como ninguno es el **Stollen 1919,** ya en la rúa Madalena, un café que recrea el ambiente de principios de siglo. El **Zucre** es uno de los más bonitos, un lugar que rebosa ambiente gallego –piedra y oscuridad– y cultura. Más lujoso resulta el pequeño **Bordón Café,** donde reluce el latón sobre la madera; el **Expreso Café** es para "locos" de esta infusión, un lugar donde se degusta y compra café de todo el mundo, e incluso se pueden adquirir cafeteras exóticas y juegos de porcelana.
También destaca por su selección de cafés y chocolates el **Cafetto** (Galiano, 47).
En la Rúa Real también hay buenos locales de tarde, entre los que destacan el **Kuby** –pequeño y acogedor, si no está lleno a rebosar–, el imprescindible **Derby** de cualquier ciudad gallega –bien decorado, con barra cuadrada y mucha gente– y el **Galatea** –frente al casino, lujosillo, con nombre y decoración de expedición marítima–. Otros cafés de la zona son el **Cervantes,** en la rúa Dolores, lujoso y clásico, y el **Bonsai,** en la rúa María, más modernillo.
En la rúa Dolores, el alegre **Café da Vaca,** que se anuncia a un tiempo como cervecería y chocolatería, acoge exposiciones y público universitario.
Si lo que se desea es descansar en una tranquila terraza, la más apropiada es la del **Marqués de Amboage,** en la plaza del mismo nombre. En este mismo recinto, esquina Dolores, está **El Marqués,** otro café estilo "belle epoque" con un gran mural alusivo a la llegada del ferrocarril y un surtidor de cerveza de Lorenzo Quinn.
Fuera de A Madalena, los universitarios también frecuentan, por su proximidad al campus, **O Patín,** que los fines de semana se convierte en pub de primera hora (la casa que lo acoge es preciosa). Entre las nuevas incorporaciones destacan muy especialmente, para el día y la noche, el **Bla Bla Café** (Real, 193), pensado para la tertulia y perfectamente ambientado en la casa modernista que lo acoge, y la **Casa do Fol** (Madalena, 101), que recrea el estilo, entre irlandés y gallego, del café-taberna en piedra, madera y vidrio con la música folk de fondo.

FIESTAS

Tiene fama la **Semana Santa** ferrolana, una de las más interesantes de Galicia; no en vano se dice que Ferrol es ciudad de curas (serán castrenses) y de militares, ambos muy dados a estas conmemoraciones rituales. Miles de devotos siguen sus procesiones, entre las que destaca la muy vistosa de *Os Caladiños* (silenciosa); la cosa culmina con la tradicional *romería de la Virgen del Chamorro,* el lunes de Pascua.

La curiosa **fiesta de las Pepitas** (la víspera de San José), en su origen un cortejo en toda regla a las mozas del lugar, es hoy una peculiar celebración a la mujer ferrolana, con las corales y rondallas locales animando las calles con sus charangas.

Durante el mes de agosto tienen lugar las **fiestas de la ciudad** hasta el 31, día de San Ramón; lo mejor son los conciertos al aire libre.

Petit de la Croix, que posteriormente fue reformado por Sánchez Bort (el autor de la concatedral de San Julián), Francisco Llobet y Jorge Juan de Santacilia. Las obras, de marcado carácter clasicista, terminaron relativamente pronto, en 1775. Alrededor de una gran dársena central se construyeron toda una serie de sólidos edificios militares, entre los que destaca el afrancesado **Cuartel de Instrucción,** antigua Sala de Armas.

El **Museo de la Marina** (visita de martes a domingos, de 9 h a 13.30 h) reúne una curiosa colección de maquetas de barcos y restos de naufragios, con uniformes, dibujos, grabados, cañones y diversos aparatos de artillería.

En la sala grande se reseñan todos los barcos construidos en Ferrol desde 1751, año de la botadura del *San Fernando,* con sus 64 cañones, hasta los años ochenta, cuando se fabrica el portaaviones *Príncipe de Asturias.* De aquí salieron buena parte de los principales barcos de guerra de la Armada española, como el primer vapor español, en 1858, el primer barco con casco de hierro (1881), el primer acorazado (1912) o legendarios cruceros.

DORMIR EN FERROL

En la escasa oferta hotelera de Ferrol destaca el Parador de Turismo* (A2 1) (Almirante Fernández Martín, s/n; telf. 981 356 720; 115-125 €), con maravillosas vistas sobre la ría. De precio más moderado, pero con buenos servicios, se recomiendan:**

HOTEL VALENCIA** (f. p.)
Estrada de Cababois, 390.
Telf. 981 370 312. A 1 km del centro con una muy buena relación calidad/precio. Ofrece televisión vía satélite, hilo musical, minibar y aparcamiento propio.
Habitación doble: 40 €.

HOTEL ALMENDRA* (f. p.)
Almendra, 4-6. Telf. 981 358 190. Fax: 981 358 192. Buenas habitaciones con todo tipo de servicios, desde teléfono hasta hilo musical, para un hostal bien situado. Por lo que ofrece, no está mal de precio. Habitación doble: 39-47 €.

HOTEL AMÉRICA* (f. p.)
Sánchez Calviño, 70-76.
Telf. 981 370 208.
Fax: 981 370 248. En la zona de Ultramar (entrada de la ciudad), dista unos 15 minutos del centro. Sobre sus instalaciones, hace poco renovadas, sobra señalar que acaba de ganar una estrella. Cuenta con lavandería, aparcamiento y cafetería abierta las 24 horas.
Habitación doble: 66-76 €.

HOTEL SILVA* (f. p.)
Río Castro, 42-44.
Telf. 981 310 552. Alejado del centro, pero cerca de las estaciones de tren y autobuses.
Habitación doble: 21-32 €.

HOSTAL REAL** (A3) **2**
Dolores, 11-13. Telf. 981 369 255. Un negocio céntrico, pulcro, funcional, recién inaugurado y con muchos más servicios de lo que es habitual en su categoría. 30 habitaciones de 38 a 50 €.

HOSTAL MAGALLANES* (f. p.)
Estrada de Castilla, 401.
Telf. 981 311 648. A 2 km de la pza. España, pero con unas instalaciones más que aceptables.
Habitación doble: 36-41 €.

OTROS HOTELES DE PRECIO MÁS ELEVADO

En un edificio modernista se halla el **Suizo***** (A3 **3**) (Dolores, 67; telf. 981 300 400; habitación doble: 52-82 €). Recientemente remodelado, el **Barceló Almirante***** (A4 **4**) (María, 2; telf. 981 333 073; 115 €) sigue siendo el hotel más grande de la ciudad, aunque con poca ventaja sobre el moderno **Hesperia Ferrol****** (Estrada de Castela, 75; telf. 981 330 226; 125 €). En el vecino municipio de **Narón** es un puro lujo el **Hotel Barceló Pazo Libunca****** (Castro; telf. 981 383 540; habitación doble: 60-155 €), instalado en una quinta de principios del siglo XX.

COMER EN FERROL

Como localidad portuaria, los mariscos y pescados se imponen a las carnes, pero si hay un plato típico de la ciudad, éste es el arroz con leche.
Uno de los restaurantes más elogiados por todos es **A Gabeira** (Balón, 172; telf. 981 319 057), situado en las afueras. Desde 1927, año en que surgió como casa de comidas, ha evolucionado hasta convertirse en uno de los mejores lugares de la comarca para degustar marisco y pescado –cocina de mercado–, que se preparan a la conservadora o con toques modernos. Cierra domingo; sobre 40 €.
El restaurante del **Hotel Pazo Libunca** (Castro; telf. 981 383 540) también merece tenerlo en cuenta, y, en general, resultan muy tentadores los restaurantes situados a las afueras.

LA NOCHE

A primera hora (entre las 23 h y las 24 h) debemos dirigirnos a la zona de Esteiro (barrio nuevo), en donde despunta el **Taxonera,** un buen local con música jazz y excelente servicio; el **Prieto** o el **Viraventos,** en cambio, son bares para los más jóvenes. En la avda. de Esteiro hay también modernos y espaciosos locales para la primera hora; los mejor conseguidos son la cervecería **República Ceska,** con su *pilsner* siempre fresquita, mucha madera verde y meritoria decoración, y la **Bodega de La Estrella,** un santuario para degustar la malta gallega. A estas horas empieza a haber gente ya por las calles Sol, Madalena y praza de Amboage. Aquí se encuentra el **Bar Cazadores,** emblemático para la música celta, uno de los primeros de la ciudad; a su vera, el rústico café **Faragulla** se transforma al anochecer en pub. En la Madalena está el **Drowsy Duck,** tipo cervecería irlandesa, pero en este caso británica y remedo de la existente en A Coruña, con la prensa londinense forrando el techo. Al mismo género, pero ahora en auténtico irish, pertenece la **Cervecería Mel** (Dolores, 54). Más cerveza, y buena música suave, en **Vétula** (Cantón de Molíns, 6) y **Papillón** (Magdalena, 124). A medida que avanza la noche es preceptivo subir de A Magdalena y aledaños a Amboage y Sol, donde funcionan locales como el antaño underground **Pinsapo,** clásico como pocos del rock y el pop eterno. En Sol hay mucha oferta corrida, con **La Rue, El Colonial** (temático

■ Casas con menú (menos de 15 €)

O Café da Vaca (A3) ❶

Dolores, 34. Telf. 981 357 505. Local popular en el que se pueden degustar raciones y un menú de comida casera gallega.

Casa Rivera (A2) ❷

Galiano, 57. Telf. 981 350 759. Casa de comidas familiar, fundada en 1955. Todos los días preparan su guiso de ternera y caldeiradas de pescados.

Lepanto (A4) ❸

Pardo Bajo, 15. Telf. 981 351 198. Casa de comidas tradicional que destaca por sus especialidades caseras, sus pescados, mariscos a un precio razonable.

Casa Polo (f. p.)

Sánchez Calviño, 7.
Telf. 981 355 152. Especializado en cocina sencilla de mercado y de la zona. Con un menú con buena fama.

Cetárea de San Felipe (f. p.)

San Felipe, 4 (A Graña).
Telf. 981 318 904.
A unos 5 km de Ferrol, junto al mar, en una agradable ensenada. Local muy popular, fundado en 1968 y frecuentado por gente

y bien montado), **El Guetto, Laberinto, El Desván** y **A Fusa** –un acogedor pub-taberna–, todos en la rúa do Sol, más allá de la praza de Amboage, son algunos pequeños pubs ideales para la charla sin agobios.

La zona de Ultramar se empieza a llenar a partir de las 2.30 h y permanece así hasta las 4 h; aquí se puede uno acercar hasta el **Micro,** un pub de toda la vida que aún reúne a mucha gente, o al **Pardiez,** uno de los que pinchan mejor música. Más en boga, sin embargo, están dos locales temáticos americanos, el **Buffalo** y **La Reserva,** de la calle Sánchez Calviño; ya se sabe, muchos indios, bisontes, vaqueros, barras y estrellas. Más movida yankee nos espera en el **West Saloon,** sito a la vera de la estación de ferrocarril. En el barrio de San Xoán, una discoteca próxima es **Onda.** Más cercanas, sin embargo, están las discotecas hermanas **Cebra-1** y **Cebra-2** (rúa Dr. Fleming).

Por la carretera del Castro (dirección Valdoviño) se para a última hora por algunos locales que en realidad son chalés, viejos almacenes y fábricas adaptadas para el negocio con bastante originalidad. El más típico y exitoso es **El Minueto.** Los que prefieran el bakalao tienen el **Play.** Los que opten por otro estilo de baile tienen su salvación en **La Habana.** Sin embargo, la marcha ferrolana ahora enlaza directamente, a través de la carretera de Castela, con la de Narón. Esta puede comenzar en el centro comercial Odeón, una vez más con un **American Century** (¡qué cruz!), pasando por un pub tan original y lleno de recuerdos como el **Cardebelle,** pero el abarrote bailonguero es más propio de sitios como **El Pirata.**

joven. Su principal atractivo es que sirven los mariscos –de todo precio y condición– criados en el mismo lugar.

Posada del Mar (f. p.)

Gral. Franco, 4.
Telf. 981 470 210 (Mugardos).
Entre los ferrolanos es costumbre arraigada cruzar en barca hacia este pueblo para saborear el pulpo guisado. En este local, con su aire rústico y marinero, además del pulpo merece la pena probar los calamares a la plancha, las almejas de la ría en salsa...

Restaurantes (sobre 24 €)

Pataquiña (A3 ❹) (Dolores, 35; telf. 981 352 311) ofrece buenas parrilladas de pescados y mariscos. Cocina tradicional en grandes raciones sirve **O Parrulo** (f. p.) (avda. de Catabois, 401; telf. 981 318 653). Lo contrario, o sea, una carta creativa y un comedor con vistas, en **Casa del Mar** (ctra. Alta do Porto; telf. 981 355 169), que prepara platos gallegos con algún toque mediterráneo. **O Xantar** (Real, 182; telf. 981 355 118) es muy recomendable para marisco y pescados.

FISTERRA

A CORUÑA. 2.953 HABITANTES

En el fin del mundo, al abrigo del mítico promontorio que los antiguos denominaron Céltico y Nerio, la villa del Santo Cristo –así es denominada por su santo patrón, visitado desde siempre por los peregrinos– está volcada en el mar. La pesca y el marisqueo, además de proporcionar la principal fuente de recursos a la población, deleitan el paladar de los visitantes.

INFO Y TRANSPORTES

Oficina de Turismo
Patres, 2.
Telf. 981 740 781.
Ayuntamiento.
Telf. 981 740 001.
www.concellofisterra.com

Estación de Autobuses
Federico Ávila, s/n.
Telf. 981 706 005.
Taxis
Telf. 981 740 255.

VISITA

Dicen que el romano Décimo Junio Bruto, el Galaico, llegó hasta el cabo de Fisterra y no pudo contemplar la puesta de sol sin estremecerse, temeroso de cometer un sacrilegio. Sin remontarnos a esta lejana y más bien apócrifa visita, han sido legión los que se han acercado para ver caer el sol en lo que fue siempre considerado como el fin del mundo conocido; de hecho, muchos de los peregrinos a Compostela no consideran cumplido su viaje sin llegar hasta Fisterra.

PUERTO DE FISTERRA.

Pero no es el cabo el único motivo que justifica una visita: **playas** espectaculares como las de O Rostro y Mar de Fóra, Estorde, Lires o la limpia y bien servida de Langosteira no defraudarán al visitante.
La villa es hoy un pueblo de pescadores, cuya estructura urbana se desarrolla en gradas en torno al **puerto,** con callejuelas estrechas y casas marineras de sabor popular, entre las que se desperdigan, aquí y allá, las tascas tradicionales. Podemos pasear sin prisas por este pueblo, entre alguna que otra casona blasonada, hasta llegar a la **praza de Ara Solis,** que preside, desde su alto atrio, la **capilla** barroca de **Nosa Señora do Bo Suceso** (siglo XVIII). Un hermoso cruceiro frente a la portada y una rumorosa fuente de piedra completan un rincón apacible en el centro histórico de la villa.

La zona portuaria ha sido despejada de edificios y remodelada en 2005, lo cual ha supuesto un gran alivio para los bares y mesones, que por fin pueden extender las terrazas con holgura, pero también ha puesto de manifiesto lo muy descuidadas que están las viviendas que a él se asoman. Desde el **castillo,** modesto fuerte del siglo XVIII, se prolonga hacia el promontorio el paseo marítimo de Corbeiro.

ALREDEDORES

En la ladera del monte, saliendo hacia el cabo, se encuentran con mucha dificultad los restos de la **ermita de San Guillermo,** que sin duda cristianizó arcaicos cultos de fertilidad. Según una tradición recogida por el padre Sarmiento en el siglo XVIII, las parejas yacían en un lecho de piedra de la ermita para favorecer la procreación; la misma fuente afirma que el asunto no gustó en demasía a cierto casto prelado visitante, poco amigo de estos alborozos sexuales, y ordenó romper la piedra en dos pedazos. Pese a todo, nos consta que aún hay quien lo sigue intentando, pero ya no avalamos los resultados.

De camino hacia el faro, a mano izquierda vemos el nuevo **cementerio,** diseñado por César Portela y muy elogiado por los arquitectos y la modernidad, pero no tanto por los vecinos: aún no ha habido

EL TAPEO

En el bar **O Peirao,** situado junto al espantoso monumento al emigrante, puede comenzar el recorrido de las tapas y raciones marineras con un amable trato. Avanzando por el puerto, una escalerilla da acceso al **Miramar,** viejo bar, con una buena vista del puerto, especializado en chipirones, calamares y zorza; suele tener mucha gente. El **Delfín** y el **Gaviota,** este segundo casi siempre con sardinas asadas, son los típicos viejos bares de pueblo, con buena atención, buenas tapas y terrazas cubiertas. A los anteriores hay que sumar **O Casón,** con su galería de fotos sobre el naufragio más sonado de la zona antes del *Prestige.* Fuera del puerto, en la rúa Real 25, se encuentra **A Galería,** un local de lo más peculiar que se puede encontrar en Fisterra. Su dueño, Roberto Traba Velay, ofrece su "servicio de información extraoficial", y el local es un verdadero museo lleno de fotos antiguas, objetos curiosos y otros recuerdos de la zona, todo ello con vistas al embarcadero. Tiene variedad de raciones a buen precio. Próximo al anterior, en la plaza de la Constitución abre sus puertas **O Tito,** un bar de marineros en el que domina la madera.

CAFÉS

La oferta es bastante limitada, pero se puede ir al Mariquito, en los bajos del hostal, un café elegante y agradable donde a veces hay actuaciones en directo. En el otro extremo, junto a la playa da Ribeira, el Peixe do Mar es el pequeño santuario de los jugadores de cartas y ajedrez. Pese a que Fisterra ha dado al mundo una desconocida gloria, de nombre Alexandre, que inventó el futbolín, como nadie es profeta en su tierra aquí la práctica de tan sano deporte no parece tener gran arraigo en bares y cafés.

muerto que haya querido ir para allí, tan lejos de los vivos y tan cerca del mar. Al llegar por fin al cabo de Fisterra notaremos la presencia aplastante del mar, que ejerce su dominio sobre esta lengua de tierra. El **faro** se construyó en 1853 en un plano inferior al punto en que se encendían las hogueras o *fachos* para advertir de la presencia de enemigos. En el acantilado, a escasos metros, destaca **O Centolo,** un islote rocoso tristemente célebre por provocar numerosos naufragios. Con escasa visión de futuro, muchas dosis de aldeanismo y nulo respeto por la ecología, la explanada que precede al faro ha sido convertida en un enorme aparcamiento para autocares cargados de turistas con prisa: ilamentable!

La puesta de sol en este cabo, frente al mar abierto, sigue conmoviendo y estremeciendo igual que hace dos mil años, cuando la supuesta visita del romano, y al verla se nos hacen perfectamente comprensibles las creencias religiosas y los arrebatos místicos que inspira este lugar.

DORMIR EN FISTERRA

HOTEL FINISTERRE*

Federico Ávila, 8.
Telf. 981 740 000. Es el hotel más grande de Fisterra, amplio, céntrico, cómodo, y moderno.
Habitación doble: 36-45 €.

HOSTAL MARIQUITO*

Santa Catalina, 42-44.
Telf. 981 706 817.
Situado prácticamente en el puerto, encajonado en la línea urbana de casas, es céntrico, con habitaciones casi nuevas y todas las comodidades. Incluso tiene pub.
Habitación doble: 36-42 €.

PENSIÓN RIVAS*

Alcalde Fernández, 53.
Telf. 981 740 027. Es un hostal algo viejo y de habitaciones más bien discretas, pero limpio.
Habitación doble: 25-35 €.

CASA VELAY

A Cerca. Telf. 981 740 127. Situada sobre el puerto, con excelentes vistas hacia la ensenada y la salida del sol, es muy frecuentada por los peregrinos. Las habitaciones son sencillas y el ambiente familiar. Habitación doble: 30 €.

En la punta del cabo se sitúa el **Hotel do Semáforo** (telf. 981 725 869), que a su privilegiado emplazamiento y vistas une el atractivo de haber sido diseñado por uno de los mejores arquitectos de Galicia. Dispone también de un agradable restaurante. Habitación doble: 75-100 €.

En los alrededores de la villa hay otros hoteles con una excelente relación calidad precio. Para comenzar, el **Hotel Rústico Dugium** (San Salvador; telf. 981 740 780), con cinco habitaciones, espacios comunes decorados con sumo gusto, jardín y un desayuno de campeonato. Habitación doble: 60-70 €.

Del mismo estilo y precio que el anterior, en la aldea de Insua (a menos de 1 km del centro) otra antigua vivienda de piedra ha sido rehabilitada para acoger el **Hotel Rústico Insula Finisterrae** (telf. 981 712 211; 50-60-78 €).

Ya con menos piedra y más funcional, en la recta de Anchoa ha comenzado a funcionar en 2005 el **Hotel Playa da Langosteira** (telf. 981 740 543), donde hasta el momento se desviven por los huéspedes. Habitación doble: 25-55 €.

COMPRAS

Hay **mercadillos** variados los martes y viernes. La praza da Constitución y la rúa Arasolis constituyen la zona comercial. Es imprescindible visitar la **lonja,** donde se puede comprar pescado y marisco a buen precio. El **Bazar de Artesanía da Costa da Morte** (inicio de la rúa de Sta. Catalina), pregonado como Tienda Peregrina para aprovechar la presencia del albergue, está muy surtido en artículos de Galicia (artesanía, gastronomía), así como de pins, camisetas, pulseras y demás recuerdos para los peregrinos del fin del mundo. Organizan rutas a caballo, de senderismo y la práctica de deportes en la naturaleza.

En las **Galerías Pérez** (Real, 1) se pueden adquirir artículos de regalo, especialmente los realizados con conchas –de muy dudoso gusto, pero hay quien compra estas cosas–, al igual que en las tiendas que hay junto al faro.

En el **Rombos,** un bar del puerto, se venden maquetas de embarcaciones tradicionales hechas por un viejo marinero.

LA NOCHE

Se caracteriza por ser suave, sin aglomeraciones y con locales desperdigados por todo el pueblo. Para comenzar resulta muy recomendable **A Galería** (Real), que a primera hora de la noche alcanza su momento álgido, sobre todo cuando Roberto prepara la queimada. En la rúa Santa Cataliña se halla el **Tom Pulgar,** cuyo pórtico de madera nos da la impresión de entrar en un bergantín; aquí podemos tomar unos buenos cócteles. **O Comic,** en la misma calle, es un marchoso pub *underground,* de ambiente bastante duro y marginal.

Del **Titanic** (rúa Federico Ávila), con nombre a la última moda, puede decirse que tiene buena música y mucha gente.

Más de madrugada funciona la discoteca **Galicia,** en una típica casa de dos pisos en la praza da Constitución, a la que da ambiente. Y quién desee más no tendrá más remedio que desplazarse a **Cee** (13 km), que es el centro comarcal del ocio.

COMER EN FISTERRA

Casas con menú (menos de 15 €)

Casa Velay

A Cerca. Telf. 981 740 127.
Pasa por ser la mejor casa de comida casera y desde su comedor se disfrutan buenas vistas de la ensenada.

Tira do Cordel

Telf. 981 740 697. Es un local típico, en el lugar de San Roque, junto a la playa de Langosteira. Ofrece excelente pescado a la brasa y marisco, aunque resulta algo caro. En cualquier caso, siempre se pueden comer los *longueirones* (un tipo de navajas) típicos de la ría. Lo regenta Pepe, que es un personaje *fisterrano* cien por cien.

Mesón O Fragón

Junto a *Casa Velay* pero con acceso desde el puerto. Telf. 981 740 429. Era necesario un local así en Fisterra, cuidado en la decoración y con algo de variedad en la carta, que además de las consabidas parrilladas de pescado y marisco también ofrezca platos semielaborados. Estupendos el solomillo y entrantes como el queso frito. Por 24 € se come de vicio, y hay también menú.

Fin do Camiño

Federico Ávila.
Telf. 981 712 014. Otro soplo de aire fresco frente a la cutrería mariñeira que tanto gusta a los turistas. Variedad en la carta y un buen menú del día.

Don Percebe

Ctra. del Faro. Telf. 981 740 512. Negocio familiar y honesto, siempre con pescado fresco del día a un precio razonable. Preparan bien el pulpo.

O GROVE

PONTEVEDRA. 10.000 HABITANTES

Así como Cambados es la capital del albariño, O Grove es la del marisco, un marisco que es celebrado en octubre con una fiesta declarada de interés turístico nacional. Esta pequeña península fue isla hasta que en el siglo XVI se cerró con la lengua arenosa de A Lanzada, que la limita con Sanxenxo. La islita de A Toxa, el centro turístico de calidad, está unida a tierra firme por un puente desde 1909.

INFO Y TRANSPORTES

Oficina de Turismo del Ayuntamiento. Praza do Corgo, s/n. Telf. 986 731 415.
Oficina de Información Xuvenil Castelao, s/n. Telf. 986 730 609. Información de carácter general en la edición comarcal de *La Voz de Galicia* y en *El Faro de Vigo.*
Autobuses. Paseo Orillamar, s/n. Telf. 902 158 778. Las combinaciones no son demasiado buenas para moverse por Galicia, pues sólo con la capital pueden considerarse aceptables.
Marítimos. En la misma oficina de la estación de autobuses se facilita información sobre los servicios marítimos, entre los que se cuentan, en temporada, los barcos a Cambados y Ribeira, así como nueve rutas turísticas por la ría y a la isla de Ons.
Taxis. Paradas en Luis A. Mestre, 1 (telf. 986 730 161) y en la isla de A Toxa (telf. 986 732 664).

VISITA

Un Paseo Marítimo con vistas sobre A Toxa que bordea el moderno caserío hasta la explanada del puerto, y el amplio arenal de A Lanzada, compartido con la vecina Sanxenxo, son los principales núcleos de interés.

El Paseo Marítimo

El tranquilo y agradable **Paseo Marítimo** de O Grove, rodea las casas del antiguo y, en el presente, poco interesante puerto de pescadores, hoy más bien volcado hacia el turismo, con una auténtica aglomeración de restaurantes, marisquerías y hoteles.
Desde el paseo, decorado con las esculturas en granito premiadas

O GROVE.

EL TAPEO

Tapear en O Grove resulta una misión difícil y onerosa. El puerto, frente al paseo marítimo, se encuentra lleno de bares, pero en general se orientan hacia el turismo y el marisco, por lo que resultan algo caros. Por señalar algunos mencionaremos el **Paraíso del Marisco** (es taberna abajo y restaurante arriba). **Beiramar, A Rambla...**
Una zona más interesante para picar algo es la de la praza do Corgo y alrededores. **O Herlogón** es una buena taberna típica, bajo unos bonitos soportales; **O Pescador** (Pablo Iglesias) es de los obligatorios, un local rústico, decorado con caparazones de centollos, con estupendo pulpo y berberechos. Y en otra zona, pero también muy apetecible, está **O Larexo** (Jaime Sola), un atractivo localillo con soleada terraza, muy buenos vinos y tapas de oreja, setas y otras cosas, además del imprescindible marisco, claro. Por fin, en Beiramar se han convertido últimamente en paradas de referencia para el picoteo el **Crisol,** también restaurante de postín, y el **Solana.**

en el *Simposium Internacional de Escultura al Aire Libre de O Grove* (idea importada de la localidad italiana de Marina di Carrara, que hace otro tanto con su mármol), podemos ver la **isla de A Toxa,** con el complejo sanitario-turístico que se mueve en torno a los manantiales de aguas curativas (en la antigua fábrica de jabones ha sido construido un balneario de lujo) y el **Gran Hotel,** rodeado de jardines y pinares, con un mirador que domina la ría.

Resulta curiosa y, por qué no decirlo, llamativamente hortera, la **capilla de San Sebastián** (siglo XIX), completamente recubierta de conchas planas de vieira, un sistema decorativo que, por otro lado, también sirve de aislante frente a la humedad. Las vendedoras que pululan por el entorno ofrecen collares de conchas, llaveros y otras milindradas, y si te descuidas te leen la mano.

Entre las curiosas tradiciones populares que atañen a O Grove, que

ERMITA Y TORRE DE A LANZADA EN SAXENXO.

hay muchas, destaca la de una rebelión popular, una especie de Fuenteovejuna a la gallega, en la que se dio muerte a un cura odiado por todos, O Meco, en un crimen del que el pueblo en pleno se responsabilizó. También está unido a una curiosa leyenda el descubrimiento de los manantiales curativos de A Toxa: al parecer, un viejo caballo enfermo, abandonado a su suerte en la zona, reapareció junto a sus dueños rejuvenecido y resplandeciente, tras pasar un tiempo en la isla. Lo cierto es que los vecinos observaron que los animales que se revolcaban en los lodos de A Toxa se curaban más rápidamente de llagas e infecciones de la piel.

Praia de A Lanzada.

La praia de A Lanzada

A Lanzada, ese largo arenal que une la península de O Grove con el continente, un lugar melancólico en invierno, se ve asaltado en verano por hordas de turistas inmisericordes; lamentablemente ya no sirven de nada las ruinas de su vieja **torre** defensiva, construida precisamente para proteger la costa de las invasiones: hoy algunos veraneantes son peores que los normandos. Por fortuna, la carretera de acceso ha sido rediseñada para alejarla del arenal, y varias sendas de madera con miradores de aves dispuestos para disfrutar de la naturaleza.

Se conserva bien la pequeña y encantadora **ermida de Santa**

FIESTAS Y CERTÁMENES

Decir O Grove es decir marisco. Su renombrada **Festa do Marisco** se celebra en la segunda semana de octubre, con muchedumbres (decenas de miles de personas) lanzándose con avidez sobre unas raciones que, a decir verdad, salen tirando a caras. Es una fiesta con mucho folclore y mucha vida nocturna.

Y como no todo es comer marisco, citar también el **Simposium Internacional de Escultura al Aire Libre,** convocado desde 1990 para que los artistas, procedentes de todo el mundo, labren piezas de granito cedidas por empresas del sector.

Coincide con la fiesta del marisco, y los escultores trabajan en el paseo del puerto y dejan sus obras en la localidad, que así cuenta con una verdadera galería de arte urbano en la que domina la temática marinera más clásica.

María de A Lanzada, antigua capilla del castillo, con su aire solitario. A los baños en estas aguas se les atribuía en el pasado propiedades fecundadoras, si se seguía con cuidado un ritual: las mujeres que querían ser madres venían a las 12 de la noche de los sábados de luna llena, en los meses sin erre, daban nueve vueltas alrededor de la ermita y diciendo un salmodio se introducían en el agua y esperaban la llegada de nueve olas, ni una más, ni una menos. Todo el espacio citado, y algunos islotes de la bahía que mira a la ría de Arousa, han sido incluidos en la **reserva natural de la Ensenada Umia-O Grove** (Red Natura 2000), que cuenta con 2.561 ha e importante presencia de aves marinas.

DORMIR EN O GROVE

Existen decenas de hoteles y hostales en O Grove, pero a veces piden precios desorbitados para lo que ofertan.
En la isla de A Toxa se sitúan los suntuosos y elegantísimos **Gran Hotel Hesperia La Toja******* (telf. 986 730 025; desde 150 €), el vecino **Hesperia Illa da Toxa****** (telf. 986 730 050; desde 110 €), o el **Louxo La Toja****** (telf. 986 730 200; habitación doble: 86-150 €). Otros más baratos son:

HOTEL ARGIBAY**

Rúa Castelao, 200.
Telf. 986 730 449. Es un hotel de los más cómodos y apañados, para su precio. Habitaciones con televisión y teléfono. Está bien situado, con buenas vistas a la isla de A Toxa. Habitación doble: 40-66 €.

CAFÉS

Lo mejor para pasar la tarde es sentarse en una de las terrazas de Orillamar y tomarse un café mirando a la ría. Uno de los mejores locales es el **Metropol,** en la zona de la rúa Pablo Iglesias; está a medio camino entre café y cervecería y tiene mucho ambiente incluso de noche. En esta zona también están **La Marquesina** y **El Balcón;** este segundo es una antigua casa, con un reloj de sol en la fachada, que programa exposiciones de artistas de la comarca. El **Isolino** (Castelao) es el típico café grande y claro. En el **Pilsen** se puede tomar café o jugar a los bolos o al billar, acompañado de buena música; la parte de arriba es un pub.

OTRAS ACTIVIDADES

En Punta Moreiras, en el norte de la península de O Grove, se encuentra **AcquariumGalicia,** (www.acuariumgalicia.com) el primer y más importante acuario de Galicia después del de A Coruña, con sus 18 tanques y más de 15.000 animales de 150 especies diferentes. Ofrece, además de la visita libre a sus instalaciones, visitas guiadas, audiovisuales, talleres de trabajo e incluso visitas guiadas a la lonja de O Grove. Para el acuario (en invierno, de viernes a domingo y festivos, de 10 h a 20 h; en verano, todos los días, de 10 h a 21 h) os informan en el telf. 986 731 515. La empresa **Acuavisión Galicia** organiza las excursiones en catamarán por la ría. Teléfono de información: 986 731 246. Junto al acuario está instalado el **Museo Etnográfico da Pesca e da Salga.**

HOTEL ISOLINO*

Avda. Castelao, 30.
Telf. 986 730 236.
Similar al anterior, pero más barato.
Habitación doble: 35 €.

HOSTAL MIRAMAR*

Avda. Teniente Domínguez, 15.
Telf. 986 730 111.
Sin lujos pero sí con una buena relación calidad/precio.
Habitación doble: 36 €.

HOTEL VILLA JUANITA**

As Bouzas, 19.
Telf. 986 730 760. Alojamiento remozado, con 22 habitaciones, al que le ha salido un hermano mayor, el *Hotel Nuevo Villa Juanita**** (avda. Castelao, 110), pero ambos muy similares de precio.

PENSIÓN REMY*

Luís Seoane, 30.
Telf. 986 731 188. Pequeño y céntrico alojamiento nuevo con 7 habitaciones (tienen TV), aparcamiento y terraza-jardín. 40-48 €.

■ OTROS HOTELES DE PRECIO MÁS ELEVADO

Amandi*** (avda. de Castelao, 94; telf. 986 731 942; habitación doble: 50-90 €), situado en el centro turístico y con buenas instalaciones, y los dos establecimientos de **Bosque Mar***** (Reboredo; telf. 986 731 055; 67-112 €).

COMER EN O GROVE

O Grove es la patria del marisco, algo que debe tenerse en cuenta a la hora de hacer nuestro presupuesto, pues el precio medio de una mariscada supera los 36 €. Fuera de la temporada turística, sin embargo, los precios pueden caer hasta niveles insospechados. Entonces es cuando conviene acudir a la cita.

PULPERÍA PICHI

Platería, 59. Telf. 986 730 021.
Un famoso local por sus buenas raciones de pulpo á feira con cachelos. *Very típical...*

LA NOCHE

La zona de ambiente nocturno comprende desde el puerto hasta las rúas Castelao, Luís Seoane e inmediaciones. La ruta podriamos empezarla por **O Aboio,** para desde él movernos al **Vinilo** (rúa da Praza), que ocupa un bonito edificio de 1928, pincha un poco de todo y programa conciertos de vez en cuando, y el **Metropol,** de estilo country y con buena música. Posteriormente toca dirigirse al **Platería** o el **Vado Permanente,** uno de los locales con mejor música y ambiente del entorno. Ya a partir de altas horas, por ejemplo a las 5 h, toca ir a disco-pubs como el **Soul** o el **Vogue.** Quien quiera más, o sitios diferentes, puede dirigirse, sobre todo en verano, a la famosa movida de Sanxenxo.

O Lavandeiro

Hospital A, 2.
Telf. 986 731 956. Era una taberna del puerto, pero tras su última remodelación tiene aspecto de coqueto restaurante. Uno de sus platos más exitosos, que llena mucho y no arruina, es la caldeirada de pulpo con cachelos, pero también borda las empanadas marineras, por supuesto de la casa, y los escabeches, que no se sabe por qué motivo en Galicia no son santo de gran devoción. Durante el verano una parrilla exterior sirve de reclamo para probar las sardinas. Buena carta de vinos. Cierra el lunes.

Marisquería Finisterre

Praza do Corgo, 2.
Telf. 986 730 748.
Hay dos factores que confieren cierto valor a esta casa. El primero de ellos es la sencillez de una cocina marinera que es totalmente fiel a los principios del recetario más popular. Junto a ello cabe reseñar la contención de precios que practica su carta.

■ Restaurantes (de 30 a 40 €)

El Crisol (Hospital, 10-12; telf. 986 730 029) pasa por ser el mejor restaurante de O Grove, y aunque su fuerte son los pescados y mariscos, también prepara con soltura platos más asequibles como las almejas con fideos o el jarrete.

Al **Paraíso del Marisco** (Tte. Domínguez, s/n; telf. 986 732 153), en cambio, se va a lo que se va. Otros locales para degustar parrilladas de pescado y marisco sin mayor complicación pueden ser el **Beiramar** (Beiramar, 30; telf. 986 731 081) o el **Dorna** (Castelao, 150; telf. 986 731 842), además de otros platos típicos gallegos.

A GUARDA

PONTEVEDRA. 6.233 HABITANTES

A Guarda es una pequeña y pintoresca villa abierta al mar, cuyas populares callejuelas se extienden en derrame entre el resguardado puerto y el castillo de Santa Cruz. La posición privilegiada de A Guarda, en el extremo suroccidental de Galicia, al pie de un promontorio cargado de simbolismo como es el monte de Santa Tegra y presidiendo la desembocadura del Miño, el río padre de Galicia, hacen de esta villa un lugar de enorme atractivo turístico, gastronómico y cultural.

INFO

Oficina Municipal de Turismo
Avda. Portugal, s/n.
Telf. 986 611 850. Es además un centro cultural, con biblioteca y cafetería. El edificio es inconfundible, al lado de la subida al monte de Santa Tegra.
Oficina de Información Xuvenil do Concello
Praza de España, s/n.
Telf. 986 610 000.
También ofrecen información sobre turismo rural.
Para la agenda diaria, consultad *El Faro de Vigo.*

TRANSPORTES

Autobuses. Líneas A Guarda-Tui-Vigo. Empresa *ATSA,* parada en Concepción Arenal.
Telf. 986 610 255.
Aeropuerto. En Vigo-Peinador (a 48 km). Telf. 986 487 409.
Ferry. Cruza el estuario del Miño hasta la vecina localidad portuguesa de Caminha. Servicio cada hora, y en función de las mareas, desde las 9.30 h. En julio y agosto hasta las 22 h; de marzo a junio, hasta las 21 h; el resto del año hasta las 19 h.
Taxis. Parada en rúa José Antonio. Telf. 986 610 808.

VISITA

Pese al indudable atractivo del tradicional **pueblo pesquero,** que bien vale un paseo, lo que hace imprescindible el desplazamiento hasta A Guarda es la subida al **castro de Santa Tegra,** tanto por motivos histórico-arqueológicos como paisajísticos e incluso místicos. Es recomendable ascender hasta la cima al atardecer para disfrutar de una increíble puesta de sol.

CAFÉS

En la cima del monte es imprescindible tomarse un café en la galería del **Pazo Santa Tegra,** con vistas a la desembocadura del río Miño: inolvidable.
Ya en A Guarda, en la Alameda se hallan el **Novobar** y el **Oasis,** y por la zona del puerto el **Celtic,** que también vale para primera hora de la noche. El **Piano Bar Benedictus** (Concepción Arenal) es un excelente café de dos pisos ubicado en el antiguo convento de las benedictinas, de entorno y ambiente muy agradable. A veces hay actuaciones y, si hay quien se atreva, permiten tocar el piano.

UN PASEO POR EL PUEBLO

Las típicas callejas de casas marineras que forman el núcleo urbano se ordenan rodeando el puerto en la zona baja y se agrupan más arriba, en torno a la **iglesia** parroquial **de Santa María de la Asunción.** Este templo, levantado sobre el solar de una primitiva construcción románica, comenzó a edificarse en 1576, aunque los trabajos fueron un poco lentos: su fachada, de un barroco de influencia portuguesa, no se terminaría hasta la segunda mitad del siglo XVIII.
En la agradable plaza del Ayuntamiento podemos ver una airosa y pétrea **torre del reloj** del siglo XVI. Otros monumentos de interés son el antiguo **convento benedictino** –hoy convertido en hotel–, que aún conserva una puerta barroca y varios retablos, o el estratégico **castillo de Santa Cruz,** construido durante el siglo XVII para la defensa de la villa, testigo y protagonista de las luchas contra los portugueses y los ejércitos de Napoleón.
Pero el mejor sabor de boca nos lo dejarán los paseos por calles de nombre evocador, como la rúa do Calvario, por donde transcurre en Semana Santa un tradicional vía crucis; la rúa da Oliva o la de Puerto Rico, que nos recuerda al país que ha recibido más emigrantes de A Guarda.
Una calle lleva el curioso nombre de rúa Malteses, referencia que atiende, según algunos, a un origen legendario de la villa, fundada por unos marineros de Malta que aquí habrían arribado tras una tormenta; según otros, malteses deri-

ERMITA EN SANTA TEGRA.

varía de una palabra portuguesa que significa "chusma", "gentuza". Elegimos la primera versión, más que nada para no molestar.

El castro de Santa Tegra

El que ascienda por el **monte de Santa Tegra** tendrá, aún hoy, la sensación de estar subiendo a un santuario; tiene el monte una presencia casi religiosa, con su dominio sobre el mar, la desembocadura del Miño y Portugal hacia el sur, y sobre el valle del Rosal y la lejana sierra de A Groba hacia el norte.

Desde las alturas de sus 341 m, la perspectiva del sol muriendo en el océano, tiñendo de rojo el cielo e incendiando el agua, no puede dejar indiferente a nadie; el misticismo que ha podido inspirar desde tiempos prehistóricos es perfectamente comprensible. Excepto para los que estén en muy buena forma física, pues existe una senda peatonal con vía crucis incluido, recomendamos la subida en coche, en Semana Santa y verano abonando una pequeña cantidad en el acceso.

Castro de Santa Tegra.

En el monte, entre los picos de O Facho y San Francisco, se encuentra la **ermita de Santa Tegra.** Siguiendo una inveterada costumbre de los primeros cristianos, que levantaban sus santuarios en altares de culto pagano para no alterar en demasía las prácticas religiosas de los lugareños, unos ermitaños construyeron aquí una primera capilla hacia el siglo VII, sobre la que se erigió la actual en el XVI.

COMPRAS

Para los golosos, en las pastelerías ofrecen las deliciosas y populares roscas de yema. Y también conviene probar los mirabeles, típicos del vecino municipio de O Rosal, unas deliciosas pequeñas ciruelas que se sirven en almíbar y con las que se elabora un exquisito aguardiente.

Curiosidad de la repostería local es la langosta "da lomba", un dulce básicamente confeccionado con almendra, huevo y aguardiente, que se ofrece en la pastelería **Alameda;** su fabricante, además, está especializado en repostería erótica para despedidas de solteros y solteras, cada cual con lo suyo.

Los deliciosos bombones artesanos de **Estévez** tienen solera: el negocio funciona desde 1902. En este mismo local podemos adquirir las afamadas conservas vegetales de O Rosal.

EL TAPEO

Se concentra el tapeo en la zona del puerto, donde principalmente hay restaurantes con la típica barra para tomar un vino y un acompañamiento. En el **Marusía** (rúa do Porto) ponen unos choquitos, sepia o alguna otra cosa con la consumición. El **Riveiriña** y el **Seixo,** más adelante, son las típicas tabernas donde probar pescados y mariscos. Otro tanto cabe decir de la **Tasca O Mariñeiro** (rúa do Porto). Fuera del puerto, en la Alameda, está **Anabel,** una buena jamonería, y cerca de la iglesia, la **Taberna de Florindo Rodríguez,** donde no hay que dejar de probar los buenos vinos de O Rosal. Con un mural alusivo, también sirven tapas en la **Casa Chupa Ovos** (rúa da Roda) y con buena música en **O Catre** (rúa Galicia), que de noche se convierte en pub. Restaurantes finos en los que se puede tapear son el **Anduriña** (Calvo Sotelo), que ofrece una estupenda cocina marinera, y un buen local en la rúa Malteses, **Casa Olga,** de clientela algo más restringida. En la desembocadura del Miño (Camposancos), durante el verano se anima la terraza playera de **O Forte,** que prepara variadas raciones caseras.

En el año 1355, a raíz de una sequía que duró siete años, se congregaron en este lugar los vecinos de A Guarda, en ayuno y en silencio, durante tres días y tres noches. En recuerdo de este episodio continúa celebrándose hoy una popular romería en la segunda semana del mes de agosto, aunque desde luego es bastante menos rigurosa y severa (no tan ascética). De hecho, en ocasiones resulta un tanto desmadrada. Santa Tegra, por otro lado, es la abogada de los dolores de cabeza y corazón. A falta de aspirinas podéis probar con la santa, a ver si resulta efectiva...

En cuanto al **castro,** es sin duda uno de los más importantes de la cultura castreña. Los castros fueron recintos fortificados en los que se agrupaba toda la población, que comenzaron a construirse en torno al siglo VIII a.C. y se abandonaron progresivamente a partir del I d.C., cuando las condiciones de paz, tras la conquista romana, facilitaron el asentamiento en las más cómodas, aunque más desprotegidas, zonas llanas y costeras. El de Santa Tegra fue descubierto en 1913 durante los trabajos para abrir una pista forestal, y al año siguiente se creó un museo para acoger la piezas que aparecían en las excavaciones.

Hoy es un interesantísimo **parque arqueológico,** en el que podemos comprobar la un tanto caótica ordenación urbana de estos recintos, e incluso algunas casas reconstruidas nos permiten imaginar cómo sería la vida cotidiana de estos pobladores de la Galicia prerromana. Junto al castro también podemos contemplar algunos petroglifos. El **museo** abre de mayo a septiembre, de 11 h a 14 h y de 16 h a 20 h.

LAS PLAYAS

Entre las playas cercanas, la mejor es la de **Camposancos,** en el estuario del Miño y protegida con pinares. De esta localidad parte una lancha de pasaje a **Caminha,** junto al gran colegio jesuítico. Toda la zona se convierte en un privilegiado mirador sobre el estuario del Miño, incluido en la Red Natura 2000, que algunos alcaldes y empresarios pretenden cargarse con la construcción de un puente. Aunque es previsible una gran contestación social, conviene disfrutar de la placidez del panorama antes de que sea demasiado tarde: las pequeñas embarcaciones faenando, las gaviotas aguardando

DESEMBOCADURA DEL MIÑO DESDE EL MONTE DE SANTA TEGRA.

su oportunidad, la histórica villa de Caminha estirándose a través de su lengua arenosa, cubierta por la mata do Camarido, y el forte da Insua en medio de la bocana. Camino de Baiona y a mar abierto tenemos los arenales de **Area Grande, Fedorento** y **Aldramán,** con molinos de viento en sus inmediaciones.

DORMIR EN A GUARDA

HOTEL EL MOLINO**

Playa de Camposancos.
Telf. 986 627 233. Uno de los hoteles con un emplazamiento más espectacular de Galicia, pues desde sus habitaciones, en primera línea de playa, se divisa la fantástica foz del Miño. Abre sólo en verano, de junio a septiembre.
Habitación doble: 52-72 €.

HOTEL ELIMAR*

Vicente Sobrino, 12.
Telf. 986 613 000.
Pequeño y céntrico.
Habitación doble: 48-63 €.

HOTEL PAZO DE SANTA TECLA*

Monte de Santa Tegra, s/n.
Telf. 986 610 002.
Destaca por su espectacular ubicación, con una de las mejores panorámicas del sur de Galicia. Instalaciones algo anticuadas, de hace veinte o treinta años. Sólo abre de junio a septiembre.
Habitación doble: 35-55 €.

HOSTAL BRUSELAS*

Ourense, 7. Telf. 986 611 121.
Hostal modesto y confortable, con garaje y música en las habitaciones. Habitación doble: 35-45 €.

Hostal Martirrey*

José Antonio, 8. Telf. 986 610 349. El mejor, en relación calidad/precio, en un edificio de dos plantas, con cuidadas habitaciones y servicio. Habitación doble: 30 €.

Casa Cabaqueiros

Carrascal-Pías. San Miguel de Tabagón, O Rosal. Telf. 986 611 844. A menos de 4 km en dirección a Tui. Decoración que mezcla con exquisito buen gusto lo tradicional con lo moderno, con un encantador interior rústico y habitaciones pequeñas y acogedoras. 45-66 €.

Otros hoteles de precio más elevado

Vale la pena pasarse del presupuesto para alojarse en el **Hotel Convento de San Benito**** (pza. de San Benito; telf. 986 611 166; 57-77 €). Tranquilo y muy cerca del puerto, ocupa un convento fundado en 1558, restaurado con sumo gusto y con todas las comodidades. El antiguo edificio recuerda, pero en pequeño y con un precio más asequible, a los lujosos paradores de turismo.

Diez kilómetros en dirección a Baiona, en el vecino municipio de Oia, hay dos buenos hoteles: el **Talaso Atlántico****** (As Mariñas, Mougás; telf. 986 385 090; habitación doble: 100-158 €), una gran mole revestida de piedra y con vistas al mar, que incluye un moderno balneario de agua marina, a 37 °C, con piscinas panorámicas y todo tipo de tratamientos, y el clásico **Glasgow***** (Viladesuso; telf. 986 361 552; habitación doble: 75-85 €), con un buen restaurante.

LA NOCHE

La noche por excelencia es la del sábado, ya que el viernes la gente suele marcharse hacia Vigo y el domingo a Tui. En verano, la población se triplica y la fauna nocturna crece en proporción.

La mayoría de los locales se concentra en la zona del puerto, aunque hay discotecas en pueblos cercanos. Las primeras copas se suelen tomar en cafés como el **Novobar**, el **Benedictus** o el **Celtic**. Después, desperdigados por la zona de los arcos y el puerto, reclaman nuestra atención el **Barra** (chupitos), el **As de Copas**, el temático y reiterativo **Camelot** (rúa Galicia, 30), próximo al **Status**; el **Quo Vadis** (Manuel Álvarez), el **San Bento** (pza. de S. Bieito), el **Swing** y **Malicia** (rúa Brasil) o el **Viceversa** (trav. Troncoso). Las discotecas para el bailoteo son **Vogue** (Puerto Rico, 10) y **Kloe**, y en la carretera a Camposancos se sitúan **Vale** y **Cachano**.

COMER EN A GUARDA

Al igual que en otras localidades de las Rías Baixas, A Guarda es un lugar concebido para el pescado caro y el marisco, lo cual no quiere decir que no podamos comer otras cosas, si no tan apetecibles, sí más económicas. La langosta de las cetáreas de A Guarda tiene merecida fama universal universal (se le dedica una Fiesta de Exaltación el último domingo de junio), y los pescados son exquisitos.

■ CASAS CON MENÚ (MENOS DE 18 €)

LA CASA DE LA ABUELA

Calvario, 69 (al norte del puerto). Telf. 986 610 978. En un comedor amplio y rústico, con acceso estival a una terraza, disfrutaremos de una carta muy amplia y versátil, que nos permitirá confeccionar un menú sin salirnos de presupuesto: ensaladas, revueltos y tortillas, setas, caracoles, pulpo con almejas, brochetas, codillo, jarrete, pescados frescos con un toquecillo creativo, postres (tarta de chocolate) y licores de la casa.

MESÓN O ENXEBRE

Transversal Ramón Sobrino, 2. Telf. 986 611 051. Churrasco y pescado a un precio asequible.

LA PIZZICATA

Rúa Galicia, 55. Telf. 986 611 534. No sólo de pasta y pizzas vive el hombre, y aquí se ofrece un completo menú de primeros platos, carnes y pescados. Cocina tradicional con experimentación.

ARRUAZ

Rúa do Porto, 56. Telf. 986 614 571. Uno de los más económicos de la zona, pues sus especialidades son asequibles: calamares rellenos, pulpo, zamburiñas, croquetas, empanada y *peixe* espada a la plancha.

TABERNA O LAGAR

As Eiras, O Rosal.
Telf. 986 620 053. Cierra lunes y martes, y sólo abre por las noches. A unos 8 km camino de Tui, a orillas de Miño, frente a la isla Boega, ocupa una antigua casa de aldea. La oferta oscila entre lo tradicional y lo innovador: de las empanadas de maíz se pasa a la tarta de calabacín y del bonito a las filloas de verdura.

■ RESTAURANTES (SOBRE 24 €)

En el puerto los locales no son precisamente baratitos, pero en **Casa Valladeiro** (rúa do Porto, 7; telf. 986 610 468), antigua casa de piedra, al menos, se pueden tomar mariscos y pescados de todo tipo, aunque su especialidad son los arroces de marisco, bogavante, vieiras o langosta, así como los postres caseros.

■ RESTAURANTES (SOBRE 40 €)

Anduriña (avda. del Puerto, 58; telf. 986 611 108) añade a la oferta de mariscos unos estupendos guisos marineros. La estética moderna del **Bitadorna** (avda. del Puerto, 30; telf. 986 611 970) ya nos hace preludiar que estamos ante una rara avis en las villas marineras gallegas: un restaurante que ofrece a un tiempo cocina tradicional y de autor, con menús degustación, mariscadas clásicas, lamprea y angulas en temporada, y un sinfín de pescados de mar muy bien elaborados.

LALÍN

PONTEVEDRA. 8.975 HABITANTES

La villa de Lalín ha crecido mucho los últimos años, debido en buena medida a su conversión en la capital económica de una amplia comarca del interior de la provincia de Pontevedra, la del Deza. Los mercados de ganado y el sector textil son dos de los motores de esta prosperidad, que se verá reforzada con la conclusión de la autopista y la línea ferroviaria de alta velocidad entre Santiago-Ourense. En el plano gastronómico Lalín ha convertido el tradicional cocido gallego, al que le dedica una gran fiesta el domingo anterior a Carnaval, en santo y seña de su identidad.

INFO

Oficina Municipal de Turismo
Praza do Concello, s/n, en el edificio del Ayuntamiento.
Telf. 986 780 006. www.lalin.org (con información turística pormenorizada de todas las parroquias).
Oficina de Información Xuvenil del Ayuntamiento. Polideportivo, s/n. Telf. 986 783 426.
Expodeza. Polígono Lalín 2000. Es un centro de exposiciones y recursos de la comarca do Deza. Telf. 986 794 059.
Hay información general con agenda diaria en *La Voz de Galicia* (edición de Lalín-A Estrada), en *El Correo Gallego* y *El Faro de Vigo.*

TRANSPORTES

Autobuses
Avda. de Estación, 8.
Telf. 986 784 080.
Estación de ferrocarril. Avda. de Montserrat. Muy alejada del pueblo y sin apenas actividad.
Taxis
La parada más céntrica la encontraréis frente al monumento a Loriga (telf. 986 780 303). Otra en el telf. 986 780 293.

VISITA

Deza es un condado cuya historia arranca del siglo VI, cuando el primer conde de Deza fue coronado rey de los suevos tras cortar las barbas a Eborico. Entre los otros hijos ilustres de Lalín destaca el intrépido aviador Joaquín Loriga, cuyo vuelo Madrid-Manila alcanzó en 1926 repercusión mundial; murió estrellado con su avioneta al año siguiente, y así se le representa en un original **monumento,** obra del escultor Asorey, levantado poco después. El **Museo Municipal Ramón Aller** (telf. 986 784 004) de Lalín fue en tiempos la casa del afamado astrónomo local Ramón María Aller: aquí se guarda su rudimentario observatorio y muchos objetos personales, así como obras de Laxeiro, Sucasas y Lamazares, artistas todos ellos nacidos en Lalín. Un segundo **museo** llamado **Galego do Monicreque** (marioneta) abre sus puertas en un primer piso de la rúa Manuel

Reguera. Las modernas plazas y calles peatonales de la villa, acaso para ablandar la vulgaridad de la mayoría de la moderna edificación, han sido decoradas con varias esculturas de artistas gallegos como Oliveira, Acisclo Manzano, Acuña, Buciños o Vidal Payo. El ayuntamiento ha encargado al equipo Mansilla-Tuñón, uno de los estudios de arquitectura más pujante en los últimos años, el diseño de la nueva **Casa do Concello,** un edificio en granito y vidrio cuyas obras ya han dado comienzo.
En las afueras del pueblo, camino de Chantada, podéis ver la pequeña y muy sencilla **iglesia** románica **de San Martiño** (siglo XII) y en la carretera a Pontevedra, la románico-gótica de **Donramiro.**
Pero quizás el principal monumento de Lalín y de toda la comarca sea su célebre cocido, con fiesta de exaltación el domingo anterior al Carnaval. Si se acompaña de un caldiño de cocido, un buen vino y orejas y filloas con miel de postre, uno puede sumirse en un estado cercano al éxtasis místico.

ALREDEDORES

Muchos son los monumentos, naturales e históricos, de la Terra

CAFÉS

Para la tarde, entre los más conocidos se encuentran el **JJ** (frente a la estatua de Loriga) y el **Terminal,** este último para los más jóvenes. Ambos son buenos sitios para un café en una tranquila terraza.
En la peatonal rúa J. Loriga los locales son más modernos, como el **Camilo,** y más animados según avanza la tarde. El **Dupla** (en la rúa Pintor Laxeiro) es el típico café de moda (con paredes amarillas, madera, y mesas tipo máquinas de coser), muy visitado antes de salir de noche.
Pero, sin duda, el más recomendable de todos es el **Cantigas** (en la rúa A), cuya fachada de piedra resalta entre todos los edificios restaurados de esta parte "nueva" de la ciudad. El interior está bien decorado y el ambiente es agradabilísimo. En esta calle de nombre tan poco complicado, que se anima mucho durante las noches del fin de semana, también funcionan los cafés **Cabanas** y **Alfonselle,** en los que también se pueden degustar licores caseros.
Con el mismo carácter cabe señalar la tremenda actividad cultural del **Barriga Verde** (Matemático Rodríguez), local con personalidad que cuenta con biblioteca, gran número de revistas, y organiza proyecciones de cortos, pequeños conciertos, teatro, títeres, exposiciones, etc., ¡toda una competencia para el Ayuntamiento!

EL TAPEO

Hay varios locales desperdigados por la ciudad, aunque la calle de los vinos, en la zona del mercado, es la que se lleva la palma. En ellos suelen servir pequeñas tapillas con la consumición, casi siempre a base de derivados del cerdo (lacón y chorizos mayoritariamente). Por aquí deben visitarse **A Rúa,** la **Jamonería Cabanas** y el **Asturiano.** En la plaza de la iglesia tiene fama de servir buenas tapas **A Garota do Río.** En la rúa Ramón Aller se ubica la **Casa do Gato,** con quesos, embutidos y bollos preñados. Subiendo por la rúa Pintor Laxeiro encontraréis **A Bodeguilla,** de la que dicen solía ser muy visitada por el afamado artista que da nombre a la calle. Otros lugares de tapeo con peculiares nombres son **O Chanqueiro** (Rosalía de Castro), la **Taberna del Tuerto** y **O Grolo do Tuco.**

de Deza. Entre los más sobresalientes y próximos a Lalín cabe señalar la **Fraga de Catasós** (a 4 km camino de Ourense), un valioso bosque mixto de robles y castaños que ha sido destacado por la FAO y declarado Monumento Natural por la Xunta de Galicia. En el Souto de Quiroga, este bosque cuenta con los castaños, algunos de ellos centenarios, con el fuste más alto de Europa. La alta densidad arbórea, y la consiguiente falta de luz, han favorecido este crecimiento anómalo.

Hacia Compostela, una vez que cruzamos el río Deza, cuya encajada ribera aparece cubierta de frondosas, entramos en la subcomarca de Trasdeza, con capital en **Silleda.** Esta villa debe gran parte de su crecimiento a la Feria Internacional de Galicia, en la que desde 1977 se celebra la *Semana Verde* (pese a lo que alguno pueda pensar, tiene que ver con el sector agroganadero).

Entre Lalín y Silleda, en **Prado** queda señalizado el desvío al **santuario de Nosa Señora do Corpiño** (10 km), con iglesia de los siglos XVIII y XIX. En otros tiempos fue muy famoso por venir aquí a curarse los supuestamente poseídos del meigallo, que montaban no pocos alborotos.

Más allá de Silleda, quien desee empaparse en el arte medieval puede seguir la ruta, bien señalizada, hasta Carboeiro (7 km). De

MONASTERIO DE CARBOEIRO.

camino, como aperitivo, pueden ser conocidas las **iglesias** románicas de **Santiago de Breixa,** con excelentes capiteles, y **San Pedro de Ansemil,** que muestra adosada una capilla ojival con una delicada imagen pétrea de la Virgen. **San Lourenzo de Carboeiro** impresiona tanto por el emplazamiento, en un recodo del Deza, como por su gran templo de tres naves, provisto de cripta. En él trabajó el taller del Maestro Mateo, y sus ruinas acaban de ser restauradas con mucho ingenio... y mucha pasta. Aún más cerca del Ulla y Santiago, pero sin salirnos de la comarca, desde Bandeira –una vez más hacia el norte– es recomendable acercarse a la **Cadeira da Toxa.** Se trata de una cascada, con casi 100 m de caída, provista de miradores.

DORMIR EN LALÍN

El lugar más chic para dormir en Lalín, o mejor dicho en sus alrededores (4 km hacia Santiago y luego 1 km más al sur), es el **Pazo de Bendoiro** (O Xubín, Bendoiro; telf. 986 794 289, www.pazodebendoiro.com; habitación doble: 78-98 €), casona barroca rehabilitada a toda pastilla. En el propio casco urbano están:

HOTEL EL PALACIO**

Matemático Rodríguez.
Telf. 986 780 000.
Pese al nombre no es para tanto, pero ofrece unos buenos servicios en relación al bajo precio.
Habitación doble: 33-40 €.

HOTEL VILLANUEVA**

Corredoira, 84. Telf. 986 780 344.
Hotelito nuevo que se sitúa justo

LA NOCHE

La noche se desarrolla básicamente en la zona nueva del pueblo, concretamente en las rúas A y B (todo un alarde de ingenio desplegado en la nomenclatura). Hay bastantes locales y son especialmente animadas las noches de los sábados. En la calle A sería una buena elección empezar por el **ETCÉTERA,** un bar de copas fácil de distinguir por su entrada galáctica, y seguir por el **GALENA** o el **MISSISSIPI.**
Algo mejores son los locales de la calle B, como **A CABRA DO AIRE,** con música folk y algún grupillo gallego; el **PERICO RIPIAO,** para salseros y bailones, o el **CAMELOT,** para las 2 h de la mañana, con mucho rock español de hace años. Otros bares situados en esta calle son el **MALOKA** y el **ENIGMA** (éste con karaoke). Sin salir de la calle B podemos pasarnos a bailar a discotecas como **PLANCI** y **CASTING.**
La disco de moda es el **MILENIUM** (en la carretera de Rodeiro), siempre abarrotada. Es una vieja casa restaurada, muy compartimentada y con muchos ambientes; la gran terraza y la buena música son lo mejor que tiene.

VISITA

Las murallas romanas definen a esta tranquila ciudad de servicios y delimitan la visita. Disponiendo de tiempo, lo mejor de Lugo se centra en: las murallas, que nos ofrecen un agradable paseo y perspectivas diferentes sobre la ciudad; el casco antiguo, intramuros, con la catedral y el Museo Provincial como centros culturales, y multitud de tascas y restaurantes, y la zona de extramuros, con las antiguas termas, el puente romano, el museo diocesano o los agradables parques.

LAS MURALLAS

Aunque las murallas se levantaron a finales del siglo III, no sirvieron para detener a los vándalos y a los suevos en el siglo V, ni a los musulmanes en el VIII. Su evidente ineficacia militar dio pie a alguna disparatada teoría sobre los auténticos motivos de su construcción: cierto canónigo de la catedral –más tarde obispo en Jaca– afirmó en 1892, completamente en serio, que las murallas se habían edificado para proteger la ciudad del frío en invierno (!), hipótesis que confirma que los honores episcopales no llevan necesariamente aparejada la estabilidad mental. El caso es que las murallas romanas son las mejor conservadas del mundo, y se libraron por poco de la fiebre constructiva que acabó con las de muchas otras ciudades europeas durante el siglo XIX; aún en la década de 1930 se pretendió derribarlas para potenciar el rápido crecimiento de la ciudad, pero la tentativa contó con la oposición del ejército, que sostuvo que estas murallas tenían todavía alguna utilidad defensiva (afortunadamente estos militares no tuvieron en cuenta el lamentable currículum del sistema defensivo).

Su perímetro mide 2.157 m, con una altura media que oscila entre los 8 y los 12 m y una anchura de entre los 4,5 y los 7 m. Se mantienen 46 torres de las 85 originales –aunque perdieron su remate primitivo– y en sus muros se abren 10 puertas, de las cuales la más antigua es la **Porta Miñá** o del Carmen, por la que salían los peregrinos a Santiago. Un letrero nos recuerda que por esta puerta pasaba *"tantas veces namorado"* el trovador medieval Fernando de Esquío, a visitar a una novia que tenía en la ciudad. Junto a la puerta ha sido creado el espacio **Luci Imago,** sala permanente sobre el Lugo romano

(orígenes, esplendor, muralla y declive) que recoge numerosas piezas arqueológicas.

Puede realizarse sobre la cresta un completo paseo de ronda, en el que destaca la sección que va desde la **Porta de Santiago,** frente a la catedral, a la **Porta do Bispo Odoario,** el tramo que permite contemplar las mejores perspectivas de la ciudad.

Hace pocos años la muralla recibió un premio de Europa Nostra al ser librada por completo de los numerosos edificios que tenía adosados, y en el año 2.000 fue declarada Patrimonio de la Humanidad por la UNESCO.

INTRAMUROS

La **catedral de Santa María** tiene una monumental fachada neoclásica aunque el interior es básicamente de los siglos XII y XIII. Comenzada en 1129 sobre las ruinas de otra anterior, tiene la planta de cruz latina, con tres naves en el brazo mayor y crucero de una sola nave, y con una girola modificada en el siglo XIV; las bóvedas se mantienen románicas en el crucero y ojivales, más tardías, en el resto del templo.

EL AMBIENTE DE DÍA EN LUGO (ver plano págs. 154-155)

El interior de la muralla acoge buena parte de la vitalidad urbana. El reciente plan de peatonalización del casco antiguo recomienda dejar el coche en el aparcamiento.

Rúa Nova-Cruz

En Galicia sólo O Franco, en Santiago, puede competir en cantidad de bares mesones y tabernas con esta calle. El recorrido se prolonga, desde la praza do Campo, por la rúa da Cruz.

Zona comercial intramuros

Entre la Alameda y Praza Maior –con sus antiguos cafés y terrazas– y la praza de Santo Domingo –el punto más dinámico del casco viejo–, el comercio se reserva calles como la de O Progreso o A Raíña.

A Milagrosa

En este grande y populoso barrio, limitado al este por la comercial avda. da Coruña –tiendas de moda, decoración, etc.–, aparecen aquí y allá mesones y restaurantes.

Recatelo

Este barrio tradicional, que configura un pequeño triángulo entre la Porta de Santiago y el parque Rosalía de Castro, se encuentra en plena efervescencia, con sus bares de tapas y cervecerías.

Fingoi (f. p.)

Algo apartada del centro, pero próxima al campus, es la zona universitaria por excelencia. Nuevos y cuidados locales de tapeo, la afición dominante en la ciudad, han surgido para satisfacer la demanda de los futuros licenciados.

LUGO DE DÍA

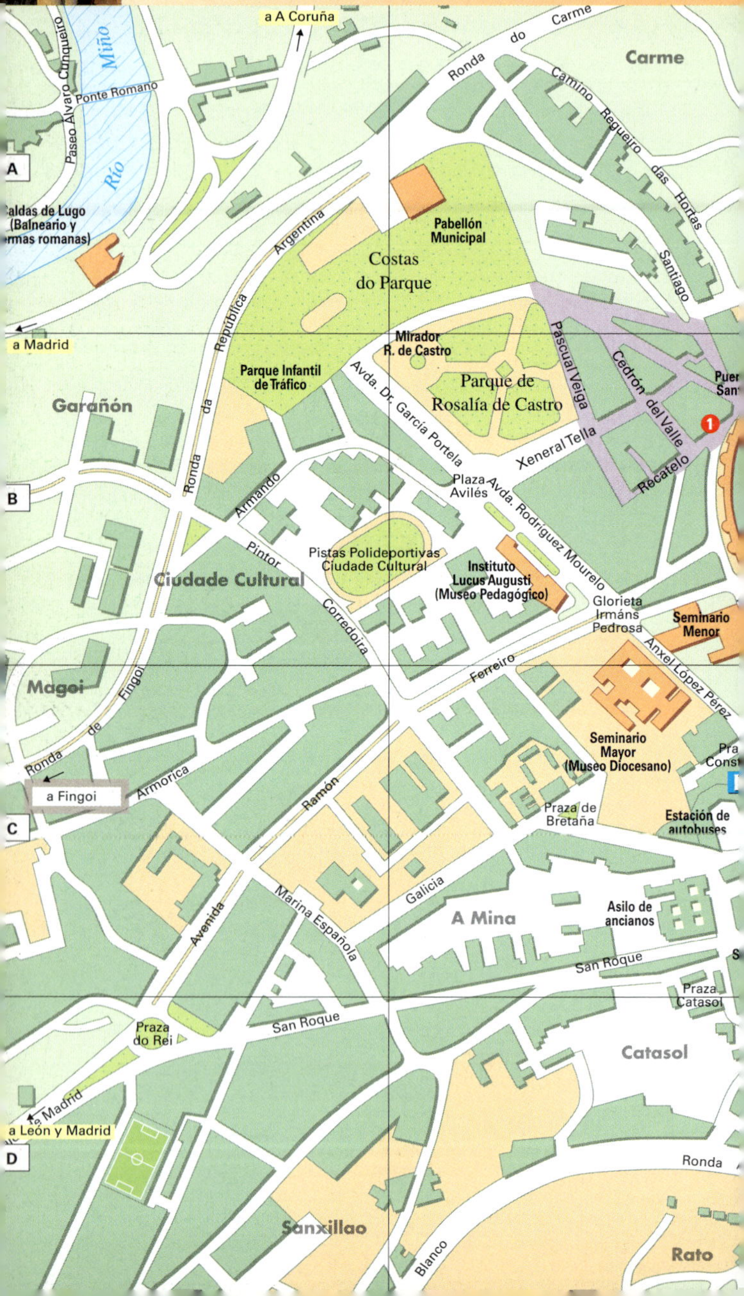

a A Coruña
Ronda do Carme
Carme
Camino Regueiro das Hortas
Santiago
Miño
Río
Ponte Romano
Paseo Álvaro Cunqueiro
Caldas de Lugo (Balneario y termas romanas)
A
a Madrid
Argentina
Ronda da República
Pabellón Municipal
Costas do Parque
Mirador R. de Castro
Parque de Rosalía de Castro
Pascual Veiga
Cedrón del Valle
Recatelo
Xeneral Tella
Parque Infantil de Tráfico
Avda. Dr. García Portela
Plaza Avilés
Avda. Rodríguez Mourelo
Garañón
B
Armando
Pintor Corredoira
Pistas Polideportivas Ciudade Cultural
Instituto Lucus Augusti (Museo Pedagógico)
Glorieta Irmáns Pedrosa
Seminario Menor
Anxel López Pérez
Ciudade Cultural
Ferreiro
Magoi
Ronda de Fingoi
a Fingoi
Armorica
Ramón
Seminario Mayor (Museo Diocesano)
Praza de Bretaña
Estación de autobuses
C
Avenida
Marina Española
Galicia
A Mina
Asilo de ancianos
San Roque
Praza Catasol
Praza do Rei
Catasol
a León y Madrid
D
Ronda
Sanxillao
Blanco
Rato

a Santiago, Pontevedra y Ourense
Poeta Ramón Cabanillas
Dr. Xerman
Tui
Dezaoito
Betanzos
A
Pintor Tino
Centro de Artesanía e Diseño
Pr. Bispo Odoario
Concepción
Grabador Castro Gil
Carme
Ronda da Muralla
Ronda da Muralla
García
Puerta del Carmen
Tenería
Montevideo
Puerta Nova
al Parque de FRIGSA y al Auditorio
Lvci Imago
Tenería
Nova
Arenal
Moucho
Miño
Bolaño
Manuel Amor Meilán
San Froilán
Avenida
da
Museo Provincial
dos
Serra
Catedral
Pr. do Campo
Nova
Praza Soedade
Ballesteros
Bispo Basulto
San Pedro
Quiroga
Centro Cultural Uxío Novoneyra
Rivadeneira
San Froilán
B
Armañá
Praza Santa María
Palacio Episcopal
Convento de las Agustinas
Pr. de Ferrol
Praza Santo Domingo
Alameda
Conde Pallares
San Marcos
Alameda
Casa dos Mosaicos
Monforte
Convento de los Franciscanos
Ruiz de Alda
Raíña
Praza Maior
Ayuntamiento
Diputación Provincial
Ronda da Muralla
Rúa do Teatro
Pr. Anxel Fdez. Gómez
Anxel Fole
Progreso
Praza do Campo Castelo
Castelao
Miguel de Cervantes
San Pedro
Estación de RENFE
Murallas
C
Praza Comandante Manso
Puerta de San Pedro
Nicomedes Pastor Díaz
Montero Ríos
Dr. Rafael Vega
Serra de Meira
Primavera
Escalinata dos Paxarinos
Frías
Carrero Blanco
San Eufrasio
O Piteiro
Portiño

LUGO DE NOCHE

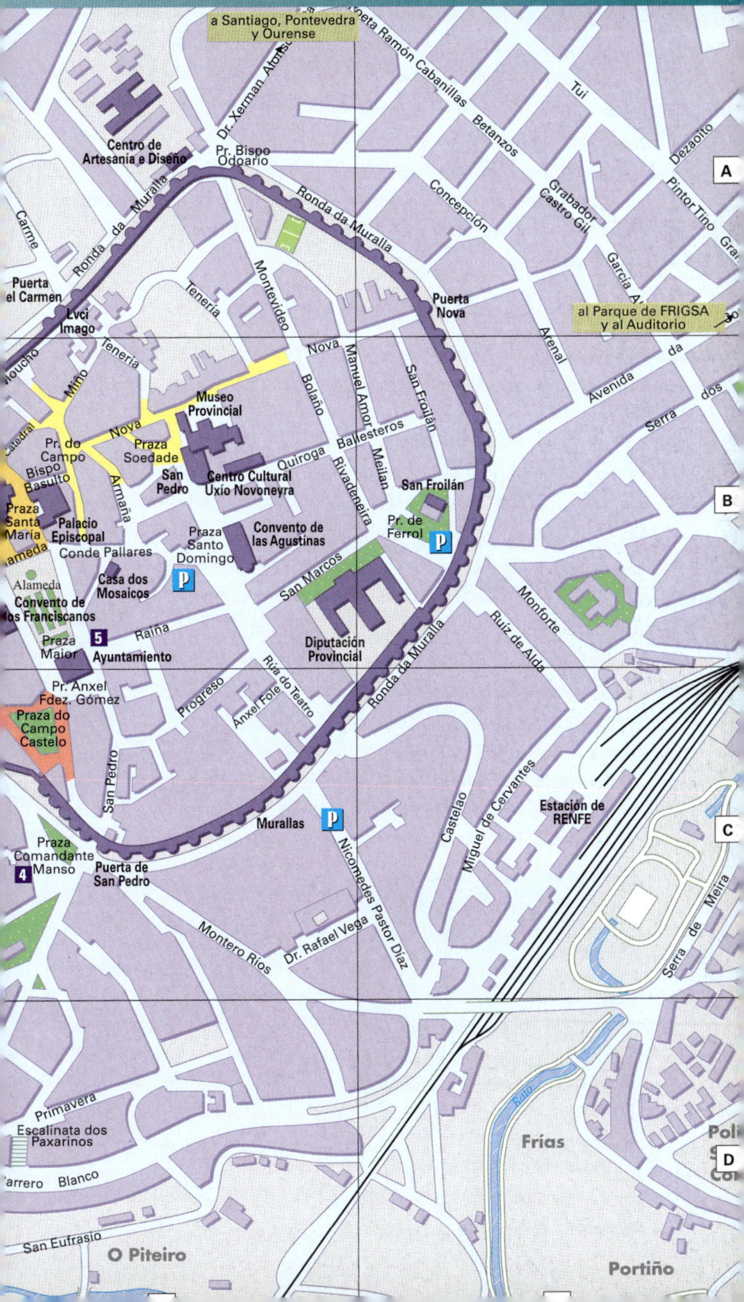

a Santiago, Pontevedra y Ourense
Dr. Xerman Alonso
Poeta Ramón Cabanillas
Tui
Betanzos
Dezaoito
Centro de Artesanía e Diseño
Pr. Bispo Odoario
Concepción
Grabador Castro Gil
Pintor Tino
Ronda da Muralla
Carme
Puerta el Carmen
Tenería
Montevideo
García
Puerta Nova
al Parque de FRIGSA y al Auditorio
Lvci Imago
Arenal
Nova
Bolaño
Manuel Amor Meilán
San Froilán
Avenida da Serra dos
Miño
Museo Provincial
Catedral
Pr. do Campo
Praza Soedade
Ballesteros
Bispo Basulto
San Pedro
Centro Cultural Uxío Novoneyra
Quiroga
Rivadeneira
San Froilán
Armañá
Praza Santa María
Palacio Episcopal
Praza Santo Domingo
Convento de las Agustinas
Pr. de Ferrol
Alameda
Conde Pallares
Casa dos Mosaicos
San Marcos
Monforte
Convento de los Franciscanos
Raíña
Diputación Provincial
Ruíz de Alda
Praza Maior
5
Ayuntamiento
Rúa do Teatro
Pr. Anxel Fdez. Gómez
Anxel Fole
Progreso
Praza do Campo Castelo
Estación de RENFE
San Pedro
Castelao
Miguel de Cervantes
Murallas
Praza Comandante Manso
4
Puerta de San Pedro
Nicomedes Pastor Díaz
Serra de Meira
Montero Ríos
Dr. Rafael Vega
Primavera
Escalinata dos Paxarinos
Frías
Carrero Blanco
San Eufrasio
O Piteiro
Portiño
A
B
C
D

EL AMBIENTE DE NOCHE EN LUGO (ver plano págs. 156-157)

Rúa Nova-Cruz

La Rúa Nova, con multitud de tabernas, bares y mesones, cada tarde-noche se convierte en un indicador del pulso ciudadano. Desde el mediodía a la noche, esta calle y las aledañas (Cruz, praza do Campo, Carboeiro...) son un hervidero de gente que disfruta de las especialidades típicas de cada local.

Catedral, Ramón Ferreiro y Marina Española

Es la zona de marcha nocturna por excelencia. Desde la catedral, acosada por un conjunto de anodinos pubs, la movida nocturna se prolonga por la Ronda da Muralla, la avda. Ramón Ferreiro y sus aledaños y, muy especialmente, por la rúa Mariña Española, donde se concentran los más modernos y de bailoteo.

Recatelo

Extramuros, es una zona de paso en la movida nocturna, animada por varios pubs donde suenan ritmos caribeños. Abundan también los bares de tapas y las cervecerías para reponer fuerzas.

Campo Castelo

Reúne una serie de cafés, cervecerías y pubs en general tranquilos, algunos temáticos, en los que predominan la piedra, la madera, la tertulia y la música más o menos suave, para los de más de 30 años.

En la **capilla mayor,** en un tabernáculo neoclásico, se venera al Santísimo Sacramento ininterrumpidamente (de día y de noche) desde la edad media, cumpliendo con un remoto privilegio papal. El viejo **retablo mayor,** debido a Cornelis de Holanda (1531-1538), se trasladó a los brazos del crucero en el siglo XVIII.

Catedral de Lugo.

Entre las capillas de la catedral destaca la barroca de **Nosa Señora dos Ollos Grandes,** construida por Fernando de Casas (el autor de la fachada del Obradoiro compostelana) entre 1726 y 1734. El mismo Fernando de Casas diseñó el, más barroco todavía, tabernáculo en el que se exhibe esta venerada imagen gótica.

En la nave del Evangelio se abre la **capilla de San Froilán,** el patrono de la ciudad y de la dió-

CORO DE LA CATEDRAL DE LUGO.

cesis, representado por una escultura de Francisco de Moure de hacia 1620. A este santo local le entraron una noche dos palomas en la boca, una roja y otra blanca, y en otra ocasión consiguió convencer a un lobo para que le transportara los libros, curiosos milagros ambos por los que llegó a los altares.

Al mismo Moure que talló a San Froilán se debe la extraordinaria **sillería** de coro barroca (1625) que se mantiene aún en su sitio, en la nave central. La **sacristía** catedralicia es de Domingo de Andrade, uno de los principales arquitectos barrocos de Galicia, quien la terminó hacia 1680; en su interior destaca una curiosa pileta de mármol que viene a ser un capitel románico reutilizado de muy bella factura. Y finalmente merece la pena visitar el **claustro,** culminado en 1714 por Casas Novoa.

Al salir por la Puerta Norte levantad la vista hacia el tímpano del siglo XIII, presidido por un *Cristo en Majestad* que es, sin duda, una las más hermosas esculturas del románico gallego e incluso diríamos de todo el hispánico; bajo el Cristo, un curioso y delicado capitel pinjante nos recuerda la Santa Cena.

En la praza de Santa María se levanta el **Palacio Episcopal** (siglo XVIII), de aire noble, recio y señorial. La cercana **Alameda,** creada en 1840 en el solar de un antiguo convento, es el área de esparcimiento de la ciudad intramuros; aquí se hallan la **Praza Maior,** los **Cantones** con sus cafés y terrazas, el kiosco de música y la barroca **Casa Consistorial**, construida por Ferro Caaveiro hacia 1738 (la torre del reloj que se eleva sobre los tejados es un añadido posterior).

No puede dejar de visitarse la **praza do Campo,** con sus edificios asoportalados y su **fonte de San Vicente** (siglo XVIII), coronada por la imagen de San Vicente Ferrer. De la fuente mana vino un día al año, pero no se trata de ningún milagro sino de una más prosaica intervención de los poderes públicos: fue foro romano y aquí se celebraba el mercado medieval.

Entre la rúa de San Pedro y la de A Raíña se levanta el **convento de**

EL TAPEO

Desde el mediodía a la noche las calles de Lugo son un hervidero de gente que disfruta de las múltiples especialidades de cada local. Éstas son las principales zonas:

ZONA VIEJA

Se extiende por la rúa Nova, la rúa da Cruz, la praza do Campo y muchas más, y por aquí continúa la tónica general de bares más o menos típicos de las calles de vinos. Subrayaremos **La Bodeguilla de Abajo** –el mejor para quesos, embutidos y, sobre todo, vino–, **A Rúa** –con bonitas mesas–, las **Bodegas do San Vicente** –se sale de lo corriente, con su diseño, sus toneles, su piedra...–, **A Adega** –otra del mismo estilo, en O Campo–, **Antas de Ulla** –para beber en porrones–, el **Feitas** –tapas de patatas en cucuruchos, con muchas salsas diferentes–, **Bravú, A Tasca, Cachaza, El Museo, O Castelo,** el **Plaza do Campo,** el **Miraz,** el **Koka,** etc. etc. Hay decenas.

ZONA DE A MILAGROSA

En las calles que rodean la plaza del mismo nombre, es uno de los barrios más visitados. Por aquí sobresalen, en la rúa Mallorca, **A Lareira** –pulpeira típica donde ya se sabe lo que hay que tomar– y el **Roma.** En la misma plaza está el **Venecia** –de los más concurridos– y el **Ktquero.** En la rúa Divina Pastora se hallan el **Maside,** un clásico mesón; el **Mesón Lucense** y **Casa Julio** (todos estos son bares normales, la mayor parte de ellos un poco pobres, pero ofrecen una gran variedad de tapas gratis con la consumición). Finalmente, en la rúa Curros Enríquez merece la pena visitar el **4 Rúas,** donde preparan muy bien el pulpo. En el límite del barrio, también son buenas las tapas

Santa María A Nova (siglo XVIII), con su iglesia –aún en usos espirituales– y su claustro, hoy ocupado en parte por la más pragmática Delegación de Hacienda.

Al final de la rúa de A Raíña aparece el antiguo **convento de Santo Domingo** o de los Predicadores, hoy de las Agustinas, fundado en el siglo XIII y casi totalmente reconstruido en el XVII; mantiene gótica la cabecera con tres ábsides poligonales.

En el centro de la plaza, un **monumento al Bimilenario** de la ciudad se corona con un águila imperial romana. Muy cerca, caminando por la rúa de San Marcos, encontraréis el **palacio de la Diputación** o pazo de San Marcos, noble edificio del siglo XIX que nació para hospital, y la inmede **Apolo XI** y **O Cabazo** (ambos en García Abad).

ZONA DE RECATELO

Aunque perduran algunas viejas tascas de chateo (a los vinos de barril les va llegando su jubilación), la modernidad ha llegado al barrio de la mano de la **Cervecería Internacional** (pedid sus bocaditos de jamón y queso). Otros mesones y bares para tapear son **Recatelo, Frade, Esquina, Palmera, Porta-Santiago, Saka-tú** (para los más jóvenes), **Mar-Bel, O Caseiro, Coral,** etc. Varios de ellos ofrecen económicos menús del día. Sin salir del barrio, muy concurrida está siempre la típica **Taberna de Mares** y otro tanto cabe decir del **César** (Cedrón del Valle), con sus tapas de oreja, callos, tortilla, etc.

ZONA DE AS FONTIÑAS

En la parte nueva de la ciudad se hallan más lugares de tapeo para mañana y tarde. Son muy conocidos **O Cunqueiro** –sobre todo por el pulpo–, **O Barqueiro-2** –tipo bodega, con pulpo, embutidos y queso, además de vinos de todas las comarcas de Galicia–, **O Lagar** –local de estilo asturiano, con sidra incluida–, **O Paseo** –de los que ofrecen una mayor variedad de especialidades– o el típico **Cancún.**

ZONA DE FINGOI

Es la más dinámica, moderna y con locales bien instalados, pero un poco alejada del centro. Alrededor de las avenidas Alfonso X el Sabio y su trasversal Magoi, los estudiantes frecuentan la bodega de **Pedro** y el mesón de **Lourdes,** así como cervecerías más modernas como **La Iguana** o el **Escada,** todos ellos con menú del día; algo más apartado queda el **Monterrey** (Acea da Olga), con sus tapas de *raxo,* calamares, paella o salpicón. Pero la verdadera institución del barrio, muy frecuentada por todo tipo de público y bien montada, es **La Cervecería,** que presenta amplia carta de maltas de importación pero también de batidos, infusiones y cafés, ello sin olvidar, el bendito tapeo.

diata **iglesia de San Froilán,** capilla del antiguo hospital de San Bartolomé (siglo XVIII), construida gracias al empeño de cierto prelado litigante que le ganó un pleito al Ayuntamiento por la propiedad del solar.

Siguiendo la Rúa Nova llegaréis a la praza da Soedade, que se ubica en el centro de la muy animada y concurrida zona de vinos y pese a todo es muy tranquila como su nombre evoca. La **iglesia de San Francisco** (siglo XIII), aquí levantada, es una de las primeras fundaciones franciscanas de Galicia, un clásico ejemplo del gótico mendicante, aunque conserva en el claustro recuerdos del románico. En su antiguo convento se levanta el enorme y muy completo **Museo Provincial de Lugo** (visita: en

CAFÉS

En principio destacan las amplias y cómodas terrazas de la Praza Maior, en la Alameda; entre estos locales el más conocido y recomendable es el **Café del Centro,** muy antiguo, con sus enormes columnas y sus celebrados *cariocas* (cafés con espuma). A su lado se halla el **Café Madrid.**
También dentro de las murallas está otro establecimiento muy interesante, el **Catedral-Cafetín,** en la rúa Catedral, un coqueto café de piedra y madera. Famoso, sobre todo por su chocolate en taza, es el **Santos** (rúa Castro).
Extramuros vale la pena acercarse al **Casablanca,** un precioso gran café con cristaleras clásicas, situado en la avenida de A Coruña. En la misma calle acaba de abrir el **Praza Maior,** y en la vecina del Progreso tiene ya más años el **Divey.** Otro a reseñar, en la avda. Carrero Blanco, es el **Equinoccio Café.**
En la pequeña praza de Campo Castelo hay varios cafés-pubs, entre ellos el **Nevada.**
Para continuar, junto al Parque Rosalía de Castro encontraréis el **Café do Pousadoiro,** lugar recomendado para la lectura de un libro, pues cuenta con una pequeña biblioteca, mientras se degusta un buen café vienés o un chocolate (solo hasta la 1,30 de la noche). La lista podría prolongarse mucho más si recorremos los cafés universitarios de Fingoi: valgan como muestra el **República** (avda. de Magoi), con sus combinados de infusiones y licores, serie de chupitos y una decoración cuidada hasta en los baños, y ya en la avda. de Madrid la taberna irlandesa **Morrigan.**

invierno, de 10.30 h a 14 h y de 16.30 h a 20.30 h; los sábados cierran a las 20 h y los domingos sólo abren por la mañana, de 11 h a 14 h; festivos cerrado. En julio y agosto, de 11 h a 14 h y de 17 h a 20 h; los sábados sólo abren por la mañana y cierran domingos y festivos). Fundado en 1932, es uno de los museos con mejores instalaciones y colecciones de

TERMAS ROMANAS DE LUGO.

Galicia y recientemente ha sido ampliado. Además del propio edificio –con su refectorio, cocinas y claustro– sobresalen: sus salas dedicadas al arte sacro (pintura de los siglos XV al XIX, imaginería del gótico al barroco, orfebrería y ornamentos varios), su colección de orfebrería prerromana y romana, los múltiples restos arqueológicos, el arte gallego de los siglos XIX y XX, los azabaches compostelanos, la gran colección de cerámica de Sargadelos, el conjunto de arte moderno y contemporáneo depositado por el Museo del Prado y el desaparecido Museo de Arte Moderno (con buenas obras de la escuela napolitana del siglo XVII o del paisajismo español del XIX) y variadas salas monográficas dedicadas a autores como el simbolista Corredoyra, el romántico Villaamil, Julia Minguillón o Prieto Nespereira. Hay visita para varias horas.

Extramuros

Aunque lo mejor se concentra dentro de las murallas, podemos acercarnos hasta el **Seminario Mayor** (Ánxel López Pérez, 2) que alberga un **Museo Diocesano** (suele abrir de 10 h a 12 h, pero conviene llamar para concertar la visita; telf. 982 220 100), con piezas de primera categoría, como el conocido como Crismón de Quiroga (un mármol paleocristiano con el anagrama de Cristo, procedente de una de las más antiguas iglesias cristianas de occidente) amén de otras curiosidades de arte sacro, pintura y numismática.

En el río encontraréis, como es lógico, el **puente** romano del siglo I de nuestra era, muy reformado en épocas sucesivas, y cerca de él las viejas **Caldas de Lugo,** las antiguas termas romanas, visitables (de 9 h a 22 h) en el interior del moderno balneario; aún se conservan varias salas con sus bóvedas correspondientes. Para los interesados, el agua bicarbonatada y sulfurada brota a 43,8 °C.

Por la carretera de Santiago hay un espacio de esparcimiento en el monte Orbazai (motocross),, pudiéndose practicar la pesca en los cauces cercanos (Mera).

Puente romano de Lugo.

ALREDEDORES

Si se toma la N640 a Vegadeo, flanqueada en su comienzo por grandes y elegantes restaurantes que se llenan todos los fines de semana, a los 8 km, a la derecha, se encuentra la desviación al área recreativa de los **lagos de Teixeiro** (otros 3 km). En este bosque de 1.200 ha de pinares, presidido por una serie de lagos encadenados, hay un circuito deportivo, una zona de juegos para niños y los preceptivos espacios para comer de campo, con fuentes, parrillas y mesas. En su proximidad se alquilan caballos. Otro desvío interesante es el que conduce a la enigmática **iglesia de Santa Baia de Bóveda** (a 14 km por la ctra. de Friol; visita: laborables en horario de mañana y tarde; festivos sólo mañana), construida sobre lo que parece un ninfeo romano del siglo IV, con pinturas murales de gran valor en su bóveda, capiteles, relieves y un estanque central. Las tierras regadas por el Miño lucense han sido declaradas por la UNESCO Patrimonio de la Biosfera, y por sus densos bosques de ribera es muy recomendable pasear en el tramo de As Chousas, próximo al **Centro de la Naturaleza de O Veral** (desvío indicado desde la ctra. de Friol).

Se encuentra señalizado con marcas de senderismo y carteles, y discurre junto a varios molinos restaurados (más información en www.terrasdomino.com). Un catamarán ha comenzado a realizar viajes por el Miño lucense hasta la acea do Rei Chiquito (30 min de duración).

CRISMÓN DE QUIROGA.

DORMIR EN LUGO

Como ciudad de servicios, la oferta es variada y con una relación calidad/precio de las mejores. Además del Gran Hotel** (C2 1) (avda. de Ramón Ferreiro, 21; telf. 982 224 152; habitación doble: 56-137 €), se recomiendan los siguientes establecimientos, la mayoría situados en las inmediaciones:**

HOTEL JORGE I**** (f. p.)

Ctra. N 640, de Lalín a Vegadeo (en A Campiña, a 3 km de Lugo). Telf. 982 303 255.

En las afueras, a 3 km de la ciudad de Lugo. Habitaciones con televisión parabólica e hilo musical. Habitación doble: 50-135 €.

HOTEL BALNEARIO DE LUGO***

(A1) **2**. Barrio da Ponte, s/n. Telf. 982 221 228. Fax: 982 221 659. El balneario conserva las termas romanas, con una de las salas en excelente estado. Habitaciones bien equipadas, y una gran zona ajardinada. Un buen lugar, nada caro, que además ofrece curas con aguas sulfurado-sódicas. Muy recomendable. Habitación doble: 66 €.

HOTEL LOS OLMOS** (f. p.)

Ctra. N VI, km 505 (a 1 km en dirección a Coruña). Telf. 982 200 032. Fax: 982 215 918. Establecimiento nuevo. Habitaciones amplias y bien equipadas. Habitación doble: 48 €.

HOTEL ESPAÑA* (B2) 3

Villalba, 2. Telf. 982 231 540. Pequeño hotelito, con vistas a la muralla y la catedral, situado en la Ronda. Sus habitaciones son amplias y luminosas, pero pueden resultar un poco ruidosas. Habitación doble: 42 €.

HOTEL TORRE DE NÚÑEZ* (f. p.)

Ctra. N VI (a 2 km camino de Madrid). Telf. 982 304 040. Gran edificio, con tentativa de imitar la arquitectura tradicional, con 122 habitaciones distribuidas en largos pasillos. Su precio habitual, 45 € todo el año, suele verse rebajado por ofertas de fin de semana (conviene solicitar información).

FIESTAS

Del 2 al 12 de octubre se celebran las tradicionales fiestas de **San Froilán,** el patrón de la ciudad (el 5 es el día del santo), con lo típico en Galicia, pero elevado a su máxima expresión: verbenas, ferias, pulpo a todo tren y actividades culturales. Otras celebraciones importantes son la **Semana del Carnaval,** la procesión del **Miércoles Santo,** la **Semana de Jazz** (noviembre) y la popular fiesta del **Arde Lvcvs,** remedo de las fiestas romanas, con gran tinglado de época (campamento de legionarios, mercado, teatro, malabares, circo, bacanales, exhibición de bigas y cuádrigas, conciertos, espectáculos de luz y sonido, etc.), que tiene lugar la noche y el día de San Juan, y atrae a numeroso público. El domingo siguiente al día del Corpus tiene lugar, desde el último tercio del siglo XVII, la principal conmemoración religiosa, la **ofrenda** del Reino de Galicia al Santísimo Sacramento, que cada año realiza el alcalde de una de las antiguas siete provincias (a saber, A Coruña, Lugo, Ourense, Pontevedra, Mondoñedo, Santiago y Tui).

LA NOCHE

La noche en Lugo es bastante ajetreada, pues la marcha se va trasladando de una zona a otra al ritmo que marcan los universitarios, que son quienes dominan la ciudad.

Por lo general se empieza en los bares de la zona de los vinos, intramuros, donde el ambiente se mantiene casi hasta las 2 h de la madrugada. Por aquí abundan los pubs: en la rúa Nova están el **Diablo**, **Garçon del Pis** y el **Gandul**, normalitos pero siempre con gente; en la pequeña pero activa rúa Catedral se hallan el **Medievo**, con escaso atrezzo referente al nombre, pero con cócteles artúricos como el *Santo Grial* o *Excalibur;* **Al Ándalus**, también temático, de referencias obvias; el **Papas**, un local para los más jóvenes donde los cubatas corren a litros, o el **Onda Media**, pub con buena música y mejor ambiente.
Una de las zonas más populares es la praza de Santa María. Allí la palma se la llevan el **Centro de Salud** (copas baratas), el **Anagrama**, todo un veterano que sigue cautivando a la masa, el **Nómine**, donde se pincha buena música, y otros normalmente abarrotados como el **No** o el **Jácara** (la lista continúa).
Algo más escondido, en el antiguo barrio chino se encuentra el **Ianus** (Travesía do Miño), taberna celta para minorías, de dos plantas con decoración original y de anticuario, que antaño fue carbonería y casa de citas. Lo rodean otros locales menos cuidados y en los que suena tecno (**Bongo**, **Badulake**). Otro que se merece una visita a primera hora, pues en su interior reproduce una calle con farolas al borde de la muralla (con torres y todo), es el pub **Ruada** (Amor Meilán, 10).
Con un carácter bastante definido Campo Castelo, plaza intramuros que ha renacido con la peatonalización, reúne un buen

Hostal San Roque** (C3) **4**
Praza Comandante Manso, 11, 2º. Telf. 982 222 700. Buen hostal en un edificio bastante nuevo, cercano a la zona amurallada. Habitaciones modernas y bien equipadas. Recomendable.
Habitación doble: 32-42 €.

Hostal Darío* (f. p.)
Rua do Franco, 14.
Telf. 982 203 483. Un establecimiento céntrico y acogedor con 16 habitaciones. 35 €.

■ Otros hoteles de precio más elevado

Si se prefiere establecimientos de categoría algo superior, son recomendables:
El clásico **Hotel Méndez Núñez***** (B3 **5**) (Raiña, 1; telf. 982 230 711; fax: 982 229 738; habitación doble: 66 €), situado en el mismo centro de la ciudad amurallada. Admite animales.
También en pleno casco antiguo un nuevo hotel, el **Puerta de San Pedro***** (Río Neira, 29; telf. 982

número de locales tranquilos que cuidan la música como el **Nevada** o el Candonga (de ambiente), y otros más animados como la cervecería **Bonnie Scotland** (conciertos), **O Ben Folkdido** (pese al juego de palabras, que entenderán los gallegos, es un templo del mejor folk) o el **Missisipi** (música de los años 70). Uno de los tentáculos de este sector se prolonga por la rúa As Nóreas, con el histórico **Emo** y el **Cubil do Lobo.**
Extramuros, una zona de paso muy caribeña es la de Recatelo, donde abren sus puertas **El Mojito** –con esta especialidad cubana y la *caipirinha*–, el **Visnú** y la salsera y alegre **Chemanel.**
También de transición, pero más alternativa y nacida de la nada, la rúa Castelao (en el extremo contrario a Recatelo) atrae cada vez a más personal.
A partir de las 3 h, tras el Seminario están concurridos el **Egipto,** que en la actualidad se ha convertido en un after en el que suena pop español, y el **Latino,** ambos en Salvador de Madariaga. Según avanza la noche la gente se desplaza a la zona da Mariña (rúa de A Mariña Española), algo más abajo de la zona anterior, donde se concentran multitud de locales. Recomendables son **Nos Vemos, La Calle** o el **Repris.** Por la misma zona hay otros garitos como el **Milenium, Don Yayo** y **Statum.**
El que desee algo más tranquilo puede acercarse, en la rúa Paxariños, al **Clube de Arte e Música Clavicémbalo,** mítico local muy activo que organiza conciertos de folk y jazz.
Los amantes de la marcha y los discotequeros disponen de algunas salas como la **Valentino** (Pintor Corredoira), que tiene dos ambientes diferenciados, y **Vértigo** (Cornubia), así como la disco **Guateque** (rúa Tui), muy salsera, la **BOE** (zona avda. da Coruña) y en la ctra. de Santiago **La Guagua** o **Caché,** y la macrodisco **Hexágono.** Además del Egipto hay dos after: **La Bastilla** (San Roque) y **Velvet** (Puente Nuevo).

222 381; habitación doble: 46-120 €) ha ampliado la oferta de calidad, hasta ahora escasa, en el casco monumental.
El **Hotel Santiago***** (telf. 982 250 318; fax: 982 010 120; habitación doble: 58-100), edificio moderno, situado a las afueras de la ciudad, en un lugar tranquilo, a unos 3 km por la carretera de Santiago. Está adaptado para clientes en silla de ruedas.

■ Turismo rural

Sin salir del extenso municipio lucense, que cuenta con numerosas parroquias rurales, podemos escoger entre la **Casa de Baixo** (Santiago de Saa; telf. 982 208 213; www.casadebaixo.com; 40-50 €), con 6 habitaciones, o la más cercana **Casa de Pardo** (Esperante; telf. 982 207 614; www.casapardo.com; habitación doble: 49 €), con 7 habitaciones.

COMER EN LUGO

■ CASAS CON MENÚ (MENOS DE 15 €)

MESÓN DO FORNO (O CARREIRA)

Río Ser, 12. Telf. 982 214 126. Es la opción original del barrio de A Milagrosa. Para empezar, por la decoración, en la que abunda la obra del escultor local Paco Pestana. Tortillas de tres capas, churrasco, quesos, embutidos y buen vino. Además acoge una tertulia de intelectuales.

CASA RIVAS (B2) ❶

Ronda da Muralla, 177 (Recatelo). Telf. 982 221 058. Desde 1970, sin variar un ápice sus especialidades, acoge a todo tipo de comensales. Para tomar almejas, merluza, cordero y cabrito.

MESÓN A LAXA (f. p.)

Eduardo Pondal, 20.
Telf. 982 216 536.
Local amplio y nuevo, para tomar pulpo, anguilas, puntillas, bacalao, *raxo,* cordero...

COTÁ (B3) ❷

Soedade, 18.
Telf. 982 231 772.
Céntrica y popular casa de comidas de *sota* (pulpo), *caballo* (callos) y *rey* (carne asada), eso sí, todo muy rico y a buen precio. Cierra domingo.

TABERNA DO ESPAÑA (C4) ❸

Castelao, 4.
Telf. 982 221 857.
Si el *España* se ha consagrado como un santuario gastronómico, en su "comedor B" es posible hacerse una idea de lo que es el A a través del económico menú del día (de lunes a viernes), en el que aparecen platos interesantes a un precio fijo de 12,50 €.

CASA AMADOR (f. p.)

Sierra de Outes, 10.
Telf. 982 218 851. Un buen asador al estilo gallego (heredero directo del asador criollo, implantado aquí tras la vuelta a casa de los "indianos"); de hecho, la mejor opción de la zona si se quiere comer carnes a la brasa, o a la plancha. Su carta hace incursiones en otros terrenos, y con buenos resultados, como demuestra un excelente bacalao a la cazuela. La terraza aporta encanto a la casa.

TABERNA DE MARCOS (f. p.)

A Milagrosa, 64. Telf. 982 216 683. Otro local del barrio de A Milagrosa que, como *O Carreira,* tiene mucho de especial. Para empezar su rusticidad y sobrecarga decorativa con todo tipo de trastos antiguos. Para seguir, la variedad de la carta, que permite elaborar un

menú asequible. Sus especialidades son los escabeches, las anguilas y el bacalao, pero también tiene carne para dar y tomar (*raxo,* churrasco, zorza).

CASA PACO (f. p.)

Tolda de Castela, 312.
Telf. 982 231 039.
Este antiguo merendero, fundado en 1932, ha reabierto sus puertas recientemente. Situado a la salida de Lugo hacia A Coruña, en la antigua N VI, está especializado en tortillas, bacalao, cordero y caza. Precios muy asequibles.

O MUÍÑO (f. p.)

Tolda de Castela. Telf. 982 230 550. Ocupa un antiguo molino movido por las aguas del Miño y tiene una terraza sobre el río.

RESTAURANTES (SOBRE 30 €)

Aunque nos pasemos un pelín del presupuesto, vale la pena acudir a **Campos** (B3 ❹) (Rúa Nova, 4; telf. 982 229 743) es otro restaurante afamado en la ciudad.

Sin salir de la misma y céntrica calle, son dos clásicos el **Mesón de Alberto** (B3 ❺) (Cruz, 4; telf. 982 228 310), con empanadas, pescados al horno y carnes rojas, y **Verruga** (B3 ❻) (Cruz, 12; telf. 982 229 572; www.verruga.es), con excelentes mariscos y trato amable y personalizado.

Se han ganado también su prestigio el **España** (rúa do Teatro, 10; telf. 982 229 717), de cocina moderna y en continua oferta de jornadas gastronómicas, o **La Barra** (B4 ❼) (San Marcos, 27; telf. 982 252 920), más clásico y fundado en la calidad de los productos.

Otro lugar privilegiado es el que ocupa el **Mesón Terras do Miño** (paseo do Río Rato, s/n; telf. 982 304 560), que ha recuperado un antiguo molino en un recorrido fluvial y destaca por sus carnes, las anguilas y el bacalao, con el cocido en temporada. Eligiendo bien se puede comer por una media de 20 €.

AVISO

La selección de los establecimientos incluidos en esta guía se ha hecho siguiendo, exclusivamente, el criterio independiente de los autores. Ninguno de los hoteles, restaurantes, comercios, etc. aquí contenidos ha desembolsado cantidad alguna para aparecer en la guía.

MALPICA DE BERGANTIÑOS

A CORUÑA. 3.352 HABITANTES

En la agreste y solitaria, mágica, vital y trágica Costa da Morte, Malpica es un pueblo que vive por, para y hacia el mar. Sus casas marineras se arraciman como uvas en el estrecho istmo de la península de la Atalaia, dejando a un lado la playa y al otro, el puerto y la dársena. El mar abraza esta pequeña península e impregna con su olor salado todas las calles.

INFO Y TRANSPORTES

Oficina de Turismo del Ayuntamiento. Buño, ctra. AC 414, km 8. www.concellomalpica.com
Oficina de Información Xuvenil En el Ayuntamiento. Telf. 981 720 001.
Centro Comarcal Expo Bergantiños. Telf. 981 707 300. En Buño, a 6 km por la carretera de Carballo. Con interesantes exposiciones.
Autobuses. *Compañía Arriva;* telf. 981 226 395.
Aeropuertos. A Coruña-Alvedro, a 35 km. Santiago-Labacolla, a 65 km.
Taxis. Pza. de Villar Amigo. Telf. 981 720 802 y 981 720 704 y O Empalme. Telf. 981 711 325.

VISITA

En Malpica el espacio es mínimo y el escaso casco antiguo de viejas casas marineras se ve presionado por las nuevas construcciones que se instalan por donde pueden y se elevan sin medida. No hay grandes monumentos, ni la casi imprescindible iglesia romá nica o barroca de cualquier pueblo gallego. El **puerto** es el monumento, el puerto y la vida que genera: la lonja bulliciosa, los bares y tascas marineras, el pescado fresco, los barcos apiñados... Lo mejor que se puede hacer en Malpica es pasear por sus callejuelas estrechas y empinadas, y dejarse tentar por una buena *caldeirada* de pescado o, el que se lo pueda permitir, una racioncita de percebes (en invierno son bastante más asequibles).

VISTA DE MALPICA DE BERGANTIÑOS.

También vale la pena acercarse hasta el **cabo de San Adrián,** al final de una península que protege a Malpica de los vientos del oeste. Poco antes de llegar encontraréis la pequeña **ermita de San Adrián** (siglo XVI) y la *milagreira* **fuente** del santo, centro de una romería que congrega multitudes el domingo siguiente al 16 de junio. Es una fiesta pintoresca, con la imagen del santo traída en procesión, a hombros de los vecinos elegidos para ello, y con algunos penitentes llegando de rodillas desde lugares lejanos; incluso hay gente que trae a sus animales, pues es fama que el santo cura tanto a los hombres como a las bestias.

Aunque con mucha dificultad –más bien con las indicaciones de algún vecino– se puede ver en la costa, en bajamar, el relieve de una serpiente con una cruz encima, fuente de muchas leyendas relacionadas con San Adrián.

Y frente al cabo, las **islas Sisargas,** una reserva ornitológica de primera magnitud, con un faro y los restos de una vieja ermita destruida, según la tradición, por los inevitables normandos. Incluso se dice que hubo un templo en la isla dedicado a Hércules, pero eso es ya mucho afirmar. Al otro lado del cabo Adrián, la carretera que se dirige a Ponteceso pasa junto a las **Torres de Mens,** castillo medieval de los Moscoso muy bien rehabilitado por sus actuales propietarios, y cerca de la **iglesia** románica **de Santiago de Mens,** con triple cabecera absidal del siglo XII. Pasado el desvío al embarcadero de Barizo, una pista asfaltada conduce hasta el **faro de Punta Nariga,** obra maestra del arquitecto gallego César Portela.

PUERTO DE MALPICA DE BERGANTIÑOS.

EL TAPEO

Lo hay tanto de mañana como de tarde-noche. El mayor número de tascas se encuentra por el Rueiro do Caldeirón. En **O Pescador** (Camiño do Río) ponen tapas de todo tipo. Amén de algunas tabernas marineras, otros locales como el **Chori** y el **Cachón** ofrecen, en la zona del puerto, todo tipo de pescado fresco y tapas de chocos, calamares, pulpo y similares. El mesón **A Pedra do Mar** presume de su *raxo* y del pulpo.

Aunque está cerca de Buño (a 8 km) y hay que coger el coche, vale la pena visitar **A Cunca,** una tradicional taberna con tapas sencillamente excelsas.

CAFÉS

Los pocos cafés que existen en la villa para pasar una tarde tranquila se sitúan en el centro. Destacan el **Don Paco,** el más emblemático y concurrido, y el **Panchito.** Si tenéis un día de tormenta, pasad por el **Café del Mar,** frente a la playa. A la **Casa del Pescador,** por fin, se puede ir a tomar un café con copa o jugar la partida de cartas o dominó, pero los "de fuera" entran, sobre todo, para admirar los murales del pintor Urbano Lugrís (1951).

ALREDEDORES

El cercano pueblo de **Buño** es llamado el *pobo dos oleiros,* por-que cuenta con los alfares tradicionales de cerámica más conocidos y dinámicos de Galicia. Sus piezas más tradicionales aparecen decoradas con motivos que parecen haberse transmitido desde la época céltica, aunque también los hay con innovadores diseños. En el moderno centro comarcal **Espobergantiños** (ctra. de Buño-Malpica, km 0,5) ha sido instalado un **Museo do Alfar** cuya visita puede ser complementada, en la propia aldea de Buño, con la del interesante **Ecomuseo do Forno Novo,** también llamado *do Forte.* Un total de siete tiendas venden las piezas de los artesanos en el pueblo: *Ñosta, Carme Casal, Mindiringuín, Faya, La Cacharrera, Mª Teresa* y *O Rulo.*

TORRES DE MENS.

DORMIR EN MALPICA DE BERGANTIÑOS

HOSTAL REFUGIO AS GARZAS**

Puerto Barizo.
Telf. 981 721 765.
A 5 km de Malpica, este pequeño hostal de cuatro habitaciones resulta inmejorable por su emplazamiento junto al mar. El edificio, de aspecto bretón, está pintado de blanco y con tejado de pizarra. Tiene un agradable restaurante acristalado.

HOSTAL BARNOVO**

Emilio González, 30.
Telf. 981 720 017. Muy céntrico, junto a la playa y sin lujos.
Habitación doble: 40-50 €.

HOSTAL JB**

A Praia, 3. Telf. 981 721 906.
Algo mejor que el anterior, más nuevo y cómodo. En la playa.
Habitación doble: 30-50 €.

Hostal Panchito*

Praza Villar Amigo, 6.
Telf. 981 720 307.
Típico edificio de las Rías Altas, con sus galerías. Buenas habitaciones, con televisión incluida. Habitación doble: 30-50 €.

Pensión Casa Vasca*

Puerto de Barizo.
Telf. 981 721 960.
Con 9 habitaciones sencillotas, pero dotadas de estupendas vistas a este pequeño embarcadero, rodeado de chalés, y el océano. Tiene mesón con terraza para tomarse unas tapas o raciones. Habitación doble: 42-52 €.

Turismo rural

Casa de Laxe

O Rueiro-Buño.
Telf. 981 711 072. A 9 km de Malpica, ésta es una añeja casa de piedra, con galerías, muy bonita. Habitación doble: 40-55 €.

Casa de Entremuros

Cancés (a 2 km de Buño).
Telf. 981 757 099. Con interiores agradables y bien decorados. Jardín. Tranquilidad asegurada. Habitación doble: 45-60 €.

Pazo de Souto

Sísamo. Telf. 981 756 065. Estupendo pazo, completamente restaurado, con un merendero rodeado de castaños. El precio es de 50 a 65 € según temporada y tipo de habitación.

Casa da Sebe

O Castro, Barizo. Telf. 981 720 655. En una tranquila aldea, y provista de piscina. Con cinco habitaciones dobles de 50 a 65 €.

Casa Arpón

Pontella, Vilanova de Santiso.
Telf. 981 720 728. Tan sólo a 1 km de la villa pero en un ambiente totalmente diferente. Seis habitaciones dobles. 45-60 €.

Pedra da Arca

Filqueira, Cerqueda.
Telf. 981 721 716.
Casa rústica con 5 habitaciones abuhardilladas.
Habitación doble: 48-63 €.

LA NOCHE

La noche es breve pero intensa, sobre todo la del sábado. Los pubs que se distribuyen por el Rueiro do Calderón forman un recorrido que se conoce como la "ruta da parrochiña". Son locales sencillitos, pero con buen ambiente. El que guste del folk puede ir al **Brevaxe,** aunque también ponen otra música. La música de moda domina locales como **O Cornecho, O Patio, O Limón** y **O Sodoma.** Junto a la playa está A Roda, un local con nombre de grupo folclórico gallego en el que se pincha, sobre todo, rock bravú. La "ruta da parrochiña" termina hacia las 3 h de la madrugada y como en Malpica no hay discotecas, los que pueden se desplazan hasta Carballo o Ponteceso para acabar la noche.

COMER EN MALPICA DE BERGANTIÑOS

■ CASAS CON MENÚ (MENOS DE 15 €)

En Malpica se viene a comer marisco y pescado fresco, manjares que ya no se suelen encontrar en los menús. Estos sí son muy abundantes y variados en **Carballo,** la vecina e industriosa capital de la comarca. En **Malpica** nos queda el consuelo de las tabernas y los mesones, así **O Pescador** o **A Pedra do Mar,** para comer de raciones (ver el Tapeo).

■ RESTAURANTES (SOBRE 24 €)

Una marisquería muy conocida en Malpica de Bergantiños es **O Burato** (Vilar Amigo, s/n; telf. 981 720 057), pero si no pedimos con tino es fácil pasarse de este precio.

Cerca del puerto, en la rúa do Caldeirón, abre sus puertas el **San Francisco** (telf. 981 720 489), otro de los clásicos para comer pescado y marisco desembarcados en la lonja local, y todo ello acompañado con pan de peso de Bergantiños, por momentos tan rico como los percebes; muy recomendables, las habas con almejas y pulpo y, aunque parezca mentira, el jarrete en salsa de perdiz.

Un tercero, en **Buño,** se suma a la lista de las afamadas marisquerías: **Casa Elías** (telf. 981 711 049), que cuenta con vivero propio de marisco y productos de primerísima calidad, también carnes.

Este apartado puede concluir con **As Garzas** (Barizo; telf. 981 721 765), local provisto de un estupendo comedor panorámico sobre el océano; su fuerte está en los pescados y arroces marineros, todo ello en una carta que varía a diario.

MONDOÑEDO

LUGO. 5.200 HABITANTES

Ciudad histórica y monumental, capital que fue de una de las siete provincias del antiguo Reino de Galicia, Mondoñedo tiene su origen más remoto en una sede episcopal fundada en el siglo V por ciertos bretones exiliados en el cercano lugar de Bretoña. En torno a su catedral surgió el típico entramado urbano medieval, con una excepcional plaza mayor y una red de callejas que le confieren un particular atractivo. Mondoñedo ha alcanzado también notoriedad por la importancia de sus letras: en su Seminario, fundado en el siglo XVI, se formaron algunos de los mejores escritores gallegos de nuestro tiempo, aunque el más renombrado de ellos, el gran Álvaro Cunqueiro, lo hizo en la Sociedad de Obreros Católicos. Las evocaciones de este articulista, poeta, ensayista, dramaturgo, novelista y, en suma, uno de los más originales literatos del siglo XX, siguen presentes en cada uno de los rincones de la ciudad.

EL TAPEO

Es costumbre tapear al mediodía, aunque no hay una zona definida. Lo mejor son los mesones, ya con bastantes años, que se desperdigan en torno a la catedral y el Ayuntamiento. El mesón **Os Arcos** (en la rúa Alfonso VII) ofrece las clásicas tapas gallegas, y aunque puede parecer algo aislado, su parte posterior da a la Praza Maior; **El Rincón** (rúa Bispo Sarmiento) es otro mesón tradicional, con buenos vinos y tapas variadas; **A Tasca** (praza de San Xoán) se corta por el mismo patrón, con un buen pulpo que suele atraer a bastante gente; y lo dicho anteriormente vale para **O Valeco** (Muíños de Arriba), un local que, como los anteriores, también ofrece la posibilidad de tapear en la barra.

INFO Y TRANSPORTES

Oficina de Turismo
Praza da Catedral, 34.
Telf. 982 507 177.
Oficina de Información Xuvenil del Ayuntamiento. Rúa Pacheco (Casa de la Juventud).
Telf. 982 507 105/ 524 003.

El periódico con más información, aunque escasa, es *El Progreso,* pero lo mejor es dirigirse directamente al Ayuntamiento.
Aparcamiento
Pzas. de la Catedral, el Seminario y avda. de Buenos Aires.
Taxis. Telf. 982 521 876.

VISITA

Mondoñedo posee un compacto conjunto histórico, cuyo corazón lo constiye la bella plaza mayor presidida por la fachada de la catedral. Alrededor de este eje parte un entramado de calles medievales donde conviven iglesias, conventos y las sobrias viviendas de piedra granítica.

LA CATEDRAL Y LA PLAZA MAYOR

La **Praza Maior**, una de las más hermosas de Galicia, está dominada por la **catedral,** un monumental edificio comenzado en 1219 en un primitivo románico austero que pronto se contagió de las influencias del Císter. El cruce de estilos se completa en la **fachada,** en la que se unen la por-

CATEDRAL.

Al lado de la catedral, en la misma Plaza Mayor, se ubica el sólido **Palacio Episcopal**, presidido por el escudo de Riomol y Quiroga, el obispo que lo mandó construir. Las populares viviendas de galerías y soportales y el edificio del **Consistorio Viejo** (siglo XVI, hoy biblioteca municipal) cierran este espacio espectacular, contemplado por la **estatua de Álvaro Cunqueiro** (1991), que está representado sentado, pensativo, con un libro en la mano.

PONTE DO PASATEMPO.

ALREDEDORES DE LA PLAZA MAYOR

Al sur de la plaza encontraremos la humilde **Fonte Vella** (siglo XVI) con el escudo de Carlos I y tras la catedral, el enorme edificio del **Seminario Conciliar de Santa Catalina,** comenzado en el siglo XVII y reformado y ampliado varias veces con posterioridad; hoy se dedica en parte a hospedería.
Por callejas populares podemos dirigirnos al **barrio de Os Muíños,** con sus arquitecturas tradicionales y antiguos molinos ya sin uso, y antiguos molinos, ya sin uso, recuperados a través de un programa de rehabilitación. Desde aquí podemos continuar hasta el **ponte do Pasatempo,** envuelto en viejas leyendas en torno a la decapitación del mariscal Pardo de Cela, mitificado personaje del siglo XV convertido en héroe.

MONUMENTO A ÁLVARO CUNQUEIRO.

Paseando por el casco antiguo de Mondoñedo descubriremos la neogótica **iglesia de Santiago** (1900), el **convento** y la **iglesia de la Concepción** (principios del XVIII), el **convento de San Pedro de Alcántara** (1730) y a salida de la ciudad, junto a la **Alameda**, el **Hospital de San Pablo** (1755) para pobres y peregrinos y el notable **santuario de la Virgen de los Remedios,** la patrona de la ciudad, con sus espectaculares retablos barrocos, sus exvotos marineros y el suntuoso **sepulcro del obispo Sarmiento** (1759), quien suplicaba en su testamento un mausoleo sencillo, algo más bien austero: será que le entendieron mal.

LA NOCHE

Si la tarde se nos queda corta, la noche tampoco es el fuerte de Mondoñedo; de hecho, la gente suelen salir más por Foz en verano y por Burela y Ribadeo en invierno. Con todo, algo podemos encontrar; por un lado, los cafés como el **CENTRAL** suelen cerrar más tarde los fines de semana; el **BAREMOTO** (Guevara) es el típico local con juegos recreativos donde los adolescentes se pueden tirar horas y horas, aunque no da para mucho; y también hay un par de pubs, **A SALA,** el más grande, en la rúa Alfonso VII, y el **TA CUBA** en la rúa Concepción, que a primera hora funciona como bar de vinos. No están mal y suelen tener gente.

DORMIR EN MONDOÑEDO

HOTEL MIRADOR DE MONDOÑEDO*

Ctra. N 634, km 592.
Telf. 982 521 400.
Fax: 982 521 409. Alejado del centro, pero con muchas comodidades (hasta piscina). Excepcional panorámica desde sus cristaleras. Habitación doble: 40-60 €.

HOTEL MONTERO I*

Eladio Lorenzo, 7.
Telf. 982 521 751.
A la entrada de la ciudad procedentes del norte. Tiene 17 habitaciones y bastantes servicios, pero los años no pasan en balde. Habitación doble: 40-50 €.

HOSTAL PADORNELO*

Avda. Buenos Aires, 1.
Telf. 982 521 892. Es el más recomendable de la lista, con buena situación y precio aceptable. Habitaciones bien equipadas. 55 €.

■ TURISMO RURAL

FINCA EL REMANSO

A Ferrería, Viloalle. Telf. 639 072 769. A 4 km de Mondoñedo, cuenta con tres habitaciones en una vivienda nueva rodeada de verde, y no sólo el del jardín, por doquier. Los propietarios organizan numerosas actividades, algunas muy originales. Habitación doble: 44-55 €.

COMER EN MONDOÑEDO

■ CASAS CON MENÚ Y CARTA

A TABERNA DO VALECO

Os Muíños, 6.
Telf. 982 521 861.
En el popular barrio de Os Muíños. Mesón y dos pisos de comedor. Buenas carnes.

A VOLTIÑA

Grove, Vilamor. Telf. 982 521 903. A 1 km de la ciudad camino de la costa, comida tradicional en un local austero a precios bastante razonables. Lo más recomendable, los callos y la carne asada.

MONFORTE DE LEMOS

LUGO. 15.907 HABITANTES

Situada en el espléndido entorno de la Ribeira Sacra, la capital de la Tierra de Lemos ofrece también numerosos atractivos monumentales –no en vano los condes de Lemos fueron ministros, virreyes y mecenas– y la vitalidad urbana que conlleva el ser cabecera comarcal y la segunda ciudad más poblada de la provincia. En cualquier caso, la ciudad aún no se ha recuperado del duro golpe que ha supuesto su declive como nudo ferroviario. Para compensar esta carencia se están potenciando los servicios y el turismo ecológico, cultural y enológico por la comarca; a ello ha contribuido la inauguración de un Parador de Turismo en el convento de San Vicente do Pino.

INFO

Oficina de Información Turística Municipal
Campo de la Compañía (anexo al colegio de los Escolapios).
Telf. 982 404 715.
Visitas guiadas y rutas turísticas. Venta de artesanía comarcal.
www.concellomonforte.com
www.terradelemos.com
Oficina de Información Xuvenil del Ayuntamiento
Alfonso VII, 31-1°.
Telf. 982 521 901/ 402 501.
Centro Comarcal Expo Terra de Lemos. Carretera a Ponferrada, km 519,2. Telf. 982 416 046. Información turística de la comarca.
El periódico con más información local es *El Progreso*.

TRANSPORTES

Estación de autobuses
San Pedro, s/n.
Telf. 982 402 694.
Estación de ferrocarril
Praza da Estación, s/n.
Telf. 982 402 496.
Taxis. En la calle Cardenal, s/n (telf. 982 401 435) está la parada más céntrica; también hay otra frente a la estación de ferrocarril.

VISITA

Monforte por sus importantes monumentos y museos merece al menos una jornada de visita.

Un recorrido por la ciudad de los condes tiene como principales puntos de interés, en la parte baja, el **Campo da Compañía,** dominado por la majestuosa fachada del colegio y, frente al puente viejo del Cabe, el **convento de las Clarisas,** cuyo museo de arte sacro es de los mejores en su género.

En lo alto del "monte forte" que dio nombre a la villa se alza el conjunto monumental del monasterio de **San Vicente do Pino,** uno de los más antiguos de Galicia, con la torre del homenaje y otros restos del castillo medieval.

El Campo da Compañía

La apabullante presencia del **colegio de la Compañía** o de Nuestra Señora la Antigua domina la parte baja de la ciudad, en una plaza llana que contribuye a realzar la belleza de este majestuoso edificio del renacimiento herreriano. Conocido sin exageración como el Escorial gallego, fue comenzado por el arquitecto Juan de Tolosa en 1591 y terminado en 1622 por Simón de Monasterio. Los jesuitas tuvieron aquí un seminario y un centro de estudios humanísticos hasta su expulsión, y hoy lo ocupan los escolapios.

Tras pasar por la puerta lateral que sirve de entrada hay que dirigirse hasta la impresionante y aérea **escalera** monumental, y después al claustro que comunica con la iglesia. El **templo** es de una sola nave, con cuatro capillas laterales, una luminosa cúpula sobre el crucero y un elevado presbiterio dominado por el **retablo mayor** barroco de Francisco de Moure (1636) y el magnífico **sepulcro** en bronce **del cardenal Rodrigo de Castro,** con la figura orante (Juan de Bolonia, 1603) mirando con circunspecto fervor a la Virgen y el Niño del retablo.

En una capilla se conservaba la *Adoración de los Magos* de Hugo Van der Goes, lamentablemente vendida en 1910, con la llegada de los escolapios, al estado alemán. Hoy ocupa su lugar una copia. En la sacristía se encuentra el **museo** (visita, previa cita, de 11 h a 14 h y de 17 h a 20 h), que alberga una reducida pero valiosa colección de pintura renacentista más importante de Galicia: cinco tablas de santos, del italiano Andrea del Sarto (siglo XVI) y dos excelentes lienzos de El Greco son las joyas de este pequeño museo ineludible.

El conjunto monumental de San Vicente

La rúa do Cardenal, la principal vía comercial de Monforte, nos lleva al viejo núcleo medieval desarrollado al pie de San Vicente, con edificios blasonados y típicas casas de galerías en pleno proceso de rehabilitación.

San Vicente do Pino es el *monte forte* que dio protección y nombre a la villa y aún conserva como muestra del pasado esplendor militar la recia **torre del homenaje** (reedificada en el siglo XVI; acceso libre) de planta cuadrada y 30 m de altura, ambientada con armaduras y muebles de época: la vista del valle de Lemos y la propia villa

Colegio de Nuestra Señora de la Antigua.

de Monforte desde su terraza es verdaderamente espectacular.

Del en otros tiempos gran **pazo de los Lemos,** que llegó a reunir cuadros y dibujos de los mejores artistas del renacimiento italiano (Rafael, Miguel Ángel, Tiziano, Leonardo, Rafael...), amén de obras de los primeros pinceles de las artes españolas (El Greco, Sánchez Coello), no queda nada, ya que ardió en 1672 con todos sus tesoros y valiosos documentos dentro; se reconstruyó en el siglo XVIII y su actual estado de conservación es lamentable.

A escasos metros se emplaza la **iglesia monacal de San Vicente do Pino,** tardía obra gótica del siglo XVI, aunque con una portada de sencillo y sobrio renacentismo. En el interior del templo, junto a la puerta principal, veremos el humilde **sepulcro del abad Diego García,** de quien afirman fue coronado por cierto conde de Lemos con una mitra de hierro al rojo vivo, en un ceremonioso ritual de peluquería avanzada que debió dejarle un rizado permanente; viejas costumbres, añejas tradiciones que, tristemente, se van perdiendo con el transcurrir de los siglos. El edificio del **monasterio** es posterior, un buen ejemplo del barroco gallego, del siglo XVII la fachada y del XVIII el claustro. Sus dependencias acogen, desde 2003, un Parador.

TORRE DEL HOMENAJE.

Cerca de la fortaleza, que aún conserva algunas de sus antiguas puertas, se emplaza el **convento de San Jacinto,** cuya iglesia es hoy la **parroquial de Santa María de Régoa** (siglo XVII); el interior está dominado por el retablo mayor barroco –a destacar la *Piedad*–, obra de González Riobóo, y por el órgano del siglo XVIII, dicen que uno de los mejores y más afinados de Galicia.

RÍO CABE.

EL CONVENTO DE LAS CLARISAS

Frente a la **Ponte Vella** (siglo XVI) sobre el río Cabe surge el otro gran centro monumental de Monforte, el **convento de las Clarisas de Monforte,** un sencillo y funcional edificio del siglo XVII, con claustro clasicista e iglesia neogótica de principios del siglo XX.

CAFÉS

Los alrededores del Campo de la Compañía acogen a la mayoría de los cafés.
Frente al Colegio de los Escolapios, en el paseo de Lugo, hay tres cafés seguidos con una agradable terraza protegida por toldos: son el **Maikel,** el **Holiday** y el **Mowenpik;** este último es el más destacable, un sitio pequeño pero lujoso y cálido, semejante a un camarote de madera, frente a unos quioscos de churros que nos ofrecen el complemento ideal.
El café más lujoso y mejor montado es el **Malagente** (Escultor Francisco Moure, 35), no lejos de los anteriores. Es un lugar de tipo bohemio, con maderas color caoba, donde sirven el café en lozas inglesas y ofrecen cócteles, batidos e infusiones variadas, aunque sin duda lo más curioso y espectacular del local es la doble escalinata que conduce a los servicios.
Más clásico resulta el **Santorini** (Cardeal), frecuentado por la calidad de su café, la bollería y los helados. En la misma calle tenemos el **Capitol,** que de arcada en arcada pasa de tetería y cafetería a mesón y pizzería.
Los amantes del té encontrarán en **Trevo** (Av. de Galicia) un local especializado; en la misma calle, los más jóvenes se reúnen en el **Breogán.** En el paseo de Lugo cabe también citar el **Café Picasso,** con decoración obvia, y junto a la Compañía el **Salón de Té El Parque.**

Cuenta el convento con un excepcional **Museo de Arte Sacro** (visita, de 11 h a 13 h y de 16 h a 18 h, o concertar en el telf. 982 401 544), cuya colección de orfebrería y escultura lo sitúan entre los tres mejores de su género en España. Sobresalen, sin duda, la *Inmaculada* y el *Cristo yacente* de Gregorio Fernández (siglo XVII) y las piezas de orfebrería italiana que realzan algunas reliquias de la Pasión de Cristo como un clavo, madera de la cruz *(Lignum Crucis)* y una santa espina; cráneos y otros despojos píos de decenas de santos, casullas, capas, custodias, cálices... completan este tesoro.

Puente viejo del Cabe.

EL TAPEO

La mejor zona para tapear es la peatonal, en los aledaños de la calle Cardenal. Merece la pena pasar por el muy concurrido **Mesón Agarimo** (Galerías del Cardenal) para probar las albóndigas, setas o empanadillas de zorza que nos ofrecen con la consumición, o por el **Bar Queimada** (Hermida Balado), donde nos dan a elegir entre un rosario de especialidades que van desde unas sencillas patatas a chorizos o ensaladilla. El **Bar Catanga** (Hermida Balado) es una típica tasca antigua sin cartel –resulta difícil de encontrar–, aunque el público la delata: excelentes sus patatas rellenas, mollejas, callos y *sapitos* (chipirón en salsa). Locales que también ofrecen buenas tapas son **La Polar** (pulpo, tapas de pizza, callos, tortilla, ensaladilla) y el **Lienzo,** el **Capitol** (jamonería y a la vez pizzería que también prepara, ¡aquí hay de todo!, buenas tapas de callos) o la **Adega de Carlos** (en las galerías del nº 47), con un sinfín de tapas de *raxo,* ensalada de pasta, tequeños, pulpo, empanadillas; todos ellos se encuentran en la calle del Cardenal. Por su parte **El Castillo** (Huertas) destaca por los calamares. Otro local con gran concurrencia es el **Xarro.** Entre las terrazas de la Compañía podemos citar los champiñones del **Holiday** y, en la rúa Carud, la variedad de **El Capilla.** Por la zona también está el **Mesón JM,** con variadas raciones. En cuanto al barrio de la Estación, tienen fama, por abundantes, los pinchos de **La Terraza.** No lejos de éste, en el **Morín** se suelen tomar pinchos morunos.

DORMIR EN MONFORTE DE LEMOS

La opción más lujosa es la del **Parador** (San Vicente do Pino; telf. 982 418 484, 115-220 €), con sus 50 habitaciones distribuidas alrededor del patio del antiguo monasterio y excelentes vistas sobre la ciudad y los alrededores. Otras opciones más económicas son:

HOTEL PUENTE ROMANO**

Paseo do Malecón, 6.
Telf. 982 411 167. Hay un hotel y un hostal con este nombre; el primero, más nuevo, resulta un poquito más caro, pero tiene habitaciones con preciosas vistas al río: 36-42 €. En el hostal (pza. Dr. Goyanes, 6; mismo teléfono) tampoco se está mal, y es más barato: Habitación doble: 33 €.Galicia.

HOTEL EL CASTILLO*

Huertas, 36.
Telf. 982 402 150.
Cómodo y acogedor, pero nece-

sitado de una remodelación. Tiene 38 habitaciones con TV y teléfono, y cuenta con garaje.
Habitación doble: 30-40 €.

Hotel Residencia Terra Galega*

Chantada, 218.
Telf. 982 405 090.
Un poco apartado del centro. Las habitaciones son sencillas y la relación calidad/precio es aceptable.
Habitación doble: 45 €.

Hostal Riosol*

Estación, 5. Telf. 982 400 319. Bien equipado y barato, aunque algo alejado del centro. Con televisión en habitaciones. Admite perros.
Habitación doble: 36-48 €.

■ Turismo rural

En **Bóveda,** a unos 12 km, hay una casa recomendable, **Penacoba**. Es un edificio, en parte ocupado por un gran mazo (herrería), con habitaciones entre rústicas y elegantes (telf. 982 424 253; habitación doble: 50 €).
Bastante más modesta, **A Salanova** (Salcedo, Pobra de Brollón; telf. 982 430 501; habitación doble: 30 €) dista 8 km de Monforte.
Hacia poniente, varios pazos y casas rurales de buen nivel completan la oferta comarcal en **Sober** y **Pantón.**
A unos 10 km de Monforte están las elegantes rectorales de **Anllo** (Anllo, Sober; telf. 982 460 039; www.rectoraldeanllo.com; habi-

LA NOCHE

En algunos de los cafés mencionados se pueden tomar las primeras copas de la noche, antes de desperdigarse por la rúa Duquesa, donde se concentran la mayoría de los pubs y discos: el recorrido habitual se hace en zig-zag, de un local a otro.

Antes de iniciar el recorrido clásico, no obstante, conviene destacar un local alternativo, el **Café Coto,** situado junto al convento de Santa Clara. Inaugurado en 2004, además de desarrollar una meritoria actividad cultural (exposiciones, charlas) es el único que programa conciertos en directo. Por no dejarnos ni uno, continuaremos de pub en pub por **Túnel** y **Hatabendro;** el **Vagalume** (más tranquilo y sobrio, con música variada y equilibrada), sigue la juerga por locales caracterizados como **Titanic,** el **Imperivm,** el **Alambix Saloon** (recrea con mucha libertad, al estilo americano, la aldea de Asterix y Obelix), el **Moe's Bar** (decorado con los personajes de los Simpsom) o la cervecería irlandesa **Mulligan's,** y la lista se hace interminable ¡sin salir de la misma calle! **(City Hall, Chic, Pra, Gotas, Fausto, Maux...).**
Uno de los más frecuentados a última hora es el **Vagalume.** Para bailar están **M2** (salsa y similares para los más bailones, en un local que también se dedica a organizar fiestas con patrocinador), y **Matisse.**

tación doble: 36-50 €), bien restaurada, con un aspecto siempre nuevo y limpio, discretamente decorada y en posesión de una agradable galería panorámica, y **Castillón** (Castillón, Pantón; telf. 982 455 415; www.rectoraldecastillon.com; habitación doble: 45-85 €), que ocupa un elegante edificio dieciochesco con sus dependencias, habitaciones alegremente decoradas con vivos colores en las paredes, así como la **Casa Grande de Rosende** (Rosende, Sober; telf. 982 460 627; www.casagrandederosende.com, habitación doble: 50-65 €), con sus aposentos señoriales y hasta un "fantasma", pero dicen que más formal que el de Canterbury.

COMER EN MONFORTE DE LEMOS

■ CASAS CON MENÚ (MENOS DE 15 €)

LA POLAR

Cardenal, 13. Telf. 982 400 001.
Después de atravesar una larga cafetería se encuentra el comedor, que suele estar concurrido por un público variopinto. Su oferta es muy variada, con platos de cocina italiana –pasta, osobuco–, portuguesa –como el bacalao– y la tradicional del país. Además, para los trasnochadores, abre hasta las 2 h de la madrugada.

BODEGÓN DA RIBEIRA SACRA

Malvarón, 75.
Telf. 982 411 082. Un local muy frecuentado, para comer de plato o raciones, a base de buenos productos autóctonos con una elaboración casera y esmerada. Todo ello, claro está, acompañado por los Mencías de la tierra.

■ RESTAURANTES (SOBRE 24 €)

Uno de los establecimientos más reputados de la ciudad es el restaurante **O Grelo** (Campo de la Virgen, s/n; telf. 982 404 701) que, además de una buena oferta de tapas, dispone de una carta llena de exquisitos platos de la cocina regional salpicados de toques innovadores y una buena bodega.
Cerca del castillo está **La Fortaleza** (Campo de la Virgen, s/n; tel. 982 400 604) cuyas especialidades son el bacalao, arroz de marisco y caza, en temporada. Con una buena relación calidad-precio.
Algo más arriba, en las dependencias del Parador se encuentra el restaurante **Don Carlos** (telf. 982 418 484; 30 €), que practica un mestizaje entre la cocina tradicio-

nal y la moderna, con especialidades como el bacalao confitado, el cordero o el cochinillo, entre otros platos del interior gallego.
Otra opción es **Zurich** (Benito Vicetto, 61; telf. 982 404 727) esta vez para degustar platos de la cocina internacional (italiana, alemana y suiza), fruto de la experiencia en la emigración.

MURÓS

A CORUÑA. 2.795 HABITANTES

Prototipo de villa marinera tradicional, Muros conserva un notable conjunto histórico de gran belleza y una laboriosa lonja que asegura diariamente pescado fresco y nutre su rica gastronomía. El verano es intenso y animado, con numerosos turistas que vienen atraídos por sus múltiples atractivos. Durante esta época del año la animación se concentra bajo su largo frente de soportales marineros, así como en las cercanas playas de Louro.

INFO Y TRANSPORTES

Oficina de Turismo. Curro da Praza, 1. Telf. 981 826 050. En el verano es instalada una caseta de madera en el muelle.

Oficina de Información Xuvenil del Ayuntamiento. Estrada Miraflores, s/n. Telf. 981 762 294.

Cruceros por la ría

Costa Viva. Telf. 981 827 802 y 686 192 031. Durante la temporada de verano, con visión submarina y diversas rutas por la ría. Seis salidas al día si se juntan al menos 10 pasajeros.

Estación de autobuses. Parada en la Avda. de Castelao. La empresa *Monbus-Castromil* (telf. 902 292 900) transporta viajeros desde diferentes puntos de Galicia. El servicio de cercanías lo efectúa *Arriva* (telf. 902 277 482).

Taxis. Avda. de Castelao. Telf. 981 826 227.

Aparcamientos

En el malecón.

VISITA

El caserío, dispuesto en forma de L, sigue la traza de una pequeña ensenada de la ría y trepa por las colinas que la circundan. El puerto y el paseo de A Mariña constituyen los centros vitales de la ciudad y la esbelta torre de San Pedro domina la parte alta. Un tanto apartados quedan el santuario de la Virxe do Camiño y el turístico enclave de Louro.

ANTES DE ENTRAR EN LA VILLA

A 1 km de Muros, según se llega de Noia por el núcleo de Serres, antes de cruzar un puente con barandas azules surge a la izquierda una pista que se acerca a los **molinos de mareas de O Cachón** (visita, de mayo a octubre, de 10 h a 14 h y de 16 h a 19 h), prece-

MERCADO DE MUROS.

EL TAPEO

El tapeo es preferentemente de mañana, aunque en verano se amplía a las tardes. En la zona del puerto se encuentran desde algunos bares algo pobres, pero con buenas tapas, hasta interesantes mesones como el **Miramar,** con apetecibles calamares y pulpo; las pulpeiras **A Pachanga** y **Candilexas,** y el bar marinero **Ancla,** con una buena variedad de vinos, tapas y los mejores bocadillos –probad el de jamón asado con salsa–, que tiene ambiente hasta de noche. En el paseo también está **A Vianda,** que ofrece tapas, raciones, un menú barato y, para quien quiera quedarse, también camas.
En la zona de la rúa Pescadería destaca la popular tasca **Eladio,** un buen lugar para probar la zorza o la oreja, con una agradable terraza bajo los viejos soportales. En el mesón **Encontros** se puede optar por los pinchos morunos, y en verano, por las sardinas asadas, y en el café-bar **Pescadería,** tapas marineras de todo tipo. El ambiente juvenil se ha incorporado a esta típica plaza interior a través de **A Casa da Churra,** con música y tapas en el primer piso de una casa marinera antigua bien restaurada. Completan la oferta de esta zona la **Adega do Vello,** muy estrecha, y para quien se haya cansado de tanto pescado y marisco, la **Xamonería O Varadoiro** (tablas de embutidos, jamón y quesos). En A Porta da Vila hay que pasar por el Muelle para degustar sus sardinas, una buena tortilla y un café de pota.
Mención aparte merece el **Touciño** (al lado del bazar Pepita), un bar que no tiene nombre, ni cartel, ni nada que lo identifique, pero que se conoce por ese nombre porque servían tapas de este sabroso y delicado manjar.
En la salida hacia Noia se puede tapear o comer a base de raciones en el **Mesón O Mariñeiro,** sencillo local con mesas de madera.

didos de una especie de parque lítico de moderna hechura. Perfectamente restaurados, los *muíños* constan de una amplia sala de exposiciones temporales y de otra que explica su importancia histórica y funcionamiento.
En las afueras de Muros nos dará la bienvenida el **santuario de la Virxe do Camiño,** un representativo ejemplo de lo que se conoce en Galicia como gótico "mariñeiro": iglesias de nave única, amplias, con techumbre de madera y pequeña capilla mayor rectangular. Pese al estilo arcaizante de la fachada, sabemos que el templo todavía estaba en construcción en

PUERTO DE MUROS.

la segunda mitad del siglo XVI. Si pasáis al interior, os asombrarán los curiosos exvotos que nos hablan de aventuras marineras: los barcos que cuelgan del techo en ofrenda de devoción a la Virgen. Un pasadizo une la fachada de esta iglesia con un antiguo hospital del leprosos, fundado en el siglo XV. Un paseo peatonal prosigue al borde del mar hasta el centro, a donde también puede llegarse a través del antiguo camino real y escoltados ya por las viviendas del conjunto histórico.

UN PASEO POR EL VIEJO PUERTO

El núcleo urbano se organiza en torno al **puerto,** con las típicas callejuelas de origen bajomedieval trepando por la falda de un pequeño monte; sus viejas casas góticas de soportales (las mejores, por la Rúa Real y la Pescadería) tienen un aire rústico y, al mismo tiempo, señorial. Los sugerentes nombres de muchas calles y plazuelas fueron elegidos en plena época romántica por algún tipo decididamente taciturno –Soledad, Amargura, Sufrimiento– y por otro algo más optimista –Esperanza, Paciencia, Salud–.

En la parte alta de la ciudad destaca la antigua colegiata de Santa María del Campo, hoy conocida como **San Pedro de Muros.** En su hermoso atrio empedrado, presidido por un cruceiro, se reunían en la edad media el concejo de la villa y los gremios de mareantes. La iglesia mantuvo el rango de colegiata hasta mediados del siglo pasado, cuando pasó a ser parroquia y cambió su advocación. El edificio es el clásico ejemplo del ya mencionado gótico mariñeiro del siglo XV, aunque conserva buena parte de la fachada de una primitiva construcción románica del XII. En el interior se exhibe un dramático *Cristo de la Agonía* gótico y una curiosísima pila de agua bendita con una serpiente enrollada dentro.

La cercana **casa rectoral** es modernista. Y aún vale la pena subir un poco más hasta la popular **ermida de San Roque,** en la zona más alta de la villa, un pequeño edificio dieciochesco desde cuyo atrio se disfruta de una de las mejores panorámicas de Muros.

Las pequeñas **capillas** salpican el casco urbano de la villa, y nos iremos encontrando con ellas a medida que paseemos por las intrincadas callejuelas que rodean el Ayuntamiento, el cementerio o la praza de Santa Rosa: la barroca de **San Xosé,** del siglo XVIII; la de **Nosa Señora das Angustias** (en sus muros, las firmas de los muradáns que contribuyeron a su construcción en 1665); la pequeña capilla del melancólico cementerio de Muros, que forma un conjunto del siglo XV con la **capela de Nosa Señora da Gracia;** la **capela da Virxe do Carme,** con su amplio y vistoso atrio rodeado de casas marineras, es obra del siglo XVIII; la de **Santa Isabel,** también conocida como capela dos Remedios, conserva en su atrio uno de los más antiguos (1506) y hermosos cruceiros de Galicia.

PLAYA DE ANCORADOIRO.

La **avenida da Mariña** mira hacia el puerto e invita a disfrutar pausadamente de este paseo arbolado al que se abren casas de variados estilos, casas medievales y decimonónicas, barrocas y modernistas, edificios que en su diversidad forman un conjunto armónico y atractivo.

ALREDEDORES

Hacia el oeste, a pocos kilómetros, podemos disfrutar de las variadas posibilidades que ofrece el enclave natural de **Louro,** desde la **laguna de Xarfas** a las **playas de A Bouga** (con camping), **San Francisco** (con duchas y un extenso pinar) o **Ancoradoiro** (para los que les sobre el bañador). La puesta del sol desde el peñón de Louro es sencillamente espectacular.

COMPRAS

En el variado **mercadillo** que ocupa el casco viejo los martes y los viernes se pueden encontrar buenos productos de la tierra y algo de cestería a buen precio.
También hay una pequeña tienda, **Sementeira** (avda. Castelao), con cerámica de Sargadelos y los típicos sombreros muradanos de paja trenzada. Próximo a la anterior queda el Bazar Pepita, en el que hay desde cerámica de Regal a maquetas de barcos, y de abanicos a licores y aguardientes gallegos, de todo un poco. Sólo en verano funciona **Mar Océano,** con artesanía que incide en la temática marinera, y también la **muestra de artesanía** de los *Muíños do Cachón* (Serres).

FIESTAS

Como todas las localidades turísticas del litoral, Muros vive la temporada estival con intensidad de festejos y abundancia de visitantes que llegan hasta aquí atraídos por su particular encanto, el ambiente trepidante y las buenas playas de Louro. En las fiestas patronales de **San Pedro** (el 29 junio) suele haber un apetitoso concurso de empanadas, además de los clásicos fuegos artificiales y verbenas varias.
En julio, Muros se anima con la visita de miles de turistas y con la celebración de múltiples ferias y romerías, entre las que destaca, a mediados de mes, la típica procesión marítima dedicada a la **Virgen del Carmen** (el día 16) con barcas bellamente decoradas con flores y el curioso **Gran Prix de Carrilanas,** que tienen lugar en Esteiro, una exhibición de vehículos, casi todos de madera, sin motor y hechos a mano.
Y si vais en **Carnavales,** no faltéis al entierro del

"Facundo", el miércoles de ceniza, y a la **Festa da Filloa.** También fuera de temporada, el 17 de mayo, tienen lugar las *Jornadas de Baile Gallego* en el **Día das Letras.**

DORMIR EN MUROS

ALOJAMIENTOS EN EL CENTRO

HOSTAL LA MURADANA**

Avda. Castelao, 99.
Telf. 981 826 885. Dispone de 14 habitaciones bien equipadas. Habitación doble: 45-52 €.

HOSTAL J. LAGO**

Saúde, 2. Telf. y fax: 981 827 503. Céntrico y antiguo hostal con algunas habitaciones cómodas, con televisión y teléfono. Las mejores tienen vistas al mar. Habitación doble: 63 €.

HOSTAL RÍA DE MUROS*

Avda. de Castelao, 53.
Telf. 981 823 776.
Fax: 981 823 133. Es un pequeño hostal muy céntrico y reformado en parte. Algunas de sus 9 habitaciones son muy acogedoras, abuhardilladas, con grandes tragaluces y vistas al mar. Renovado en 2005. Habitación doble: 30-70 €.

ALOJAMIENTOS EN LOS ALREDEDORES

Para quien no le importe estar algo alejado del centro (o quizás lo prefiera), en San Francisco de Louro, a unos 4 km, hay varios hostales con playas cercanas. Son recomendables los siguientes:

JALLAMBAU RURAL

Miraflores. Telf. 981 826 083. En el monte que hay justo detrás de Muros (a 1 km del centro) y con vistas a la ría, esta casa rural de piedra ofrece sólo 3 habitaciones. Habitación doble: 56-66 €.

PENSIÓN SAHORTA**

Telf. 981 826 969. El más nuevecito de los de Louro, con 16 habitaciones, con o sin vistas, para la temporada de verano.
Habitación doble: 45-65 €.

PENSIÓN SOLYMAR**

Telf. 981 826 505. Al estilo de la anterior y también en la carretera, en un edificio rosado. Habitaciones elementales sólo en temporada. Habitación doble: 48 €.

HOSTAL CONVENTO DE LOS PADRES FRANCISCANOS*

Telf. 981 826 146.
Pese a estar situado a dos pasos de la playa y del bullicio turístico, mantiene toda la tranquilidad propia de los conventos franciscanos. A su vera incluso cabe la posibilidad de subir por un vía crucis hasta un monte desde el que se divisa el litoral. Sólo abre en verano y tiene camping.
Habitación doble: 30-40 €.

En **Esteiro** se halla:

HOTEL PUNTA UÍA**

Telf. 981 855 005. Hotelito rural de moderna construcción pero en estilo tradicional, con vistas a la ría, amplia zona ajardinada y 10 habitaciones. La habitación doble cuesta desde 50 a 89 € según temporada.

CAFÉS

Algunos locales de Muros tienen fama de preparar un excelente café; un buen ejemplo es el **Salón de Té-Pastelería Ignacio** (en el puerto), con apetecibles pasteles incluidos. En el puerto también se halla **O Capitán,** una fina cafetería en un edificio modernista, decorada como un barco, con amplia terraza en verano y galerías y arcos, donde sirven cafés de varios tipos. En la cafetería-pub **The Theatre** (Curro da Praza), antiguo Teatro Mercedes, se puede tomar tanto el café de media tarde como la primera copa de la noche. De piedra, con dos pisos y sala de juegos, es el lugar frecuentado por los más tranquilotes o por aquellos a los que les pesan los años.

LA NOCHE

La noche muradana es tan ajetreada y movida que hace necesario incluso medio de transporte. Hasta la medianoche suele haber bastante ambiente en los bares del puerto. También resultan muy acogedores la **Cervecería Camelot** (rúa do Castelo, tras la Casa do Mar) al estilo de los pubs ingleses en piedra y madera, y **A Casa da Churra** (Pescadería). Desde la medianoche y hasta las 2 h o las 3 h, se suele pasar por Louro, donde hay algunos pubs normalillos pero con mucha marcha; el **Seixo,** más tranquilo y con terraza en verano; el **Muíño,** un bonito y elegante local de piedra; **Arela,** más modernillo y para gente bastante joven; o **A Cantina,** la última incorporación. Después de pasar por Louro se regresa a Muros, donde la rúa do Cabo ofrece la posibilidad de escoger entre el **Terminal,** un pub que parece un garaje, con postes eléctricos y bidones como mesas y un público que se desperdiga por la playa, o el **K'rumas,** pequeño pero activo hasta bastante tarde, pues discoteca ya no hay. Convive con los anteriores el **Lúa de Mar,** cafetería de día y pub de noche (los precios cambian en el intervalo).

COMER EN MUROS

■ Casas con menú (menos de 15 €)

Don Bodegón

Porta da vila, 20. Telf. 981 827 802. Es la referencia más típica de la villa, con mariscos de todo género y pescados (tiene vivero propio), así como pulpo y carne a la brasa. Gusta más a los de fuera que a los nativos.

A Muradana

Avda. de Castelao, 107.
Telf. 981 826 885. Aunque resulte paradójico, aquí mandan las carnes sobre los pescados –pollo relleno, canelones de ternera–, aunque no faltan los modestos potajes y revueltos. Buen precio.

Dársena

Avda. de Castelao.
Telf. 981 826 864. Ocupa una típica casa marinera con soportal y mesas de madera con sus bancos corridos. Para complacer a todos, además de las habituales raciones marineras también ofrece platos de carne y pizzas. Familiar y a buen precio.

A Esmorga

Paseo de Bombé, 5.
Telf. 981 826 528. En un alto con vistas al mar. Cocina casera en la que destacan las empanadas, paellas y pescados; de postre: la "tortilla romana".

A Lareira

Telf. 981 855 005. Ubicado en un edificio anexo al hotelito Punta Uía. En su carta priman los platos de marisco y pescado, siempre fresquísimo, con diferentes elaboraciones. Aunque, si se quiere, también se puede comer un buen solomillo. Variedad en postres y buena bodega.

NOIA

La zona de los jardines es la del crecimiento urbano decimonónico y en las inmediaciones se hallan interesantes edificios entre eclécticos y modernistas, como el **Instituto de Enseñanzas Medias,** el **pazo de Varela Radío,** cubierto por la hiedra, o la **Casa do Calvario.** El **casino de Noia,** de 1928, se encuentra ya lindando con el centro histórico.

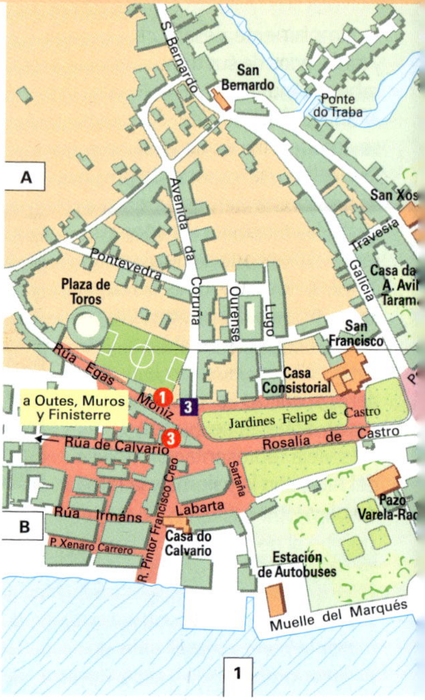

El casco antiguo

La **iglesia de Santa María a Nova,** con el melancólico camposanto que la rodea, es uno de los lugares más interesantes de Noia. El templo, del siglo XIV, es el clásico ejemplo del gótico mariñeiro, es decir, iglesias de una gran austeridad arquitectónica en un gótico atlántico con denominación de origen. En el interior se acumulan decenas de laudas sepulcrales, la mayoría medievales, con inscripciones de símbolos gremiales.

El **cementerio** que circunda a la iglesia es uno de los más hermosos de Galicia y la tierra en la que se asienta dicen que fue traída en barco desde Tierra Santa. En estos terrenos palestinos se levantan dos hermosos cruceiros que contribuyen a aumentar el carácter *enxebre* del camposanto: uno es un sencillo **cruceiro** gótico del siglo XV y el otro es el conocido como **Cristo do Humilladoiro,** algo posterior, cobijado bajo un baldaquino de estructura piramidal con relieves cinegéticos.

IGLESIA DE SAN MARTIÑO.

Zona Vieja

Aunque el peso comercial de la Zona Vieja ya no tiene excesiva relevancia, en ella aún permanecen un considerable número de restaurantes y tabernas, alguna tan singular como la *Tasca Típica,* instalada en un palacio medieval. En la rúa do Ferrador también hay algunos pubs.

Alameda-Calvario

Si los jardines Felipe de Castro, zona de paseo, están tomados por las grandes cafeterías con sus terrazas, más allá de la Alameda, en la salida hacia Muros, se sitúa el barrio de O Calvario, más noctámbulo y discotequero.

Antes de salir del recinto veréis, junto a la reja del atrio, un pequeño escudo con un guerrero luchando contra una bestia: según la leyenda se trata de un tal Armero, que liquidó a un monstruo glotón que devoraba a cuantos intentaban entrar en el cementerio.

La **rúa do Curro,** un amplio espacio que en realidad tiene las dimensiones de una plaza alargada, comunica esta zona con el cogollo del casco antiguo de Noia. En esta calle de viejas casas marineras se celebraban desde la edad media y hasta hace unas pocas décadas un mercado popular e incluso alguna que otra corrida de toros. Entre las construcciones tradicionales, con sus soportales, y varias casonas nobles, destacan el **hospital de Espíritu Santo**, un recio edificio gótico de 1476, de cuyo tímpano hoy desnudo alguien se llevó la estatua, y el modernista **Coliseo Noela** (1920).

Espectacular es la **iglesia de San Martiño,** cuya fachada oeste preside la monumental praza do Tapal. Es otra tardía muestra del gótico mariñeiro, de la primera mitad del siglo XV, levantada por Lope de Mendoza, a la sazón arzobispo de Compostela, señor de Noia, patrón de San Martiño y beneficiario de la mitad de los pingües ingresos de esta iglesia. El propio arzobispo no se resistió a aparecer en el tímpano de la portada norte, acompañando a la Sagrada Familia. La fachada más interesante es sin

duda la occidental, con los apóstoles en las estatuas-columna, el Salvador con 12 de los 24 ancianos y la Anunciación con 16 ángeles en las arquivoltas. Un delicado y luminoso rosetón se abre sobre este conjunto escultórico. En el interior de la iglesia sobresale la renacentista **capilla de Valderrama,** cubierta con una bóveda estrellada.

En la inmediata **praza do Tapal,** hoy centrada por un cruceiro gótico, se levantaba en tiempos el pazo de los Churruchaos, del que sólo queda un muro con una ventanita ojival.

El **malecón de Gasset** sirve de paseo para tomar contacto con la ría y para llegar, en la unión con el **malecón de Cadarso,** hasta la **Ponte Grande** o Ponte de Noia, un puente de principios del XX que vino a sustituir a una vieja remodelación medieval de un puente romano. Desde el otro lado se disfruta de buenas vistas.

AYUNTAMIENTO.

Más alejada se halla la **ponte de Traba,** que abre sus cinco ojos góticos junto a la blasonada **casa de Traba** (siglo XVI).

DORMIR EN NOIA

HOTEL NOIA* (B2) 1

Curros Enríquez, 27.
Telf. 981 822 552. Hotel céntrico y sin excesos, pero que no está mal. Habitación doble: 40-50 €.

HOSTAL ELISARDO* (A2) 2

Costa do Ferrador, 12.
Telf. 981 820 130. Situado en una de las calles de la movida y el comercio, es un hotel pequeño, de 10 habitaciones, pero bastante apañado si tenemos en cuenta lo viejo del edificio.
Habitación doble: 40-50 €.

HOSTAL VALADARES* (B1) 3

Egas Moniz, 1. Telf. 981 820 436.
www.hospederiavaladares.com
Muy cuidado y limpio.
Habitación doble: 35-50 €.

HOTEL PESQUERÍA DEL TAMBRE***

Sta. María de Roo.
Telf. 981 051 620.
www.pesqueriadeltambre.com
En la central eléctrica modernista, diseñada por Antonio Palacios, ha sido creado este hotelito, para evadirse del mundo, que tiene un precio atractivo en temporada baja. Las 16 habitaciones están repartidas en cuatro casas. Con restaurante. Habitación doble: 60-96 €.

■ **TURISMO RURAL**

CASA DA RONCHA

A Igrexa, Argalo. Telf. 981 823 551.
www.casadaroncha.com
Camino de Porto do Son, y a 2,5 km de Noia, un marinero arregló

esta antigua vivienda rural con su lareira y siete habitaciones. Habitación doble: 45-58 €.

Casa do Torno

Lugar do Torno. Telf. 981 842 074. www.crcasadotorno.com
Próxima a Noia (1,5 km), en la salida hacia Boiro, tiene un acogedor salón y pequeñas habitaciones. Habitación doble: 40-55 €.

■ Otros hoteles de precio más elevado

El **Hotel Park Ría de Noya***** (Río do Porto, 25; telf. 981 823 729; habitación doble: 60-88 €) ofrece habitaciones con buenas vistas sobre la ría.
Disponen de todas las comodidades y tiene facilidades para discapacitados.

COMER EN NOIA

■ Casas con menú (menos de 15 €)

Valadares (B1) 1

Egas Moniz, 1. Telf. 981 820 436. Al final de la Alameda, en un edificio nuevo que también funciona como hostal, cuenta con un pequeño y arreglado comedor en la primera planta. Ofrece uno de los mejores menús del día de Noia, y siempre tiene de postre flan de queso.

Raxería Don Juan (f. p.)

Urb. Hermanos Labarta, 25. Telf. 981 824 920. Aunque alejada del centro, es barata y pone abundantes raciones de lo que predica, y también pizzas.

CAFÉS

Hay algún café atractivo en la zona vieja, como el elegante **Cantón 17** (obviamente, en Cantón, 17), instalado en un edificio antiguo, o el más sencillo **Babilonia.** El **Tapal** tiene una terraza que da a la imponente plaza, con la fachada de San Martiño.
Una buena zona para los cafés de tarde es la Alameda, sobre todo sus terrazas. El **Equus** es famoso por sus helados y junto a él también funciona **Tesis** y el **Solpor,** con su terracita orientada hacia la plaza. El más puesto es el **Bitácora,** un café a modo de yate, cerca del Ayuntamiento. Los cafeteros se desplazan ahora también al **Zithus,** decorado en plan moderno.

LA NOCHE

Se puede definir como intensa, larga y juvenil. Comienza con una copa tranquila en las tascas o en un café. Hasta las 2 o 3 h de la mañana se sale por las inmediaciones de la rúa Mazacáñamos, entre el Malecón y la rúa Cantón. Por esta zona, en la rúa Sande Lago, destacan el **Rosa,** una vieja oficina de correos reconvertida, amplia, con dos barras y buena música, y el **Avalon,** marchoso, suburbial y adolescente.

En la propia rúa Mazacáñamos se lleva la palma el viejo **Piko's,** con sus cien mil chupitos, música disco desde muy temprano y siempre abarrotado. Un poco más abajo está el **Joe Bar,** para moteros juveniles, y el **Blue Iguana,** normalillo pero también saturado.

Más tarde se sale por el Malecón y la Costa do Ferrador. En el primero, los devotos de la birra (50 variedades) y el espíritu irlandés cuentan, desde 2004, con el **Irish Mc Cool** (Malecón de Gasset), que abre hasta las 4.30 h y se presta para la conversación, contando incluso con pequeños reservados. Otro local de moda, acaso para resistir hasta altas horas como lo hicieron los celtas a los que alude el título, es el **Medulio** (Sande Lago, zona vieja) de ambiente joven y con buena música comercial. En la Costa do Ferrador podemos bailar salsa en el **Apretaíto;** para los más jóvenes está el **S20.**

Todos terminan por ir a **Cus-Cús,** la macrodisco por excelencia, o a la zona sur, al otro lado del río, con menos gente, donde también se puede cerrar la noche en la disco **Zona Sur.**

San Marco (f. p.)

Hermanos Labarta (Paseo Marítimo). Telf. 981 825 009. Es un local grande, con varios salones, en el que se puede comer desde el menú del día hasta una buena parrillada, su especialidad, de pescado o carne. También prepara una buena merluza a la cazuela.

■ Restaurantes (sobre 24 €)

Restaurantes de buen nivel son el **Alborés** (A2) ❷ (Ferreiro, 28; telf. 981 820 152), que en su pequeño comedor sirve empanadas variadas, lamprea en temporada, rape relleno de langostinos, solomillo relleno de ostras y postres de campeonato; **Casa Santolo** (B1) ❸ (Calvario, 2; telf. 981 820 196), otro clásico de la comida casera y las especialidades de la ría (empanada de millo, mariscos y pescados); **O Elisardo** (B1) ❹ (Costa do Ferrador, 15; telf. 981 820 130), también de comida casera en una compensada relación calidad-precio; y **O Ferrador** (B1) ❺ (Costa do Ferrador, 11; telf. 981 820 080), vieja casa de comidas y marisquería que va evolucionando lentamente, desde los platos familiares de toda la vida, con la llegada de savia nueva desde la Escuela de Hostelería.

OURENSE

CAPITAL DE PROVINCIA. 108.647 HABITANTES

Fueron los romanos los que decidieron convertir esta hondonada a las orillas del Miño en un centro estable de población, y razones no les faltaban para ello: desde la protección del puente recién construido –importante nudo de comunicaciones– hasta las saludables aguas termales de As Burgas, pasando por la explotación de las cercanas y ricas minas auríferas (de hecho, el topónimo Ourense procede del latino "auriense").

Con el desarrollo urbanístico que ha tenido lugar en las últimas décadas, beneficiado por la construcción de nuevos puentes (el último de 2001) y la instalación y consolidación de empresas modernas –la famosa moda gallega sienta aquí sus reales– y parques industriales, el futuro de la tercera ciudad más poblada de Galicia se ve hoy con optimismo. Sin perder casi nada de su espíritu tradicional, que se manifiesta en el gusto por el tapeo y los vinos, el buen comer y la cita vespertina con los cafés, Ourense ha emprendido grandes obras para rehabilitar su casco antiguo, peatonalizar y humanizar la zona comercial, dotar al tramo urbano del Miño de jardines y paseos fluviales, crear nuevos centros de ocio y hasta reeditar la pasión romana por los baños termales en A Chavasqueira y Outariz.

Puede que no estén lejos los tiempos en los que esta ciudad recupere el sobrenombre de la "Atenas galaica", como era conocida cuando, en el primer tercio del siglo XX, acogía a la flor y nata de los intelectuales gallegos.

INFO

Oficina de Turismo del Ayuntamiento. As Burgas, 18. Telf. 988 366 064.

Oficina de Turismo de la Xunta Caseta do Legoeiro. A Ponte Romana. Telf. 988 372 020.

Patronato Provincial de Turismo. Progreso, 28. Telf. 988 391 085.

Oficina de Información Xuvenil del Concello. Arcediagos, 3-2º izq. Telf. 988 388 131.

La agenda diaria más completa la ofrece el periódico local *La Región,* aunque *La Voz de Galicia* también recoge información. En la Oficina Municipal de Turismo elaboran cada mes el *Ourense Cultural* que recoge gran número de actividades.

TRANSPORTES

Estación de autobuses
Ctra. Vigo-Madrid, 1.
Telf. 988 216 027. Hay varias empresas de autobuses con líneas a otras capitales gallegas y españolas, aunque las más activas son *Monbús* (telf. 988 215 356) y *Ampián* (telf. 988 213 420).

Estación de ferrocarril (Renfe)
Plaza de la Estación, s/n.
Telf. 988 210 202/ 902 240 202. Despacho central de billetes en el Centro Comercial Paseo, Rúa do Paseo, 15. Telf. 988 214 605.

Taxis. Las paradas más céntricas son la de la alameda Bispo Cesáreo (telf. 988 220 997), los jardines do Posío (telf. 988 222 943), Xoán XXIII (telf. 988 371 437) y el parque de San Lázaro (988 222 716). Servicio de atención permanente en el telf. 988 232 716 y 902 350 555.

Aparcamiento. En torno al casco antiguo resulta extremadamente difícil encontrar una plaza en superficie, y la circulación es muy complicada entre las partes baja y alta de la ciudad. Por lo tanto, es muy aconsejable estacionar en alguno de los aparcamientos, muchos de ellos de reciente construcción, más próximos, así los situados en la Alameda do Concello, rúa do Paseo, 22, parque das Mercedes, rúa do Progreso, 135, Xoán XXIII o avda. de Zamora y, ya algo más alejado, el de la avda. Sáenz Díaz, próximo al parque de San Lázaro.

VISITA

En Ourense todo queda cerca y, aunque lo más destacado se concentra en los aledaños de la catedral, otros puntos de interés no están muy distanciados. La catedral preside la ruta imprescindible y cerca se ubican el Museo Arqueológico y algunas amplias casonas y plazuelas populares. No demasiado lejos, podemos acercarnos al convento de San Francisco y a las celebradas fuentes de As Burgas o, atravesando el sector comercial, al viejo puente romano.

EL CASCO ANTIGUO

Una popular copla gallega dice:
Tres cosas hai en Ourense
que non as hai en España
O Santo Cristo, a Ponte
e as Burgas fervendo a auga.
Empecemos por el final. Ya decíamos antes que los romanos se quedaron aquí, entre otras cosas, para tomar las aguas, y estos romanos sabían lo que hacían. Leyendas que no nos atrevemos a confirmar atribuyen el origen de estos

FUENTE DE AS BURGAS.

EL AMBIENTE DE DÍA EN OURENSE (ver plano págs. 204-205)

Casco viejo

Tiene como principales núcleos la Praza Maior y la catedral, esta última auténtico eje alrededor del cual se distribuyen los principales locales de tapeo, una actividad de gran tradición en la ciudad, sin olvidar los elegantes cafés de las calles Coronel Ceano o Lepanto. También por estas calles se reparte el pequeño comercio tradicional, destacando las tiendas de productos gastronómicos, vinos y artesanía típica.

Mercado de Abastos y Colón

Junto con las pequeñas tiendas del casco antiguo, que merced al plan URBAN se han multiplicado en la renovada rúa Colón (artesanía, moda, gastronomía), Burgas por medio, el mercado completa el panorama del comercio tradicional de la ciudad. Alrededor de la plaza de Abastos se organiza los sábados por la mañana un animado mercadillo, con decenas de puestecillos donde puede comprarse alguna pieza de artesanía o probar empanada recién hecha.

Hacia el parque de San Lázaro

Desde el casco viejo en dirección hacia el río se alargan un par de calles peatonales de diverso carácter: la de Santo Domingo, con pequeñas tiendas tradicionales y cafés, y la más elegante do Paseo, donde se concentra el comercio moderno, con novísimas y atractivas tiendas de diseño, moda, regalos, sucursales bancarias... Las calles que bajan hacia la rúa do Progreso también participan de este carácter. Algunos de los baluartes de la moda nacional, así *Adolfo Domínguez, Roberto Verino, Carolina Herrera* o *Purificación García,* todos ellos de origen ourensano, tienen sus tiendas en la rúa do Paseo y su prolongación Curros Enríquez.

manantiales de **As Burgas** a un volcán subterráneo bajo la cercana montaña de Montealegre, e incluso hay quien afirma, en una versión más pía, que provienen de los pies del Santo Cristo. Lo cierto es que, según aseveran los entendidos, éstas son aguas "silicatadas, fluoradas, litínicas e hipertermales, aplicables a dermatopatías pruriginosas". Para entendernos, que estas aguas cálidas (67 °C) tienen probadas propiedades terapéuticas y son el mejor lugar para empezar un paseo con salud.

De las dos Burgas que veréis, la **de Abajo** es la más bonita; se trata de una austera fuente neoclásica del siglo XIX, presidida por el escudo de la ciudad, con tres caños que nos surten de unos 300 l por minuto. La **Burga de Arriba** es más antigua, del siglo XVII, y de estilo popular. Hasta no hace mucho, estas aguas calientes se usaban para escaldar pollos vivos en un espectáculo alegre y entrañable; ya sabéis, diversión para toda la familia.

Siguiendo por la rúa das Burgas pronto llegaremos al cogollo de la ciudad monumental, a la **Praza Maior,** una amplia e irregular encrucijada de calles en la que convi-

OURENSE DE DÍA

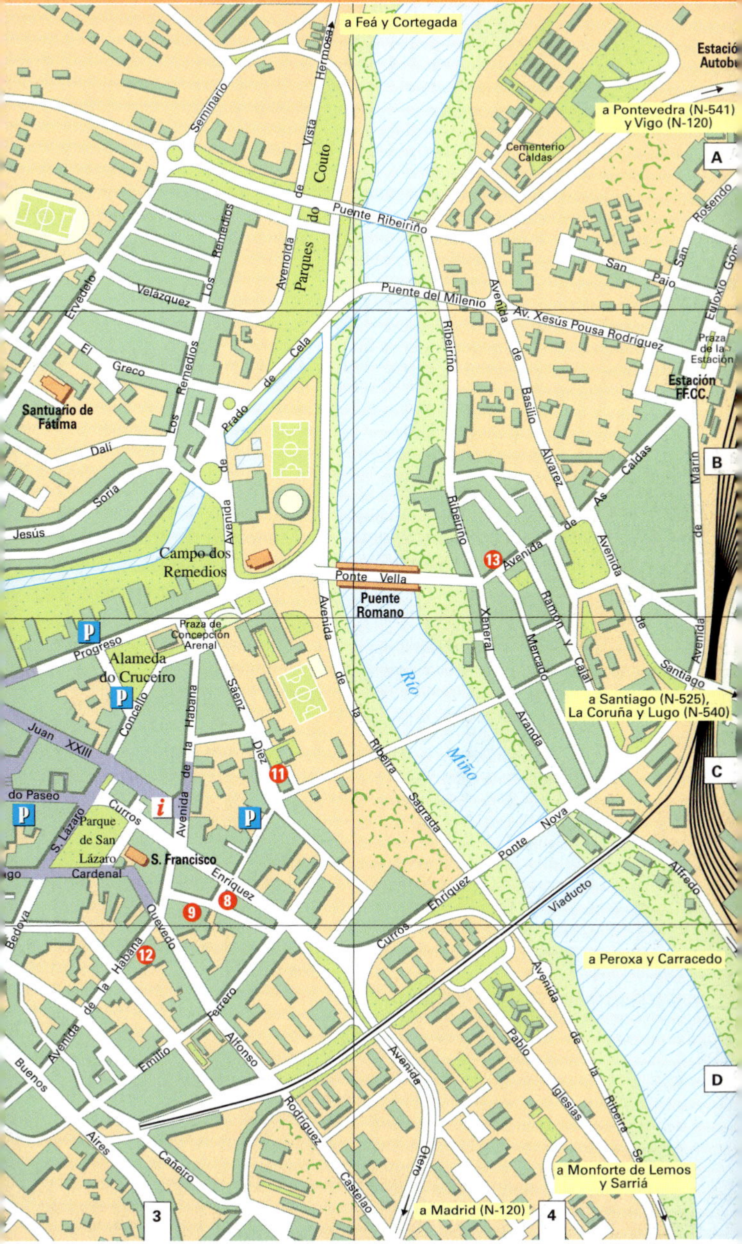
a Feá y Cortegada
Estació
Autob
a Pontevedra (N-541)
y Vigo (N-120)
Cementerio
Caldas
A
Seminario
Hermosa
Vista
Couto
Parques
do
de
Avenida
Puente Ribeiriño
Rosendo
San
Paio
San
Eulogio Gom
Los
Remedios
Velázquez
Ervedelo
Puente del Milenio
Avenida
Av. Xesús Pousa Rodríguez
Praza
de la
Estación
Ribeiriño
de
Basilio
Estación
FF.CC.
El
Greco
Los
Remedios
Cela
de
Prado
Santuario de
Fátima
Dalí
Álvarez
As
Caldas
Marín
de
B
Soria
Jesús
de
Avenida
Ribeiriño
Avenida
de
Avenida
Campo dos
Remedios
Ponte Vella
Puente
Romano
13
Avenida
Ramón
y
Cajal
Mercado
Xeneral
de
Santiago
Avenida
Praza de
Concepción
Arenal
Progreso
Alameda
do Cruceiro
Concello
Sáenz
Avenida
de
la
Ribeira
Río
Miño
a Santiago (N-525),
La Coruña y Lugo (N-540)
Juan XXIII
Habana
de la
Avenida
Díez
11
Aranda
C
do Paseo
Curros
Parque
de San
Lázaro
S. Lázaro
S. Francisco
Sagrada
Ponte
Nova
Cardenal
Enríquez
8
9
Quevedo
12
Bedoya
Curros
Enríquez
Viaducto
Alfredo
a Peroxa y Carracedo
Habana
de la
Avenida
Ferrero
Alfonso
Emilio
Avenida
Pablo
Avenida
de
la
Ribeira
Iglesias
D
Buenos
Aires
Rodríguez
Castelao
Otero
Caneiro
a Monforte de Lemos
y Sarriá
a Madrid (N-120)
3
4

ven armoniosamente los edificios barrocos, las casas con soportales y agradables terrazas y algunas muestras de arquitectura, entre modernista y ecléctica, de finales del siglo XIX. Una de las viviendas más representativas (Vázquez Gulías), acoge ahora el **Centro Cultural Caixanova.** La **Casa do Concello,** terminada en 1888, resalta con su austera fachada clasicista rematada por un reloj.

Desde la Praza Maior se está a un tiro de piedra de los monumentos más interesantes de la ciudad. Hacia el norte quedan el **pazo dos Oca-Valladares** y la iglesia de Santa Eufemia. El primero se abre a la calle Lamas Carvajal, antigua Rúa Nova y centro, en otro tiempo, de la vieja judería. Fijaos en la fachada renacentista –aunque con cierto regusto gótico– y, si podéis, pasad hasta el hermoso patio cuadrado centrado por una fuente de mármol.

La cercana **iglesia de Santa Eufemia,** construida sobre una antigua sinagoga, se comenzó en 1653 y perteneció en sus primeros años a la Compañía de Jesús. Desde 1776 es templo parroquial. Su dinámica fachada cóncava, que juega con el claroscuro y da un vistoso cierre a la calle, es obra del monje de Celanova fray Plácido Iglesias, quien la diseñó hacia 1761. Tanto la torre-campanario como la escultura de la hornacina central son modernos. Estamos a un paso de la **Alameda,** un agradable parque reorganizado en 1903, presidido por el clásico palco de la música y la típica fuente susurrante. Es un lugar ideal para un relajado paseo contemplando, en las inmediaciones, los desperdigados edificios eclécticos y modernistas que se construyeron con el despegue urbano de la zona, a finales del siglo XIX y principios del XX. Este es el caso, a un paso de la alameda, del **edificio Simeón** (Sierra i Pujol, 1897), convertido en un activo centro cultural que además de las exposiciones temporales acoge una curiosa colección de trenes en miniatura; ¡las 800 locomotoras funcionan!

Al sur de la Plaza Mayor, al final de una ceremoniosa escalinata, nos sorprenderá la fachada barroca de **Santa María la Madre,** con un enorme escudo en el cuerpo central que incluso se eleva por encima de las torres. El templo se construyó sobre los cimientos de anti-

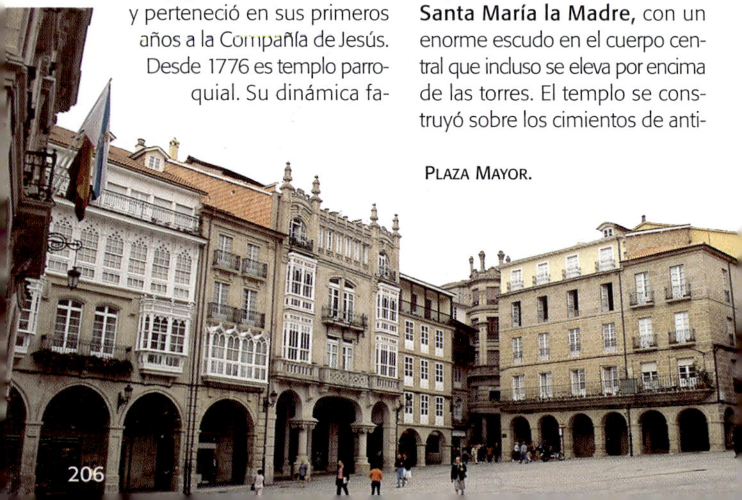

PLAZA MAYOR.

guas construcciones paleocristianas y medievales, y en la portada del siglo XVIII podemos ver, reutilizados, algunos capiteles y columnas de estos viejos edificios.

Junto a la escalinata se ubica el **Museo Arqueolóxico Provincial** de Ourense (visita, de martes a sábados, de 9.30 h a 14.30 h y de 16 h a 21 h; domingos, sólo mañanas; lunes y festivos cerrado). Ocupa dependencias del antiguo Palacio Episcopal, en el solar donde, al parecer, hubo en tiempos un acuartelamiento romano y donde instalaron su palacio los reyes suevos. El edificio actual se construyó en diversas fases entre los siglos XII y XVIII. En sus salas se exponen interesantes piezas castreñas y romanas, algunas obras medievales y algo de pintura renacentista. Pero destaca sobre todo el propio edificio, con la cocina del siglo XVI y un curioso patio románico.

Los aledaños de la catedral nos ofrecen un ramillete de pequeñas plazoletas, más monumentales unas, más humildes y populares las otras, que dinamizan y dan sabor al antiguo entramado urbanístico del viejo Ourense. La **praciña da Magdadena** acogió un camposanto altomedieval, algunas de cuyas lápidas pueden verse en el lateral de la iglesia de Santa María; la pequeña capilla de la Magdalena, a la que debía el nombre, fue destruida a principios de este siglo. Hoy la plaza, con su cruceiro de 1718, es un pequeño y humilde rincón arbolado que proporciona un agradable remanso de paz.

La **praza do Trigo** se llama así porque acogía un mercado de grano; es un espacio más monumental, dominado por la fachada sur de la catedral y rodeado de casas centenarias, entre las que llama la atención la abigarrada ornamentación de una construcción del siglo XIX.

MUSEO ARQUEOLÓXICO PROVINCIAL.

Junto a la portada sur de la catedral, y unida a esta praza do Trigo, podemos ver la conocida como **praza das Damas,** que pudiera ser el espacio de un inacabado claustro catedralicio. Algo más alejada se halla la **praza do Ferro**, centro que fue de un mercado de aperos de labranza y objetos de metal. La fuente que la preside, con sus sirenas, cariátides y águilas, es una obra del siglo XVIII traída del monasterio de Santo Estevo de Ribas de Sil. Próximos se encuentran el decimonónico **Teatro Principal** y el señorial **pazo dos Boáns,** así como el **Museo Municipal** (rúa Lepanto; visita: de 11 h a 13.30 h y de 18 h a 21 h; domingos sólo por la mañana; cierra lunes y festivos), que suele además acoger exposiciones temporales. Finalmente, la resguardada praza do Cid es más conocida como el **Eirociño dos Cabaleiros** (campillo de los caballeros), animado centro del Ourense noble, en la que resalta la elegante bal-

OURENSE DE NOCHE

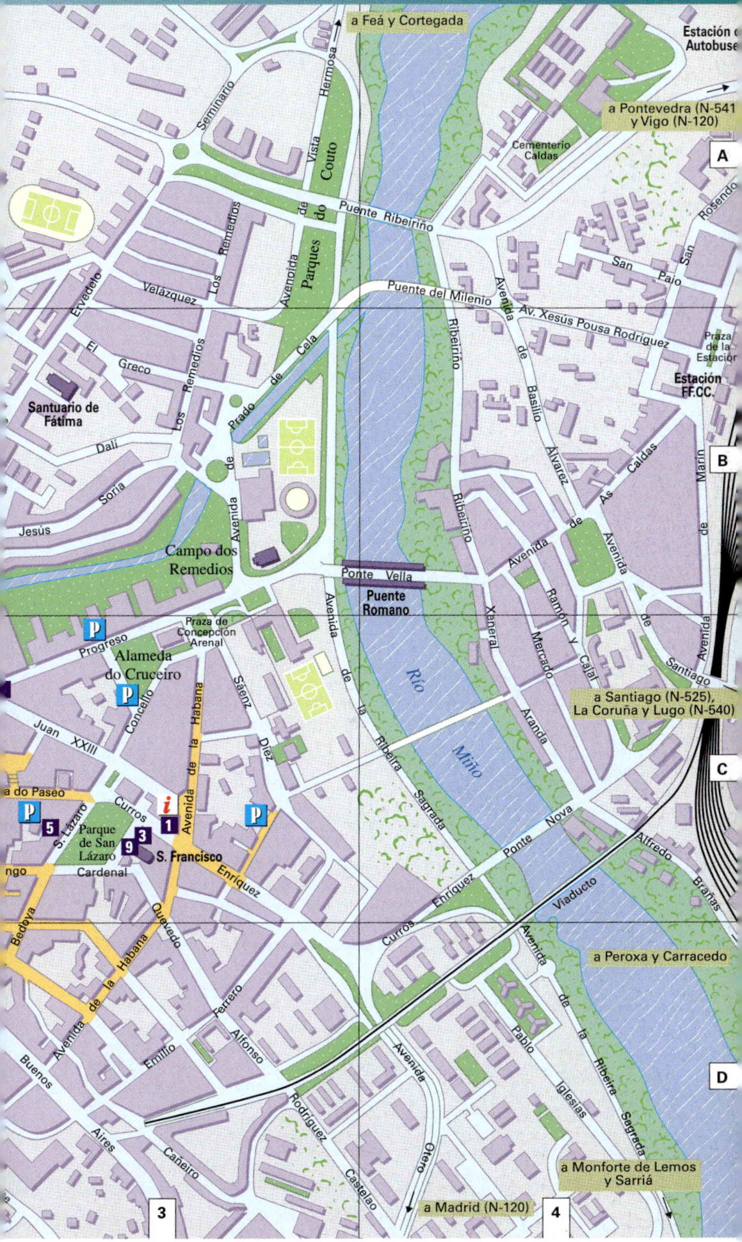
a Feá y Cortegada
Estación de Autobuses
a Pontevedra (N-541) y Vigo (N-120)
Cementerio Caldas
A
B
C
D
3
4
Seminario
Vista Hermosa
Couto
Puente Ribeiriño
Los Remedios
Avenida de Parques
Puente del Milenio
Avenida de Ribeiriño
Av. Xesús Pousa Rodríguez
San Paio
San Rosendo
Praza de la Estación
Estación FF.CC.
Erveledo
Velázquez
El Greco
Santuario de Fátima
Dalí
Soria
Jesús
Avenida de Prado de Cela
Campo dos Remedios
Avenida de Basilio Álvarez
As Caldas
Avenida de Marín
Ponte Vella
Puente Romano
Avenida de la Ribeira Sagrada
Xeneral Aranda
Mercado
Ramón y Cajal
Avenida de Santiago
a Santiago (N-525), La Coruña y Lugo (N-540)
Praza de Concepción Arenal
Progreso
Alameda do Cruceiro
Concello
Sáenz Díez
Río Miño
Juan XXIII
a do Paseo
Curros Enríquez
Avenida de la Habana
S. Lázaro
Parque de San Lázaro
S. Francisco
Cardenal
Ponte Nova
Alfredo Brañas
Viaducto
a Peroxa y Carracedo
Bedoya
Quevedo
Ferrero
Alfonso
Emilio
Buenos Aires
Cañeiro
Rodríguez Castelao
Avenida Otero
Pablo Iglesias
a Monforte de Lemos y Sarriá
a Madrid (N-120)

EL AMBIENTE DE NOCHE EN OURENSE (ver plano págs. 208-209)

Casco viejo

El casco antiguo, entre la catedral y la praza do Ferro, es vinatero por excelencia, lleno sobre todo al caer la tarde y por la noche. El ribeiro de calidad se ha impuesto al vino de barril, pero tomarse unas tazas en Ourense aún ofrece garantías. Las calles principales para los vinos son La Paz, Lepanto, Viriato, Fornos y la praza do Ferro. También por estas calles se reparten un sinfín de pequeños y ruidosos pubs.

Zona de marcha noctuna

Tras tomar unos vinos o la primera copa en los locales próximos a la catedral, la ronda continúa hacia los ubicados en las recoletas plazas del Cid, Pena Vixía, Vigo, Paz Novoa o el parque das Mercedes, para terminar por la zona nueva, donde se hallan los locales de última hora, en calles como Valle Inclán, Manuel Bedoya, Ramón Cabanillas o avda. de La Habana.

conada de madera de la **casa de María Andrea,** así llamada en recuerdo de cierta criada, de armas tomar, que defendió esta mansión ante los franceses durante la Guerra de Independencia.

Hasta hace poco se abría a esta plaza la taberna Volter, durante décadas corazón de la bohemia intelectual y artística, con sus tertulias y exposiciones. Junto al moderno cruceiro de este tranquilo y relajado "eironciño" se extienden en verano agradables terrazas en las que combatir el sofocante y húmedo calor estival ourensano (sólo algún turista incauto cree que el verano es fresquito en toda Galicia).

LA CATEDRAL

La **catedral de San Martín** se inició hacia 1160 y se consagró en 1188, aunque las obras no se dieron por concluidas hasta el siglo XIII. Tiene planta de cruz latina, con tres naves en el brazo mayor y una sola en el crucero, al que se abrieron en principio dos capillas sus-

CATEDRAL DE SAN MARTÍN.

tituidas en el siglo XVI por la sacristía y la capilla del Santo Cristo. El actual deambulatorio también es de finales del XVI. Una vez en el interior nos podemos acercar hasta los pies del templo para ver el **pórtico del Paraíso;** cuando nuestras retinas se repongan del impacto producido por el colorido chillón de la esculturas, nos daremos cuenta de que no es sino una réplica –diríamos que poco inspirada– del compostelano pórtico de la Gloria, aunque realizada a mediados del siglo XIII, 50 años más tarde.

CATEDRAL DE OURENSE

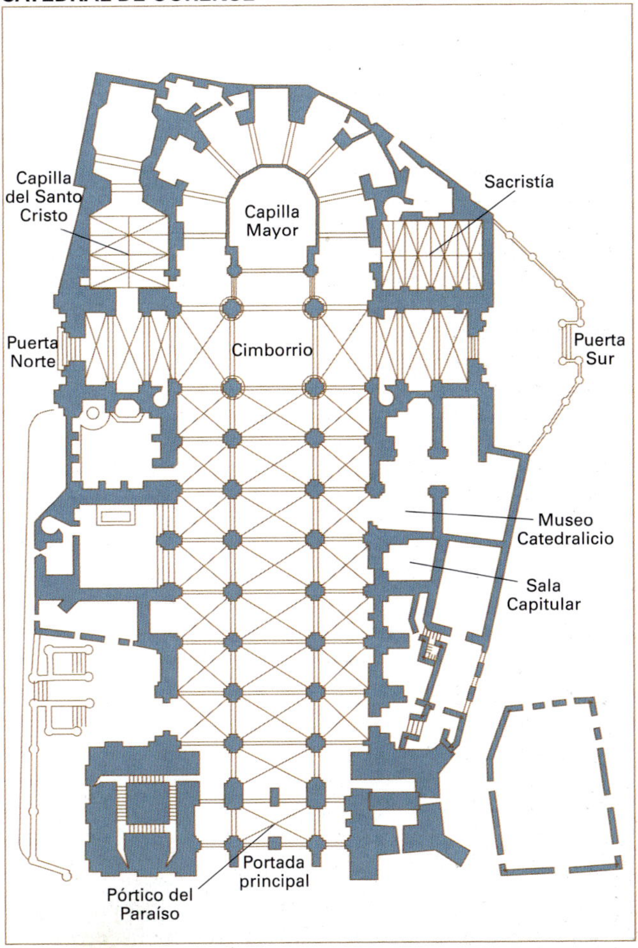

EL TAPEO

Tiene Ourense mucha tradición en esto del tapeo, sobre todo en las tardes y noches de la zona vieja, donde los innumerables bares y tascas ofrecen las más variadas y exquisitas especialidades; hay tanto donde elegir que lo mejor es dejarse llevar por las apetencias del momento. Las calles principales en lo que se refiere a dar gusto al paladar son La Paz, Lepanto, Viriato, Fornos y la praza do Ferro. En la rúa La Paz está el **Orellas,** una vieja taberna. En la praza do Ferro aquel que disfrute con los calamares –solos, en bocata, rellenos– encontrará el cielo abierto en **O Eironciño.** Al lado de ésteestá el **Machiño,** de gente joven, también con calamares y patatas bravas. A ellos se ha unido la **Taberna do Meigallo,** que ofrece menús baratos y tapas de croquetas, tortilla o chorizos al vino.En la rúa Lepanto se hallan **Priorato** (lacón, carne a la plancha y pepinillos con boquerones), el **Rei do Xamón, Lepanto** (callos y fabas) y el **Trangallán,** el reino de la empanadilla y la *cachucha* (cabeza de cerdo). Por la calle Juan de Austria nos toparemos con **A Baiuca,** local moderno con buenas brochetas, revueltos y patés de atún, y el más tradicional **Tixola.** En la rúa Viriato abre sus puertas el **Fontefría,** exitoso local decorado en plan labriego, con un enorme

Pero la catedral nos ofrece bocados más apetecibles. En la **capilla mayor,** tras la rejería renacentista de Juan Bautista Celma, encontraremos el espléndido **retablo** dorado dedicado a las vidas de Cristo y la Virgen, realizado por Cornelis de Holanda a principios del siglo XVI; las mejores escenas –la Piedad, San Martín, la Coronación– se reservan para la calle central. En el presbiterio, a un lado del gran retablo, veremos una de los tesoros mayores de la escultura funeraria gallega, el **sepulcro del Obispo Desconocido,** obra gótica del siglo XIV.

El lugar más visitado de la catedral es sin duda la **capilla del Santísimo Cristo.** La tradición asegura que el Crucificado fue traído por el obispo Vasco Mariño en el siglo XIV desde su villa natal de Fisterra, y de hecho esta extraordinaria talla es muy similar al *Cristo da Barba Dourada* de aquella lejana villa, y hay quien dice que una es copia de la otra: lo que nadie sabe es cúal viene a ser la original y ambas localidades andan a la gresca cuando tratan el asunto. Lo que no le falta a esta imagen es el duro dramatismo del cuerpo llagado, el detalle

surtido de tapas variadas: tienen fama el jamón asado, los bocaditos de salmón, la empanada de zamburiñas y vieiras, la sepia... En la misma calle, en el **Samuel,** ponen una excelente carne *ó caldeiro* y sardinas asadas.
Más y más bares y mesones en Irmáns Villar (la **Adega do Manel** es otra de las estaciones de la popular oreja con pimentón), San Miguel **(Avelino, Pingallo, O Galo),** la recoleta plazuela del Eironciño dos Cabaleiros (con **O Galiñeiro** y su pincho de tortilla), la abarrotada Fornos **(Porta da Aira, Arco da Vella,** el **Cristalera** con sus ancas de rana, el **Dos Puertas** con los calamares y empanadillas, **O Alpendre** con su pulpo a la vinagreta y chipirones, **O Frade** y sus pinchos de calidad, **A Baiuca** con su selección de vinos de autor), la rúa de San Pedro **(Pollo Dorado),** la vecina Cisneros (con la elegante vinoteca **O Bacelo,** también fino restaurante), su prolongación Hernán Cortés (**Pena Vixía** elabora tostas con pan de Cea), y de vuelta al meollo Lúa (**El Bodegón, Porta da Pía**), Julio Prieto Nespereira **(La Jamonería),** etc. Por cambiar de aires, quien prefiera cerveza deberá dirigirse a **Dan Bieren** (Sto. Domingo, 19), con 72 variedades de todo el mundo en su barra y los consabidos pinchitos.
Por último, en los puestos de los alrededores del Mercado de Abastos, sobre todo los sábados, se pueden degustar deliciosas empanadas.

realista del pelo natural; llega a producir escalofríos. La devoción a este Cristo, que no hacía sino aumentar desde su llegada, provocó la remodelación y ampliación de la capilla durante los siglos XVI y XVII, momento en que se recubrió el conjunto con una increíblemente abigarrada decoración en madera muy apetecida por la polilla. Mención aparte merece la pequeña y delicada imagen policromada de *San Mauro Abad,* obra de Francisco de Moure.
La catedral también dispone de un **museo** (para la visita acudid a la sacristía, de 11 h a 14 h y de

CATEDRAL DE SAN MARTÍN.

17.30 h a 21.30 h) con pocas pero selectas piezas, como la más antigua lápida cristiana de Galicia, el tesoro románico de San Rosendo, esmaltes policromados, cruces procesionales, buenas tallas del siglo XVI y el que pasa por ser el primer libro impreso en Galicia, el *Misal Auriense* (1494).

Otros rincones ourensanos

Los atractivos de la ciudad no se ciñen exclusivamente al más inmediato entorno catedralicio. Algunos edificios de gran interés salpican, aquí y allá, la vieja ciudad, mientras algunos parques y jardines sirven de relajantes pulmones verdes para el descanso.

Antes de ir hacia el río podemos acercarnos hasta la **iglesia da Trinidade,** que guarda de su primitiva construcción en el siglo XVI la capilla mayor poligonal. En su atrio pueden verse un cruceiro del siglo XVIII y los restos del hospital de San Roque, un antiguo hospital para pobres, enfermos y para los peregrinos que por aquí pasaban camino de Compostela, siguiendo la prolongación de la llamada Ruta de la Plata.

Ponte Vella.

Pórtico del Paraíso. Catedral.

Junto a la iglesia se extiende el añejo **jardín del Posío**, ya citado en documentos del siglo XII. En el XIX se convirtió en jardín botánico y llegó a tener un herbario de casi 500 plantas. Hoy sus paseos de palmeras y su pequeño bosque lo convierten en un agradable remanso para vaguear un rato sin hacer nada. Desde aquí, por la rúa Prieto Nespereira, llegaremos hasta la **capela de San Cosme e San Damián,** en donde el escultor local Arturo Baltar expone un curioso **Belén** "hipergalaico", con humildes personajes modelados en barro, rechonchos y sanotes, como bien comidos y bien bebidos.

Desde la cabecera de la catedral, tras pasar la praza do Correxedor, siempre cuesta arriba, pronto llegaremos hasta el antiguo **convento de San Francisco,** en la falda del Montealegre. La agitada historia de este convento se inició hacia 1253, con la construcción por los recién llegados fran-

FIESTAS

Las fiestas tradicionales mantienen en Ourense un marcado carácter campesino, todavía no sepultado por la uniformización de la vida urbana. Sin duda destacan **Os Maios,** celebración ritual de origen pagano, sólo muy superficialmente cristianizada, en la que se exalta la llegada de la primavera. El día grande es el 3 de mayo, fecha de la devoción al Santo Cristo. El *maio* es una estructura de madera o metal, recubierta de musgo y flores y rematada por una cruz, en torno a la que se cantan coplas antiguas y otras satíricas y actuales.
El **Magosto** es la otra gran fiesta de agrícola, celebrada el día de San Martiño (11 de noviembre), coincidiendo con la matanza del cerdo. En tal fecha la Alameda y los montes de los alrededores se llenan de fogatas en las que se asan castañas y se consumen las viandas (chorizos, chuletas) proporcionadas, muy a su pesar, por los difuntos cochinos, todo regado por el vino de la última cosecha.
Una costumbre remota, recién recuperada por iniciativa municipal, es la de los **Fiadeiros,** reuniones de jóvenes para conversar y bailar mientras se hilaba. Hoy se le ha conferido un carácter más urbano y organizado, con tertulias y conciertos, en octubre y noviembre.
Finalmente, las fiestas patronales se celebran en junio, con el público concentrado especialmente en la **Batalla de Flores** y el **Descenso del Miño,** y también resulta muy popular la **romería de la Virxe dos Remedios** (8 de septiembre), con la clásica degustación de los platos de las ferias (pulpo, carne o caldeiro, etc.).

ciscanos de un primer edificio. Pocos años más tarde el convento sería incendiado por los hombres del propio obispo de Ourense, un auténtico señor feudal, en medio de las luchas e intrigas que agitaron Galicia en esa época. Tiempo después el Papa obligaría al obispo a sufragar la nueva construcción, bajo amenaza de excomunión. La actual obra es del siglo XIV, pero tal y como la vemos está desmembrada: en su emplazamiento original sólo queda el magnífico claustro, mientras que la iglesia fue trasladada junto al parque de San Lázaro en 1930. El **claustro** (entrada libre, de 11 h a 14 h y 18 h a 21 h, fin de semana sólo mañanas) es una obra excepcional, la mejor de su género en Galicia, con 63 arcos apuntados y una riquísima colección de capiteles, todos ellos diferentes; en las dependen-

cias que lo rodean puede visitarse una nueva exposición de las figuritas de Baltar componiendo escenas tradicionales. En las dependencias conventuales ha sido instalado un albergue de peregrinos, y a su vera ha surgido un moderno Auditorio (X. M. Casabella, 2004). Antes de marcharnos, disfrutemos de la panorámica sobre el casco antiguo de Ourense, en especial el cimborrio de la catedral, que nos ofrece el atrio de este convento.

La **iglesia de Santo Domingo** es lo único que queda de un viejo convento dominico del siglo XVII; los recargados retablos del interior, con mucho dorado y mucha rocalla, se deben a Castro Canseco, quien los diseñó a principios del siglo XVIII. Muy cerca está el **parque de San Lázaro,** que debe su nombre a la primitiva leprosería que en él se asentaba. Al lado de este parque se trasladó la **iglesia de San Francisco.** No dejéis de observar, en uno de los capiteles de la fachada, a ciertos ángeles gaiteiros que le ponen banda sonora a la Anunciación a María. La rúa paralela a la de Santo Domingo es la del Paseo, arteria comercial por excelencia del casco antiguo que ha sido, con todas sus laterales, peatonalizada con acierto. En ella se conservan algunos edificios de granito de gran valor. De

CAFÉS

La tradición del café-tertulia arranca en Ourense desde principios del siglo XX, y se afianza con la venturosa reunión en esta ciudad de la crema de la intelectualidad gallega de los años 20 y 30, la llamada Generación Nós. La taberna Volter fue el nexo de unión entre ellos y las siguientes generaciones de escritores y artistas ourensanos, hasta su desaparición hace unos años, aunque el **Café Cultural Auriense** (praza do Correxidor), surtido con una biblioteca y heredero de la tradición nacionalista, ha tomado dignamente el relevo de los maestros con su intensa actividad cultural. Hoy algunos agradables cafés nos ofrecen un ambiente relajado para charlar un rato y dejar pasar el tiempo.

El **Café Victoria** (avda. Pontevedra, 5) ocupa el local de unos antiguos ultramarinos, los Plus Ultra; tiene una agradable terraza que mira hacia los jardines. El **Real** (Coronel Ceano), junto a la catedral, es uno de los más antiguos, con sus dos pisos estilo principios del siglo XX. El popular **Latino,** en la misma calle, es parecido al anterior pero más grande. Es un buen lugar para leer o escuchar música (en primavera celebran un festival de jazz). **La Coruñesa** (Eugenio Montes, 6) ocupa un local enorme, tipo decimonónico, en el que el segundo piso una pieza se ha quedado *A Leiteira* (la lechera), bronce del escultor local Ramón Conde que representa a este entrañable oficio hoy desaparecido. En la inferior y excesivamente transitada rúa do Progreso se hallan el austero edificio del obispado, el palacio de la Diputación Provincial y la ostentosa **Casa Simeón** (Senra i Pujol, 1897), que tras ser remodelada por la Xunta (1999) funciona como un centro cultural.

Ya cerca de la Ponte Vella se encuentra el **Campo dos Remedios,** con la pequeña ermita que fue testigo de numerosos duelos en tiempos no lejanos; hoy los duelos son de otra índole, sólo a

CRUCEIRO.

circunda al inferior, como si éste fuera un salón de baile. **La Artística** (Santo Domingo) se delata a bastantes metros por su aroma a café y por su curiosa entrada; está decorado con buen gusto a base de grandes óleos. El **Bohemio** (Coronel Ceano) también se describe por su nombre. El **Miudiño,** sito en la misma rúa esquina Arcediagos, recuerda a los viejos pubs británicos (ya sabéis, *irish beer,* madera, buena y selecta música); aquí han sabido encontrar una impensada y algo irrespetuosa utilidad a los libros: se apilan para conformar la barra. El local es uno de los primeros de la noche auriense al son de la música folk. Al mismo género que el anterior, café de día/pub de noche, pertenece el vecino **Pop-Art** (Santo Domingo, 15) pero cualquiera puede imaginarse cuál es su rollo: lavadoras empotradas en la barra, publicidad años 60, mucho colorín y estuches de lata para dejar la cuenta; ¿y la música?: más o menos a juego. Otros cafés-tertulia son el **Asturiano** (Capitán Eloy, 10), con su entrada al fondo de un portal y siempre lleno; el **Estudio 34** (en la misma calle, encima del Cine Xesteira), con exposiciones; el propio cine, reconvertido ahora en el original y espacioso **Café Teatro Xesteira,** sitúa sus mesas en la platea y programa representaciones teatrales, musicales y de cuentacuentos; o el **Isaac** (Samuel Eiján, 3), foro cultural con cenáculo de artistas.

COMPRAS

Gastronómicas

En Ourense hay buenas tiendas para estimular el paladar: en la avenida de las Caldas, 7, existe un local rústico en el que venden todo lo vendible que proceda del cerdo, y en la **Tenda Santorum** (Juan de Austria, 11), encontraremos productos gallegos de buena calidad, sobre todo los procedentes de la montaña: miel, licores, conservas, pero también mirabeles y hasta ortigas envasadas. Otro ultramarino que apuesta por los productos gallegos y foráneos de calidad, con una envidiable bodega, es el **Gran Colmado** (Capitán Eloy, 6). De postre, los golosos no podrán resistirse al marrón glacé o a la tarta de Castañas, productos genuinamente ourensanos que se pueden adquirir en la cadena de dulcerías **Couto** (rúa do Paseo, Ervedelo, Juan Manuel Bedoya). Pan de Cea y empanadas pueden comprarse en los **mercados de abastos** (da Alameda y das Caldas) o en **Camilo** (As Burgas), y buenos jamones y embutidos en **Martínez** (Carriarico).

Ropa de diseño

Durante los 80, Ourense fue conocida como una de las capitales del diseño. Lemas como "la arruga es bella" hicieron rara fortuna, y los modistos gallegos, como **Adolfo Domínguez** (Curros Enríquez), **Roberto Verino** (Cardenal Quevedo y Paseo), **Purificación García** (Paseo) o **Antonio Pernas** (avda. de La Habana), se consagraron hace tiempo y no necesitan ya presentación.

Artesanía

Otro tipo de diseño se ofrece en **Duarte** (Lamas Carvajal, 5), dedicada a la cerámica y la orfebrería gallegas, al igual que **Oreta Xiro** (As Burgas, 14) o la **Galería San Lázaro** (Valle Inclán, 14), dedicada principalmente a la madera, los encajes y la alfarería.
En el campo de la cerámica gallega que une tradición y vanguardia, **Sargadelos** (La Habana, 12) es un clásico.
Y para ecologistas concienciados está **Mundo Verde** (Irmáns Villar, 5), con productos realizados con material reciclable. Varias pequeñas tiendas de artesanía, moda y alimentación han animado, dentro de un ambicioso programa de rehabilitación, la rúa Colón.

PUENTE DEL MILENIO.

veces menos cruenta, en el **Pazo dos Deportes.** Y por fin el viejo **puente,** símbolo de Ourense desde los tiempos de los romanos, obra mayor de la arquitectura vial del Imperio en la época de Augusto, en el siglo I. En aquel entonces la luz que alcanzaba el vano principal –más de 43 m– lo convertía en uno de los mayores de todo el Imperio.

Destruido varias veces, fue reconstruido con seguridad entre 1228 y 1229, época en la que los arcos adquirieron el aspecto apuntado que aún conservan. Pero el tamaño del arco central fue un problema que no terminó de solucionarse hasta mediados del siglo XVII, cuando el arquitecto barroco Melchor de Velasco lo reparó definitivamente, manteniendo siete arcos de los once primitivos. Hoy mide 370 m de largo, el arco central mantiene los 43 de ancho por 38 de alto y sigue, a pesar de la construcción de nuevos puentes, soportando el tráfico rodado. Dos mil años de historia y por fin a sido librado en 1998, después de tantos siglos de servicio, del tráfico rodado (su contorno también ha sido habilitado para el sano paseo a pie). La ribera del Miño, hasta hace unos años abandonada, se ha visto potenciada con la apertura del Centro Comercial Ponte Vella y la creación de jardines como el de las Ninfas y paseos que enlazan con los de su afluente el Barbaña, aunque la obra más espectacular de la zona es el **puente del Milenio** (Álvaro Varela), quinto paso sobre el Miño en la ciudad que fue inaugurado con el nuevo siglo y cuenta con una original pasarela peatonal, elevada y panorámica, que a muchos da vértigo. Como dato final, indicar que en el Campus Universitario ha abierto un curioso **Museo da Cornamusa** (visita: de lunes a viernes, de 10 h a 14 h y 17.30 h a 21 h), dedicado al mundo de la gaita.

En las afueras de la ciudad merecen una visita las **termas de A Chavasqueira,** de estética japonesa y primer enclave de lo que será un recinto de caldas ambas márgenes del Miño, y el **castro de Santomé** (desvío señalizado en la salida hacia Monforte), que ha sido excavado y musealizado en 2004.

DORMIR EN OURENSE

Los alojamientos más exclusivos y céntricos son el Gran Hotel San Martín** (C3 1) (Curros Enríquez, 1; telf. 988 371 811; 140 €) y el Hotel Francisco II**** (D3 2) (Bedoya, 17; telf. 988 242 095; 96 €), pero además existen un buen número de hoteles y hostales bien situados y a precios razonables.**

HOTEL ALTIANA** (C3) 3

Ervedelo, 16. Telf. 988 370 952. Hostal cerca de As Burgas, moderno, con teléfono y televisión. Habitación doble: 42 €.

HOTEL CORDERI* (C3) 4

Ervedelo, 9. Telf. 988 221 293. Situado frente al anterior y de un estilo parecido, con 14 habitaciones pequeñas pero aceptables. Habitación doble: 35-45 €.

HOTEL SAN ROSENDO**

San Cibrao das Viñas (a 2 km por la carretera N 525).
Telf. 988 248 811. Pese a estar situado junto a una carretera, su relación calidad/precio es de lo mejor. Habitación doble: 40 €.

HOTEL PARQUE* (C3) 5

Parque de San Lázaro, 24.
Telf. 988 233 611. En el ensanche pero cerca del centro monumental. El hotel es algo antiguo pero la situación y sus prestaciones hacen que resulte agradable. Habitación doble: 42 €.

HOTEL RÍO MIÑO* (C3) 6

Juan XXIII, 4. Telf. 988 217 594. Ubicación inmejorable, sencillo y agradable. Habitación doble: 40 €.

HOTEL ZARAMPALLO* (C1) 7

Irmáns Villar, 31.
Telf. 988 220 053. En la zona vieja, con habitaciones nuevas. Habitación doble: 45-55 €.

HOSTAL SAN MIGUEL II (C1) 8

San Miguel, 14.
Telf. 988 239 203. Una de las opciones más económicas del casco viejo, en el mismo edificio que acoge el famoso restaurante. Habitación doble: 30 €.

OTROS HOTELES DE PRECIO MÁS ELEVADO

No resultan excesivamente caros hoteles como el **Princess****** (C3 9) (avda. de La Habana, 45; telf. 988 269 538; 95 €), primero de su categoría en la ciudad o el **Eurostars Auriense****** (Alto de Cumial, Seixalbo; telf. 988 234 900; 135 €), situado a las afueras. Más asequible es el moderno **Puente Romano**** (C1) 10 (Ramón Puga, 56; telf. 988 231 520; 48 €).

AVISO

La selección de los establecimientos incluidos en esta guía se ha hecho siguiendo, exclusivamente, el criterio independiente de los autores. Ninguno de los hoteles, restaurantes, comercios, etc. aquí contenidos ha desembolsado cantidad alguna para aparecer en la guía.

COMER EN OURENSE

Casas con menú (menos de 15 €)

Como preludio recomendamos algunos locales del casco histórico, que comparten el encanto de estar situados en antiguos edificios de piedra, en los que se puede comer tanto de raciones como a la carta o de menú.
Entre los más populares cabe citar el **Pena Vixía** (D1 ❶) (Hernán Cortés, 29; telf. 988 246 969), que funciona de martes a sábado; la **Adega de San Cosme** (D1 ❷) (pza. de San Cosme; telf. 988 248 800), con especialidad en el cabrito y el cordero; **Porta da Pía** (C2 ❸) (Lúa, 3-As Mercedes; telf. 988 251 882), edificio de tres plantas con patio y propuestas algo más innovadoras.

Tampoco faltan los buenos menús en la zona nueva: en la rúa Valle Inclán los de **O Lagar, Aníbal** y el **Rúa Vella,** en el parque de San Lázaro los del **Alaska** y **Ruta de la Plata,** en la avda. de La Habana el de **A Rula,** etc.

Casa de María Andrea

(C2) ❹. Eironciño dos Cabaleiros, 1. Telf. 988 227 045.
Ocupa el palacio de los Armada, una casa de dos pisos reconvertida en mesón. La cocina es copiosa y cuidada, con excelentes ensaladas y un inmejorable jarrete.

Pingallo (C2) ❺

San Miguel, 6.
Telf. 988 220 057.
Tiene fama de caro, pero no es para tanto. Es un local espacioso, agradable, decorado con fotografías de Otero Pedrayo, Risco y Blanco Amor y pinturas de artistas ourensanos, con terraza interior y al aire libre en verano. Incluye caldos y sopas, revueltos, merluza, ternera o callos, o sea, lo más clásico de la cocina casera gallega.

A Casa do Pulpo (C2) ❻

Juan de Austria, 15.
Telf. 988 255 242.
¿A ver quién adivina qué se viene a comer aquí? Premio, desde hace cuatro décadas y al estilo de la feria, pero también todas las tapas

tradicionales del país, todo a buenos precios y con plato del día. Los estómagos más curtidos podrán decantarse por el lacón o el chorizo al Infierno.

Catador (C2) ❼

Fornos, 4.
Telf. 988 222 891.
Entre los bares de tapas se abre un hueco esta casa de comidas. En un sencillito y pequeño comedor se sirve un menú estupendo por menos de 10 € (a veces incluye pulpo, anguilas, cabrito o flan casero). En la carta destaca el jabalí. Cierra sábado.

LA NOCHE

El ambiente de la noche ourensana es de los mejores y más variados de Galicia. Se agrupa en dos zonas: el entramado de callejuelas de la ciudad vieja, con locales de todo tipo y condición, y el ensanche, que reúne los bares de última hora.

La ciudad vieja

En la parte antigua podemos empezar por la rúa Hernán Cortés, donde nos encontraremos con **La Trampa de Venus,** tetería y pub que se llena en las primeras horas y apuesta por la música minimalista. **El Turco** fue uno de los primeros pubs de Ourense y en su decoración mezcla las grandes vigas de madera con los diseños modernos. **Tragos** y **Soportales** son dos pequeños locales ubicados en la praza do Trigo; el **Far** (Gravina) tiene fama de ser uno de los mejores locales, con música de los setenta, rock gallego y rock duro atronando en un ambiente cargado y oscuro, todo ello a la sombra de *Los Suaves,* banda local que sonó mucho en su día. El **Star** (Fornos) está en la misma zona, con música house, tecno y cosas exóticas de importación; a su vera, la música española y las cervezas mandan en **El Local. El Patio Andaluz** (Pizarro), con decoración que nada tiene que ver con el nombre, es para los de 30 para arriba; en la misma rúa se agolpan **K-Oba,** con merengue, salsa y música española; el **Sotiep,** otro de salsa para treintañeros; el **Cook,** como el anterior, y **La Esquina,** un clásico, sin olvidar otros como **Barmacia, Templo, Colors** o **Keops.**

Adega do Tito (C3) 8

Callejón entre Curros Enríquez y Manuel Pereira.
Telf. 988 225 738. Un restaurante para todos los gustos y con mucho que ofrecer, pues además del menú diario muy completito por 8,5 € y otros de fin de semana más elaborados, su carta es un derroche de platos (¡nada menos que 80 distintos!) y con una buena selección de vinos. Se pueden probar las carnes de avestruz y canguro.

Mesón O Curruncho (C3) 9

Manuel Pereira, 9.
Telf. 988 243 905.
En un sótano, tiene un completo menú del día. Según la temporada: anguilas, cocido y paellas.

■ Restaurantes (de 24 a 30 €)

A clásicos de toda la vida como el laureado **San Miguel** (C2 10) (San Miguel, 12; telf. 988 220 795), surtido de marisco, pescado, carnes y vino, el **Martín Fierro** (C3 11) (Sáenz Díez, 17; telf. 988 372 026), que borda la carne a la parrilla, o el **Habana 83** (D3 12) (avda. de La Habana, 61; telf. 988 228 319), que practica la cocina de temporada, es preciso sumar otros restaurantes de buen nivel.

La gente más joven y bulliciosa viene a moverse por las inmediaciones de la rúa Lúa, donde destacan el **Sonar** (bacalao) o **La Bóveda** (como un hangar de piedra). En esta calle tienen también asiento el pub más antiguos de la ciudad: **Irán.** Se encuentra gente muy joven en la praza do Correxedor, tomada por los que salen de los múltiples pubs. Aquí se llevan la palma el **Trolebús, Corregidor 4 y 5, Tranvía, Boulevard** o **El Lokal,** que sólo pincha música española.

Por su parte, la vecina praza das Mercedes reúne locales tan variopintos como el tranquilo **Café Ollo Ledo,** los modernillos **Factor X** y **Underground,** o la discoteca **La Bull.** No lejos también han alcanzado gran popularidad los irlandeses: **John Mulligan** (Santo Domingo) y, sobre todo, **The Irish Clan** (Cardenal Quiroga Palacios, 21).

El ensanche

La zona nueva es para locales de última hora, que se animan sobre las 3 h, pero antes de iniciar la lista cabe citar una excepción: la del **Jam Session** (Ramón Cabanillas, 18), café musical decorado con recuerdos ourensanos y piezas de anticuario –así un Citröen de 1922 entero–, carta de cafés, tes y chocolates, y mucho jazz. Entre los segundos merecen un puesto destacado el **SalaMandra** (Carriaco) y el **Rock Club** (Dr. Fleming), que organiza cada dos por tres conciertos de bandas emergentes.

Tomando como eje la avenida de La Habana, en esta zona se hallan **Saloón** (Samuel Eiján) y **La Reserva** (Habana, 83), y la discoteca **El Capital** (Ramón Cabanillas). **Glamour,** en las afueras (camino de San Cibrao), ofrece bakalao y gogós.

Dos de ellos destacan tanto por su cocina como por la cuidada decoración tradicional y el esmerado servicio: más grave y fina la **Adega do Emilio** (B4 ⓭) (avda. das Caldas, 11; telf. 988 219 111), junto al puente romano y en el barrio de A Ponte (carnes gallegas), más céntrica **A Taberna** (C1 ⓮) (Julio Prieto Nespereira, 32; telf. 988 243 332), con excelente chuletón, arroces y amplia bodega.

De regreso a la rúa S. Miguel no se pueden olvidar negocios como el **Zarampallo** (C2 ⓯) (telf. 988 220 053), que ofrece cocina tradicional y jornadas gastronómicas con la buena compañía de la pintura gallega, y **O Carroleiro** (C2 ⓰) (telf. 988 269 947), que también destaca por su menú del día.

Una propuesta original es la de **A Comedia** (C3 ⓱) (Capitán Eloy, 30; telf. 988 601 363), situado en las gradas y los palcos de un desaparecido cine y con una carta algo creativa.

PADRÓN

A CORUÑA. 6.774 HABITANTES

Cuenta la tradición que por aquí anduvo predicando en vida el apóstol Santiago, y mucho debió de gustarle el lugar, porque una vez martirizado volvió milagrosamente después de muerto. Sus discípulos ataron la barca en la que traían el cuerpo a una piedra, un "pedrón", del que la población posterior tomaría el nombre. Pero además del apóstol y las peregrinaciones, Padrón tiene fama imperecedera por otros dos asuntos, a cual más importante: sus escritores y sus pimientos. Entre los primeros destacan la musa gallega por excelencia, la poetisa Rosalía de Castro, y el insigne Premio Nobel Camilo José Cela, que nacieron en estas tierras. Y qué decir de los pimientos de Padrón; lo mejor es probarlos, recordando el atinado dicho popular: "Os pementos de Padrón, uns pican, outros non". Si os gustan las sensaciones fuertes saboreadlos avanzado el verano, pero tened cerca un vaso del afrutado y ligero vino del Ulla, porque os puede hacer falta.

INFO Y TRANSPORTES

Oficina de Turismo
Caseta en la avenida de Compostela. Telf. 627 210 777.

Oficina de Información Xuvenil del Ayuntamiento
Centro Social. Campo do Souto, 2. Telf. 981 811 329.
Para información de carácter general, consultad la agenda de *La Voz de Galicia,* edición de Santiago.

Aeropuerto
Santiago-Labacolla, a 32 km.

Autobuses. Hay paradas en la avenida de Camilo José Cela y la zona de Bordel. Telf. 981 542 416. Hay buenas comunicaciones con Santiago, Pontevedra y Barbanza.

Taxis. Las paradas se encuentran en la avda. de Compostela (telf. 981 810 295) y en Calvo Sotelo (telf. 981 811 459).

Aparcamientos. El mejor aparcamiento, y más desahogado, lo encontraremos en O Souto, frente a la plaza de Abastos.

VISITA

La visita se organiza en dos agradables paseos por Padrón e Iria, que ocupan desde la antigüedad la fértil vega entre los ríos Sar y Ulla. Ambos han quedado ligados a la tradición jacobea y al recuerdo de dos ilustres gallegos, Rosalía y Cela.

EL TAPEO

Hay muchos bares y mesones desperdigados por la villa, pero no son nada del otro mundo. Se suele salir más de tapeo al mediodía; a la tarde hay menos gente y de más edad.
En la zona vieja, la mejor para tapear, destacan la taberna **A Capilla,** en una pequeña casa rústica, con tapas que varían según el día; la **Pulpería Rial** (plazuela de Travesas) es de las más afamadas de Padrón, con excelente pulpo y buenos calamares y *raxo;* **O Paraíso** (Pérsico) es del mismo estilo. Buen pulpo nos lo ponen también en el **Purgatorio,** situado en la praza da Igrexa.
A Lareira (plazuela de Camilo José Cela) es la típica, desordenada y descuidada taberna gallega en la que se puede tanto tomar unos vinos como comprar algunos alimentos básicos.
Otros locales más modernos son **O Pedrón** y la cervecería **Portón Vello,** ambos en el Campo da Feira.

UN PASEO POR PADRÓN

El famoso "pedrón" que da nombre a la villa –que no es sino una ara votiva dedicada a Neptuno– se guarda, oculto bajo el altar mayor, en la **iglesia de Santiago,** un edificio neoclásico que se levantó sobre un templo gótico, que a su vez sustituía a otro románico, construido este último sobre las ruinas de otro prerrománico. Una historia ajetreada, la de esta iglesia de Santiago. De la antigua construcción gótica sólo se conserva, junto a la capilla mayor, el púlpito del siglo XV, con la imagen de Santiago peregrino.
Al salir de la iglesia podemos cruzar el puente que salva el Sar y acercarnos hasta la **fuente del Carmen,** una de las de mayor tradición jacobea. En una hornacina, en la parte superior de la fuente, se representa el bautismo de la reina Lupa, una traicionera pagana que dominaba estas tierras y que trató de impedir el entierro del apóstol Santiago; poco más tarde, por obra y gracia de un milagro, se convirtió. En un relieve se alude a la *translatio* del cuerpo del apóstol en una barca desde Palestina hasta aquí.
Tras la fuente veréis alzarse, sobre un promontorio rocoso, el neoclásico **convento del Carmen,**

CALLE CON SOPORTALES EN PADRÓN.

FIESTAS

Las **fiestas grandes** en Padrón son en Pascua, cosa extraña, ya que en Galicia las fiestas mayores suelen celebrarse en verano. Otra fecha fundamental, como no podía ser de otro modo en una villa de tradición jacobea, es el 25 de julio, festividad del **Apóstol,** con su multitudinaria romería a Santiaguiño do Monte, su sardiñada y su pan de maíz. El 15 de mayo, por **San Isidro,** se elabora en Carcacía la mayor tortilla del mundo, convenientemente inscrita en el *Guiness;* hay para todos. Pero en el aspecto gastronómico mandan, como ya comentamos, los legendarios pimientos de Herbón, con feria el primer sábado de agosto.

con su excelente mirador. Una pequeña caminada cuesta arriba nos llevará hasta **Santiaguiño do Monte,** en una ladera del monte San Gregorio.

La tradición vuelve a afirmar que aquí, entre otras cosas, ofició el apóstol Santiago en un altar de piedra, que una fuente cercana brotó milagrosamente por un golpe de su cayado e incluso que las piedras de la cima se abrieron a su paso. Sin duda es un espacio con una fuerte carga espiritual, anterior probablemente al propio cristianismo, un lugar que hoy acoge ferias, romerías y peregrinaciones a las que acuden multitudes que convierten la capilla, el cruceiro, la imagen de Santiago y la fuente milagrosa en un hervidero religioso y festivo. La panorámica desde este promontorio es espléndida.

El arbolado y tranquilo **paseo do Espolón** acompaña durante un buen trecho el cauce del río Sar. Lo preside, en un extremo, el **monumento** que su villa natal dedicó a **Rosalía de Castro**. El que quiera entender lo que esta poeta significa para Galicia deberá acercarse hasta su **Casa Museo de A Matanza** (visita: verano, de 10 h a 14 h y de 16 h a 20 h; domingo de 10 h a 13.30 h; resto del año de 10 h a 13.30 h y de 16 h a 19 h; cierra lunes), donde Rosalía expiró. Es un auténtico santuario, emotivo y sentimental, en el que se unen sus objetos personales con las ofrendas –casi exvotos religiosos– dedicadas a ella por todo tipo de gente, desde humildes ofrendas personales, alguna verdaderamente enternecedora, hasta las clásicas placas institucionales. Sin duda es la escri-

CASA MUSEO DE A MATANZA.

tora que más y mejor ha sabido conectar con el alma de los gallegos. De regreso a la villa no estará de más dar un paseo por su cuidado **Parque Botánico-Artístico,** que ya existía en 1869 y fue completado a finales de esta centuria y principios del siglo XX. Consta de alameda, parterre, el jardín del Apóstol Santiago y una zona de servicios, y cuenta con especies como la palmera del Senegal (con varios brazos), secuoyas, un árbol del amor podado en forma de corona de Cristo, árboles de coral, castaños de indias, varios tipos de acacias, etc. Cela lo describe como "poblado de ánimas de poetas", entre ellas la del trovador Macías. *O Namorado,* representado en una estatua.

Iria Flavia

El otro gran escritor local, **Camilo José Cela**, también inauguró una **Fundación** (visita: de martes a viernes, de 10 h a 14 h y de 16 h a 19 h; sábado de 11 h a 14 h) en el cercano lugar de Iria Flavia, a cuatro pasos del centro de Padrón. Cela, con su imagen provocadora y altisonante, escribió un hermoso, delicado, sutil y lírico libro de memorias de infancia, *La rosa,* que transcurre en buena parte en Iria Flavia. Puede que, pese a las apariencias, no esté tan alejado de su ilustre y melancólica paisana, Rosalía, como muchos creen. Su Fundación tiene la sede en las llamadas **Casas dos Coengos** (canónigos), construidas a finales del siglo XVII frente a la colegiata de Santa María Adina. Aquí se guarda, además de una documentación única sobre la vida y

FUNDACIÓN CAMILO JOSÉ CELA.

obra de Cela, una gran biblioteca y una colección de obras de artistas de primer orden como Picasso, Miró o Tàpies. Con la exposición permanente de ediciones de *La familia de Pascual Duarte* se exhibe, para ambientar, el último garrote que ejecutó a un condenado en España. Este chisme funcionó por última vez en 1974, hace cuatro días, como quien dice. Un escalofrío nos recorre la espalda –y el pescuezo– al contemplarlo. Frente a la Fundación Camilo José Cela se alza la antigua **colegiata de Santa María Adina,** de orígenes tan remotos como trufados de tradiciones y leyendas. Sabemos, por las excavaciones, de asentamientos romanos y en la necrópolis hay enterramientos paleocristianos, quizás de los más antiguos de Galicia. Esta iglesia fue sede episcopal durante la alta edad media y en ella hasta 28 obispos sucedieron, durante siglos, a San Atanasio y San Teodoro, los discípulos de Santiago que habían traído su cuerpo. De aquí partió el obispo Teodomiro a las primeras noticias del descubrimiento del sepulcro apostólico, en el siglo IX,

y dos siglos más tarde la sede episcopal se trasladaría definitivamente a Compostela. La actual iglesia, del siglo XVIII, conserva la portada gótica del XIV.

Merece la pena un paseo por el emotivo **cementerio de Adina,** cantado por Rosalía, que descansó en él hasta el traslado –para los padroneses: secuestro, rapto, robo, latrocinio– de sus restos a Santiago, al panteón de Gallegos Ilustres. Quien sí reposa en el camposanto, según su expreso deseo, es Camilo José Cela. El museo de la excolegiata permanece cerrado desde que, en 1985, unos desconocidos asaltaran y golpearan al párroco y a su hermana, provocando la muerte de ambos.

DORMIR EN PADRÓN

HOTEL RIVERA**

Enlace Parque, 7.
Telf. 981 810 413. Hotel del famoso restaurante de la localidad, Chef Rivera. Las habitaciones son cómodas, incluso lujosas, aunque está algo alejado del centro, algo relativo teniendo en cuenta las dimensiones de la villa.
Habitación doble: 43-52 €.

HOTEL RESIDENCIA ROSALÍA**

Maruxa Villanueva, s/n.
Telf. 981 812 490.
Fax: 981 812 492. A 1 km del casco urbano. Habitación doble: 50-66 €.

HOSTAL CASA CUCO**

Avda. Compostela, 16.
Telf. 981 810 511.
Es un buen hostal, con todo lo necesario y algunos extras, pero tampoco su ubicación es muy céntrica. Habitación doble: 30-40 €.

PENSIÓN JARDÍN***

Salgado Araujo, 3.
Telf. y fax: 981 810 950.
Con tan sólo cinco habitaciones, en una casa familiar de piedra precedida de un jardincito, junto al parque botánico.
Habitación doble: 33-43 €.

CAFÉS

Para la tarde destaca el **Café La Torre** (en la avda. Compostela), donde, si apetece, se puede acompañar el café con un pastelito. En esta misma calle están **Café Las Camelias,** o **El Basadre** en donde podremos acompañar los cafes con unos bocaditos o unas galletas de pico. Más visitado aún es **A Esmorga** (Vidal Cepeda), normalito pero acogedor. Muy cerca se halla el **Rossol** (Rosalía de Castro), que también sirve tapas.

En la praza de Ramón Tojo se halla el **Strike,** que a la vez es bolera y lugar de reunión vespertina entre los más jóvenes. Finalmente, el **Laíño** (General Franco) es un gran café de estilo antiguo con bastante éxito. Otros cafés ya en la zona de la calle Castelao es **O Santo Guiño** o **A Ruta Xacosa.**

■ TURISMO RURAL

CASA ANTIGA DO MONTE

Bocado do Monte.
Telf. 981 812 400.
www.susavilaocio.es
Ofrece 10 habitaciones con buenas vistas sobre la vega del Sar. Dispone de sala de lectura, sauna, jardines con estanques y cascadas, cenador exterior con grill... Habitación doble: 72-90 €.

CASA MARCELO

Xuane, Carcacía.
Telf. 981 557 479.
www.casademarcelo.com
Casa de turismo rural, muy cercana a Padrón, en la carretera hacia Pontevedra. Hecha de piedra y situada en un bello entorno natural, la casa se ha restaurado con mimo. Las habitaciones resultan acogedoras y agradables, con una decoración de aire campestre. Habitación doble: 40-50 €.

CASA DOS CANCELOS

Quinteiro, 3. En Trabanca.
Telf. 981 504 321.
Ubicada en una agradable zona, dirección Carril. Es una casa con pocas habitaciones sencillamente decoradas.
Habitación doble: 42-55 €.

A poco más de 1 km de la villa, en **Lestrove,** se encuentra el **Pazo de Hermida** (telf. 981 817 110; habitación doble: 43-77 €) restaurado, en el que residió Rosalía de Castro. Dispone de 5 habitaciones y una suite. También tiene garaje para los clientes, acceso para discapacitados y admite perros.

COMER EN PADRÓN

Resulta indispensable probar los famosos pimientos, pero tened en cuenta que, a medida que avanza el verano, se vuelven más picantes. Por si acaso, hay que tener cerca un vaso del afrutado y ligero vino del Ulla. La oferta restauradora ha mejorado notablemente en la villa con la apertura, en pleno casco antiguo, de **La Casa de los Martínez** (rúa Longa, 7; telf. 981 810 577), con un pequeño comedor en el que explorar su creativa carta, con productos de mercado y presentación creativa; de martes a viernes se ofrece un menú muy asequible, y el fin de semana otro de degustación. En la parte nueva sienta sus reales el cotizado **Chef Rivera** (Enlace Parque, 7; telf. 981 810 413), del que era asiduo Cela y decorado con obras de arte y vitrales; se decanta por

LA NOCHE

En cuanto a lo que es estrictamente la noche padronesa, casi diríamos que no existe. Debe ser el único lugar de España en el que la gente, para trasnochar, debe cambiar de provincia, porque en este pueblo no hay ningún pub. Dicen que van a abrir uno pronto; en fin, ya veremos... En Padrón se prolonga como se puede la estancia en los bares, por lo menos hasta medianoche, y luego se va uno hasta Pontecesures, a 2 km, ya en Pontevedra. Allí se hallan todos los pubs que no hay en Padrón, y muchos más. En la rúa Bernardo M. Sagasta e inmediaciones se encuentran decenas de locales, entre los que destacan el **Hollywood**, el **Tribal**, el **Tavoga**, **La Sal** y otros muchos. Para bailar está la discoteca **Maty**, y en la salida hacia Pontevedra, la macro-sala Octopus: la alusión a los tentáculos nada tiene que ver con las tapas, sino más bien con la forma del edificio.

la cocina de altos vuelos, de excelente materia prima y presentación muy cuidada (sobre 40 €), aunque también tiene menús muy completos por 22 €. Cierra domingo y lunes.

■ Casas con menú (menos de 15 €)

Santiaguiño

Plaza de Macías, 8.
Telf. 981 810 455. Ofrecen comidas caseras propias del recetario gallego y platos combinados. Se puede comer de menú o a la carta.

Pulpeira Rial

Plazuela Travesas, 13.
Telf. 981 811 624. Ya recomendada para el tapeo, supone una buena opción para comer de raciones sin salir del casco antiguo. Además de pulpo, *raxo,* calamares, ensaladas, pimientos, empanada, carnes, pescados y vinos caseros. También ofrece el plato del día en su comedor rústico de madera. Cierra martes.

Otros locales con menú del día económico: **Os Monaguillos** (avda. Camilo José Cela, 12; telf. 981 810 852), **O Grilo** (avda. Camilo José Cela, 44; a 400 m del centro hacia Santiago), que también ofrece habitaciones a buen precio, y **O Pementeiro** (pza. do Castro), donde es aconsejable probar su pulpo con pimientos.

■ Restaurantes (sobre 30 €)

En **Rois** (localidad situada a unos 4 km de Padrón) encontraremos **Casa Ramallo** (Castro, 5; telf. 981 804 180; cierra lunes y navidades), cuya cocina gallega casera, celebrada por Camilo José Cela ha ascendido muchos enteros. El menú cuesta 18 €. En la carta hay siempre varios platos de caza (jabalí con patatas panaderas y pan frito con mermelada), pescados frescos (tiene fama el bonito en salsa de perdiz) y carnes de calidad (destaca el jarrete de ternera), así como mariscos de calidad, pero ya sube la minuta.

A POBRA DE TRIVES

OURENSE. 1.557 HABITANTES

Emplazada a un paso de las cumbres de la serra de Queixa, Pobra de Trives ofrece la feliz conjunción de los paisajes espectaculares de sus tierras altas, bravas y de duros contrastes –hábilmente explotados por rutas de senderismo–, un interesante patrimonio monumental, una apetecible gastronomía de montaña, que no desdeña las especialidades reposteras, y la proximidad de la estación invernal de Cabeza de Manzaneda, verdadero motor del turismo de la zona.

INFO Y TRANSPORTES

Oficina de Turismo de la Mancomunidad. Praza do Reloxo, 11. Telf. 988 330 010. www.turtrives.net

Centro Comarcal da Terra de Trives. C 536, km 68, en la salida hacia Ourense. .

Centro de Interpretación Histórico Cultural das Terras de Trives Santa Leonor
Eumenio Ancochea, 15.
Telf. 988 330 967.
De martes a domingo, de 11 h a 14 h y de 17 h a 20 h. Con exposición y audiovisuales sobre la montaña de Trives.

También se encuentra algo de información en los periódicos *La Región* y *La Voz de Galicia.*

Autobuses. *Empresa Monbús.* Telf. 902 292 900.

Ferrocarril
Por tren se llega hasta la localidad de A Rúa desde la capital orensana. Telf. 902 240 202.

VISITA

Por una parte debe visitarse la **villa,** bien cuidada y sumamente tranquila, y por la otra, si estamos en temporada, podemos ascender hasta la **estación invernal de Cabeza de Manzaneda,** única de Galicia preparada para la práctica del esquí, y si no, aún tenemos otras opciones monumentales, que van de los puentes romanos de la Vía Nova a los templos medievales, y de los cañones fluviales, así los del Navea o el Bibei, a los sotos poblados por castaños centenarios.

EL PUEBLO

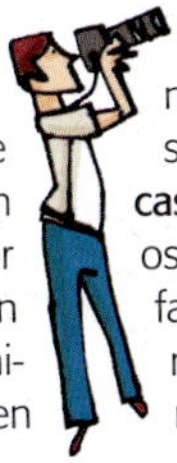

Fundada en el siglo XIII, A Pobra tiene a honra haber sido el primer pueblo gallego que se rebeló contra los franceses en 1809. El siglo XIX vio un mayor florecimiento, con la instalación en la localidad de algunas familias nobles que construyeron en ella casonas de interés. A la calle principal de Pobra, que no es sino la carretera nacional, se abren dos de estos pazos: la **casa de los Marqueses** (siglo XIX) ostenta el blasón del linaje en la fachada principal, y en los jardines pueden verse inscripciones, miliarios y otros restos roma-

EL TAPEO

Ni hay mucha costumbre, ni existe una zona definida para dedicarse a este asunto, aunque en la mayoría de los bares ponen tapas. El más clásico e imprescindible es **O Bodegón** (rúa da Paz, 16), taberna rústica reconvertida en mesón. Conserva algo de su antigua condición, con aperos de labranza colgados por todos lados. A probar los embutidos. En la misma calle se sitúa el **Paíño,** y muy cerca de él, también con pinchos variados, el **Manolos** (Centro, 4).

En la zona nueva está el **Toral** (Rosalía de Castro), típica tasca de pueblo, con chorizos, chicharrones y empanada. En el **Bar Quintela** (Marqués de Trives) tienen buenas empanadas y, como no podía ser menos en esta comarca, chorizos.

nos; y la **Casa Grande de Trives** (siglo XVII), más completita, con capilla, patio columnado, fuente, jardines, una torre con escudo y un original campanario (hoy se dedica a hostelería).

La **iglesia parroquial** (siglo XIX) alberga en su interior el *Cristo de la Misericordia,* traído en 1774 tras un largo viaje desde Tierra Santa.

EN LAS INMEDIACIONES

A Pobra de Trives es el perfecto centro de operaciones para disfrutar en pequeñas excursiones de los tesoros de su comarca. **Cabeza de Manzaneda,** con su estación de esquí, está a sólo 18 km, pero vale la pena subir hasta la propia cumbre de la sierra, el **alto de Manzaneda,** a 1778 m de altitud. Aunque hay que patear un rato (no mucho), el panorama que se contempla es espectacular.

El descenso de Manzaneda puede ser realizado, a través de **Paradela,** por la villa medieval de **Manzaneda,** que conserva restos de una vieja fortaleza del conde de Lemos, varios lienzos de la muralla con la **porta da Vila,** un par de casonas solariegas barrocas y buena arquitectura popular. A 1 km de la localidad se hace muy recomendable la visita al **Souto de Rozabales,** impresionante castañar centenario que tiene su venerable abuelete en el **castaño de Pumbariños** (bien señalizado), cuyo

A POBRA DE TRIVES.

tronco alcanza en la base más de 12 m de diámetro. Camino de Trives nos deleita otra nueva sorpresa: la pequeña **iglesia de San Salvador** de **Sobrado de Trives,** románica al exterior pero con un suntuoso interior barroco. Muestra un campanario exento, en forma de torre medieval, y aún conserva restos de un antiguo convento femenino, habitado hasta el siglo XVI.

La N 120, que nos lleva hacia A Rúa, pasa a los 8 km por encima del **Ponte Bibei,** un puente levantado en el siglo II d.C., monumento nacional desde 1931, que aún soporta con paciencia de santo el tráfico rodado. Su longitud es de 75 m y su altura máxima alcanza los 22,5 m. En los alrededores hay algún otro vestigio romano, como un miliario y una piedra en honor del emperador Trajano, pues no en vano estamos circulando sobre la que fue Vía Nova, una de las principales calzadas que comunicaban *Bracara Avgvsta* (Braga) con *Astvrica Avgvsta* (Astorga).

La misma carretera, pero hacia Castro Caldelas, nos conduce hasta la cuenca del Navea, rodeada de un estupendo bosque de robles centenarios.

El llamado **Ponte Navea** también es romano en origen, aunque fue muy reformado durante la edad media, cuando se construyó su apuntadísimo arco. La **capilla** medieval **de la Encarnación,** a un lado del puente, cristianiza sin duda antiguos cultos paganos. Al otro lado del río comienza el pequeño municipio de **San Xoán de Río,** que ha sido provisto de un **Centro de Formación Ambiental** desde la que planificar la visita de sus encantos naturales.

SOUTO DE ROZABALES.

CAFÉS

El **San Martín,** en la calle del mismo nombre, es una cafetería elegante y agradable, y **O Cafeto,** en la misma calle, el clásico local moderno decorado con piedra y madera, no está mal. El **Sky,** en la praza do Reloxo, es un clásico que funciona de tarde y que en la noche se reconvierte en bar de copas. A los anteriores cabe sumar el **Boliche,** en el que también ofrecen tapas.

DORMIR EN A POBRA DE TRIVES

En época de nieves es difícil encontrar plaza, pues llenan Trives los que no consiguieron sitio en Manzaneda.

HOTEL VIA NOVA**

Jacinta Alvarado, 12.
Telf. 988 330 298.
Es un hotel ubicado en un bonito edificio tradicional de la zona, cerca de la plaza del Reloj. Dispone de 7 habitaciones sencillas.
Habitación doble: 50 €.

HOTEL A LASTRIÑA*

Ribón, Sas de Xunqueira.
Telf. 988 332 474. Un hotelito de naturaleza, bastante mono, inaugurado en 2003. Con jardín y alquiler de bicicletas. 52 €.

HOSTAL O PIORNO**

Sas de Xunqueira, ctra. de Ourense.
Telf. 988 330 187.
Más nuevo que el anterior y más lejos. Habitación doble: 40 €.

HOSTAL LA VIUDA**

Rosalía de Castro, 17.
Telf. 988 320 101. Más grande, céntrico y con cafetería y restaurante, las habitaciones son bastante apañadas y la decoración acogedora. 42 €.

HOSTAL CASANOVA*

Alfredo Casanova, 7.
Telf. 988 332 302. Pequeño alojamiento, bastante arreglado, con 5 habitaciones y restaurante.
Habitación doble: 40 €.

TURISMO RURAL

PAZO DE SAN LOURENZO DE TRIVES

San Lourenzo de Trives, a 3 km de la villa hacia Cabeza de Manzaneda. Telf. 988 332 039. Dormir en un pazo no tiene por qué resultar caro: 38 € la habitación doble.

PAZO PARADELA

Hacia Barrio, 2 km al N de la villa. Telf. 988 330 714. Con su patio, salón con chimenea y 8 habitaciones, en una explotación agraria. Habitación doble: 60 €.

CASA GRANDE DE TRIVES

Marqués de Trives, 17.
Telf. 988 332 066.

LA NOCHE

Siguiendo por la rúa Marquesa llegaremos al pub **CURVI**, en una acogedora placita con terraza, a **O BODEGÓN** (mencionado en el apartado de tapas) y al **CANDELLO**, algo más adelante.
En la zona de la Viuda se localizan los locales de última hora, como el **MIRASIERRA**, un extraño y pequeño local medio cafetería, medio pub, con buena y variada música, y el **COSMOS**, en el mismo estilo. Están en una zona apartada, lo que permite una mayor libertad de horarios y ruidos. La discoteca es **O PANEQUE**, en la carretera hacia Ourense. Sin embargo, la mayor parte de los jóvenes suelen desplazarse a O Barco de Valdeorras.

En pleno centro, es uno de los pioneros del turismo rural en Galicia. Mobiliario antiguo y vetusto encanto.
Habitación doble: 53-65 €.

En Pobra de Trives hay también dos campings (**A Masía** y **Nieve's**), abiertos todo el año, y otras posibilidades de alojamiento en bungalós y apartamentos.

COMPRAS

No se puede uno marchar de aquí sin probar la *bica* de Trives, un delicioso dulce mantecado, auténtico patrimonio cultural, que tiene fiesta propia el último domingo de julio. Lo elaboran y despachan, entre otros, la **Panadería Álvarez** (Escuadrio, s/n), la **Confitería Luciano** (Marqués de Trives, 24) y **Bicas de Trives** (avda. Ourense, 23).
Los derivados del cerdo tienen también fama. En **Embutidos Pío** (praza Abastos, 5 y 6) disponen de una fábrica propia que los surte de chorizos, jamones y *androlla,* un embutido hecho con costilla picada con hueso, ajos, orégano, pimentón, pimienta y sal. La **Tenda do Grifo** (pza. do Grifo) ofrece artesanía, sobre todo cerámica, y otros objetos típicos de la comarca.

COMER EN A POBRA DE TRIVES

■ Casas con menú (menos de 15 €)

La mayor parte de los hostales y hoteles citados tienen su restaurante con menú del día.

La Viuda

Al tiempo que hostal ya mencionado, es también casa de comidas, con raciones de productos locales a buen precio. A la carta sus especialidades son la caza (perdiz, jabalí, ciervo) y el cabrito. Y de postre, todo casero, ¡hasta 33 opciones diferentes, sobre todo tartas!

As Maceiras

San Lourenzo.
Telf. 988 331 027 y 908 873 379.
Cocina casera de la montaña, pero que incorpora también platos vascos y extremeños. Buena relación calidad-precio.

Os Arandos

En la estación invernal, Cabeza de Manzaneda. Telf. 988 309 090. Además del restaurante, para el que no quiera complicarse la vida, está el más asequible autoservicio.

PONTEDEUME

A CORUÑA. 4.721 HABITANTES

Pontedeume es una atractiva villa veraniega que creció en las laderas del monte Breamo, entre el estuario del Eume y al abrigo de la ría de Ares. El pueblo en verano es un abarrote, y el resto del año se anima todos los sábados con el feirón, frente al mercado e inmediaciones; aquí encontraremos vituallas variadas como apetitosos embutidos, empanadas (no dejéis de probar la *costrada,* una especie de empanada hojaldrada en varias capas, especialidad local), el pan de trigo, millo o centeno... También podemos saborear unas raciones de pulpo en los puestos que dan ambiente a la feria. Y de postre, las deliciosas muestras de la repostería local, con mucho lo mejor de su gastronomía, desde la *proia mantecada* a los melindres, los almendrados o los bizcochos.

INFO

Oficina de Turismo del Ayuntamiento. Está situada en la torre de los Andrade (praza do Conde). En ésta también se halla el **Centro de Interpretación de Os Andrade.** Telf. 981 430 270.
Centro de Iniciativas Turísticas Eumeturismo. Avda. Ricardo Sánchez, 6 (en el edificio de la Fundación Comarcal).
Telf. 981 434 070.
www.eumeturismo.org
Oficina de Información Xuvenil Avenida do Peirao (edificio do Xulgado). Telf. 981 433 039.
Información diaria, aunque escasa, en la edición ferrolana de *La Voz de Galicia,* el *Diario de Ferrol* y en *O Comarcal,* este último editado cada 15 días. Y también se puede consultar *Treme a Terra,* una revista que se publica trimestralmente y está dedicada a la cultura joven y urbana de Pontedeume.

TRANSPORTES

Autobuses. No hay estación, aunque son frecuentes los servicios de las empresas *Iasa* y *Castromil* a las localidades de A Coruña, Betanzos y Ferrol.
La parada se encuentra delante del café Martiño.
Renfe. Avenida de Ferrol.
Telf. 981 430 127 y 902 240 202.
Taxis. Hay una parada en la praza de España. Telf. 981 430 460.

VISITA

El casco antiguo de Pontedeume, con su iglesia parroquial en la parte alta y con el puente que da nombre a la villa, constituye sólo uno de los atractivos: si hay tiempo, y vale la pena que lo haya, resulta inexcusable una excursión a San Miguel de Breamo y, sobre todo, a las extraordinarias fragas del Eume.

UN PASEO POR LA VILLA

El palacio compostelano de Raxoi, sito en la praza do Obradoiro, fue construido por un hijo ilustre de esta villa, el arzobispo Bartolomé Rajoy y Losada, quien tuvo a bien levantar otro **Palacio Raxoi**, bien es cierto que más modesto, en Pontedeume.

Pero el principal recuerdo que el arzobispo dejó en su villa natal es la **iglesia** parroquial **de Santiago,** reedificada sobre una anterior construcción del XVI. Conserva el templo de su primitiva fábrica la capilla mayor plateresca; el resto del edificio es ya del siglo XVIII, destacando una aparatosa fachada neoclásica que mantiene ciertos resabios barrocos, como las torres que diseñó el maestro compostelano Alberto Ricoi.

En el interior sobresale el **sepulcro de Fernando de Andrade,** el héroe de la batalla de Seminara (1503): fue reformado en el siglo XVIII, pero

PALACIO RAXOI.

mantiene la estatua yacente en mármol de la sepultura original de 1540. En el **retablo mayor** del siglo XVI se muestra una imagen pétrea de Santiago sedente, descubierta mientras se hacían una reformas en la iglesia en 1961 (no le tenían mucho aprecio a la escultura estos barrocos, pues la usaron como cimiento).

COMPRAS

Destaca Pontedeume por sus empanadas, la costrada y la repostería (tarta de Pontedeume, melindres, almendrados, proia mantecada), que pueden ser adquiridas en **La Rigueira** (Ferreiros, 10), **El Carmen** (Santiago, 10), el **Obradoiro Artesanal** (Santiago, 23) o el **Horno Ríos** (S. Agustín, 31). Reúne una buena muestra de cestería **Tenreiro** (Real, 17), y otras piezas artesanas **A Xesta** (Pescadería, 25) y **Picapinos** (pza. das Angustias, 11).

El templo se levanta en la zona alta de la villa y desde él descienden una serie de callejuelas típicas, con sus casas de galerías y balconadas, que nos pueden llevar, por ejemplo, hasta la praza do Mercado y la praza do Conde.

En el solar que hoy ocupan estas plazas, se levantaba, hasta los años treinta, el **pazo de los Andrade,** la vieja fortaleza que, tras soportar los embates de los irmandiños, no pudo resistir los de la modernidad; del conjunto de pazo, capilla y **torre** sólo se salvó esta última, elegante y poderosa. Queda poco, pero lo que se conserva sirve para que sea considerada como una de las mejores muestras de arquitectura militar medieval de Galicia. En la fachada, el escudo de los Andrade, con las famosas 18 banderas, coronado por un ángel con una divisa: *Nolite Nocere* (No hagáis daño); candoroso lema para una fortaleza. Los agradables **jardines de Lombardero** se extienden a su lado.

EL TAPEO

La zona de vinos se sitúa en torno a las rúas Real, Cantón y Ferreiros, calles empinadas con bastante encanto. Por lo general, donde veáis dos toneles en una entrada, ahí debéis dirigiros.

En los soportales de la Rúa Real encontraremos el bar **Compostela,** típico establecimiento de tapas como hay varios en la villa. **A Raiola** está al lado, con una agradable y oscura terraza bajo los soportales. Sin salir de la senda marcada tenemos el **Nevada,** bien remodelado y con "pincho del día". A la misma calle pertenecen el **Tostaky,** que prepara caracoles con salsa de albahaca, o **A Pitanza,** una nueva y surtida vinatería a la que se acude a comer raciones (ensaladas, revueltos, tablas de ibéricos y quesos, *raxo*).

En Ferreiros contamos con el **Mesón do Nicolás** y con el típico **Lar do Antón,** que muestra potes colgados de las paredes y decoración marinera; ofrece chipirones, boquerones o berberechos, y aún sirve Ribeiro de barril en taza blanca. Para concluir, en la travesía Real nos espera la *enxebre* y concurrida taberna **Zas** con sus berberechos, mejillones, parrochas, callos y, en invierno, una reconfortante tacita de caldo. **A Lareira,** que se localiza en la rúa Cantón, es una vieja tasca de piedra, y en la misma calle podremos ver el **Treboada,** bodegón al que delatan los barriles de la puerta (ambos con quesos y embutidos).

El **Mesón do Nicolás,** en Ferreiros, y la *enxebre* y concurrida taberna **Zas,** en la travesía Real, son dos buenos locales de tapeo cercanos.

En el otro extremo de Pontedeume se alza el antiguo **convento de San Agustín,** fundado en 1538 por Fernando de Andrade, en terrenos que por aquel entonces lindaban con el mar. Hasta 1835 estuvo ocupado por los monjes, que tenían sus huertas en lo que hoy es la alameda. Después, el convento tuvo diversos usos, desde escuela y cuartel hasta domicilio particular o prisión. La antigua iglesia, que se abría al paseo de Raxoi, se demolió en el último tercio del siglo XIX. Hoy, tras ser adquirida por el Ayuntamiento, se usa como Casa de la Cultura.

Al final de la alameda se puede ver la **iglesia de las Virtudes,** o del Souto, edificada en el siglo XVII sobre las ruinas de una anterior que había mandado construir el Andrade malo; del templo viejo sólo resta una imagen de piedra embutida en un muro. Es una capillita austera hacia el exterior, en la que sorprende un suntuoso retablo churrigueresco.

El agradable **paseo del Puerto** nos lleva hasta el antiguo **puente** de piedra que da nombre a la villa. Fue desde el principio un puente de gran valor estratégico, cuyas primeras referencias escritas se remontan al siglo XII, cuando aún era de madera. Fue Fernán Pérez de Andrade, *O Bo*, el que acometió la construcción de uno de cantería a finales del siglo XIV. Este Andrade le había cogido gusto a la construcción, ya que la tradición le atribuye siete iglesias, siete monasterios y siete puentes. El que nos ocupa fue durante siglos el más largo de España, con 78 arcos apuntados y 850 m. Tenía dos torres defensivas y, en el centro, hasta el siglo XIX, una capilla dedicada al Espíritu Santo y un hospital de peregrinos con 12 camas y hasta cocina.

Entre 1864 y 1870 se construyó el puente actual, aunque se mantuvieron en la rotonda de la entrada, en recuerdo del buen Andrade, un oso y un jabalí, emblemas del linaje.

Y EN LOS ALREDEDORES

Una visita obligada nos llevaría hasta la pequeña **iglesia de San Miguel de Breamo,** en la cima de un monte de 303 m de altura desde el que se disfruta de una espléndida panorámica sobre las rías de Ares y Betanzos. Es un templo sobrio, de escasa decoración, con planta de cruz latina y tres ábsides. En el interior, un ángel gótico de piedra pesa las almas de los difuntos. Los que creen tener un *meigallo* (encantamiento maligno), que los hay, acuden a las populares romerías que ani-

AYUNTAMIENTO DE PONTEDEUME.

CAFÉS

En el centro, frente al puente, se hallan, más que cafés, las clásicas cafeterías.
Brasilia tiene una estupenda y amplia terraza y **Tino's,** además de café, ofrece pulpo "a la leonesa" y bacalao, pero este último en su versión musical.
Para los que gusten del chocolate con churros, lo sirven a diario tanto en el **Puente** (interior en piedra vista) como en **Capri** (más funcional).
Muy acogedoras para la tertulia resultan, en la Praza Real (frente al Ayuntamiento), las terrazas del **Freixo Café,** con aires de época, y **A Cociña.** En la Rúa Real, **Tostaky,** está a medio camino entre café y local de copas, al igual que el **Toutorroutou** y el **Diaño.**

man este lugar el 8 de mayo y el 29 de septiembre.
Y nos quedan las **fragas del Eume,** por las que en tiempos se conoció a Pontedeume como el vergel de Galicia. Este bosque atlántico único en la comunidad gallega, de gran riqueza forestal, fue declarado Parque Natural en 1994, después de estar en peligro durante décadas debido a la presión demográfica y los intereses comerciales: pese a los vertidos de aguas ácidas y a la plantación de eucaliptos en sustitución de especies autóctonas, lo cierto es que una excursión por estos bosques se nos antoja inolvidable.

En el medio de la floresta, junto al Eume, casi comidas por los árboles, nos sorprenderán las impresionantes **ruinas del monasterio** románico **de San Juan de Caaveiro,** fundado por San Rosendo en el año 934 para agrupar a diversos ermitaños que hacían vida monacal por los alrededores. Sabido es que los eremitas del medievo no elegían mal sus lugares de recogimiento, y Caaveiro no es una excepción. Para llegar hasta este lugar hay que andar un rato y cuesta arriba, pero aunque sólo sea por la panorámica que se ofrece desde el atrio os aseguramos que vale la pena el esfuerzo. La Diputación coruñesa, propietaria del edificio, ha concluido su restauración en 2005. En la actualidad son programadas visitas con guía todos los días en temporada alta y los fines de semana, de 11 h a 16.30 h, el resto del año (telf. de atención a visitantes: 656 554 553).

FRAGAS DEL EUME.

DORMIR EN PONTEDEUME

HOTEL EUMESA***

Avda. da Coruña, s/n.
Telf. 981 430 925. Junto al puente y con vistas a la ría.
Habitación doble: 55-75 €.

HOSTAL ALLEGUE**

Chafaris, 1. Telf. 981 430 035.
Es un pequeño hostal bastante céntrico y cómodo. Las habitaciones, muy luminosas, dan a la praza do Convento.
Habitación doble: 45 €.

HOTEL MAR MOLINO**

Playa de Ber. Telf. 981 430 707.
Ocupa un complejo de edificios.
Habitación doble: 50-90 €.

HOSPEDAJE LUIS

San Agustín, 12. Telf. 981 430 235.
Familiar y de buen trato. Habitaciones con baño a muy buen precio en régimen de pensión completa. El precio de la habitación doble es aproximadamente de 26 € dependiendo de la temporada.

■ TURISMO RURAL

En el entorno de las fragas, además del **camping Fraga do Eume** (Queixeiro, Monfero; telf. 981 195 130; www.campingfragadeume.com) tenemos **Casa de Graña da Acea** (Acea, 4; San Fiz; telf. 981 788 282/ 639 652 331; habitación doble: 55-72 €; www.granhadacea.com), un coqueto establecimiento con una sencilla elegancia y una decoración cálida. En la misma línea destaca, junto al castillo de Nogueirosa, **A Casa do Castelo de Andrade** (telf. 981 433 839; www.castelo-andrade.com; 68-115 €), con 10 habitaciones dobles con nombre y decoración personalizados, biblioteca, muebles antiguos y vistas a las cuatro rías del golfo Ártabro.

■ OTROS HOTELES DE PRECIO MÁS ELEVADO

Es recomendable el **Hotel Fraga do Eume***** (en A Capela, Extoxa; telf. 981 492 406; www.hotelfragadoeume.com; 110-130 €), situado en un bonito entorno. Dispone de 26 habitaciones amplias y varias suites. También tiene piscina climatizada, gimnasio y jardín. Otro hotel interesante es el **Hotel Apartamentos Sarga***** (Arenal, s/n; telf. 981 431 000; 130 €), enclavado en la playa de Cabañas y con habitaciones y apartamentos modernos y confortables.

COMER EN PONTEDEUME

■ CASAS CON MENÚ (MENOS DE 15 €)

MESÓN SIDRERÍA TT

Avda. Doctor Villanueva, 10.
Telf. 981 434 563. Local amplio, con un piso alto independiente, que ofrece cochinillo frito, raxo, lomo relleno, pescado frito, chipirones, mejillones o también platos combinados, tablas de quesos o embutidos. O sea, de todo.

LUIS

San Agustín, 12.
Telf. 981 430 235. Es la clásica casa de comidas, sencilla y con un menú muy asequible.

LA NOCHE

Los sábados se empieza por la Alameda, concretamente por la Corredoira das Virtudes, en la que se agolpan antiguos bares de vinos reconvertidos en locales de copas, así **Don Pepe, Piñeiro** o el **Rasta Bar.** Ninguno, sin embargo, gana en originalidad al **Marcos,** que en medio de un decorado erótico ofrece hasta 200 chupitos distintos. Desde aquí se enlaza con la parte alta de las rúas que configuran el casco antiguo. Así encontramos el **Apnea** (Ferreiros), con copas a buen precio, el **Relouro** o **El Triskel,** y en la rúa Real **La Taberna Cubana,** para bailar, y **Eclipse.** Con buena música y ambiente. Un local que se aparta algo del cogollo es el **Trasteiro,** en la zona del muelle.
La noche se cierra en el emblemático **Vía Pública,** el mejor y más concurrido local de Pontedeume, lleno a rebosar hasta las 5 h; y el **Coliseo,** que ocupa un teatro modernista. En las afueras, los forofos del *tecno,* el *house* y el *hardtecno,* cuentan con la discoteca **Zeus,** que no cierra hasta el amanecer.

Rio Covés

Esteiro (a 1 km de la villa camino de Caaveiro). Telf. 981 434 057. www.riocoves.com
Este precioso local, instalado en una casa de piedra con su jardincito y terraza (formó parte de un astillero de ribera), forma parte de la innovadora y atractiva cadena de las Cantinas do Eume. Especialidades gallegas con un toque creativo y asequibles raciones en el mesón. Entre otros platos se pueden probar las parrochas ahumadas, las sardinas lañadas y las tartas caseras de almendras.

■ Restaurantes (sobre 24 €)

Mariscos y solomillos se pueden degustar en **Brasilia** (avda. da Coruña; telf. 981 430 249), en el hotel Eumesa.

Cruzando el puente ya estamos en Cabanas, ayuntamiento limítrofe que además de la playa cuenta, en la parroquia de **San Martiño de Porto,** con **O Muíño do Trigo** (telf. 981 432 185), precioso restaurante que ha recuperado un molino del siglo XVIII para ofrecer platos gallegos en interesantes reelaboraciones (pastel de vieira y mejillón, migas de bacalao, lubina con salsa de zanahoria...).

También en los alrededores, otro de los restaurantes de estilo tradicional que se esfuerza, en un marco muy agradable de piedra y madera, por recuperar la gastronomía autóctona, es **Casa Garabana** (Doroña, Vilarmaior; telf. 981 195 603).

PONTEVEDRA

CAPITAL DE PROVINCIA. 78.715 HABITANTES

Situada en la ría formada en la desembocadura del Lérez, Pontevedra es una ciudad pequeña y apacible, con un casco antiguo extraordinario y un clima suave y agradable. Tras la guerra civil se instalaron en sus cercanías una fábrica de madera y una celulosa (río arriba una y ría abajo, la otra) bastante contaminantes. Los sectores más progresistas de la ciudad no han parado hasta conseguir la desaparición de la primera, un hecho consumado, y ratificar la obligación de desalojar la concesión, por parte de la segunda, antes de 2018. Hoy el desarrollo de Pontevedra gira en torno al sector servicios, con un recinto ferial al otro lado del río, comunicado por dos puentes (uno de ellos de muy reciente y hermosa factura) y la urbe mantiene una activa vida cultural gracias en buena medida a la Facultad de Bellas Artes, al Museo Provincial y a una prestigiosa Bienal de Artes Plásticas. La intensiva peatonalización del centro histórico y el ensanche ha aportado a Pontevedra un agradable aspecto y una notable calidad de vida. Por su ubicación es también el mejor centro de operaciones para excursiones por toda la provincia.

IGLESIA DE SAN FRANCISCO.

INFO

Oficina de Turismo de la Xunta de Galicia. Gutiérrez Mellado. Telf. 986 850 814.

Patronato de Turismo "Rías Baixas". Telf. 986 804 108/ 842 690.

Casetas municipales de Turismo Durante el verano son colocadas dos en Montero Ríos y la Praza de Ourense.

www.concellopontevedra.es

Para seguir las actividades cotidianas de la ciudad podemos leer el periódico de la capital *El Diario de Pontevedra* y las ediciones locales del *Faro de Vigo* y *La Voz de Galicia*.

El ayuntamiento edita la programación del Teatro Principal (telf. 986 851 932) y el Pazo da Cultura (telf. 986 833 061) así como la revista *Ponte Ocio* (www.ponteocio.com), muy completita.

TRANSPORTES

Pontevedra se inscribe en el corredor atlántico, que la comunica con Vigo, hacia el sur, y con Santiago y A Coruña, hacia el norte. Las comunicaciones por carretera son

así bastante buenas (hay autopista), circulan trenes con asiduidad, aunque con excesiva lentitud, y tiene un aeropuerto, el de Vigo-Peinador, a sólo 28 km.

Estación de autobuses
Alféreces Provisionales.
Telf. 986 852 408/ 852 530.
Autobuses a Marín, cada 10 minutos, desde la praza de Galicia.

Estación de ferrocarril. Estación, s/n. Telf. 902 240 202.

Taxis. Las paradas más céntricas son las de plaza de España (telf. 986 851 285) y González Besada (telf. 986 851 280).

Teletaxi: telf. 986 868 585.

Aparcamientos
Plaza de España-Alameda, Montero Ríos (en pleno casco antiguo), Mercado de Abastos, Barcelos y Central (Palacio de Justicia), todos ellos bien situados.

Otra opción es la de aparcar al otro lado del río, alrededor del pazo da Cultura, aunque durante la semana suele estar bastante lleno.

VISITA

Una visita breve a la ciudad incluiría el casco antiguo y la iglesia de la Peregrina, pero si se dispone de más tiempo las zonas principales son: la Alameda, con su parque de paseo rodeado de sólidos edificios públicos de aspecto severo; la ciudad monumental, con la basílica de Santa María, las plazuelas deliciosas, el Museo Provincial o la praza da Ferraría, verdadero corazón de la ciudad, y la zona nueva y más comercial, con el pequeño y coqueto santuario de la Peregrina. Y, por fin, una imprescindible excursión a Combarro, el más típico de entre los típicos pueblos marineros de las costas gallegas.

POR LA ALAMEDA Y SU ENTORNO

Es la zona de los edificios oficiales de Pontevedra. En los alrededores del agradable y cuidado parque se distribuyen el **Ayuntamiento** –un edificio ecléctico de 1890–, el **Gobierno Civil**, la **Facultad de Bellas Artes** –siempre con exposiciones y actividades de sus dinámicos alumnos–, la **Delegación de la Xunta de Galicia,** el **palacio de la Diputación** y, finalmente, el **Instituto de Enseñanzas Medias:** la Alameda y los inmediatos **jardines de Vicenti** se convierten así a menudo en un hervidero en el que se mezclan adolescentes de bachillerato, artistas novicios y temperamentales y funcionarios varios.

AYUNTAMIENTO.

CAFÉS

En la zona nueva destaca por su ubicación **El Cafetín,** en plena Alameda, tiene una terraza apetecible a cualquier hora. Y lo mismo cabe decir, en los jardines de las Palmeras, del clásico café **Blanco y Negro,** inaugurado en 1943 y que ha servido de escenario para alguna que otra película; su terraza se beneficia con la sombra de un gran cedro del Líbano. El **Café Moderno** (Praza de San Xosé), totalmente rehabilitado por Álvaro Siza (2000), ha recuperado el esplendor modernista de los tiempos de su inauguración, alla por 1903, y las actuaciones musicales.
Aunque un tanto desnudo, el enorme salón de tertulias, en su día ocupado por Castelao, Laxeiro, Bóveda o Cabanillas, destaca por sus techos pintados, lámparas modernistas, reloj y puertas de madera talladas. También merecen ser citados el renovado **Café de La Estación** (avda. Reina Victoria), ahora decorado al estilo clásico; el **Central** (Peregrina) o **El Cafelito** (Sagasta), para tomarse un café o chocolate al tiempo que se echa la partidita.
En el casco antiguo los locales suelen sufrir una transformación repentina a determinada hora de la noche, convirtiéndose en pub lo que cuando entramos era un típico café. Este es el caso del **Universo,** ubicado en la plaza de Méndez Núñez y que funciona como galería de arte; muy recomendable para charlar y escuchar música suave.
En la Ferrería, en la praza da Estrela, está el **Carabela,** auténtica institución local, el más tradicional lugar de encuentro (casi diríamos que el café emblemático de Pontevedra).
Otros locales destacados son **César** (César Boente), tranquilo, y **La Estafeta** y **La Zona** (praza de García de la Riera), ambos de corte más moderno pero ocupando nobles casonas. Muy cuidado y refinado es el café **Blasón** (Barón), que más bien funciona como pub. En un lateral del Ayuntamiento sirve cafés y cócteles **Época.**
Muy activos culturalmente son el **Feira Vella,** en la praza da Verdura; el **Café Pub Alsir** (rúa Barón) y el clásico **Cabaña,** local agradable frecuentado durante décadas por varias generaciones de pontevedreses y hoy punto de encuentro entre la juventud universitaria y alguna intelectualidad que ya empieza a peinar canas. Estos últimos locales realizan a lo largo del curso actividades en colaboración con los estudiantes de Bellas Artes.

PONTEVEDRA DE DÍA

Casco antiguo

El ambiente diurno del casco antiguo, con sus reposadas plazuelas y callejas de piedra, es en general tranquilo y provinciano. Hay varias tiendas especializadas en productos típicos, sobre todo en las rúas Princesa y Real, y antigüedades y artesanía. En torno a las Cinco Calles (alrededores del santuario de las Apariciones) tienen asiento las tabernas más tradicionales, donde tomar un vino o una cerveza con una tapa durante los fines de semana. También aquí se agrupan unos cuantos cafés emblemáticos, principalmente en torno a las plazas da Estrela y Ferraría, verdadero foro urbano y centro neurálgico de la vida social pontevedresa.

Zona nueva

Al pasar la plaza da Ferraría, nexo de unión entre las dos zonas, nos adentraremos en la parte nueva de la ciudad, la más comercial y dinámica, presidida por la coqueta iglesia de la Peregrina y el agradable paseo de la Alameda. La principal zona comercial se concentra en torno a las calles de La Oliva, Michelena y la plaza de la Peregrina. La Rúa Nueva de Arriba y la Rúa Nueva de Abajo, bajando de la Alameda hacia el reúnen bares y cervecerías concurridos principalmente al mediodía.

Frente al Gobierno Civil, presidiendo el parque, se alza el **monumento a los héroes de Pontesampaio,** épica batalla en la que un ejército espontáneo de paisanos del vecino municipio de Cotobade mantuvo en jaque a las tropas francesas del mariscal Ney, improvisando, a falta de mejor armamento, un cañón de madera. Junto al instituto se encuentran las ruinas del **convento de Santo Domingo,** en tiempos joya de la arquitectura mendicante gallega de los siglos XIV y XV y del que se conservan, por los pelos, los restos de la gran cabecera de cinco ábsides. Hoy alberga una **sección**

Museo Provincial.

de arqueología del Museo Provincial, con restos romanos, paleocristianos, suevos y románicos, con capiteles y sepulcros de nobles gallegos del medievo, inscripciones, epígrafes y tímpanos sueltos procedentes de otras iglesias. La verdad es que su aspecto ruinoso, con la hiedra y el musgo envolviendo los escudos nobiliarios y los restos de los muros, las ventanas sin vidrios y el cielo abierto, lejos de desagradar, aumenta su atractivo, dando al conjunto un toque decadente y suavemente melancólico.

Adentrándonos en el casco antiguo

El centro histórico de Pontevedra –quizás el mejor de Galicia, tras el de Santiago–, más que por sus edificios singulares, sus iglesias o palacios, destaca por su armonioso conjunto, por sus discretas y reposadas plazas y sus pequeñas rúas de innegable sabor popular. Se recomienda, pues, el sano deporte del callejeo (favorecido por una peatonalización total), del vagar sin rumbo y dejarse sorprender.

Desde la praza de España sale la avenida de Santa María, en la que sobresalen los edificios blasonados que nos recuerdan el pasado esplendor de la nobleza pontevedresa.

PONTEVEDRA DE NOCHE

Zona vieja

Por la noche las tranquilas calles del casco antiguo sufren una gran transformación, pues los típicos cafés y tabernas, a determinada hora de la tarde-noche, sufren un cambio y se convierten en animados pubs.

En las rúas Princesa, Alta, Barón, Teucro y los alrededores del Teatro Principal abundan los locales para picar algo antes de salir a conocer la movida nocturna y los pubs de primera hora.

El Campillo de Santa María es otro núcleo de concentración juvenil.

La zona de la praza da Leña es para los más jóvenes, con locales vanguardistas donde suenan los últimos éxitos, mientras que en la rúa Marqués de Aranda se agrupan los locales para un público más tranquilo y reposado.

Zona nueva

Algunos locales aislados y discotecas de última hora se desperdigan por la zona nueva, que recibe gente en torno a las 3 o 4 h de la mañana.

Las discotecas de Cobián Rofignac y Benito Corbal son para los más "madrugadores".

En el extremo, en la praza Alonso de Fonseca, se encuentra la **basílica de Santa María.** Se construyó durante el siglo XVI combinando una gran diversidad de estilos, desde el gótico isabelino al plateresco, pasando por el manuelino portugués. El templo es también conocido con el sobrenombre "de los pescadores", ya que fue el gremio de mareantes el que, vendiendo cestas de pescado, aportó los 30.000 ducados necesarios para su construcción. El edificio, diseñado por Juan de los Cuetos y Diego Gil, consta de tres naves, con bóvedas de crucería, pilares funiculados y una capilla mayor

poligonal, además de las pequeñas capillas laterales.

Pero sin duda lo más espectacular de esta iglesia es la **fachada principal,** al final de una gran escalinata. Trazada por Cornelis de Holanda y el maestro portugués Joao Nobre, la portada es una auténtica obra de orfebrería plateresca en granito. Se representan los hechos más destacados de la vida de la Virgen, así como diversos santos, apóstoles y padres de la Iglesia: curiosa es la imagen de San Jerónimo, que lee en un pupitre ayudado por unas grandes gafas.

BASÍLICA DE SANTA MARÍA.

El vecino Campillo de Santa María se abre sobre el antiguo barrio de pescadores de A Moureira. La rúa de Isabel II nos lleva al corazón del casco antiguo.

Si tenemos un día místico podemos acercarnos hasta el **santuario de las Apariciones,** residencia que fue durante años de Lucía –una de las videntes de Fátima–, aunque el edificio no tiene ningún interés.

Cerca podemos ver también el **pazo de Maceda** o del barón de la Casa Goda, con jardines y portada neoclásica, en la actualidad

EL TAPEO

Procede decantarse por los productos marinos, como empanadas de berberechos, bacalao, vieiras o sardinas, y la pesca de río en temporada (en particular, lamprea). Los mejillones y las ostras de Arcade no nos decepcionarán.

ZONA VIEJA

En sus plazuelas y estrechas rúas empedradas de sabor gremial, las tabernas vuelven a sacar sus barriles, mesas y bancos de madera a la calle como en el pasado, generando un ambiente especial, sin parangón en Galicia.
La praza de A Verdura, una de las más concurridas por la generosidad de sus terrazas, cuenta con varios locales entre los que destaca el **Feira Vella,** que además de empanadas mima la carta de vinos.
En el vecino y emblemático Eirado da Leña, aconsejamos probar los pinchos y raciones del **bar** que lleva el nombre de la plaza, o frecuentar la taberna **Alberca,** pero las tapas más originales son las de **Casa Filgueira** (quesos, embutidos, filloas saladas y más de 100 marcas de vinos gallegos y lusos). De la plaza parte la rúa Figueroa, con tascas como **A Taberna de Félix** (callos, empanada de maíz, xoubas, chocos), **O Antollo** (empanada, croquetas de la casa), **Chiruca** y **La Estrella,** y ya entrando en la plazuela de A Estrela la **Taberna San Román,** con su queso frito y montaditos. En la paralela, que es Pasantería, está **A Cova da Meiga,** una taberna tradicional.
En la parte alta, la plaza de Curros Enríquez acoge **La Chata,** un local exquisito, elegante en su decoración y variado en la oferta de tapas. De regreso al río, en la plaza dedicada al marino Méndez Núñez podemos hacer parada en **La Taberna do Pincho,** con amplia terraza, y en la plaza do Teucro en **La Tienda de Clara,** que funciona como tienda de productos gastronómicos, tapería, enoteca, restaurante y pub, ¡casi nada! Más abajo, cerca de la rúa do Arco se sitúan

más tascas de vinos y alguna jamonería como **O Arco da Pedreira.** Al final de la rúa Real, cerca ya del Lérez, tenemos la histórica **Casa Verdún,** que ofrece revueltos, tablas de quesos y embutidos, chistorra y demás.
Pero la mayor concentración de locales de tapeo se da en los alrededores de la plaza de Rogelio Lois, popularmente conocida como de Cinco Rúas. Uno de los mesones más afamados se llama precisamente así, **Cinco Calles,** en el cual a veces es incluso posible tomar una tapa de marisco a precio asequible. Junto al anterior queda **O Cruceiro.** De las cinco vías citadas, la de San Nicolás es la que tiene las tascas más tradicionales (**O Pulpeiro, O Noso Bar, San Nicolás**), en las que sirven calamares, chocos, pulpo y pescado frito. El mismo género lo ponen en el **Bar Saudade** (rúa da Princesa), y en Isabel II funciona, junto a la iglesia de Sta. María, **O Cortello,** taberna enxebre y oscura, más propia de otra época, con mucha variedad de tapas.
Camino del Ayuntamiento, en la rúa Alta están **O Merlo,** con colección de llaveros y buenos pinchos, y **El Pitillo,** otro establecimiento tradicional –prepara buenas tapas de tortilla, calamares y chorizos infernales– que no debe faltar en un recorrido clásico. En la misma calle, pero más decorados, nos aguardan **El Masón,** local donde se reunía una de las varias logias que volvían loco al clero pontevedrés de antaño, y **La Mandrágora.**

Completan esta densa oferta, en las inmediaciones del Teatro Principal, los mesones **El Bocaíto, Jaqueivi** (embutidos y queso) y, con resonancias y decoración sureña, pero raciones de pulpo y vinoteca muy galaicas, **La Alquería Mudéjar.**

Zona nueva

En la Rúa Nueva de Arriba y la Rúa Nueva de Abajo, bajando de la Alameda hacia el río, concentran bares y cervecerías concurridos principalmente al mediodía.
En la calle Michelena, junto a la zona monumental, también ofrecen buenas tapas en **La Hispana,** con ricos revueltos y montaditos, y en **La Muralla del Irlandés** (Michelena, 20) moderna y amplia cervecería presidida por la estatua de un bebedor de otros lares.

convertido en Parador de Turismo. Pronto llegamos a la **praza de Rogelio Lois,** conocida como "las Cinco Rúas", con un hermoso cruceiro del siglo XVIII. En sus pequeñas plazas tradicionales se concentra buena parte del atractivo de Pontevedra; probablemente una de las más hermosas sea la que lleva el nombre del legendario fundador de la ciudad, la **praza do Teucro,** con sus naranjos, pazos blasonados y umbrosos soportales.

Muy acogedoras resultan la praza de Indalecio Armesto o **praza da Verdura** y la de Méndez Núñez, también conocida como **das Gallinas** (ha sido honrada con una estatua de Valle Inclán), aunque sin duda lo más pintoresco es el **Eirado da Leña**, la más evocadora, pintada y fotografiada de las plazas pontevedresas.

A la praza da Leña se abre la sede central del **Museo Provincial de Pontevedra,** y decimos la sede central porque este museo se expande continuamente, ganando nuevos edificios y nuevas dependencias para acoger sus ricos fondos artísticos, bibliográficos y documentales y para llevar a cabo sus numerosas actividades culturales (visita, invierno, de 9 h a 13 h y de 16.30 h a 20 h; verano, de 11 h a 13.30 h y de 17 h a 20 h; domingos y festivos, de 11 h a 14 h). Es, sin duda, el primer museo de Galicia y en él podemos contemplar desde una buena colección de arqueología hasta destacados ejemplos de arte gallego contemporáneo, pasando por marfiles medievales, estatuas del pórtico de la Gloria, azabaches compostelanos, tablas góticas, muestras de la mejor pintura española del renacimiento y del barroco e incluso el camarote del almirante Méndez Núñez. Es un museo muy variado y de agradable visita que, entre 2003 y 2005 ha continuado su expansión a través de un moderno apéndice en el edificio Fernández López (C. García Braña y J. Reboredo) y la sexta sede elevada sobre el Antiguo Hogar (E. Pesquera, J. Ulargi).

Entre el Eirado da Leña y esta nueva construcción se encuentra la **iglesia de San Bartolomé,** antigua iglesia de la Compañía de Jesús, cuyo escudo puede verse presidiendo la fachada. La iglesia se construyó a finales del

PLAZA DE ALONSO FONSECA.

siglo XVII y principios del XVIII, y además del interés de la portada barroca –con sus columnas colosales y sus influencias italiana y compostelana– merecen destacarse algunas de las tallas del interior, como la *Magdalena* de Gregorio Fernández. Las plazas da Estrela y da Ferrería, con los adyacentes jardines de Casto Sampedro, separan el casco antiguo de la zona nueva y son el centro neurálgico de la vida social pontevedresa; sus cafés y terrazas son el nexo de unión y zona de encuentro para todo el mundo.

En **A Estrela,** antigua zona de posadas y caballerizas, destaca la **Casa das Caras,** así llamada por los bustos que adornan la fachada. La **praza da Ferraría,** cerrada por soportales y casas blasonadas, acogió en tiempos espectáculos taurinos.

En los **jardines de Casto Sampedro** se ubica la renacentista **fonte da Ferraría,** que es modelo de muchas posteriores y según la canción "da de beber a quen pasa".

También por esta zona está la **iglesia de San Francisco,** fundada, según la tradición, por el propio santo de Asís cuando iba como peregrino siguiendo el camino de Santiago. Se construyó entre los siglos XIII y XIV siguiendo los austeros esquemas franciscanos. Es una luminosa iglesia gótica de cruz latina, con tres ábsides poligonales en la cabecera. Destaca en el interior la **escultura funeraria:** la del almirante-poeta Paio Gómez Chariño (siglo XIV), en la capilla mayor, y el sepulcro del Maestro del Campo (siglo XVII), joya del barroco gallego, en la nave.

EN LA ZONA NUEVA

Cerca de la praza da Ferrería y acogotado entre edificios nuevos se encuentra el **santuario de la Peregrina,** pequeña y elegante iglesia, entre barroca y neoclásica, levantada en 1778 por Antonio Souto. Estamos en una de las principales etapas del camino portugués de peregrinación a Santiago y todo en esta iglesia nos lo recuerda, desde su advocación a la *Virgen Peregrina* a las imágenes de Santiago y San Roque en las hornacinas de la portada. Su espectacular **fachada** contrasta con el reducido interior, en el que

SANTUARIO DE LA PEREGRINA.

COMPRAS

Además de los locales del casco antiguo, la principal zona comercial se concentra en torno a las calles de la Oliva, Michelena y plaza de la Peregrina.

Gastronómicas

Para comprar vituallas nos dirigiremos a las rúas Princesa y Real. En la primera se halla **A Lareira,** con productos de la montaña, con un rico surtido de miel, nueces, quesos, aguardientes y vinos. En la Rúa Real hay varias tiendas tradicionales de alimentación entre las que destaca **Os Antoxos,** especializada en productos gallegos de calidad, principalmente embutidos y licores, además de productos de comarcas limítrofes con Galicia, como el Bierzo.
Fuera del casco antiguo, en la peatonal rúa da Peregrina está **Casa Juncal,** que puede ser calificada como la mejor despensa gastronómica de la ciudad, pues en sus estantes conviven los vinos gallegos con los de otras áreas españolas, y las delicias de las Rías Baixas con otras del mundo. Muy cerca, **El Molino** (García Camba, 9) también se encuentra muy surtido en vinos, licores y otros productos de calidad.
Con fama de golosos, los pontevedreses sacian su pasión por el dulce en confiterías como **Capri** (Oliva), que destaca por sus

destaca un sobrio retablo neoclásico. La Peregrina, que tiene sala propia en el Museo Provincial, es la patrona de la ciudad y preside las fiestas grandes, a mediados de agosto. No lejos del santuario, en la rúa González Besada, vale la pena visitar el edificio modernista del **Café Moderno** (1902), restaurado por Álvaro Siza para convertirlo en la Fundación Caixa Galicia y que integra salas de exposiciones, el mural *O manancial da vida* (Laxeiro) y un romántico jardín con cenador. Junto a él está el Centro Cultural de la competidora Caixanova, un

Calle del casco antiguo.

tartas rusas y yemas, **Los Castellanos** (Oliva), con milhojas, o **La Duquesita** (frente a la Peregrina).

ANTIGÜEDADES Y ARTESANÍA

En la zona vieja hay varias tiendas de antigüedades. Para el que se lo pueda permitir, o para echar una ojeada sin más, nos podemos acercar a la zona de la estación de ferrocarril donde se encuentra **Jaime Trigo.**

Para adquirir artesanía gallega debemos dirigirnos a **Arte en Forxa** (praza da Verdura), especialista en metales, o a **Agasallo** (frente a la Peregrina) y a **Sargadelos** (Oliva, 24), cerámica que une como ninguna la tradición gallega y el diseño más innovador. Los cesteros se concentran en la Rúa Real.

ROPA Y REGALOS

Los modistas gallegos más afamados han abierto sus tiendas en Michelena, La Oliva y Ferrería, principalmente.

Pórtico (Soportales). Una de las tiendas más antiguas de Pontevedra, **A Moda Dabaixo** (Soportais, 5) funciona desde 1896 y está especializada en sombreros, ropa interior para caballeros y juguetes antiguos para coleccionistas (curiosa mezcla).

edificio de 1944 reacondicionado por César Portela.

Fuera del casco antiguo se sitúa el **convento de Santa Clara,** que guarda de su construcción primitiva del siglo XIV un ábside ojival, adornado con pinturas murales y un buen retablo barroco. En la margen contraria del Lérez, salvado por un moderno puente al estilo del sevillano de La Cartuja, accedemos al **Pazo da Cultura,** que acoge un Auditorio y un Palacio de Congresos. Poco queda hoy en cambio, por desgracia, del que fue barrio marinero de A Moureira: tan sólo el **muelle** centenario **de As Corbaceiras** y la calle Juan Villaverde, instalada sobre la roca a dos niveles.

EN LAS AFUERAS

Río arriba del pazo da Cultura, en la zona de la Universidad, en el verano de 1999 fue inaugurado el parque escultórico de las *xunqueiras* del Lérez, bautizado como **A Illa da Escultura.** El granito es el principal material empleado en las 12 propuestas de reputados artistas. Las hay irónicas como el *Salón-batea* de Leiro, flotando en el río; más convencionales como el *Monolito* de Ulrich Rükreim, y hasta metafísicas como la *Casa cerrada* de José Pedro Croft. Río abajo, pero por la misma orilla, las **marismas de Alba** han sido igualmente acondicionadas para el paseo mediante sendas peatonales.

Por otra parte es muy recomendable hacer una excursión a **Combarro,** a unos 6 km hacia Sanxenxo. Es sin duda el pueblo más pintoresco y tradicional de las Rías Baixas, con su armónica arquitectura popular, sus soportales, balcones, plazoletas, cruceiros y más de 30 hórreos de diversos materiales y tipología. Para los que busquen la quintaesencia del sabor popular, Combarro es el pueblo pesquero gallego por excelencia, pintado y fotografiado hasta la saciedad.

HÓRREO EN COMBARRO.

DORMIR EN PONTEVEDRA

Una buena opción para pasar la noche es el magnífico Parador Casa del Barón* (A1 1) (Barón, 19; telf. 986 855 800; fax: 986 852 195; 100, 115 y 135 €) que ocupa un pazo del siglo XVIII con su antigua cocina y jardín. Para otros presupuestos hay otras buenas opciones de alojamiento en la ciudad mucho más económicas:**

HOTEL DABARCA*** (B1) 2
Pelamios, 6. Telf. 986 833 044. Un edificio de color salmón que esconde un nuevo establecimiento, decorado con vocación moderna. Habitaciones y apartamentos.
Habitación doble: 55-120 €.

HOTEL AVENIDA* (f. p.)
Eduardo Pondal, 46.
Telf. 986 857 784. Algo alejado del centro, en la zona de la estación de tren, pero está bastante bien equipado.
Habitación doble: 40-55 €.

HOTEL COMERCIO* (B2) 3
Augusto González Besada, 3.
Telf. 986 851 217.
Fax: 986 859 991. Ocupa un edificio nuevo y sus habitaciones disponen de aire acondicionado.
Habitación doble: 42-60 €.

HOTEL MADRID* (B2) 4
Andrés Mellado, 5.
Telf. 986 865 180. Moderno hotel de habitaciones cuidadas, cerca de la Peregrina. 42-55 € según habitación y temporada.

HOTEL RÚAS* (A2) 5
Sarmiento, 37. Telf. 986 846 416. Está en pleno casco antiguo, entre el Eirado da Leña y la praza da Verdura, en un entorno acogedor, y dispone de todas las comodidades,

incluido aparcamiento (imprescindible en la zona). De octubre a mayo la habitación cuesta 45 €. En verano se encarece bastante y la habitación doble supera los 65 €.

Otros hoteles de precio más elevado

El **Hotel Galicia Palace****** (B2 6) (avenida de Vigo, 3; telf. 986 864 411; fax: 986 861 026) está situado en zona céntrica y es uno de los mejores de la capital, que sin embargo no tiene un precio desorbitado; la habitación doble cuesta entre 110 y 143 €.
Bastante más impersonal, pero cómodo y moderno, es el hotel **Rías Bajas***** (B2 7) (Daniel de la Sota, 7; telf. 986 855 100; fax: 986 855 100; la habitación doble cuesta entre 70 y 98 €, con ofertas de fin de semana) también situado en el centro de la ciudad.

COMER EN PONTEVEDRA

Casas con menú (menos de 15 €)

O Rianxo (A2) 1
Eirado da Leña, 6.
Telf. 986 855 211. Este restaurante ocupa una casita de cuento en el corazón monumental de Pontevedra, y es el heredero de la clásica casa de comidas situada en la vecina Pasantería, llena de recuerdos de los viejos galleguistas que la frecuentaban. Nos ofrece la mejor cocina casera a un buen precio, en particular sus callos, caldeiradas, guisos y laconadas.

Casa Filgueira (A2) 2
Eirado da Leña, 2.
Telf. 986 858 815. Junto a la anterior, en otra casita de piedra de esas que parecen de juguete, reproduce el esquema de su vecina: bar y taberna en la planta baja, y pequeño comedor en la alta, aunque la terraza es una extensión muy aconsejable cuando el calor acompaña. Se come un poco en plan informal: variedad de filloas saladas rellenas de cosas ricas, pulpo, empanada, berberechos, mejillones y cosas algo más curiosas como la tradicional zorza con manzana, todo ello con una carta de vinos muy completa.

O Fanal (A1) 3
Arzobispo Malvar, 28.
Telf. 986 896 392. Local céntrico de agradable decoración, que dispone de diversos comedores. Lo suyo es el trabajo en las brasas, protagonizado por las carnes rojas

LA NOCHE

De nuevo la zona vieja gana la partida en lo referente a la movida nocturna: sólo algunos locales aislados y discotecas se desperdigan por la zona nueva. Para calentar motores están las mil taperías y alguna cervecería o irlandeses como **Donegal's** (praza de Barcelos), **La Muralla del Irlandés** (Michelena), con un trocito de muralla dentro, o **The Scottish Highlander** (Isabel II) con su colección de tartanes, cervezas y música celta.

Zona vieja

Nos prepararemos, pues, para pasear la noche por las estrechas rúas enlosadas del casco monumental. Los más jóvenes se concentran en los aledaños de la praza da Leña, concretamente en la rúa García Flórez, donde alternan los locales de música de moda con los de corte más alternativo y suburbial, aunque la zona ya no tiene la fuerza de unos años atrás. En cualquier caso, permanece por aquí un histórico como **La Cabaña** (García Flórez), acaso el pub más veterano de la ciudad y abierto toda la semana; pincha blues, jazz, pop y rock (también vinilos), y todas sus paredes son de madera.

El Campillo de Santa María viene a ser otro núcleo de concentración juvenil, pues los congregados toman la calle, sus soportales y los locales más concurridos, con una extensión, escaleras abajo y en la circunvalación (Arzobispo Malvar), hacia sitios como el **Clandestino.** El bakalao reina en el **Farol** (praza Marqués de Aranda) y el ambiente opuesto podremos encontrarlo en **O Entroido, O Rebusco** y **O Porrón,** diminutos locales de la rúa Isabel II. Algo escondido, en la rúa San Xulián, se encuentra el curioso pub **Termita,** con su decoración colonial, colores chillones, candelabros y taburetes en tigre.

La rúa Paio Gómez Chariño y la rúa do Barón concentran también gran cantidad de locales de copas. En la primera se hallan el **Paralelo,** una enormidad de local con dos pisos; el **Cátedra,** con música actual y decoración acogedora; el **Taitus,** uno de los primeros en llenarse de gente;

o el bacalao, sin olvidar platos emblemáticos del recetario tradicional.

Ambrosía (A2) 4

Padre Sarmiento, 31.
Telf. 986 842 480. La praza de A Verdura es, ¿cómo no?, el mejor escenario para un restaurante vegetariano. Elabora cocina de temporada, que es servida en un comedor reducido y muy mono, con guiños llegados de Asia, todo ello con mucha imaginación. En ocasiones la carta suma ¡hasta 100 platos diferentes!, por lo que la elección es lo más difícil. Cierra lunes.

Anticuario, la **Facultad** y el **Patrimonio,** cuya decoración lo asemeja a un pazo, con múltiples plantas colgantes. En la rúa Barón destacan el **Lusco Fusco,** radical y contestatario, con murales en las paredes y una biblioteca de más de 650 títulos, que además organiza conciertos y actividades culturales, y presume de su carajillo; el **Orange** (puros años 60-70 hasta en los baños), el **Jamaicano,** tropical y caribeño; el **Keops,** más vanguardista, y **El Zulo.** Tras el Teatro Principal (calexa do Liceo-Tetuán) tenemos **La Moncloa, Tetuán** y, sobre todo, el **Callejón del Liceo,** un revival de los años 80, y **El Coyote,** con su espectáculo sobre la barra a la hora D.

En la zona de la rúa Marqués de Aranda se agrupan los locales para los que pasan de los 30 y aún de los 40. Agradable y con muy buena música es el **Atrium;** próximo está el **Portobello. La Rectoral** (pza. Marqués de Aranda), que suele cambiar mucho la decoración, y el **Allarta** vienen a ser mitad pub, mitad cervecería. Es el mismo estilo de **El Universo,** en la praza de Méndez Núñez. Para la segunda hora están el **Dublín,** un irlandés, y **La Fiesta de los Maniquíes** (ambos en la rúa Real), el segundo aludiendo a la famosa canción de Golpes Bajos y con una decoración muy acorde (5 maniquíes) e inspirada en *La naranja mecánica* de Kubrick; la entrañable **Tienda de Clara** y el moderno y aluminico **Camarú** (Teucro), todo el puro diseño; el **Qué** (Méndez Núñez) o el cinematográfico **Desván de los Lumière** (rúa dos Arcos), compendio de iconos del cine USA con grandes figuras de cartón piedra de Marilyn o el célebre Tiburón de Spielberg.

Zona nueva

La zona nueva recibe a la gente hacia las 3 o las 4 h de la mañana, con pubs temáticos como **West** (el lejano oeste junto a la Peregrina) y discotecas como **Why** (praza de España), **Camawey** (Santa Clara) o **Carabás** (Cobián Rofignac), la más visitada, que incluye una sesión de tarde para adolescentes. Entre los mudables *after* citar un par de ellos en la zona de la praza de Barcelos y, en San Antoniño, el **Betty Boo.**

A Mandrágora (A1) ❺

Dona Tareixa, 5 (zona del Teatro Principal). Telf. 986 865 499. Además de tapería consagrada, en el piso superior, disfrutando del casco antiguo, sirven un correcto menú del día que suele contar con platos de pescado fresco frito y carne, a elegir. La carta, orientada a un público joven, tiene un poco de todo: ensaladas, guacamole, espárragos rellenos, setas, revueltos, patatas sorpresa…, y postres caseros.

La Chata (A2) ❻

Pza. de Curros Enríquez, 4. Telf. 986 860 019. Ya la hemos citado como tapería, pero también

AVISO

La selección de los establecimientos incluidos en esta guía se ha hecho siguiendo, exclusivamente, el criterio independiente de los autores. Ninguno de los hoteles, restaurantes, comercios, etc. aquí contenidos ha desembolsado cantidad alguna para aparecer en la guía.

es recomendable como restaurante, pues su menú del día combina con acierto los productos gallegos en preparaciones especiales (empanada de algas, hojaldre de langostinos, revueltos de erizos y mil cosas más, arroces caldosos, ensaladas caprichosas...), todo ello en un local muy agradable y concurrido. Cierra el domingo.

LA TIENDA DE CLARA
(A2) ❼ y (B2) ❽

Pza. de Teucro, 8, y Cruz Gallástegui, 18. Telf. 986 102 071.

Los dos locales de Clara (la protagonista de *Los gozos y las sombras* de G. Torrente Ballester) apuestan por una decoración clásica en madera con estilo de café, y son polivalentes (tienda, tapería, café, pub, restaurante...). En la segunda ofrece un menú degustación, compuesto por cuatro platos y dos postres, que por menos de 20 € nos permite saborear preparados realmente originales. Su cocina emplea las algas o las ortigas, de ella siempre salen propuestas exóticas. Creatividad a un precio muy ajustado.

RESTAURANTES (DE 30 A 40 €)

Alameda de Doña Antonia (B2 ❾) (Soportais da Ferraría, 4; telf. 986 847 274) es la feliz fusión de dos restaurantes clásicos de alto nivel: el *Doña Antonia* y el *Alameda 10.* En su salón noble se puede degustar unos platos que evolucionan suavemente entre lo tradicional y lo moderno.

Otro de los reputados, que supera con mucho el predicamento local, es **Casa Román** (B2 ❿) (avda. Augusto García Sánchez, 12; telf. 986 843 560). Una casa céntrica, luminosa y de aspecto clásico, sobre todo por el compromiso que mantiene con la gran cocina gallega, esa que hace indispensable contar con las disponibilidades de la lonja. También con algunos platos más novedosos como los tallarines con langosta.

A un paso de Pontevedra, en **Poio** goza de merecida fama **Casa Solla** (avda. Sineiro, 7; telf. 986 872 884), que ha fundado su prestigio en la calidad de la materia prima empleada, ahora ofrecida en un nuevo marco minimalista y pulcro.

También en Poio, resulta más clásica **Casa Ces** (Porteliña, 15; telf. 986 872 946), fundada en 1908.

RÍAS ALTAS

RUTA DE 169 KM

La geografía del litoral norte gallego, entre la población coruñesa de O Ferrol y la lucense de Ridabeo, se caracteriza por una alternancia de montes, valles, estuarios y pequeñas rías, repletas de playas y arenales, algunos muy extensos y, en general, de limpia y fina arena. Aunque el turismo ha ido colonizando la zona, todavía se imponen en el paisaje las verdes praderas y las densas masas forestales, si bien éstas aminoradas en su diversidad por el monocultivo masivo y ecológicamente nefasto del eucalipto. La arquitectura de galerías acristaladas en las villas y las grandes casonas de las aldeas mariñanas, con sus característicos hórreos, conviven con las pomposas viviendas de los indianos y los edificios más modernos.

Una gran variedad de festejos populares, especialmente durante el verano, y la rica gastronomía (bonito de Burela, percebes de Cedeira, langosta de Rinlo, dulces de las monjas de Viveiro o Ribadeo, entre otras muchas opciones) refuerzan la dimensión placentera de un viaje que tiene los siguientes puntos de interés:

HASTA EL INICIO DEL CANTÁBRICO

Ferrol [pág. 116]. Esta ciudad es ideal para iniciar el itinerario propuesto. La AC 646 atraviesa Catabois y se acerca a la costa en dirección norte.

Meirás. A 12 km del Ferrol, cuenta con la playa de Río, preludio del largo **arenal de Frouxeira,** tendido entre la punta del mismo nombre (3 km de desvío) y la localidad de **Valdoviño.**

Las dunas protegen una bella **laguna** litoral que, a pesar de la presión humana, sigue sirviendo de refugio a miles de aves.

Cedeira [pág. 73]. Antes de llegar a la cercana **ría de Cedeira,** se encuentra la **playa de Pantín,**

RÍA DE CEDEIRA.

y a continuación, en uno de los brazos de la calma ensenada de Esteiro, la segura y extensa **playa de Vilarrube.**

Una corta excursión de 8 km nos lleva hasta el faro de la **punta Candieira.** La hermosa panorámica del océano recompensará a aquellos que padezcan de vértigo y mareos, y decimos esto porque la carretera sigue un trazado que impresiona.

San Andrés de Teixido. Con objeto de recorrer la grandiosa **serra da Capelada** abandonaremos la C 646 camino de este célebre santuario al que, según la creencia, peregrina de muerto el que no lo hizo de vivo. La tradición, que probablemente mistifica y cristianiza remotos ritos paganos, arranca de una leyenda que narra cómo el apóstol San Andrés, llegado a Teixido en una barca de piedra, andaba quejumbroso por el escaso culto que le rendía el pueblo, frente al éxito que a escasos kilómetros cosechaba Santiago. El propio Cristo vino a consolarle prometiéndole que todo aquel que en vida no hubiera peregrinado a su santuario se vería obligado a hacerlo una vez muerto. Una artesanía típica del lugar son los *sanandreses,* figuritas a modo de amuletos hechas con miga de pan cocida sin levadura y llamativamente coloreadas.

ACANTILADOS EN LA SERRA DA CAPELADA.

Tan atractivas como las leyendas que envuelven el lugar son las vistas que ofrecen los cercanos miradores de **Chan dos Cadrís** y **Herbeira,** los acantilados más altos de Europa.

Cariño. La estrecha pista asfaltada que baja junto al arroyo Lourido muere a la entrada de este pueblo marinero que no hace muchos años se escindió de Orti-

gueira como cabeza de un municipio independiente.

Una vez aquí, lo mejor que podemos hacer es seguir hasta el vecino **cabo Ortegal,** enclave de singular y agresiva belleza en días de temporal: los afilados *aguillóns* en los que se prolonga el promontorio en el mar parecen entonces retar airosos a los navíos.

En Cariño comienza la larga circunvalación de la **ría de Ortigueira,** con boca entre los cabos Ortegal y Estaca de Bares; su fondo está ocupado por marismas. Tras la faz escarpada de A Capelada vienen las formas suaves de valles como el del Mera.

A DESPEDIDA, EN ORTIGUEIRA.

Santa Marta de Ortigueira. En su conjunto histórico destacan sus casas de blancas galerías, los jardines del puerto y la **iglesia parroquial.**

Espasante. Superada la pequeña ría de Ladrido, integrada en la de Ortigueira y protegida por la **isla de San Vicenzo,** aparece este pueblo dispuesto sobre una pequeña península. Dicha localidad portuaria, afamada por sus erizos de mar, está ubicada entre los **arenales de la Concha** y **San Antón.**

O Barqueiro. Desde **Loiba** es factible llegar a Loureiro y a la playa de Picón. La

provincia coruñesa concluye en esta población.

Bares. No es tan conocido pero igualmente interesante por su arquitectura. Hasta él podemos llegar siguiendo un corto desvío desde O Barqueiro (7 km). En su pequeño puerto, el más septentrional de la Península Ibérica, aún resiste el embate del mar una escollera o *coído* ciclópeo tenido por fenicio.

El vecino cabo de la **Estaca de Bares** fue declarado Sitio Natural de Interés Nacional: está dotado de un parque eólico y de un observatorio de aves. Desde este lugar, el Atlántico será llamado Cantábrico para rodear y bañar, en primer lugar, a la ya visible **isla Coelleira,** donde cohabitó un monasterio con los muchos conejos que generaron su topónimo.

El **estuario del Sor,** además de servir como artificial *limes* administrativo, constituye uno de los escenarios costeros mejor conservados de Galicia. Tres puentes: viejo, nuevo y del tren, salvan el cauce nacido en el Cordal de Montouto. La lengua arenosa de **Arealonga** es una de las más deliciosas del itinerario.

O Vicedo. Sus muelles y astilleros sirven de pórtico a la comarca mariñana. Hasta la **ría de Viveiro** discurriremos junto a las playas de Xilloi, San Román, Abrela y Covas. Un puente sobre el Landrove nos deja frente a la puerta plateresca que da paso a la antigua y señorial ciudad de **Viveiro** [pág. 392].

La Mariña lucense

Covas. Es el centro turístico vivariense, mientras **Celeiro** puede considerarse como su barrio pesquero, beneficiado también del gran número de personas que en verano acuden a la magnífica y vecina **playa de Area.**

A partir del **alto do Cruceiro** la costa se aleja hasta las puntas Roncadoira y de Morás (playas de Esteiro y Portocelo).

El **Centro Cívico municipal de Xove** es una de las muestras más relevantes de la arquitectura gallega actual.

A continuación hemos de abrir un paréntesis para ignorar la incó-

Cabo de Estaca de Bares.

PLAYA DE AS CATEDRÁIS.

moda presencia del enorme complejo industrial de Alúmina-Aluminio, y desviarnos por el viejo trazado de la carretera hasta el istmo que ocupa **San Ciprián,** cuyo topónimo oficial, aunque poco usado, es San Cibrao. La **playa de O Torno** acoge en agosto una romería nocturna en la que se invoca a la sirena Maruxaina.

Sargadelos. De regreso a la N 642, desde **Cervo** resulta obligado conocer la fábrica de cerámica y el centro cultural de la localidad (a 1,5 km).
El ilustrado don Antonio Raimundo Ibáñez, retratado por su amigo Goya como marqués de Sargadelos, instaló en este lugar el primer alto horno de España en una siderurgia que abastecía al ejército, de suerte que Carlos IV la nombró Real Fábrica. Pueden ser visitados tanto el complejo de producción como el **museo,** instalado en la **Casa de la Administración.** El área histórica protegida engloba también las ruinas de fábricas y cuarteles, la **Casa de Ibáñez,** con sus jardines, y el romántico **Paseo dos Namorados,** a la vera del río Xunco.

Burela. Su puerto es el segundo más importante del Cantábrico, y el origen de toda la actividad y animación. Sobresalen las capturas de la flota bonitera (a finales de agosto se celebra la popular **Festa do Bonito).**

Entre Burela y Ribadeo, la rasa cantábrica se amplía y acoge una serie continua de playas. Hasta Foz contamos con las de Arealonga, Areoura y la de Os Xuncos, la primera presidida por el castro litoral de **Fazouro.**
Hacia el interior parte la **Ruta Pardo de Cela** por el Valadouro.

Foz. Otro privilegiado lugar de veraneo que crece alrededor de la playa de A Rapadoira.

Mondoñedo [pág. 174]. A pocos kilómetros se encuentra la **ex catedral** románica **de San Martiño de Mondoñedo.** Considerada como la iglesia-catedral más antigua de

PARADA Y FONDA

Además de los establecimientos recomendados en el apartado respectivo de las localidades que tienen entrada propia en esta guía, la zona ofrece numerosas posibilidades de alojamiento en casas de turismo rural y campings.
En la provincia de A Coruña, **Valdoviño** cuenta con un **cámping** (telf. 981 487 076) y la **Antigua Casa de Mosende** (telf. 981 486 131), **Meirás** con el **camping Montesín** (telf. 981 485 028) y **Loiba** con la **Casa Manuela** y la **Casa A Pista** (ambas en el telf. 981 424 045).
Ya en tierras lucenses, en **Foz** está la casa de labranza **Moreda** (telf. 982 136 022) y en **Benquerencia** hay un buen **cámping** (telf. 982 124 450).

España entre las que aún se mantienen en pie, es un templo de los siglos XI-XII que por su disposición y rasgos decorativos (arquillos, bandas planas) se vincula con el románico lombardo de Cataluña.

Una vez salvado el Masma en A Espiñeira, iniciamos el último tramo de nuestro itinerario. Por aquí abundan las **casonas** de los emigrantes indianos y las playas de arena fina alternando con los acantilados: en **Benquerencia** (Barreiros), las de **San Bartolo, San Cosme, Remior** y **Altar;** en **San Miguel de Reinante**, la de Arealonga; en **A Devesa,** Os Castros, con los impresionantes arcos horadados de **As Catedráis.**

Rinlo. La primera cetárea de España, conocida hoy por sus langostas, fue instalada en este pintoresco puertecillo, encajado en una concavidad del litoral.
Antes de entrar en Ribadeo, a la orilla de la carretera vemos la **Escuela de Capacitación Agraria Pedro Murias,** una fundación de mecenazgo indiano nuevamente activa.

Ribadeo [pág. 287]. La **ría del Eo** es el límite entre Galicia y Asturias, y Ribadeo, una agradable población para concluir la ruta. La **ponte dos Santos,** inagurada en 1987, nos invita a seguir la rasa hacia el Principado; si así fuese, el mirador del **monte de Santa Cruz** o la **punta Niño do Corvo,** frente a la **isla Pancha,** son dos lugares recomendados para el "¡hasta pronto!".

COSTA EN RIBADEO.

RÍAS BAIXAS

RUTA DE 319 KM

Después de crear el mundo en seis días, Dios se tomó el séptimo de descanso y tuvo a bien apoyar su mano derecha en Galicia. De él nacieron las Rías Bajas para fortuna y gozo de los humanos. Los surcos fueron ocupados por el mar dando lugar a la ría de Corcubión, la ría de Muros y Noia, y las de Arousa, Pontevedra y Vigo, salpicadas de numerosas islas costeras entre las que se encuentran Sálvora, Ons, Cíes y Cortegada. Constituyen el Parque Nacional das Illas Atlánticas (2002), primero que se crea en Galicia de esta categoría.

La poética explicación resume y magnifica la extraordinaria belleza de un litoral recortado, modelado por la acción de las mareas y el concurso de los ríos Tambre, Umia, Lérez y Verdugo. Los brazos de mar que penetran en las rías más que separar unen sus orillas, generando una vida propia y cierta cohesión individualizada en cada una de ellas así como la presencia de rasgos compartidos. Entre éstos figuran la benignidad del clima, la alta densidad de población, el intenso aprovechamiento marisquero de todo el litoral, las industrias conserveras y el fenómeno del turismo.

Los recovecos de la ría de Muros y Noia

El **monte Louro** es una especie de reducido Peñón de Gibraltar que marca el inicio de la primera de las Rías Bajas.

A su pie hay una laguna y varias playas, entre las que destacan las de la dulce **ensenada de San Francisco,** así bautizada por la presencia de un **convento** de la Orden.

Muros [pág. 187]. Nuestra excursión comienza con buen pie, pues esta villa es una de las más atractivas y mejor conservadas del litoral gallego.

A partir de Muros, el dominio de los hórreos de piedra va disminuyendo en favor de las tipologías mixtas.

Serres. Es el siguiente pueblo que encontramos, donde han sido restaurados unos interesantes **molinos de mareas.**

En esta ría la naturaleza tiene un peso mayor que en las siguientes, si bien castigada por la acción de los incendios, cuyo efecto ya es patente en las peladas cumbres del reborde montuoso. Su cara septentrional está articulada con

MONTE LOURO.

varias ensenadas, dotadas de pequeñas playas y multitud de casas de veraneo.

Más adelante se pasa junto a las conserveras de Abelleira y Esteiro, con la **playa de Broña,** bien amparada por pinares frente a la **illa da Creba.**

O Freixo. Su puerto, que de hecho suplanta al acolmatado de Noia, tiene astilleros para embarcaciones medianas.

Antes de llegar a Outes (a 25 km de Muros), un breve desvío conduce al **templo** barroco tardío **de San Xoán de Roo.** Desde la Serra de Outes podemos acercarnos hasta la **iglesia de San Ourente de Entíns** (siglo XVIII).
En ella reposan los restos del guerrero y mártir San Campio. El 29 de septiembre acuden los romeros en gran número a honrar a un santo con fama de sanador de las enfermedades nerviosas.

Pontenafoso. La tierra del poeta Francisco Añón mantiene parajes de gran belleza natural en la **ensenada do Engano** y el **estuario del Tambre.** Para conocerlos mejor, es muy recomendable seguir el viejo trazado viario que conduce a este romántico y agradable lugar, engalanado por el que fue, junto al de Pontedeume, uno de los mejores puentes medievales de Galicia.

Noia [pág. 194]. Antes de entrar a esta pequeña ciudad, a la derecha de la carretera se alza el **cruceiro de Eiroa,** sólo superado en filigrana por el de Hío. La localidad aparece de repente en un recodo del fondo de la ría.

Al pie del inmediato **monte de San Lois,** con un mirador en su cumbre, iniciamos un recorrido litoral, entrecortado a causa de los derrames de la **sierra de Barbanza:** las zonas bravas alternan con los puertos y con una serie de límpidos arenales. Entre **Portosín** (con club náutico) y **Porto do Son** (caserío marinero), tenemos la larga **playa de Aguieira.** Algunos miembros de la tribu de los presamarcos ya disfrutaban del baño y los mariscos hace más de dos mil años. Así lo han revelado las excavaciones efectuadas desde 1933 en el **castro de Baroña,** estratégicamente situado en un saliente para su mejor defensa. La vecina playa sigue siendo, como en el pasado, nudista. Típicos de Barbanza son los **cruceiros de capilla,** con ejemplares en **Caamaño** y **Xuño.**

Corrubedo. Desde San Martiño de Oleiros hemos de tomar el camino hacia esta localidad para

CASTRO DE BAROÑA.

CORUÑA
PONTEVEDRA
OCÉANO ATLÁNTICO
Ría de Muros y Noia
Ría de Arousa
Ría de Pontevedra
Ría de Vigo
Serra de Barbanza
Parque Nacional de las Islas Atlánticas
Península de Morrazo
Monte de Castrove
Noia
Ribeira
Vilagarcía de Arousa
Cambados
O Grove
Sanxenxo
Marín
PONTEVEDRA
VIGO
Redondela
Baiona
Muros
Carnota
Cangas
Moaña
Bueu
Pobra de Caramiñal
Rianxo
Castro de Baroña
Dolmen de Axeitos
Mirador de la Curota
Torres do Oeste
Lobeira
Mirador de Cotorredondo
Soutomaior
Illa de Arousa
Illa de Ons
Illa de Sálvora
ILLAS CÍES
a Santiago
a Padrón
a Caldas de Reis
a Ourense
a Caniza
0
5 km
N

conocer, en primer lugar, el **dolmen de Axeitos** (Pedra do Mouro), luego, el puerto y el **faro,** sin olvidar sus célebres **dunas** vivas, las de mayor altura en la España septentrional.
Bordeando las **lagunas de Carregal y Vixán** nos acercamos a Aguiño.

Evocaciones jacobeas del mar de Arousa

La **punta de A Covasa** sirvió como abrigo a un puerto romano del que resta un malecón. A partir de este saliente entramos en la prolija **ría de Arousa,** por cuyas aguas arribó providencialmente la nave del Apóstol Santiago a Galicia.

Aguiño y **Castiñeiras.** En sus puertos aún abundan las dornas, peculiares embarcaciones cuyo origen se supone vikingo.
La que parece espina dorsal de algún animal fantástico sumergido sobresale en una hilada de peligrosos islotes hasta la **isla de Sálvora.** En este tramo se suceden las conchas marinas (en forma de media luna) y las recogidas ensenadas, y en cada una, al menos un puerto relevante y una gran playa: los primeros, Santa Uxía y el **arenal de Coroso.**

A Pobra do Caramiñal.

Santa Uxía de Ribeira [pág. 302]**.** Desde el tercer puerto gallego en volumen de capturas (el primero en pesca de bajura) avanzamos por **Palmeira** hasta el núcleo, mejor preservado desde un punto de vista urbanístico, de A Pobra precedido por las playas de Cabío. Ambas localidades distan 6 km.

A Pobra do Caramiñal. La villa actual nació en 1822 de la unión de A Pobra de Santiago do Deán, con el pueblo marinero de Caramiñal. La **iglesia de Santiago** (siglo XV) aúna diversos estilos bajo un aspecto gótico. Contiguos quedan el **pazo do Couto** y la **Casa Grande de Aguiar,** ambas construcciones barrocas del siglo XVIII. La **iglesia de Santa María do Caramiñal** data de los siglos XVI-XVII. No hace mucho fue restaurada la **Torre de Bermúdez,** palacete con bellas ventanas renacentistas que perteneció a los abuelos maternos de Valle Inclán. En la actualidad alberga la Casa de Cultura y un museo dedicado al escritor.

Ascendiendo hasta el **mirador da Curota,** a 10 km de la villa, podremos contemplar una de las mejores vistas de las Rías Bajas.
En la tranquila **ensenada da Mercede** tienen asiento algunas conserveras de prestigio.

Boiro. Situado en el fondo de la ensenada, es un pueblo vulgar y con aspecto de barriada urbana. Estacionalmente es ocupado por los compostelanos para tomar el sol y bañarse en su alegre playa de Barraña, camino del cabo Cruz. El **pazo de Goiáns** (siglo XVII) está a la vera de la carretera C 550.

Taragoña. Quien guste de probar la empanada de maíz con berberechos, debe parar aquí antes de llegar a la playa de Tanxil y la villa de Rianxo, amparadas ambas por la Virgen de Guadalupe (en la primera mediante una estatua de Asorey, y en Rianxo, por la imagen titular de su capilla).

Rianxo. El núcleo central, villa popularizada por los sones de **A Rianxeira,** lo ocupa una gran explanada empedrada sobre la que se eleva la **alameda de Manuel Antonio,** con la citada capilla en honor de la Virgen que camina **descalziña pola area,** según reza la canción.
El **pazo Martelo,** precedido de balconada corrida y restaurado como Casa de Cultura, se sitúa en el mismo lugar donde tuvo su fortaleza Paio Gómez Chariño, primer señor de la villa y delicado poeta. Una gran escalinata lleva a la **iglesia de Santa Comba,** obra tardogótica con portada plateresca y torre barroca. Hacia el puerto hay sugestivos rincones populares y algunas casas blasonadas.

Rial. Por esta villa abandonamos la provincia coruñesa cruzando el **estuario del Ulla** a través de un nuevo y desafortunado puente, malo por la ínfima calidad de la obra y por la elección del emplazamiento, pues agrede el histórico enclave de las **torres do Oeste,** fortaleza altomedieval que fue llave de Compostela durante la época de los ataques normandos.
Una dionisíaca romería vikinga rememora aquellas guerras cada verano. En la **ribera de Catoira** están emplazadas algunas estaciones del vía crucis fluvial y jacobeo.

Carril. Es un pueblo marinero que ha sabido promocionarse con varios restaurantes de postín.
Junto a la **iglesia parroquial de Santiago,** un **cruceiro** muestra en su fuste a Eva, Adán y la serpiente (siglo XVII).
Muy próxima al puerto queda la hasta ahora sorprendente y virginal **isla de Cortegada.**

Vilagarcía de Arousa [pág. 385].
La avenida de Rosalía de Castro bordea la **playa Compostela** y sus jardines hasta Vilagarcía, la principal población de la ría. Una subida al **mirador de Lobeira,** sobre unos redondeados peñascos, nos permitirá contemplar el **mar de Arousa** en gran parte de su extensión.

PLAZA DE RAFAEL DIESTE. RIANXO.

Entre Vilagarcía y Cambados existe una notable concentración de pazos: en el punto de partida tenemos el **pazo-convento de Vista Alegre,** que fue solar de los señores y fundadores de la villa. Poco después, en **Vilaxoán,** el austero **pazo de Sobrán,** en la vecindad de un templo románico de gran pureza dedicado a San Martiño; el tercero en discordia es el almenado **pazo de Rial,** convenientemente adaptado como hotel de lujo.

Vilanova de Arousa. La pequeña carretera que parte a la derecha hacia la concurrida playa de As Sinas y hacia esta población aporta un respiro entre tanta piedra armera. Este cuidado y ajardinado núcleo marinero, cuyo símbolo es la **torre de Cálogo,** único resto de un antiguo monasterio, fue cuna del gran don Ramón María del Valle Inclán, que vino al mundo en 1886 en el **pazo de Cuadrante.**

Un largo puente de trazado curvo, único en su género, comunica la tierra firme con la **isla de Arousa, A Illa** por antonomasia. La isla queda dividida en dos sectores: el norte, más resguardado de los vientos, concentra la población alrededor de los puertos; y el sur que está más vacío.

Cambados [pág. 46]. La capital del Albariño es merecedora de una atenta visita.

El recorrido entre Cambados y Pontevedra nos introduce en el "cuerno de oro del turismo gallego", con un nivel de oferta más propio del litoral mediterráneo. A pesar de esta clara vocación, las **marismas del Umia** y **do Bao** son zonas que aún conservan un alto interés ecológico.

Isla da Toxa. La **península de O Grove** tiene su principal foco de atracción en la archiconocida y elitista isla. El viejo centro termal, de aguas medicinales y baños de lodo sanadores, fue el origen del gran hotel de lujo al que posteriormente se unieron un casino, un palacio de congresos y un campo de golf, además de la prestigiosa fábrica de jabones y cosméticos. Es curiosa la **capilla de San Sebastián,** totalmente revestida de planas conchas de venera, que además de constituir un original elemento decorativo sirven para evitar la humedad. Después de dar un paseo por el pinar, la cita obligada son los restaurantes del denominado "el paraíso del marisco".

ISLA DA TOXA.

O Grove [pág. 133]. El modernizado núcleo, unido a la isla por un sugestivo puente decimonónico, está bordeado por un agradable paseo marítimo que con-

duce hasta la explanada del puerto, donde se alza un monumento a los pescadores.
Desde la **punta de San Vicenzo** vuelve a quedar cercana la **isla de Sálvora;** poco después ya se divisa la **isla de Ons,** un seguro indicio del cambio de ría.
Según la tradición, el bravo y muy extenso **arenal de A Lanzada,** la playa contigua, es propicio para conseguir la fertilidad mediante el ritual *baño das nove ondas,* aunque ahora resulta más socorrido para el ocio y la práctica de aquellos deportes relacionados con el agua y el viento. En un saliente pueden verse los vestigios de una **fortaleza** medieval erigida sobre un castro; la achaparrada **ermita de Nosa Señora da Lanzada** (siglo XIV) cristianiza los ancestrales cultos paganos del lugar.

Portonovo. Antes de llegar a la capital municipal deben probarse las *sardiñas asadas* o la *caldeirada de raia* en este marinero pueblo, últimamente muy afectado por la onda turística de Sanxenxo.

Sanxenxo. Hoteles, apartamentos y chalés se asoman a las calas de este término, situado a unos 20 km de O Grove. Su **playa de Silgar** es bastión de la juerga veraniega que cada año multiplica por veinte su población. En el gran enclave turístico de las Rías Baixas apenas queda nada del señalizado **casco vello,** a excepción del trazado de las calles, el **Ayuntamiento** y un pobre **pazo** asfixiado por bloques de alquiler. Lo más agradable es el paseo marítimo paralelo a la citada **playa del Silgar,** excelente arenal distinguido desde hace años con la bandera azul de la Comunidad Europea.

Raxó. Otro tanto podemos decir de las casas colgadas que le han salido a Raxó, un sistema como otro cualquiera para sacarle mayor rentabilidad económica al terruño.

Combarro. Entre pomposas mansiones en cantería, fruto de una tendencia neopacega, éste es el único pueblo que, no sin amenazas, conserva el encanto que tenían los puertos de la ría pontevedresa antes del boom turístico.
La arquitectura tradicional se apiña en torno a la asoportalada rúa principal, a la orilla del mar o sobre la roca viva en algunas plazuelas. Los **cruceiros** marcan las confluencias de las calles y hasta 30 **hórreos** se dispersan entre las viviendas. A escasa distancia, el **monasterio** mercedario **de San Xoán de Poio** se alza en un privilegiado belvedere. Posee un buen templo barroco y un claustro tardogótico, amén de la hospedería y un monumental hórreo. En la ría reposa bajo un verde manto vegetal la **isla de Tambo.**

Pontevedra **[pág. 243].** Allí donde el Lérez se difumina en la ría, aparece la bien denominada *boa vila.*

Rebasada la contaminante celulosa, un manchón indigno de las Rías Bajas, la autovía costera prosigue hacia Marín. Si seguimos la vieja carretera, pasaremos cerca del **palacete de Lourizán.** Fue morada del político de la Restauración Eugenio Montero Ríos; en la actualidad ha sido reconvertido en Escuela de Estudios Agroforestales.

Marín. Unido ya a **Estribela,** es el más activo puerto de la ría y sede de la Escuela Naval Militar (a 7 km de Pontevedra).
Desde la céntrica alameda una rúa peatonal conduce hasta la modesta **iglesia de Santa María do Porto,** templo barroco que tiene en su entorno algunas casas marineras con patín y balconadas. El puerto se divide en una zona militar y un área pesquera con animada **lonja.** En la avenida de Ourense existe un pequeño **museo** dedicado al pintor local Manuel Torres.
Avanzando por la **península do Morrazo** se sucede la consabida serie playera: Portocelo, Mogor, Aguete, Loira, Lapamán, Agrelo.
El **petroglifo** del laberinto de Mogor ha sido en los últimos años empleado en publicidad como emblema vernáculo de Galicia.

Hacia la repoblada **sierra de Domaio,** los **miradores del Faro** y **de Cotorredondo,** cercano éste a la boscosa área recreativa de la **laguna Castiñeiras,** permiten abarcar amplios horizontes.

Bueu. La conservera Massó ha quedado unida a la historia reciente de este puerto, donde se puede visitar el **Museo del Mar**. En los meses estivales hay servicios de barca entre Bueu y la **isla de Ons,** abandonada el resto del año. Es una opción para una tranquila acampada.

Beluso. Es el último embarcadero de la ría antes del **cabo Udra,** si bien entre él y la **punta de Couso,** como un postrero regalo a los sentidos, surge la pequeña **ría de Aldán,** un húmedo vergel rico en tonalidades. El **cruceiro de Hío,** tallado en un solo bloque de piedra, configura una típica estampa gallega en compañía de la **iglesia** parroquial **de San Andrés** y con las bateas al fondo.

Los incomparables paisajes de la ría de Vigo

La misma carretera que nos condujo a Hío tiene una prolongación hasta el **cabo Home,** el punto de la costa más cercano a las tres islas Cíes, particularmente grandiosas desde este lugar. Cristalinas son las aguas que besan los espléndidos **arenales de Barra** (nudista) y **Liméns,** más conocidos y explotados año tras año.

Desde **punta Balea** se baja a Cangas para divisar enfrente la gran aglomeración de la ciudad olívica. De las Bajas, la **ría de Vigo** es la más larga (32 km) y estrecha, caracterizándose este primer sector por su intensiva urbanización (expansión del área metropolitana viguesa) y aprovechamiento (bateas, astilleros, conserveras),

Petroglifo de Mogor.

de lo cual resulta un litoral muy alterado. A partir del espectacular puente de Rande adquiere el aspecto de un gran lago rodeado de montañas. Líneas estables de vapores comunican Cangas y Moaña con Vigo.

Cangas do Morrazo [pág. 61]. Tras visitar la antigua colegiata y otros edificios interesantes de la villa, podemos acercarnos (a 3 km) hasta **Corio,** cuya **iglesia parroquial** está relacionada con las falsas tradiciones brujeriles.

Moaña. De aquí, llama la atención el **paseo marítimo** y la portada románica de su **iglesia de San Martiño.**

Domaio. Acoge en la falda del monte Faro un campo de golf.

En el **estrecho de Rande,** las orillas de la ría tan sólo distan unos 700 m. Quien tenga prisa por llegar a Vigo puede cruzar el gran **puente de Rande** (carretera A 9) que, con su estructura a base de dos pilares y tirantes, desde 1981 se ha convertido en auténtico símbolo de la Galicia moderna.
Su silueta casi nos hace olvidar la cruenta batalla que en 1702 entablaron en este lugar la flota de Indias, cargada de tesoros, y una escuadra anglo-holandesa. Se cree que parte de la carga de oro y plata se fue a pique con sus naves y permanece en el fondo oculta bajo el lodo.
El fondo de la ría, escaso en playas, semeja un estanque en el que flota como un único nenúfar la **isla de San Simón.**

Castillo de Soutomaior.

La autopista continúa a media ladera de la **sierra de Domaio** y ofrece mejores panorámicas que la carretera litoral, aunque la velocidad nos impedirá disfrutar convenientemente de ellas.

Pontesampaio. Aparece en un pintoresco recodo, donde su puente viejo estará para siempre ligado a una célebre batalla en la que los gallegos derrotaron a la francesada del mariscal Ney.

Arcade. Al otro lado del río **Verdugo,** esta villa es parada obligada para comerse una docena, o más, de ostras.

Desde su centro, un desvío no muy largo nos conduce al bien arreglado **castillo** medieval de **Soutomaior.**

La ensenada e isla de **San Simón** y el **arenal de Cesantes,** junto al que se ha trazado un insulso paseo marítimo, atraen nuestra mirada hacia el mar.

Redondela. En esta población, la mirada se nos va hacia las alturas por las que vuelan los dos viaductos del ferrocarril, uno aún en uso. En el **parque-alameda,** además del quiosco de la música, están el monumento a Castelao y la fuente de Santiago. En torno a la **iglesia de Santiago,** con torre barroca y una reprentación del apóstol matamoros en el frontispicio, se agrupan buenas muestras de arquitectura popular. Un antiguo **convento** renacentista, que tiene adosado un palacio moderno, y la barroca **capilla de Santa Mariña** no carecen de interés.

ISLA DE MONTEAGUDO, EN LAS CÍES.

En la celebración del **Corpus** las calles se alfombran de flores, sale la *Coca* (una tarasca con aspecto de dragón) y tienen lugar danzas y ritos de interés etnográfico.

Vigo [pág. 358]. Por **Rande** y **Chapela** entramos en la mayor y más industriosa ciudad de Galicia.

Alcabre. La carretera P 325 orilla la costa por esta población y por la habitualmente abarrotada **playa de Samil,** dotada de toda clase de servicios y centros de diversión nocturna.
A la vera de la paralela N 550 queda la **iglesia** románica del antiguo **monasterio de Coruxo.**

Panxón. Después de **Nigrán** pasamos por este puerto, dominado por su **templo votivo del mar,** del arquitecto Antonio Palacios.

Baiona [pág. 20]. En el inmediato **monte Ferro** termina la ría de Vigo, aunque es aconsejable prolongar el periplo por la famosa **playa América** y **A Ramallosa** hasta llegar a esta monumental ciudad, situada a unos 17 km de Vigo.
En el camino al monte de A Grova se alza a **Virxen da Roca,** singular monumento utilizado como faro y mirador, y para el cual realizó trabajos escultóricos Mariano Benlliure.

Islas Cíes. Durante el verano parten de Vigo y Baiona los vapores de la ría hasta el privilegiado archipiélago, formado por tres islas. La **de Monteagudo** o Norte es la de mayor extensión. La **de Faro** o del Medio introduce en la silueta de su cumbre una torre luminosa comunicada por un duro y zigzagueante camino. La **isla de San Martiño** o Sur es la menos visitada. Protegidas bajo la figura de Parque Natural, sus agrestes acantilados son la residencia de la colonia peninsular más nutrida de gaviotas argénteas. Junto a ellas nidifican también otras aves como vencejos reales, cormoranes moñudos y los casi extinguidos araos.

PARADA Y FONDA

Además de los establecimientos recomendados en el apartado respectivo de las localidades que tienen entrada propia en esta guía, la zona ofrece numerosas posibilidades de alojamiento en casas de turismo rural y campings.
Como corresponde a una zona de gran importancia turística, todas las poblaciones por las que pasaremos ofrecen variadas posibilidades para hacer parada y fonda, pero si hay una que destaca sobre el resto, en cuanto a infraestructura turísticas se refiere, ésa es **Sanxenxo.** Allí encontraréis un número ilimitado de hoteles, hostales, restaurantes, bares, etc. que abarcan todas las categorías y precios.
Para los más pudientes está el **Hotel Sanxenxo****** (Playa Silgar, 3; telf. 986 691 111; habitación doble: 129-206 €), bien situado en el centro, agradable y funcional. Más económicos son el hotel **Minso***** (avda. do Porto, 1; telf. 986 720 150; habitación doble: 65-105 €), el hotel **Nuevo Astur***** (Condar-Villalonga; telf. 986 743 006; habitación doble: 70-82 €), éste algo alejado, y el hotel **La Terraza**** (Progreso, 67; telf. 986 743 232).
A las afueras, un hotel coqueto y encantador es el **Aldea Bordóns** (Lugar do Outeiro, 11; Bordóns; telf. 986 724 374; 60 €).
Para comer, el restaurante más famoso de la localidad, especializado en cocina creativa de alto nivel, es **La Taberna de Rotilio** (avda. do Porto; telf. 986 720 200; sobre 36 €). Salpicones, caldeiradas, mariscos y pescados ofrece el **Mesón Don Camilo** (Poetas Galegos, 9; telf. 986 691 124). **Montalvo** (pza. de

Montalvo, en la ctra. de A Lanzada; telf. 986 723 028) ofrece cocina casera tradicional a un precio medio a la carta de 21 €.
A los que pasen por **Beluso** hay que recomendarles, el pequeño **Hostal A Centoleira** (telf. 986 320 896 y 986 323 481) que tiene un magnífico restaurante y **Casa Severina** que ofrece entre otros platos exquisitos chocos guisados y pulpo.

RIBADAVIA

OURENSE. 5.700 HABITANTES

Villa histórica y monumental donde las haya, Ribadavia es famosa por su antigua judería y por sus vinos, lo cual sin duda no es mala mezcla. La llamada "capital del Ribeiro", que ocupa la margen derecha del río Avia en su confluencia con el Miño, cultiva el vino desde el siglo XII, cuando se instalaron en la zona los monjes de Oseira, Melón y San Clodio, que fueron quienes lo promocionaron, con buen ojo y mejor gusto. Los hebreos se instalaron también en la edad media, y dejaron una imponente judería que es hoy uno de los principales atractivos de la localidad.

INFO

Oficina Municipal de Turismo
Praza Maior, 7. Telf. 988 471 275. www.ribadavia.com
Organiza rutas por la comarca, también de la historia del vino.
Oficina de Información Xuvenil del Ayuntamiento. Praza Maior, 5, bajo. Telf. 988 477 100.
Centro Comarcal do Ribeiro. Rúa Redondela. Telf. 988 477 140.
Casa de Cultura
Telf. 988 471 900.
Para información diaria, consultad la agenda del periódico *La Región* y la edición de Carballiño-Ribeiro de *La Voz de Galicia*.

TRANSPORTES

Estación de autobuses
Rúa San Francisco, s/n.
Telf. 988 476 180. Tienen líneas frecuentes las empresas *Monbús* (telf. 902 292 900) y *Ampián* (telf. 988 225 288).
Estación de ferrocarril. Rúa Estación, s/n. Telf. 902 240 202.
Taxis. Hay una parada en la calle General Aranda. Telf. 988 431 519/ 988 470 760.

VISITA

Con mucha diferencia es el recinto histórico y la judería (una de las mejor conservadas de España) lo que hace inexcusable una visita a Ribadavia, aunque las inmediaciones también se desperdigan algunos edificios de interés.

UN PASEO POR LA HISTORIA

Frente a la Alameda, a la entrada del casco histórico, quedan los deteriorados restos del **castillo de los Condes de Ribadavia,** reconstruido en el siglo XV. Los Sarmiento fueron los señores de la villa desde 1375, y uno de la saga, Bernardino Pérez de Sarmiento, fue ascendido a la categoría de conde en 1479.

Esta familia no tuvo una relación muy amigable, que digamos, con el paisanaje de Ribadavia; los vecinos incluso alancearon en la Plaza Mayor a una de la dinastía, doña Elvira de Zúñiga, mujer "presunciosa y diabólica", según las crónicas, hartos como estaban de sus perversas insidias. En la represalia posterior Pedro Madruga, tras incendiar la villa, se llevó humillado y preso al prior de San Clodio, montado en burro y con una ristra de ajos al cuello.

Eran años de revueltas campesinas, de luchas entre nobles de facciones rivales, años en los que las fortalezas adquirían no sólo una importancia estratégica, sino también el valor simbólico que otorgaba ser la sede del poder.

PLAZA MAYOR.

En el recinto aún puede verse la necrópolis de una antigua parroquia, los muros gruesos y, sobre la sólida puerta principal del castillo, los escudos de los Sarmiento. El último de su estirpe moriría en 1948 sin dejar descendencia.

En la cercana Plaza Mayor, junto a las tradicionales casas del XIX, con sus soportales y sus galerías, se alza la barroca **Casa dos Condes** –residencia que fue de los condes de Ribadavia, hoy Centro de Información Sefardí– y el Ayuntamiento de la villa, que conserva una torre renacentista.

Si continuamos por la **rúa Merelles Caula** degustaremos el enrevesado cruce de estrechas callejas, plazas, soportales y escaleras

CAFÉS

Para el final de la tarde o al anochecer podemos pasar por el **Café A Rectoral** (Praza Maior), con una ubicación idílica y un interior presidido por una sorprendente cúpula granítica. Y en la misma plaza, bajo unos soportales, está el **Pecado Venial,** un café actual decorado con buen gusto. Más modernos resultan el **Café Plata** (Fonte da Prata) y el **Delicatessen** (San Martiño, 42), que además es confitería, bombonería y salón de té. Completan la oferta **O Monto,** el **Amado** y **O Moderno,** de la rúa Progreso.

RIBADAVIA

Aljama
El barrio judío, uno de los mejor conservados de la Península Ibérica, reúne un pequeño grupo de tabernas y tiendas artesanales.

Casco antiguo
Monumentos y museos comparten espacio con el pequeño comercio, cada vez más decantado hacia el turismo, y las antiguas bodegas y cafés.

Rúa Progreso y Zona Nueva
Es el área moderna y de servicios, donde se alínean las sucursales bancarias y multitud de comercios.

que constituyen la **judería** medieval, uno de esos barrios que imprimen carácter a un pueblo. La **plaza de la Magdalena,** con sus casas porticadas y la antigua **sinagoga** del siglo XII, viene a ser el centro histórico de la aljama. En torno a la sinagoga, verdadero centro social de los judíos, se arracimaban las dependencias que vertebraban las actividades sociales del pueblo judío: la escuela talmúdica, el horno para cocer el pan ácimo, la piscina probática para los baños rituales –que se conserva en parte–, la carnicería –en la que no se vendía carne de cerdo, prohibida por su religión–, y la casa del concejo; todo un centro multiusos. La parte baja de la sinagoga es la que mejor se conserva.
En la misma plaza podemos ver la **iglesia de la Magdalena,** reedificada durante los siglos XVIII y XIX sobre los restos de un antiguo templo dedicado a San Xés.
La cercana **praza do Buxón** constituye un excelente mirador sobre el río Avia, y la **rúa de Fornos,** a su lado, es una de las más repre-

JUDERÍA.

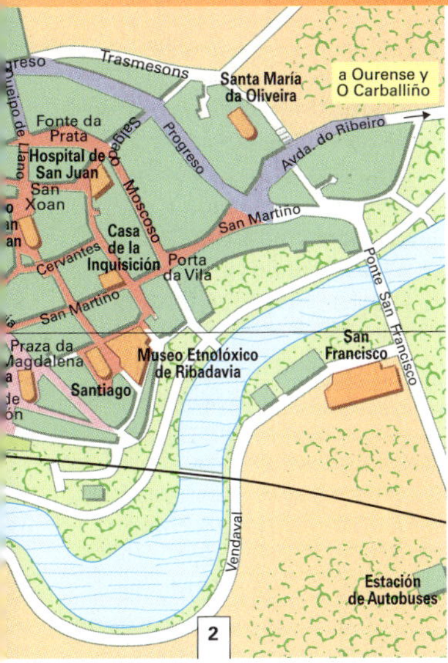

sentativas y pintorescas de todo el barrio judío.

En la **iglesia** románica **de Santiago,** erigida hacia el 1200, se ha constituido un pequeño museo religioso en el que destacan una imagen de Santiago sedente, del siglo XIV, y el **Cristo de la Humildad,** de mediados del XVI.

En la misma calle, en la antigua casa del marqués de Bahamonde, se ubica el **Museo Etnolóxico de Ribadavia.** Al final de esta calle, a la derecha, podemos disfrutar de otra espléndida panorámica del río, con el puente y el convento de San Francisco.

Sólo a unos pasos, en la praza García Boente, encontraremos en una esquina la **Casa de la Inquisición**, con su fachada gótica del siglo XVI y sus cinco escudos sobre la puerta monumental; noble, austero, hermoso edificio para un uso tan siniestro.

La cercana **iglesia de San Juan** es románica, del siglo XIII, y perteneció a la orden de Malta. Los hospitalarios caballeros de Malta también tenían un asilo de pobres, enfermos y peregrinos que funcionó hasta el siglo XVI. En este templo se celebraron durante la primera mitad de esta centuria las reuniones del concejo municipal.

FUERA DEL RECINTO HISTÓRICO

Pese a que nada es comparable a un calmoso paseo por la judería y su entorno, fuera del recinto más monumental hay otros edificios que pueden concitar nuestro interés. Cerca de la Alameda está la sencilla **capela da Virxe do Portal,** con un retablo del año 1737 y patrona del Ribeiro. Al lado destacan los potentes ábsides góticos de la **iglesia de Santo Domingo.** El templo dominico se construyó entre los siglos XIII y XIV, aunque sufrió reformas posteriores, y en su interior destaca el retablo mayor barroco, de Castro Canseco.

La rúa do Progreso, que circunda el

PUERTA NUEVA DE LA JUDERÍA.

EL TAPEO

Aunque no hay mucha costumbre de salir a tapear diariamente, en la capital del Ribeiro no puede dejar de haber tascas recomendables, casi todas concentradas en el casco antiguo y el barrio judío.
En la Praza Maior se halla **O Lagar** (entrada por Merelles Caula), una vinacoteca con bar para degustación de sus productos, y con el atractivo de los muros de piedra y un decorado a tono, **Pecado Venial** (en realidad un café con tapas) y **La Huella del Gato.** Bajando hacia el barrio judío se encuentra **O Xudío** (Merelles Caula, 10), bodegón rústico en el que, a pesar de los preceptos religiosos que se supondrían por el nombre, saben disfrutar del cerdo y ponen buenas tapas de callos, jamón y chorizo.
En pleno barrio judío se halla **O Papuxa** (Porta de Arriba), no tan antigua como el barrio, pero casi; con buenas tapas y ambiente tradicional.
Para el tapeo y el café, está preparada la bonita **Adega do Verdugo** (Progreso, 33), y en la misma calle **O Morto**; otro tanto cabe decir del **Latino** (rúa García Penedo), en el que también se puede comer a buen precio.

casco histórico, nos llevará hasta el **puente de San Francisco,** aunque por el camino bien podemos pararnos en la **iglesia de Santa María de Oliveira,** construida y reconstruida entre los siglos XII y XIII. Desde el puente medieval se nos ofrece una buena panorámica del centro monumental, abrazado por el río, dominado por el ábside y la torre de Santiago. Y al otro lado del Avia nos espera la austera **iglesia de San Francisco,** realizada en estilo herreriano a principios del siglo XVII.

Alrededores

Aunque haya que coger el coche, no podemos dejar de recomendar un par de pequeñas excursiones: una nos llevaría, a 2 km hacia el norte, hasta la **iglesia** barroca **de San Andrés** de **Camporredondo,** en cuya rectoral se pretende crear el Museo do Viño do Ribeiro; la otra, otro par de kilómetros en dirección sur, bordeando el río, hasta llegar a la pequeña aldea de **Francelos,** donde a finales del siglo IX se construyó la **iglesia de San Xés,** que en su modestia es una de las obras fundamentales del prerrománico gallego de influencia asturiana. Los ingenuos **relieves** que flanquean la puerta representan la *Huida a Egipto* y la *Entrada de Jesús en Jerusalén.* La fachada posee una hermosa celosía. En la temporada turística se pueden visitar en las localidades cercanas, las bodegas productoras del Ribeiro y un catamarán recorre el **embalse de A Frieira.**

MONASTERIO DE SAN CLODIO.

FIESTAS

Si hay una villa gallega en la que se sucedan los eventos atractivos, en los que se mezclen las actividades culturales, intereses turísticos y bulliciosos festejos, esa villa es Ribadavia.

La **Feira do Viño do Ribeiro** (finales de abril y principios de mayo) se celebra con muestras y catas de este caldo ligero y aromático de una calidad que aumenta de año en año.

La **Festa da Historia,** declarada de Interés Turístico Nacional, resulta exótica, pintoresca y, desde hace unos años, tremendamente popular; el último fin de semana de agosto, poco antes de las fiestas patronales de la Virgen del Portal, Ribadavia se transforma, retrocede en el tiempo, y las calles de su judería se llenan de juglares y mercaderes: hay torneos, se recuperan las artes de la cetrería, circulan los maravedís y las gentes visten las más vistosas galas de la moda hebrea del siglo XIV. Es una fiesta participativa en la que cualquiera puede intervenir con tal de no desentonar en el desenfadado e imaginativo ambiente general.

En la última quincena de julio se desarrolla la **Mostra Internacional de Teatro,** la mejor de Galicia, con al menos dos representaciones diarias en diversas zonas de la villa, como en el Auditorio del Castillo, al aire libre.

DORMIR EN RIBADAVIA

Hostal Evencio**
Avda. do Ribeiro, 50.
Telf. 988 471 045.
Se trata de un hostal algo alejado del centro, pero limpio y con todas las comodidades. Dispone de una buena oferta para el fin de semana, con pensión completa el sábado, desayuno el domingo y visitas turísticas guiadas, pero sólo entre el 15 de septiembre y el 1 de julio.
Habitación doble: 40 €.

Hostal Plaza** (A1) **1**
Praza Maior, 15.
Telf. 988 470 576.
Su excelente ubicación lo convierte en el más recomendable, sobre todo si solicitáis habitación hacia la plaza. Tiene restaurante y los mismos precios y ofertas que el anterior.
Habitación doble: 36 €.

Hostal Ribadavia*
Ctra. Nacional 120, km 563.
Telf. 988 471 009. Es uno de los muchos hostales alejados del centro, más económico pero con las comodidades básicas. 40 €.

Turismo rural

En los alrededores de Ribadavia tenemos la casa rural **A Quinza** (A Quinza; telf. 988 488 022; habitación doble: 50 €), posee galería con vistas al río, jardín y tres habitaciones; buen restaurante. Remontando el valle, en **San Andrés de Camporredondo** (a 2 km de Ribadavia) funciona el **Hotel**

COMPRAS

Dulces

Las rosquillas y los melindres son exquisiteces típicas de la villa y se encuentran en la **Confitería Conde,** junto a la Fonte de Prata, y en **Delicatessen.** Más melindres y unos deliciosos dulces típicos hebreos se pueden saborear en la **Tahona de Herminia** (Porta Nova de Arriba), ubicada en un antiguo edificio del barrio judío.

Artesanía

Para comprar artesanía podemos dirigirnos hasta **As Casiñas** (rúa Rodríguez Moure), donde encontraremos, entre otras cosas, alfarería y orfebrería gallegas. En la iglesia de la Magdalena se celebra un fin de semana al mes, entre abril y octubre, un pequeño **mercado de artesanía gallego-portuguesa** en el que se ofrecen interesantes trabajos en cuero, cestería y alfarería.

AVISO

La selección de los establecimientos incluidos en esta guía se ha hecho siguiendo, exclusivamente, el criterio independiente de los autores. Ninguno de los hoteles, restaurantes, comercios, etc. aquí contenidos ha desembolsado cantidad alguna para aparecer en la guía.

Rural Casal de Armán (telf. 699 060 464; www.casaldearman.com; habitación doble: 73 €), gran casona con sus solanas, balconadas y galerías con vistas a los viñedos.

Otro kilómetro aguas arriba alcanzamos el núcleo de **Esposende,** que cuenta con la **Casa Grande do Ribeiro** (telf. 988 404 037, www.casagrandedoribeiro.com; sobre 50-63€) y con el **Pazo de Esposende** (telf. 988 491 891, www.pazodeesposende.com, habitación doble: 76-95 €), ambos acondicionados con cariño y gusto.

Ya en el municipio de **Leiro,** junto al monasterio de San Clodio (a 12 km de Ribadavia) y en un entorno de viñedos, surgen la **Casa Doña Blanca** (telf. 988 485 688), *spa* de diseño (6 habitaciones dobles: 85-100 € con desayuno), y el **Pazo Viña Meín** (telf. 988 488 400; habitación doble: 75-95 €), integrado en una moderna explotación vinícola.

Más asequible resulta la oferta del municipio de **Arnoia,** donde hay varias casas: **O Bacelo** (O Bacelo; telf. 988 492 884; habitación doble: 31-46 €), **A Cancela** (A Reza; telf. 988 471 049; habitación doble: 43 €) y **A Casa dos Chaos** (Os Chaos; telf. 988 492 900; habitación doble: 38-42 €).

■ Otros hoteles de precio más elevado

A unos 3 km de Ribadavia se halla un moderno hotel-balneario, el **Arnoia***** (Vila Termal, 1; telf. 902 492 400; www.balneatermal.com; habitación doble: 112 €), ideal para los que sufran estrés o simplemente deseen alejarse del mundanal ruido. Situado en un bello entorno y con posibilidad de realizar paseos en barca o a caballo. El restaurante, de cocina de mercado, resulta recomendable.

COMER EN RIBADAVIA

Además de los restaurantes de los hostales citados, se recomiendan los siguientes establecimientos:

■ Casas con menú (menos de 15 €)

Plaza (A1) ❶

Praza Maior, 15. Telf. 988 470 576. Destacable, sobre todo, por su ubicación en el casco antiguo.

Celta

Fonte da Prata. Telf. 988 470 602. Excelente y original cocina casera. Buena carta de vinos.

Mesón O Pucheiro

Álvaro Cunqueiro, 3 (bajada a la Barca). Telf. 988 470 621. Prepara platos tradicionales de Ourense, así el *pulpo á feira*, la carne richada, los callos, el cordero o las angui-

LA NOCHE

Para una copa tranquila se encuentra el **Aljama** (Trasmesones), un café-pub que nos ofrece una buena panorámica del casco viejo desde su balcón. Otro local del mismo estilo, en la Plaza Mayor, es **A Rectoral,** que bajo su bóveda pétrea combina los cafés del día con las copas nocturnas: para escuchar buena música, quedar con los amigos y charlar.
En la antigua sinagoga de la judería se ha montado un curioso pub que se llama **La Mandala:** aquí tuvo el templo hebreo la piscina probática, donde se efectuaban los baños rituales y purificadores. No lejos del anterior, en la rúa Rodríguez Moure abren sus puertas **Berlín, El Bajo** y **Sefirot.**
La rúa Rego de Auga es más movidilla, con dos locales modernos: el **La Lola,** bastante grande, y el **Oráculo,** más discretito.
Desperdigado, pero aceptable para tomar unas copas está el **Dendemonjas** (Mera Soto). Para terminar la noche, la discoteca por excelencia de Ribadavia es **La Colmena** (Progreso), ya en la zona nueva.

las fritas con unto. Su carta de vinos de O Ribeiro es una de las más completas que se pueden encontrar. Cierra jueves salvo en verano.

A Chabola

As Chavolas (N 120).
Telf. 988 471 965. Casa de comidas con mucha madera, mantelitos a cuadros y una gran viñeta, alusiva a su buena manduca, convertida en mural. Prepara platos caseros como los callos, el bacalao, la anguilas, etc. Los fines de semana prepara también cordero asado y, en temporada de frío, cocido. Y para postre filloas, flan, arroz con leche o leche frita de la casa. El menú resulta muy económico. Cierra los martes, en Navidades y la segunda quincena de junio.

O Pipotiño

Ventosela (en la carretera N 120 hacia Ourense). Telf. 988 471 934. Cocina casera, con prevalencia cárnica (guisos, cocidos, asados), "de carretera".

■ Restaurantes (sobre 24 €)

La **Casal de Armán** (O Cotiño, San Andrés de Camporredondo; telf. 688 491 809) elabora cocina del país, en el comedor de una noble casona de piedra, con la inmejorable compañía del Ribeiro de la casa, una de las marcas que han alcanzado mayor prestigio en los últimos años.

RIBADEO

LUGO. 4.717 HABITANTES

Este viejo enclave comercial, con puerto floreciente varios siglos atrás, centra hoy sus actividades económicas en el sector servicios y en el turismo. Cabecera de una amplia comarca que abarca ambas riberas del Eo, la villa debe mucho a antiguos industriales como el marqués de Sargadelos y a la emigración transoceánica, que a su retorno supo dinamizar Ribadeo económica y arquitectónicamente. La pujante población conjuga su personalidad mariñana y gallega con el evidente influjo asturiano.

INFO Y TRANSPORTES

Oficina de Turismo de la Xunta de Galicia. Praza de España. Telf. 982 128 689.
Oficina de Información Juvenil del Ayuntamiento. Praza de España. Telf. 982 128 689.
El periódico con más información sobre la villa es *El Progreso,* aunque la edición de A Mariña de *La Voz de Galicia* incluye también una agenda bastante completa. También se publica un semanario interesante, *La Comarca del Eo.*
Estación de autobuses. Se halla en la avda. Rosalía de Castro. Empresas *Arriva* (telf. 902 277 482) y *Alsa-Intercar* (telf. 902 42 242).
Estación de ferrocarril FEVE Telf. 982 128 699/ 981 370 401.
Taxis. Sólo hay una parada de taxis situada en la praza de España.

VISITA

EL CENTRO HISTÓRICO

En la **praza de España,** antigua praza do Campo, se ubican buena parte de los más interesantes edificios de Ribadeo, alrededor de unos cuidados **jardines,** repoblados durante el siglo XIX con castaños de Indias, arces y chopos. En el centro de este parque se eleva el clásico **kiosco** ecléctico de hierro forjado del siglo pasado, y el **busto** del poeta José Alonso Trelles, conocido como *Viejo Pancho,* nacido en Ribadeo en 1857, emigrado a Uruguay y convertido con los años en la principal figura de la poseía gauchesca; su obra más conocida se titula *Paja brava.* En la plaza se encuentra el neoclásico edificio del **Ayuntamiento,** construido a finales del siglo XVIII por Antonio Raimundo Ibáñez, marqués de Sargadelos, un polifacético empresario de la época –constructor de los primeros altos

AYUNTAMIENTO DE RIBADEO.

EL TAPEO

Ribadeo es un buen lugar para el tapeo, tanto al mediodía como en la tarde-noche, para picar algo antes de cenar. La mejor zona es la de los alrededores de la rúa de San Roque. En la avenida de Galicia, junto al mercado municipal, se halla **A Ribeira,** una pequeña cervecería con la barra llena de bandejas con tapas variadas para acompañar un vino o un corto (los boquerones, deliciosos). Cruzando la calle nos encontramos con el **Queimada,** de corte similar al anterior, y un poco más adelante el **Taller,** con mayor surtido de tapas pero menos exquisitas.

Ya en la rúa de San Roque no hay que dejar de visitar **A Cantina,** con delicias variadas que van desde los canapés al queso gallego, más alguna que otra tapa de cocina mayor. Destaquemos una moderna tapería-cerveceria, **O Alen,** localizada en la calle peatonal de la villa; buenísimas sus gulas sobre pan ajado y las cazuelas de zamburiñas.

hornos españoles y creador de la mejor cerámica de la época– al que Ribadeo debe buena parte de su pasado esplendor comercial. Este marqués afrancesado, quizás el industrial más innovador de España en su época, murió asesinado en 1809, durante unas revueltas populares dicen que hábilmente manipuladas por sus enemigos; fue cosido a bayonetazos, desnudado, arrastrado y abandonado en las calles de la villa: una muerte goyesca para quien en vida se preció de ser amigo de Goya.

Junto al Ayuntamiento veremos el también neoclásico edificio de la **Aduana,** que conoció tiempos mucho más activos.

La **torre de los Hermanos Moreno** pasa por ser el edificio emblemático de la villa, el que sale en todos los folletos: es una elegante y algo peripuesta construcción ecléctica de 1905, muy al gusto de la burguesía de entonces, con un fastuoso mirador circular en la esquina, tejados con mansardas y cerámica vidriada.

Dos edificios religiosos se dan cita en esta plaza: el sencillo **convento de Santa Clara,** con templo del siglo XV y claustro del XVIII, y la **iglesia de Santa María do Campo,** antigua conventual de San Francisco, un monasterio fundado,

Torre de los Hermanos Moreno.

según los más cándidos, por el propio santo de Asís y, según los más razonables, por alguno de sus discípulos. De la vieja fábrica medieval queda poco más que una portada gótica y el arco triunfal ojival, y el resto de la iglesia es producto de las diversas reformas que se llevaron a cabo desde el siglo XVII hasta 1902, cuando se añadió el actual campanario neogótico. El retablo mayor es barroco, del siglo XVIII, y aún pueden verse algunos escasos restos del antiguo claustro del convento. Una experiencia singular, en la rúa Rodríguez Murias, es la de la **Casa das Letras,** fundación privada con muestras bibliográficas de escritores locales, documentos, exposiciones y librería.

FUERA DEL CASCO ANTIGUO

En el muelle de Porcillán, sede de un pequeño puerto deportivo, se alza el conjunto de la **Atalaya:** un **mirador** sobre la ría del Eo y la pequeña **capilla de la Trinidad,** cuyo origen se sitúa en el siglo XII aunque no tenga restos más antiguos que su portada gótica del XIV. En su interior, enmarcada por un retablo barroco, se conserva una Santísima Trinidad del siglo XVI; los cañones andaluces, restos del conjunto defensivo que aún hoy apuntan hacia la ría, asustan más bien poco. Pasando bajo la **ponte dos Santos** que comunica con Asturias, un agradable paseo litoral nos conduce hasta un viejo **cargadero** de mineral (una antigua plataforma reconstruida), precedido de un parque, y hasta el **fuerte de San Damián.** En la desembocadura de la ría se ve la punta **Niño do Corvo** (nido del cuervo), y el **faro de Illa Pancha**.

AS CATEDRAIS.

En otra dirección vale la pena acercarse hasta el **monte de Santa Cruz,** a escasos 5 km de la villa, con muy buenas panorámicas sobre la ría: un merendero, una capilla y un pétreo gaiteiro de Faílde son testigos de una festiva romería que se celebra aquí el primer domingo de agosto.

AS CATEDRAIS

Aunque queda a unos 8 km de Ribadeo en dirección a Foz, no podemos dejar de mencionar la fastuosa **playa** (bandera azul) **de As Catedrais,** un espectacular conjunto de arcadas de caliza horadadas por el mar, similares a una construcción gótica, que se abren sobre un arenal perfectamente blanco; sin duda, una de las más hermosas playas de España, un prodigio de la naturaleza que sólo puede ser disfrutado plenamente en bajamar. La Xunta la ha declarado Monumento Natural y acondicionado su entorno, pero las visitas masivas de turistas y vándalos, todos revueltos, están causando estragos.

DORMIR EN RIBADEO

Si el presupuesto no nos permite disfrutar del renovado Parador de Ribadeo** (Amador Fernández, s/n; telf. 982 128 825; 115-149 €), podemos elegir entre los siguientes hostales:**

HOTEL MEDIANTE*

Plaza de España, 8.
Telf. 982 130 453. Muy céntrico y provisto de cafetería y restaurante, está instalado en un nuevo edificio de tres plantas. 20 habitaciones con muebles rústicos de madera, TV e hilo musical.
Habitación doble: 40-65 €.

HOSTAL RIBANOVA**

San Roque, 8-10.
Telf. 982 130 921.
Céntrico y bonito, aunque con las habitaciones algo descuidadas.
Habitación doble: 55 €.

HOSTAL OROL*

Rinconada de San Francisco, 9.
Telf. 982 128 742.
En plena praza de España, limpio, agradable, cómodo y asequible; si se consigue sitio (suele estar bastante lleno) es la mejor opción.
Habitación doble: 25-40 €.

HOSTAL PRESIDENTE*

Virxe do Camiño, 3.
Telf. 982 128 092.
A la entrada de Ribadeo, un viejo hostal de dos edificios contiguos con bastantes habitaciones. Es algo laberíntico y el acceso a algunos cuartos puede resultar incómodo (hay que subir varios pisos a pie). No son las mejores habitaciones de Ribadeo, pero sí aceptables.
Habitación doble: 45-55 €.

CAFÉS

Si acompaña el tiempo se puede pasar una tarde relajada en las terrazas de cafés como el **Cantón** o el **Linares,** en la praza de España; y si no acompaña, pasemos al interior (el Linares también tiene confitería). Frente a la iglesia de Santa María está el **Café Mediante,** cafetería de lujo bastante agradable. Más atractivos son los locales de la rúa Villafranca y aledaños: no se puede dejar de visitar **El Choyo,** un bonito café-confitería.
Ya en la zona vieja, en la rúa San Miguel, descubriremos **O Recuncho,** a medio camino entre café y bodegón, con aire muy bohemio, y el **Ribanzo,** de corte más clásico. La joya de la corona de los cafés de Ribadeo es el **Café Español,** en la rúa de San Roque, cómodo y con solera (desde 1930), con buena atención y mobiliario nuevo pero a juego con el local. Por él pasaron personajes notables como los Calvo Sotelo o Dámaso Alonso.
Destaquemos en este apartado un nuevo local, el **Pizzabur,** café-cervecería.

Pensión El Pinar

Vilaframil (a 1,5 km de Ribadeo hacia Foz). Telf. 982 131 157. Una simpática casa familiar, de buen trato, al borde de la carretera pero con mucho campo detrás. Tiene 11 habitaciones y es de lo más barato que se puede encontrar en la zona.
Habitación doble: 30-50 €.

■ Turismo rural

A Cortiña

O Grañol-Obe. Telf. 982 130 187. Casi dentro de Ribadeo, camino del Monte de Santa Cruz, es una casa típica muy bien restaurada, con habitaciones pequeñas y decoración y trato exquisitos.
Habitación doble: 58-72 €.

Huerta de Obe

Obe. Ctra. de Santa Cruz.
Telf. 982 128 715. A 2 km de Ribadeo. Es una de las casas indianas más antiguas de Galicia (siglo XVIII), con habitaciones muy acogedoras (especialmente las abuhardilladas), un agradable salón con lareira y un ciudado jardín.
Habitación doble: 50-75 €.

Casa Doñano

Vilela, Covelas (a 6 km por la misma ctra. del monte de Sta. Cruz). Telf. 982 137 429.
www.casadonano.com
Recia casa grande de 1907 bien restaurada y dotada de todas las comodidades. Ocho habitaciones, todas distintas, con mobiliario antiguo recuperado y muchos detallitos decorativos.
Habitación doble: 85-105 €.

■ Otros hoteles de precio más elevado

Aunque sólo abre en verano, el **Hotel Residencia Eo***** (avda. de Asturias, 56; telf. 982 128 750; habitación doble: 68-125 €), situado sobre la ría, resulta muy acogedor y agradable. Imita la arquitectura mariñana tradicional el moderno **Hotel O Cabazo**** (Alza, 1; telf. 982 128 517), con 19 habitaciones y un extenso jardín con terraza (habitación doble: 45-75 €).

COMER EN RIBADEO

■ Casas con menú (menos de 15 €)

El Huerto

O Pinar, Vilaframil. Ctra. N 634, km 556 (a 3 km de Ribadeo).
Telf. 982 130 824. Todo a la brasa, carnes y pescados, y el precio, según lo que se elija. Vale la pena decantarse por la carne, y el churrasco suele ser barato.

Casa Foguete

Ctra. N 634, km 557, A Devesa (Vilaframil).
Telf. 982 131 026. Es toda una institución en la comarca: por una parte está la carta, muy nutrida en pescados (sargo), marisco y caza, pero todo ello también puede encontrarse en su excepcional menú. Sólo abre al mediodía.

LA NOCHE

El ambiente nocturno se reparte en dos zonas muy bien definidas, tanto en el tipo de locales como en el público que los frecuenta. Por la zona vieja salen los más maduritos, mientras que los más jóvenes se desplazan por la parte nueva de la ciudad.

ZONA VIEJA

En la zona vieja casi todos los pubs están muy cerca unos de otros, sobre todo en la rúa San Miguel y su perpendicular. A destacar **EL PASILLO,** para los que gusten del bailoteo, es uno de los más movidos; **O MILLO,** algo más abajo, es un pequeño local que siempre está abarrotado de gente; pero a día de hoy el más concurrido suele ser el **ESMORGA.** Un histórico que se mantiene en el casco viejo (Pasarón y Lastra), es el **RIBANZO,** café por la tarde y local de copas para charlar dentro o en su terracita veraniega que se adapta a los gustos de la clientela.

ZONA NUEVA

Por la zona nueva los establecimientos son de corte más moderno y discotequero, propio para adolescentes; los quinceañeros frecuentan el **TRES 60,** un local de copas baratas en la rúa San Roque, pero después todos los locales se concentran entre la avenida de Galicia y la rúa Vilalba.

Al comienzo de la avenida de Galicia encontraremos el **JALEO,** en plan patio andaluz, aunque la música desentona un poco. Más adelante se suceden **SLIDER,** un gran local oscuro, con luces parpadeantes y bacalao a todo volumen (un mareo), y el **PAG,** una disco más discreta y suave. En la rúa Vilalba, perpendicular a la anterior, se halla el espectacular **NOX.** La disco más concurrida de todas, casi una macrodisco tras la última ampliación, es **FUTURA.**

OVIEDO

Amador Pérez, 5. Telf. 982 128 131. En un edificio de piedra de la zona antigua. Su propuesta culinaria está concentrada en torno a la materia prima más atractiva de la zona: sus pescados y sus mariscos.

■ RESTAURANTES (SOBRE 30 €)

Bouza (J.V. Pérez Martínez, 13; telf. 982 130 119) dispone de un pequeño comedor bien decorado en el que degustar un mimado menú. Una de sus especialidades es la paella de marisco. **San Miguel** (Puerto Deportivo; telf. 982 129 717) es un estupendo comedor panorámico sobre el puerto, la ría y Asturias, para degustar mariscos y pescados del Cantábrico, arroces, paellas y chuletones.

En una casona antigua, se halla **La Villa** (Vilaframil. Telf. 982 123 001), que también acoge un hotel. Sus discretos y pequeños comedores ofrecen la carta más creativa de esta zona de A Mariña, todo ello con un servicio notable.

A RIBEIRA SACRA

RUTA DE 196 KM

El documento fundacional de la abadía de Montederramo (1124), firmado por la reina doña Teresa de Portugal emplea por vez primera el término *Rivoira Sacrata* en alusión a los cenobios situados en el área próxima al soberbio cañón que el Sil esculpe en su desembocadura. La afortunada expresión, modernizada, se ha extendido después a la contigua ribera del Miño y hoy, señalizada la zona con gran detalle, constituye una de las rutas con más fuerte proyección turística de Galicia. Casi una veintena de monasterios de origen medieval se dispersan por un relativamente reducido espacio.

La también llamada *Tebaida* gallega nació vinculada a la elección personal de numerosos anacoretas que luego se fueron agrupando en comunidades sometidas a una regla. Del pasado esplendor monacal, arrasado por las desamortizaciones decimonónicas, ha sobrevivido hasta hoy una amplia nómina de edificios, la mayor parte de ellos románicos.

El paisaje grandioso de los cursos de los ríos Miño y Sil, embalsados entre montes cubiertos por espesos bosques autóctonos, realza el escenario histórico y acrecienta las muchas sorpresas de un itinerario compuesto por dos circuitos que convergen en Os Peares. He aquí los principales hitos del camino propuesto:

LA RIBERA SAGRADA DEL MIÑO

Taboada. Si iniciamos la excursión en esta población situada a escasos kilómetros al norte de Chantada y próxima al extenso embalse de Belesar, podremos conocer tres **iglesias** románicas de cierto interés; la de **San Pedro de Bembibre** (1191), profusamente ornamentada en sus portadas. A 6 km al oeste, la de **Taboada dos Freires,** en cuyo tímpano figura Sansón desquijarrando al león junto al nombre del Maestro Pelagio (1190); y camino de Monforte y al otro lado del embalse de Belesar, la de **San Vitorio de Ribas de Miño,** primera iglesia monacal de la serie.

Chantada. Es el primer núcleo urbano importante de la ruta. Conserva un pequeño casco antiguo con casas bajo soportales y el gusto

TABOADA.

por la buena gastronomía. La modélica restauración de la porticada **Casona de Lemos** para Casa de Cultura marca una pauta que debería seguirse sin tardanza. En lo gastronómico, además del buen tinto de la zona, destacan las empanadas, el pulpo y el cabrito asado. En las fiestas de agosto, el *Folión dos carros* es un desfile colorista de carros engalanados con escenificaciones de la vida rural.

La carretera que conduce a la presa de Belesar nos deja cerca del que fue **monasterio de Santa María de Pesqueiras** (San Fiz de Asma). Su iglesia del siglo XIII presenta planta basilical de tres naves y tres ábsides semicirculares. El topónimo hace referencia a las pesquerías que los monjes poseían en el río para capturar anguilas y lampreas.
La ruta hacia Os Peares bordea el Miño y ofrece buenas vistas sobre las terrazas donde se cultiva el vino tinto de Chantada.
En las inmediaciones de la villa encontramos el **monasterio** benedictino **de San Salvador de Asma,** fundado en el siglo X por los condes Don Ero y Doña Adosinda. El templo románico cobija en su amplio interior (de nave única) varios retablos renacentistas. La puerta que da paso al **claustro** muestra en el tímpano una lucha de dragones.

Camporramiro. Inmediatamente después de tomar la carretera de Os Peares, un breve desvío a la derecha nos deja en esta localidad, que posee una buena **iglesia parroquial** de fines del siglo XII (portadas y canecillos decorados).

Nogueira do Miño. Más adelante, el **templo de Santa María** de Nogueira do Miño vigila un gran meandro del Miño. Su fachada fue rehecha en el siglo XVIII, pero mantiene el rosetón medieval.
Las **iglesias** medievales **de San Estevo de Chouzán** y **San Xoán da Cova,** ambas pertenecientes a casas regentadas por monjas benedictinas, fueron trasladadas para evitar su desaparición bajo las aguas del embalse. En la primera destaca el ábside románico cubierto de pinturas hispano-flamencas con escenas del Juicio Final.

Os Peares. A 28 km de Chantada, el Sil desemboca en el Miño aportando un gran caudal ("El Miño lleva la fama y el Sil lleva el agua"). El río Búbal también muere en este lugar tras un corto deambular.
La pequeña localidad, marcada por su condición de encrucijada, está dividida en barrios separados por viejos puentes. Los núcleos

OS PEARES.

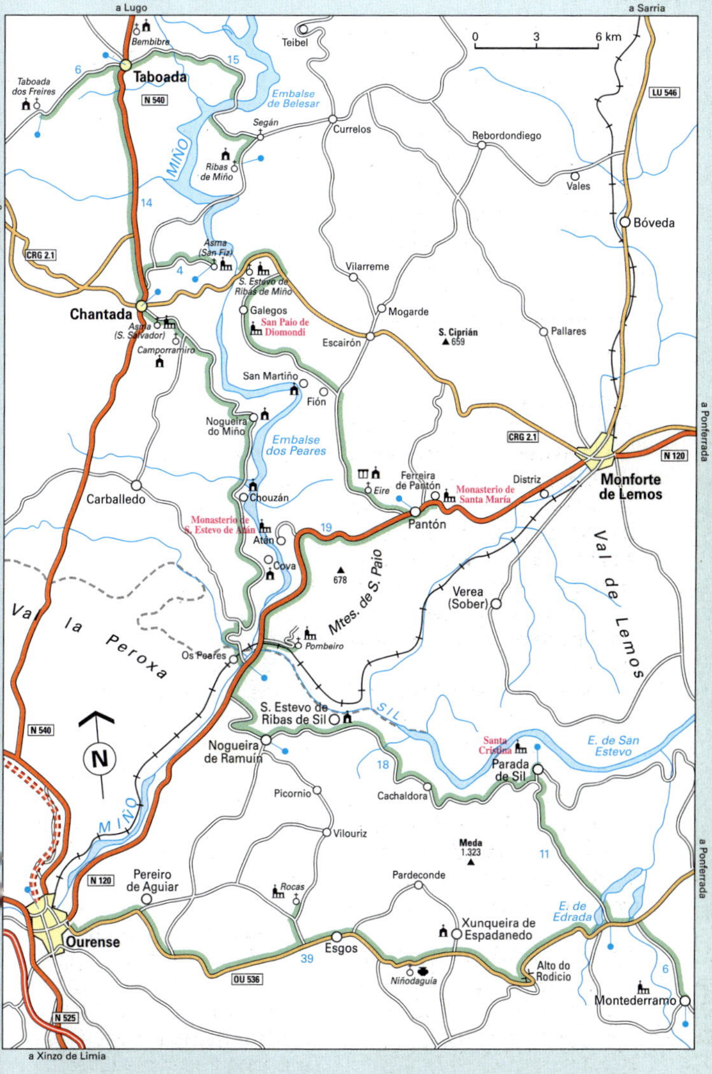

pertenecen administrativamente a cuatro parroquias, dos provincias y dos obispados distintos.

Cruzando el Sil, camino de Monforte, es posible acercarse al **monasterio de San Vicenzo de Pombeiro,** asentado en un bello paraje.

En el siglo x aparece citado como fundación de la reina Doña Goto, esposa de Sancho I; más tarde

entró en la órbita de Cluny y acabó como priorato anexo a Ribas de Sil (en la orilla opuesta). La **iglesia** basilical de tres naves (finales del siglo XII-comienzos del XIII) es el primer ejemplar de la señalada *Rota do Románico de Pantón.* Merece ser destacado su retablo barroco.

Miño arriba, el **monasterio de San Estevo de Atán,** de difícil acceso, queda enfrente de San Xoán da Cova. Fundado en el siglo VIII por el obispo de Lugo Odoario, las celosías prerrománicas de la cabecera delatan la antigüedad de su construcción.
El templo actual, precedido del cementerio, data del siglo XIII. Sólo la evocación histórica y el bucólico paraje miñoto, idóneo para la caminata, justifican el esfuerzo de ir en su busca en automóvil.

Ferreira de Pantón. Reúne en sus alrededores varios monumentos notorios.
Entre ellos sobresale, a la izquierda de la antigua carretera a Monforte, el **monasterio** bernardo femenino **de Santa María,** el único de la Ribeira Sacra que mantiene la vida claustral. La **iglesia** posee riquísimos capiteles y canecillos y un armonioso interior de techo artesonado. El cuidado **claustro** (siglo XVI) es lo único que se puede vislumbrar de las dependencias monásticas desde la puerta de la clausura. La habitual habilidad repostera de las monjas no está ausente: por el torno pueden adquirirse almendrados y otros productos.

Tomando la carretera de Sober, a menos de 1 km sale al pie mismo de la ruta la encantadora silueta del **castillo de Maside** (siglo XIV), perfecto en su pequeñez, con su torre del homenaje provista de merlones y almenada.

No lejos de Ferreira, en la misma dirección, debe visitarse la **iglesia de San Fiz de Cangas,** perteneciente a un antiguo monasterio que ya existía en época visigótica y habitado en el siglo XII por monjas benedictinas. Las dependencias monacales aún pueden verse al lado. La **capilla de los Condes de Terranovais** acoge el mausoleo de don Rodrigo López de Quiroga. A este templo pertenece también un hermoso **Calvario** en madera policromada (principios del siglo XIV). Una reproducción fiel puede verse en un cruce de caminos cercado.

De nuevo en ruta hacia Escairón, pasamos junto al dieciochesco **pazo de Ferreiroá.** Poco después divisamos el peculiar **templo de San Miguel de Eiré,** denominado *o mosteiro* en referencia a su antigua condición. Sobre la nave y ante el ábside se alza una bella torre rectangular con ventanitas que nos recuerdan a las del norte de Castilla.

Fión. Su **iglesia** parroquial posee pinturas murales del siglo XVI. Desde la población, hay una bajada hasta **San Martiño da Cova,** templo románico con espadaña que perteneció a un convento de canónigos regulares de San Agustín.

Dos **monasterios** con templos estilísticamente afines ponen el broche a este primer circuito:
San Paio de Diomondi (1170) tiene una fachada tripartita, un amplio interior bajo arcos apuntados y profusa decoración a base de impostas de billetes. La casona medieval contigua fue casa de recreo para los obispos de Lugo.
San Estevo de Ribas de Miño (1210) domina el río desde su atrio. El frente occidental muestra toda la elegancia del románico compostelano. En la parte superior destacan el tornalluvias de arquitos y un gran rosetón.

El impresionante cañón del Sil

Para la segunda parte del recorrido, aunque puede iniciarse desde Ourense, conviene tomar como punto de partida la ya mencionada encrucijada de Os Peares, de la que parte una carreterilla que transcurre casi pegada al cañón del Sil.

Nogueira de Ramuín. Si se sigue la primera opción, para llegar al monasterio de San Estevo de Ribas de Sil, que es en ambos casos el destino inmediato, hay que desviarse de la flamante N 120 en dirección a este núcleo, que si bien da nombre al ayuntamiento de la zona, es en realidad una pequeña aldea que conoció tiempos mejores, como lo prueban las puertas románicas de su **iglesia parroquial** que imitan, aunque a mucha distancia, las de la catedral de Ourense.

Luintra. Esta contigua localidad, ostenta la capitalidad municipal, donde un evocativo **monumento al afilador,** oficio ejercido principalmente por hombres de esta tierra en los más variados puntos de España, preside la plaza principal, frente a la moderna iglesia y una agradable zona recreativa.
Más recomendable, sin embargo, es seguir desde Os Peares la mencionada carretera, generalmente no señalada en los mapas (fue construida para dar servicio a los embalses), aunque de fácil localización, pues parte debajo mismo del nuevo viaducto.

Cañón del Sil.

El camino merece en verdad la pena porque transcurre al pie de la parte final del **cañón del Sil,** que marca el límite interprovincial, entre laderas pobladas de castaños, carballos y una densa vegetación de frescor permanente. Hay vistas insólitas a lo largo de su estrecho pero seguro recorrido: diminutas aldeas casi colgadas de los barrancos ribereños, el trazado del ferrocarril por abismos inverosímiles en la orilla opuesta y, naturalmente, el dibujo de la serpiente de plata del río, quizás navegado por alguno de los catamaranes que permiten contemplar desde aguas adentro la garganta. Las instalaciones de la central hidroeléctrica del embalse de San Pedro y la imponente mole de la presa de San Esteban ponen un contrapunto moderno en un entorno milenario.

Monasterio de San Estevo de Ribas de Sil.

San Estevo de Ribas de Sil. Tras unos 12 km de curvado llanear, se inicia el ascenso hacia el poblado de chalecitos de los empleados del embalse y el inmediato pueblo de **Loureiro,** situado ya a tiro de piedra de San Estevo. La pronunciada bajada hacia el monasterio, que se emplaza al fondo del caserío surgido a su vera, ofrece casi a vista de pájaro una panorámica grandiosa de los parajes recorridos. Para vislumbrar los orígenes del monasterio hemos de remontarnos al siglo VI, aunque su esplendor llegaría de la mano de los hijos de San Benito. Durante el siglo XVI contó con un Colegio de Artes y Filosofía.

La **iglesia** combina los estilos románico, ojival, barroco y neoclásico; en su interior destacan el retablo pétreo de Cristo con los apóstoles (1200) y el altar mayor de Juan de Angés (siglo XVI).

El **claustro de los Obispos** tiene un piso inferior románico y otro superior con arcos carpaneles (siglo XV); A los siglos XVI y XVII corresponde el **Claustro Mayor** o **de la Portería,** de planta rectangular y tres cuerpos con galerías de distinto orden. Detrás del monasterio hay sendas que se adentran en las espesuras circundantes. En los últimos años, además, se ha recuperado y señalizado en parte el antiguo **Camino Real,** que posibilita un amplio recorrido en dirección al monasterio de Santa Cristina, a través de corredoiras, regatos, sotos de castaños, carballeiras y verdes prados.

Algunas actividades lúdico-culturales, como el **Festival de Música Celta** que se celebra durante el mes de agosto en el acristalado claustro renacentista, el albergue juvenil o los llamados **Domingos de San Estevo** –que entre otras cosas permiten degustar buen pulpo– contribuyen a hacer verosímil la proyección del lugar como un foco de gran atractivo e influencia.

MONASTERIO DE SANTA CRISTINA DE RIBAS DE SIL.

Retomando la ruta en dirección a Parada de Sil, a 18 km de San Estevo, las panorámicas sobre la gran hoz del río se multiplican. Quedan en el camino, bajo la testuz serrana de la *Cabeza da Meda,* pequeños núcleos como el ya citado Loureiro, **Vilar, Parada Seca,** donde puede verse un antiguo molino, o **Cerreda.**

Al fondo del caserío de esta pintoresca aldea, un poco más allá de la fresca **fonte da Barxa** y en dirección al Sil, existen *soutos* bucólicos poblados de castaños centenarios. Sus caprichosas y ahuecadas formas sirven para identificarlos con nombres propios: *A Igrexa, O Campanario, A Cova do pastor.* Pasado **Viluxe**, la frondosa vegetación desaparece momentáneamente y el páramo se impone en el **alto das Trabancas.**

Sobre la meseta, a la izquierda de la carretera hay un **mirador** que permite asomarse al abismo del Sil.

Parada de Sil. Nada más pasar Caxide, con su pequeña **iglesia** con cementerio anexo –como es norma en la tierra– enseguida se llega a esta población. En su centro, un **monumento al barquillero** rinde homenaje a un oficio que se extingue. Al final del caserío, el acondicionamiento de la zona llamada *Os Balcons de Madrid,* con miradores, posibilita nuevas perspectivas del cañón y los pinares.

La Ribera Sagrada aún nos reserva la sorpresa de la que, si no es su joya monumental más preciada, sí posee el valor de un desvelamiento: el **monasterio de Santa Cristina de Ribas de Sil,** situado en un silencioso recodo al que se accede por un desvío señalizado a la entrada de Parada.

Hace sólo unos años el recoleto edificio estaba abandonado y en avanzada ruina, casi devorado por el bosque, pero ha sido felizmente rescatado. En su **iglesia** románica atraen de inmediato la mirada el rosetón de la fachada y el remate piramidal de la torre, donde curio-

SERRA DE SAN MAMEDE.

samente antes de la restauración crecía un peral. Es sugerente el arco polilobulado que da paso al claustro, del que sólo se conservan dos flancos, así como algunas dependencias interiores. Al pie del monasterio discurre una ruta de senderismo que permite acercarse al río y enlazar con el citado camino a San Esteban. El lugar, como ningún otro de los vistos en el recorrido, se presta a la ensoñación... incluso truculenta.
Sobre Santa Cristina hay leyendas, sin ningún fundamento conocido, pero muy anteriores al eco de *El nombre de la rosa,* que hablan de pasadizos subterráneos y de orgías monacales. El escenario, sin embargo, sugiere más bien un canto a la vida retirada y la contemplación.

Montederramo. Nos alejamos del Sil enfilando la proa hacia la **serra de San Mamede.** Una vez superados el embalse de Edrada y Vilariño Frío, tomamos en la carretera N 120 el desvío que lleva hasta este cenobio (6 km).

XUNQUEIRA DE ESPADANEDO.

En su **monasterio** cisterciense **de Santa María** destaca la gran iglesia herreriana con cúpula. La incuria ha echado a perder el retablo mayor y la sillería coral, quedando algunas piezas de ambos en un improvisado **museo.** El abandono afecta también a los **claustros:** el **Reglar** es tardogótico y renaciente, el **de la Portería** o **de los Medallones** sigue el estilo de Alonso de Covarrubias.
Una vez bajado el *alto do Rodicio,* a mano derecha se puede ver el que fuera **cenobio de Santa María de Xunqueira de Espadanedo**, fundado por los monjes de Montederramo en 1170. Perduran el notable templo medieval de tres naves y parte de un claustro del siglo XVI.

Niñodaguia. Después de pasar por aquí, el principal pueblo alfarero de la provincia, seguiremos un último ramal hasta el **monasterio** rupestre **de San Pedro de Rocas,** creado por siete varones en el año 573.
Fue entonces cuando convirtieron las cuevas de los ermitaños en el templo suevo cuya cabecera aún

PARADA Y FONDA

Si se tiene la intención de pernoctar por el camino, son numerosas las opciones de alojamiento en casas rurales. **Fión** cuenta con la **Torre Vilariño,** (telf. 982 452 260), una casa grande del siglo XVII, a muy buen precio, y los **albergues** del **monasterio de San Estevo de Ribas de Sil** (telf. 982 201 054) y el **municipal de Montederramo** (telf. 982 238 686), en que también dan comidas.

En **Vilamor-O Sabiñao** están:

Casa Vilamor
En Vilamor.
Telf. 982 452 384.
Alojamiento de trato agradable y familiar.
Habitación doble: 35-45 €.

Cazapedro
Rebordaos.
Telf. 982 182 157.
Casa antigua bien rehabilitada, en el centro de una gran finca. Habitación doble: 40 €.

En **Sober** es recomendable la **Casa Grande de Rosende** (telf. 982 589 178). Dispone de varias habitaciones bien decoradas. Un lugar encantador y tranquilo en el municipio de **Os Peares** (Carballedo) es **O Muíño do Vao** (Oleiros, telf. 982 401 863), un antiguo molino rehabilitado con mimo y con vistas al río. Por último, en **Parada de Sil** hay un núcleo de turismo rural en pleno cañón (Rabacaballos): **Casa dos Castiñeiros** y **Casa do Muíño** (ambas en el telf. 988 371 944).

podemos contemplar. Si las entrañas del recortado **monte Barbeirón** forman parte del sacro edificio, también las sepulturas antropoides aparecen excavadas en la roca y la espadaña elevada sobre un gran peñasco.

Ourense [pág. 201]. La ciudad, situada a escasos kilómetros, es un punto adecuado para poner fin al recorrido. La ciudad muestra con orgullo el Santo Cristo, las Burgas, el Puente Viejo sobre el Miño... A ello hay que añadir el atractivo conjunto histórico centrado en la catedral y en la Plaza Mayor, y la elogiable facultad de mantener antiguas fiestas y costumbres con renovado ímpetu.

SANTA UXÍA DE RIBEIRA

A CORUÑA. 10.801 HABITANTES

En Ribeira todo gira alrededor de los muelles: su flota es la tercera de Galicia, su puerto de bajura uno de los más importantes de España y el municipio, uno de los de mayor densidad de población de la provincia.

INFO

Oficina de Turismo de la Xunta de Galicia. Avda. do Malecón, 3. Telf. 981 873 007. Abierta en julio y agosto.
Oficina de Turismo del Ayuntamiento. Coenlleira, s/n.
Telf. 981 870 980. Sólo en verano.
Oficina de Información Xuvenil del Ayuntamiento
En el mismo sitio que la anterior. Telf. 981 873 100.
Información general, con agenda, en la edición comarcal de *La Voz de Galicia* y *El Correo Gallego*.

TRANSPORTES

Estación de autobuses. Avenida do Malecón, s/n. Telf. 981 873 015. Hay varios autobuses diarios a Santiago que pasan por Padrón o Noia. Para ir hacia el sur de Galicia hay que hacer trasbordo en Padrón. También hay autobuses urbanos en la misma estación (Sarasquete, telf. 981 870 056), con servicio a las parroquias del Ayuntamiento (excepto Corrubedo, Artes, Olveira y Oleiros).
Taxis. Paradas en la avda. de Rosalía de Castro, (telf. 981 870 466) y parque de García Bayón, s/n (telf. 981 870 051).
Aparcamiento
Lo más aconsejable es aparcar en la explanada del malecón; es donde hay más sitio, excepto los sábados por la mañana, día de mercado, así como en la avda. Rodríguez Bautista.

VISITA

Bonita, lo que se dice bonita, la villa de Santa Uxía de Ribeira no lo es, pero suple sus escasos atractivos urbanos con un entorno natural extraordinario y con interesantes restos arqueológicos.

LA VILLA

La especulación inmobiliaria, la presión demográfica y la fiebre constructiva de los últimos 30 años sólo han dejado alguna que otra tradicional casa marinera en el **barrio de Bandorríos.** El resto del pueblo, salvo la **iglesia** clasicista de **Santa Uxía** (1864) y el **pazo de los Marqueses de Revilla,** carece de otro interés que no sea el que genera la actividad portuaria –vale la pena ir a la **lonja** por la tarde–, el específicamente gastronómico o el de la animación nocturna. Con la idea de generar un nuevo recurso cultural y turístico, en el parque de San Roque ha sido creado el **Arqueódromo,** cuestionado parque temático de la arqueología barbanzana en el que se reproduce un dolmen (cerca hay uno auténtico), varias viviendas castreñas (lo mismo en O Neixón) y un anfiteatro romano, todo ello con su centro de interpretación.

EL ENTORNO

Sin duda lo mejor del municipio son los grandes atractivos naturales, las playas del litoral, los islotes que animan el horizonte, las **lagunas de Vixán** y **O Carregal** –refugio de más de 150 especies de aves y anfibios– y las **dunas móviles de Corrubedo,** todo un conjunto declarado Parque Natural en 1992. Leyendas sobre estos lugares las hay para dar y tomar, desde la sumergida ciudad de Valverde, en el fondo de O Carregal, hasta la presencia de Carlomagno, Oliveros, Roldán y los 12 pares de Francia guerreando en esta zona contra los moros; dicen que Roldán –el mítico caballero francés, no el cuatrero de hace unos años– pidió aquí al cielo una hora más de día, para poder arrasar completamente a sus enemigos.

DUNAS DE CORRUBEDO.

Las playas son espectaculares: largos arenales de aguas tibias y cristalinas. Destacan la **playa de Coroso,** de más de 3 km, con un cómodo camping y flamante paseo marítimo; la de **Corna,** de

CAFÉS

Para la tarde hay dos tipos de locales, las cafeterías de siempre y los cafés más actuales, con decoración a la antigua. Entre las primeras destacaremos el **Dolmen 2** (Rosalía de Castro), presidido por una gran pecera; el **María** (en la misma calle), famoso por su rico café; y el **Nordeste** (rúa Galicia), muy concurrido. Entre los cafés se llevan la palma el **Bulevar** (praza do Concello), un local agradable, con varios tipos de café y buena atención, en el que es difícil encontrar sitio; **A Esmorga** (Campo de Marte), un mínimo café algo más vanguardista, y el **Laurel y Hardy** (en el malecón), local muy reciente, con muebles de madera envejecida. Finalmente, el **Albatros** (malecón) es un café agradable, diminuto, acogedor, con buena música, mejor trato, excelente decoración... en fin, diríamos que es el mejor. Entre los nuevos tenemos **El Faro de Alejandría,** sito en la plaza de Vigo, y el segundo **Bulevar,** ahora en el Malecón.

más de 1 km, en Palmeira; la de **Ameixida y Castiñeiras,** de 2 km, una de las más populares; la más pedregosa de **A Cobasa,** sede de un antiquísimo malecón, según algunos fenicio, más probablemente romano; y la de Ferreira o de las **Dunas,** inmediata a O Carregal, la más larga con sus 6 km.

Desde el activo y dinámico **puerto de Aguiño** se obtiene una buena panorámica de la **isla de Sálvora,** unida al legendario origen de la familia Mariño de Lobeira: al parecer, el fundador inició la estirpe copulando aquí con una sirena, previamente desescamada, claro. Los hay que no se arredran ante nada.

EL TAPEO

Se suele salir al mediodía, aunque en los últimos tiempos se está instaurando también el de tarde-noche. Básicamente hay dos zonas, la del Ayuntamiento y la del malecón. La primera es más bien discreta, con pocos locales que en realidad son cafeterías pasadas de moda como el **Zum Zum** o el **Golfox.**

En la segunda zona, en los alrededores del parque García Baón, merece la pena mencionar el **Pescador,** un viejo –y se nota– bar de puerto, de los más antiguos, con las mejores empanadillas de la villa.

Recorriendo el paseo del Malecón hay muchas otras tascas cuya vida es el puerto, con las típicas tapas de calamares, pulpo, etc. Sobresale el **Noruego,** para tomar un vino, y **La Parra,** con buen ambiente, una terraza agradable y una deliciosa empanada de maíz. Más adelante se halla **La Cuba,** otra taberna de pueblo de las más famosas, sobre todo por su pulpo.

Al final del paseo está la llamada "zona de tascas", donde cabe mencionar el **Barbanza,** una vieja taberna que, aunque en las últimas reformas se ha transformado en café, mantiene la tradición de las tapas por los marineros que paran en el local. Enfrente está el **Peirao,** moderna taberna gallega con buenas tapas de pulpo, calamares y mejillones, y más escondido queda el **Bar 14,** bar de tapas al mediodía que se reconvierte en local –algo pobre– de copas en las noches del fin de semana.

Se sale un poco de la tónica general el **Capitán Morgan** (rúa do Sal), que pese al nombre de pirata se dedica a difundir los productos bercianos y leoneses: pimientos, quesos de Valdeón, cecina, chorizo al vino, etc.; el hartazgo de lo de siempre ha convertido la fórmula en todo un éxito.

FIESTAS

Encabeza el calendario festivo la **festa da Dorna** (semana anterior al 24 de julio, que es el día grande). La dorna es la tradicional embarcación de Ribeira, cuyo origen, por su quilla alargada, se vincula a los barcos vikingos. La fiesta, declarada de Interés Turístico Nacional, cuenta con más de 50 ediciones y ha devenido de baile popular a un festejo más juvenil con peñas que participan en curiosas competiciones durante toda la semana (canciones de tasca, vuelo sin motor, regatas...). Las **fiestas del verano** (primer fin de semana de agosto) suelen durar cinco días y congregan a muchísima gente en torno a las típicas atracciones de barraca, verbenas, conciertos y fuegos artificiales. Las **festas de Santa Uxía** (10-12 de septiembre) son las patronales, como las de verano, pero con menos público. Al género de la exaltación gastronómica pertenecen la **Festa do Percebe,** celebrada a finales de junio en Aguiño, y la **Festa da Empanada,** el 25 de julio en Palmeira.

Hacia el norte, camino de Xuño, queda el **dolmen de Axeitos** (III milenio a.C.), conocido popularmente como *Pedra do Mouro,* un enterramiento que ha sido definido, quizás algo hiperbólicamente, como el "Partenón del arte megalítico gallego". Para concluir, junto a la rectoral de Artes, inmediata al hotel, ha sido inaugurado un pequeño **museo** con una sala de etnografía y otra de grabadores contemporáneos (de Goya en adelante). Un mirador sobre el municipio y las dunas: el Monte Cidá (desvío desde la carretera de Frións).

DORMIR EN SANTA UXÍA DE RIBEIRA

Hostal Colón**

Cristóbal Colón, 29.
Telf. 981 870 415. En una zona cercana al puerto pero tranquila. Tiene 12 habitaciones cómodas.
Habitación doble: 40-50 €.

Hostal Villa**

Diego Delicado, 4.
Telf. 981 871 075.
Situado en una de las zonas más atractivas del casco urbano, cerca del malecón. Bastante discreto para ser de dos estrellas, pero con buena relación calidad/precio.
Habitación doble: 38 €.

Hostal Áncora**

Rúa 9 de agosto, 5.
Telf. 981 874 200.
Es de los más conocidos, detrás del Ayuntamiento. Renovado y con buena atención.
Habitación doble: 30-60 €.

LA NOCHE

El variado ambiente nocturno de Ribeira se desarrolla en tres áreas.

ZONA DE LAS TASCAS

Hay pocos pubs pero muchos bares que se llenan a primera hora de la noche. Además de bares como el **BARBANZA, PEIRAO, TUNA** o **PLAZA,** que tienen en común los adolescentes, las copas baratas y la música infame (compran un disco al año), existen las opciones del ya mencionado **ALBATROS,** que es recomendable a cualquier hora; **LA CERVECERÍA,** un bonito local pequeño y abarrotado, con música actual; el **ALOHA,** un pub mítico en Ribeira, que abrió hace ya años y sigue de moda (alterna el flamenco con el rock duro de los sesenta y setenta, dependiendo de la hora), y el **MERCANTE,** pub relativamente nuevo, pero nada del otro mundo.

EL CALLEJÓN

Por la zona del Callejón, la de la marcha por excelencia, se sale a partir de las 2 h. El ambiente ha decaído algo últimamente en buena medida por la escasa renovación de los locales, que siguen con la misma música y decoración de hace años. Destacaremos el **DELIRIUM TREMENS,** normalito, con pop de moda y música disco, y el **CÚPULA,** de los últimos en cerrar (hacia las 4 o 5 h), decorado en plan bohemiopero lo que pinchan es música disco.

FUERA DE ZONA

Fuera de estas dos zonas, algo aislados, merece la pena mencionar dos locales: el **VENTOS VELLOS** (Gravina), para primera hora de la noche, es una tasca decorada con originales aperos de labranza (no lo confundáis con un pub del mismo nombre en el Callejón), y el **BARE NOSTRUM** (praza de Vigo), cerca del anterior, quizás algo desfasado pero agradable para tomar una copa tranquila y sentarse en la terraza de la plaza.

Entre las novedades citar el **BRÉTEMA,** para bailar música disco, y otros como el **DIQUE,** el **PUZZLE, ROXI** y, como es evidente de última hora, el **ZONA TSUNAMI,** que han ido reemplazando a los cesantes.

HOSTAL GAGO DOMÍNGUEZ**

Rúa de Galicia, 13.
Telf. 981 871 754. Catalogado como "hotel de playa", una nueva clasificación que la Xunta se ha sacado de la manga, nada tiene de peculiar en relación con sus congéneres. Habitación doble: 30-42 €.

HOSTAL LAS CAROLINAS**

Avda. das Carolinas.
Telf. 981 870 275. En recuerdo de las antiguas colonias del Pacífico, este modesto establecimiento se sitúa frente al puerto. Habitación doble: 30-50 €.

Turismo rural

La única oferta del municipio, y de muy escasa capacidad, es la de **Insuela** (Insuela, Palmeira; telf. 981 838 026; 45-65 €), con vistas al mar. El vecino concello de **A Pobra do Caramiñal** cuenta con un elegante e histórico pazo, el de **Torre Xunqueira** (telf. 981 833 085), con su restaurante abierto al público y cuatro habitaciones a 75 €; y las **casas da Rianxeira** (Cabío; telf. 981 832 871; Habitación doble: 42-52 €) y el original complejo de **Entre os Ríos** (Sta. Cruz de Lesón; telf. 981 878 459; www.entreos-rios.com; Habitación doble: 66-80 €), que se halla en la subida a la Curota. En el municipio de **Boiro,** a 16 km, se puede elegir entre la **Posta de Valmaior,** la típica casa rústica restaurada, de habitaciones coquetas (Habitación doble: 40-55 €), la **Casa Calzada,** parecida, en zona baja de montaña, pero no tan idílica. La habitación doble cuesta unos 38 €, y **Os Petroglifos** (Bealo; telf. 981 862 975), muy decorada, con lareira y 8 habitaciones dobles a 50 €.

Otros hoteles de precio más elevado

En **Artes,** a tan sólo 100 m del Parque Natural y con buenas vistas sobre los montes del Barbanza, funciona un complejo turístico de alto nivel en torno a la antigua rectoral que le da nombre. Emplazamiento, calidad de obra, exquisito mobiliario y la recordada presencia del príncipe Felipe en la habitación *Camelia* justifican el precio. Otra novedad es la del **Hotel Oca Río Azor******* (Insuela, Palmeira; telf. 981 867 212), moderno complejo que impacta bastante en la primera línea de la playa que le da nombre, invadiendo la zona de servidumbre con su pista de tenis y la piscina; 46 dobles de 65 a 130 €.

COMER EN SANTA UXÍA DE RIBEIRA

Casas con menú (menos de 15 €)

Castelao

Parque de García Bayón, s/n.
Telf. 981 873 635.
Local decorado en homenaje al ilustre galleguista, donde se come bien y barato a base de cocina tradicional.

Penín

Diego Delicado, 5.
Telf. 981 871 090.
Céntrico, cerca del malecón. El primer piso es una jamonería; el comedor está abajo, es amplio y tranquilo y ofrecen un menú asequible. A la carta podemos pasarnos de precio si escogemos mariscos.

Restaurantes (sobre 30 €)

En el casco urbano cabe mencionar el **Ameneiro** (Miguel Rodríguez Bautista, 15; telf. 981 875 334), con su cocina de mercado ligeramente elaborada, y que no sólo atiende al pescado (pruébense sus carrilleras de cerdo ibérico). En la parroquia de **Oleiros,** muy cerca del dólmen, sobresale **Casa Hermo** (telf. 981 767 899), con comedor en piedra, bella terraza cubierta y especialidad en pulpo a la brasa y chuletón de buey a la piedra.

SANTIAGO DE COMPOSTELA

A CORUÑA. 93.672 HABITANTES

Esta ciudad se lo debe casi todo a la peregrinación jacobea; su excepcional monumentalidad, el carácter medieval y barroco de su casco antiguo, perfectamente conservado, la particular atmósfera de sus calles y plazas tienen su origen en una ruta que cautivó la imaginación de la Europa cristiana del medievo y que convirtió a Santiago en la tercera ciudad santa de la Cristiandad, después de Jerusalén y Roma. Sin embargo, no se ha dormido en los laureles de un pasado más o menos glorioso. Santiago, capital política de Galicia, es hoy una ciudad dinámica, alegre y vibrante, donde convive un abigarrado paisanaje; abundan los funcionarios y comerciantes, que se mezclan con los miles de universitarios que dejan su impronta durante los largos meses del curso, además de los cada día más numerosos peregrinos y la gran cantidad de turistas que visitan la ciudad durante todas las épocas del año. La meta del Camino milenario sigue teniendo su mejor reclamo en el casco histórico, declarado por la UNESCO Patrimonio de la Humanidad.

INFO

Oficina de Turismo de la Xunta de Galicia. Rúa do Vilar, 30. Telf. 981 584 081.

Oficinas Municipales de Turismo Rúa do Vilar, 63. Telf. 981 555 129. Praza de Galicia. Telf. 981 573 990. www.santiagoturismo.com

La Casa do Deán acoge la **Oficina del Peregrino** (Rúa do Vilar, 1; telf. 981 562 419), que es la encargada de entregar las "Compostelas" a los que han realizado al menos 100 km a pie o 200 km en bicicleta o a caballo por el Camino de Santiago.

Los peregrinos también cuentan con un **Centro de Información del Xacobeo** en la rúa do Vilar, 32. Telf. 902 572 004.

Los periódicos de la capital *(El Correo Gallego* y *O Correo Galego)* y la edición local de *La Voz de Galicia* también incluyen una completa agenda de actividades.

Visitas guiadas. Existen diferentes opciones de visitas guiadas, por iglesias, claustros, visita nocturna, tour gastronómico... Hay información detallada de las mismas en la página web de turismo de Santiago y en el teléfono de reserva: 902 190 160. Tienen una duración de 2 h (10 €).

Ciber. En esta ciudad estudiantil proliferan por todos los rincones y a muy buen precio. Los hay en Xelmírez, Rosalía de Castro, rúa dos Castiñeiros, Salvador, República Argentina, Fernando III, Sto. Domingo de la Calzada, Santiago de Chile, etc.

TRANSPORTES

Aeropuerto Internacional de Lavacolla. A 11 km.
Telf. 981 597 400 y 981 547 501.
Estación de ferrocarril
Telf. 902 240 202.
Estación de autobuses
Telf. 981 542 416.
Autobuses urbanos
Telf. 981 581 815. Con 15 líneas, además de las circulares y la universitaria. El recorrido de mayor frecuencia es el de Estación de Autobuses-Praza de Galicia-Praza Roxa.
Taxis. Día y noche en Montero Ríos-Praza de Galicia (telf. 981 561 028) y Praza Roxa (telf. 981 595 964). Otras en la Alameda y las estaciones de ferrocarril y autobús.
Aparcamientos. Alrededor del casco antiguo se hallan los de Galeras, San Clemente, praza de Galicia, Virxe da Cerca y Xoán XXIII.

VISITA

Si os detenéis en Santiago tan sólo medio día, la visita de la impresionante **catedral** y las plazas de sus alrededores os ocupará casi por completo ese tiempo, máxime en los periodos vacacionales, en los que incluso se forman largas colas para practicar, un tanto mecánicamente, los ritos del peregrino. Pero si teneis la suerte de poder dedicarle más tiempo, éstas son las zonas más características de la ciudad:
El **casco antiguo** parece concebido para callejear sin prisas y hasta perderse; en él se alza un decorado barroco, de fantásticas perspectivas que deslumbran al espectador.
Al sur de la catedral discurren cuatro rúas paralelas de diverso carácter, pero todas bulliciosas y populares, donde conviven pacificamente estudiantes, funcionarios y turistas.
Alrededor del casco murado se disponen una serie de conventos, huertas y parques, y **La Alameda,** una zona de paseo con regusto decimonómico, desde la que se admiran las mejores panorámicas sobre el conjunto monumental.
En el hormiguero del **Ensanche,** pese a los improbos esfuerzos del ayuntamiento por "humanizarlo" (mobiliario urbano, arbolitos, aceras grandes y demás), todas las calles parecen iguales. En él abundan el comercio (ropa, complementos, regalos) y las cafeterías; su centro está en la Praza Roxa, remodelada con espacios peatonales, cascadas y unos parasoles en forma de tabla de surf.

PALACIO RAXOI.

Santiago esencial: La catedral y los alrededores

Lugar obligado para iniciar la visita a Santiago es la **plaza del Obradoiro,** a decir de muchos (casi todos gallegos, bien es cierto, aunque ello no le quita una parte de razón), la plaza más bonita del mundo. El nombre de la plaza se lo da la gran **fachada** oeste de la catedral, en forma de retablo de piedra, obra maestra de la arquitectura barroca gallega y española. Por la plaza, foro en el que se mide el pulso de la ciudad, pasan los estudiantes de medicina y los que van al Campus Sur, se agrupan los corros de turistas que visitan Santiago en una mañana, protestan en manifestación diversos colectivos y se celebran espectáculos de todo tipo (los más sonados, los **fuegos del Apóstol**). En su centro, al igual que en la madrileña Puerta del Sol, una concha señala el km 0 de todas las rutas jacobeas de peregrinación y otra, la concesión al Camino, en 2004, del Premio Príncipe de Asturias a la Concordia.

Antes de entrar en la catedral, tras ascender la doble escalinata de la fachada del Obradoiro, de mediados del siglo XVIII, podéis aprovechar la altura para observar los notables edificios que la rodean: a mano izquierda queda **San Xerome,** con portada tardogótica, hoy rectorado de la Universidad. Enfrente, el **pazo de Raxoi,** de gusto neoclásico (siglo XVIII), sede del Ayuntamiento y de la Xunta de Galicia. Y a la derecha, el extraordinario **Hospital Real,** con una preciosa portada plateresca. Actualmente alberga el lujoso Parador de los Reyes Católicos.

La **catedral** (abierta de 9 h a 19 h en invierno, a 20 h el resto del año. Entrada libre excepto a los museos, el claustro y la cripta; para visitarlos hay que sacar una entrada glo-

Vista de Santiago.

bal) es el monumento más grandioso de Santiago. En la entrada que se abre a la plaza del Obradoiro se encuentra el **Pórtico de la Gloria,** conjunto escultórico de portentosa belleza, único en su género y obra cumbre de la escultura románica europea. Su autoría se debe al Maestro Mateo y el realismo y naturalidad que supo imprimir a las figuras (en el plano inferior se sitúan los profetas y los apóstoles, y en el superior Cristo, los evangelistas, ángeles con los elementos de la pasión y los 24 ancianos del Apocalipsis) marcan los inicios de la escultura gótica. Son tantas las escenas representadas, los personajes, símbolos y las anécdotas que reúne, que bien vale la pena seguir las explicaciones de alguno de los muchos cicerones que las prodigan entre los cientos de peregrinos y turistas que la visitan diariamente. En el **parteluz,** columna en la que se apoya el arco cental y el tímpano, la figura de Santiago da la bienvenida a romeros y peregrinos. Es casi obligado apoyar la palma de la mano en el mismo sitio que lo han hecho millones de personas durante muchos siglos, dejando

FACHADA DEL OBRADOIRO. CATEDRAL.

EL AMBIENTE DE DÍA EN SANTIAGO (ver plano págs. 312-313)

Rúas Franco y A Raíña y alrededores de la catedral

Son una sucesión ininterrumpida de tascas y de casas de comidas de las que ofrecen menú del día a buen precio, caldo de cultivo juvenil y bullicioso, fundamentalmente estudiantil mientras dura el curso, y donde muchos turistas parecen encontrarse realmente a gusto durante todo el año. La presión vital desciende considerablemente a partir de la media noche.

Rúas do Vilar, Nova y aledaños

El pequeño comercio de calidad se concentra recogido en los soportales que ofrecen cobijo a las aceras en estas tranquilas calles. Aquí se abren las azabacherías y platerías más prestigiosas de Santiago, así como comercios de menor tradición. También es la zona donde se concentra la mayor densidad de cafeterías y otros lugares donde sentarse a charlar alrededor de una taza, como el *Derby,* legendario lugar de tertulia de gentes de letras y de la acracia cultural compostelana.

SANTIAGO DE DÍA

a Santa Comba
a Vimianzo
Río Corgo
Xardíns de Mosquera Pérez
Campus Norte Universitario
Rúa dos Pelamios
Corredoira dos Cornos
Rúa de Entrerríos
Convento e Igrexa de San Francisco
Rúa dos Castiñeiros
Avenida de Xoan XXIII
a A Coruña, Ferrol
Rúa da Estila
Rúa de Carretas
Costa de San Francisco
Facultade de Medicina
Hostal dos Reis Católicos
Rúa de San Francisco
Rúa do Val de Deus
Costa Vella
Costa Nova
Rúa dos Xasmins
Rúa dos Loureiros
Avda. de Coimbra
Convento do Carme
Rúa de Santa Clara
Convento de Santa Clara
Tras Santa Clara
San Martiño Pinario
Praza de San Martiño Pinario
Porta da Pena
Hospitaliño
Pracina das Penas
Rúa de San Roque
Pazo de Xelmírez
Praza da Inmaculada
Moeda Vella
Praza de San Miguel
Praza da Atalaia
Museo das Peregrinacións
Antiguo Hospital de San Roque
CATEDRAL
Casa da Parra
San Miguel dos Agros
Praza da Algalia
Museo da Casa da Troia
Praza das Praterías
Praza da Quintana
Casa da Conga
Algalia de Arriba
Algalia de Abaixo
Pazo de Amarante
Xardín de S. Roque
Ramón del Valle Inclán
Rúa das Rodas
Rúa de Xelmírez
Rúa de Conga
Convento de San Paio
Praza de Cervantes
Igrexa das Ánimas
Arquivo Histórico Universitario
Entremuros
Caramoniña
San Bieito
Pazo de Fondevila
Casas Reais
Centro Galego de Arte Contemporánea
Preguntoiro
Praza da Pescadería Vella
Sta. María do Camiño
Parque de San Domingos de Bonaval
Pazo de Sta. Cruz
Pazo de Feixóo
Praza do Irmán Gómez
Rúa Aller Ulloa
Rúa de San Pedro
Rúa de Bonaval
Caldeirería
Altamira
Rúa das Ameas
Santo Agostiño
Praza do Matadoiro
Convento e Igrexa de San Domingos de Bonaval
Museo do Pobo Galego
San Fiz de Solovio
Mercado
Rúa da Virxe da Cerca
Facultade de Xeografía e Historia
Casa da Xuventude
Rúa do Rosario
Costiña do Monte
Rúa da Ensinanza
Ruela das Fontiñas
Praza da San Pedro
Rúa do Medio
Campo da Angustia
al aeropuerto y a la A 9
Convento da Compañía de María
Rúa das Trompas
Igrexa de San Pedro
Pexigo de Abaixo
Parque de Belvís
Igrexa da Nosa Señora da Angustia
Rúa de Belvís
Campo do Forno
As Chufas
Cruceiro de San Pedro
Rúa dos Lagartos
C. de Sto. Antonio
Rúa de Trisca
Praciña de Belvís
Corredoira das Fraguas
Costa do Veedor
Convento de Belvís
Parque da Trisca
Bispo Teodomiro
Costa de Lugo
Avda. de Lugo
Rúa de Andújar
Seminario Menor Albergue de Peregrinos
Quiroga Palacios
A
B
C
D
1
2
3
4
6

SANTIAGO DE NOCHE

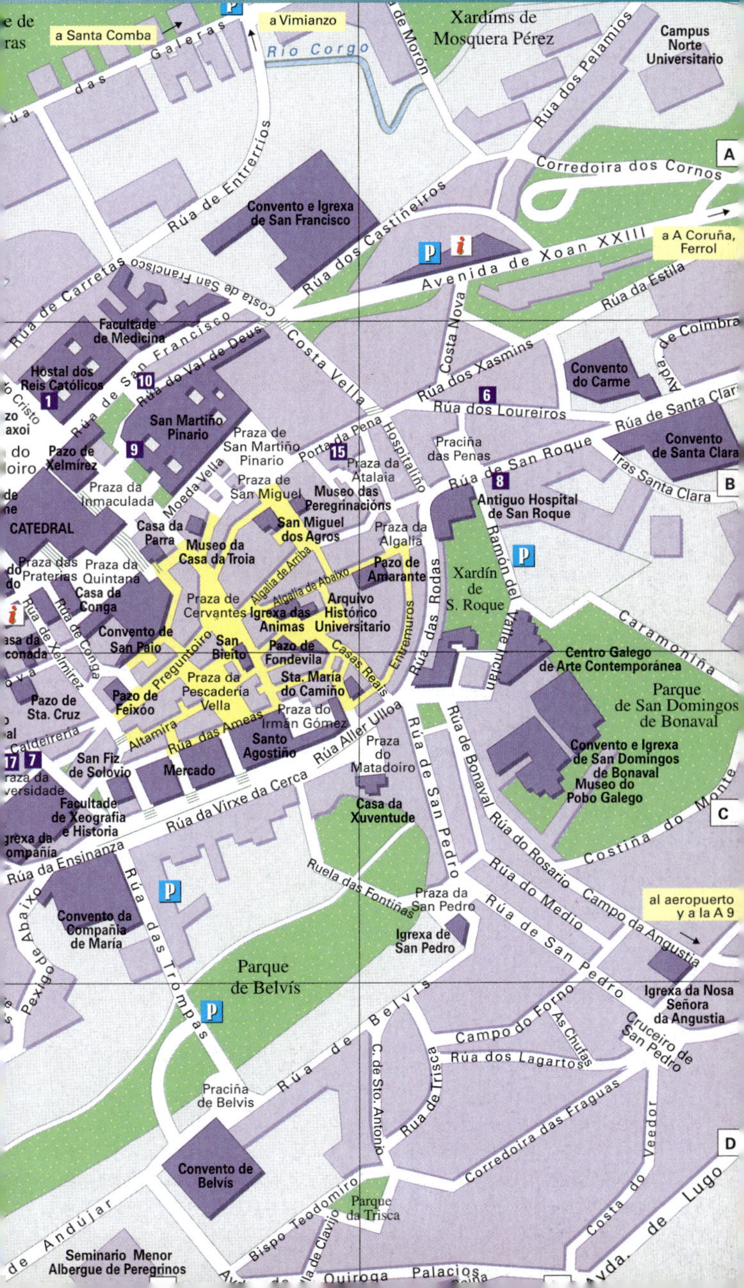

a Santa Comba
a Vimianzo
Río Corgo
Xardíns de Mosquera Pérez
Campus Norte Universitario
Rúa das Galeras
Rúa de Morón
Rúa dos Pelamios
Corredoira dos Cornos
Rúa de Entrerríos
Convento e Igrexa de San Francisco
Rúa dos Castiñeiros
Avenida de Xoan XXIII
a A Coruña, Ferrol
Rúa da Estila
Rúa de Carretas
Costa de San Francisco
Facultade de Medicina
Rúa de San Francisco
Rúa do Val de Deus
Costa Vella
Costa Nova
Rúa dos Xasmins
Avda. de Coimbra
Convento do Carme
Hostal dos Reis Católicos
Rúa dos Loureiros
Rúa de Santa Clara
San Martiño Pinario
Praza de San Martiño Pinario
Porta da Pena
Hospitaliño
Praciña das Penas
Convento de Santa Clara
Pazo de Xelmírez
Praza da Inmaculada
Moeda Vella
Praza de San Miguel
Praza da Atalaia
Rúa de San Roque
Tras Santa Clara
Museo das Peregrinacións
Antiguo Hospital de San Roque
CATEDRAL
Casa da Parra
San Miguel dos Agros
Praza da Algalia
Museo da Casa da Troia
Praza das Praterías
Praza da Quintana
Casa da Conga
Algalia de Arriba
Algalia de Abaixo
Pazo de Amarante
Xardín de S. Roque
Ramón del Valle Inclán
Praza de Cervantes
Igrexa das Animas
Arquivo Histórico Universitario
Rúa das Rodas
Entremuros
Caramoniña
Rúa de Xelmírez
Rúa de Conga
Convento de San Paio
Preguntoiro
San Bieito
Pazo de Fondevila
Casas Reais
Centro Galego de Arte Contemporánea
Parque de San Domingos de Bonaval
Pazo de Sta. Cruz
Pazo de Feixóo
Praza da Pescadería Vella
Sta. María do Camiño
Praza do Irmán Gómez
Rúa Aller Ulloa
Rúa de Bonaval
Convento e Igrexa de San Domingos de Bonaval
Museo do Pobo Galego
Caldeirería
Altamira
Rúa das Ameas
Santo Agostiño
San Fiz de Solovio
Mercado
Praza do Matadoiro
Rúa de San Pedro
Rúa da Virxe da Cerca
Casa da Xuventude
Facultade de Xeografía e Historia
Rúa do Rosario
Costiña do Monte
Rúa da Ensinanza
Rúa das Trompas
Ruela das Fontiñas
Praza da San Pedro
Rúa do Medio
Campo da Angustia
al aeropuerto y a la A 9
Convento da Compañía de María
Igrexa de San Pedro
Rúa de San Pedro
Igrexa da Nosa Señora da Angustia
Pexigo de Abaixo
Parque de Belvís
Rúa de Belvís
Campo do Forno
As Chufas
Cruceiro de San Pedro
Rúa dos Lagartos
Praciña de Belvís
C. de Sto. Antonio
Rúa de Trisca
Corredoira das Fraguas
Costa do Veedor
Convento de Belvís
Rúa de Andújar
Bispo Teodomiro
Parque da Trisca
Avda. de Lugo
Seminario Menor Albergue de Peregrinos
Quiroga Palacios
A
B
C
D
1
6
7
8
9
10
15
17

EL AMBIENTE DE NOCHE EN SANTIAGO (ver plano págs. 314-315)

Antealtares y Algalia

Es una zona que alcanza su punto álgido al anochecer, cuando sus pubs, ocultos hasta el momento, invaden con sus terrazas las calles y plazas haciendo sonar la música.

El Ensanche

El centro de la parte más anodina de la urbe es la archiconocida Praza Roxa (así se llama, ni más ni menos como la de Moscú), y en torno a ella se precipita el pálpito nocturno de la zona. Para saber de los locales con más carácter consultar el epígrafe "La noche".

EL TAPEO

EN LA ZONA ANTIGUA

Es aquí donde la concentración de bares y mesones alcanza su máxima densidad. Con la consumición, es costumbre local el poner uno o varios aperitivos gratis, en ciertos lugares tan abundantes que nos pueden dejar sin hambre: así las del **San Clemente,** el **Cotolay** o las más minimalistas de **Ángel,** los tres juntitos y con terrazas en la rúa de San Clemente. Buen vino y un ambiente tradicional se toma y respira en los mesones **O 42** y **O 44** (Franco), con esa definición numérica que debió nacer, ante la falta de ideas o ganas para colgar títulos, en calles tan repletas de tabernas como ésta; sin salir de ella, otra opción de siempre es la del **Sixto,** y más novedosa, pero no por ello menos variada en un tapeo a la gallega y a la vasca, **A Taberna do Bispo** (nº 37). En A Raíña, que es más de los estudiantes y menos de los turistas, tiene solera **O Gato Negro,** pero ahora le gana en público por sus excelentes vinos y raciones **O Beiro,** sin olvidar otros, cada uno con su tapa característica, como el **Coruña** (con tapas y todo tipo de bocadillos), el **Sant Yago** (con sus paredes de piedra, añade las tortillas), **Los Caracoles** (especialidad evidente) o **Trafalgar** (prepara tigres rabiosos o, lo que es lo mismo, mejillones con salsa picante). Un clásico del pincho matinal, cuya especialidad lo ha rebautizado como el "Patata", oficialmente luce el cartel de **Negreira** (Rúa do Vilar, 75). Lo que se anuncia se come en la tradicional taberna **Los Sobrinos del Padre del Buen Pulpo** (Fonte de San Miguel),

una profunda huella a los pies de la imagen del apóstol.
El cuerpo principal del **interior** del templo es románico de los siglos XI y XII, pues la iglesia de Alfonso III fue reconstruida por Ordoño I y, en tiempos del obispo Diego Peláez, vuelta a tirar para iniciar la románica. El conjunto es de grandes proporciones y aúna elementos arquitectónicos y decorativos de muchas épocas, desde el romá-

PÓRTICO DE LA GLORIA.

decana de las pulpeiras compostelanas; en la misma calle, productos del Bierzo en el precioso mesón de **Bierzo Enxebre** situado frente a la **Despensa da Troia** y la vinoteca **O Filandón** (con entrada por la Azabachería), dos tiendas con degustación. En la prolongación de la Algalia de Arriba, ponen muy buenas y abundantes tapas en **La Bodeguilla** (ver restaurantes). A los anteriores se puede sumar, aunque en clave navarra, la **Taberna Lizarrán** (Orfas, 25), y con el estilo de las vinotecas **O Acio** (Xelmírez) o **Tío Pepe** (Cantón S. Bieito).

EN EL ENSANCHE

En esta zona de la ciudad tienen su atractivo el típico y alargado local del **Abrigadoiro** (Carreira do Conde, 5), con su noria interior para refrescar el vino; la **Cervecería Internacional** (Montero Ríos), la jamonería **Ferro** (rúa do Salvador), con sus tablas de embutidos y quesos; el elegante **Caney** (bajos del hotel Araguaney), que prepara elaboradas pulgas y montaditos –hay quien se toma dos, además de las aceitunas y almendras habituales, y ya va servido–, **La Marmita** (generosas tapas, patatas bravas y pinchos morunos), **La Codorniz** (canapés, empanada, patatas bravas) o el marinero **Galeón** (Alfredo Brañas), con raciones, platos combinados y hamburguesas. Presumen también de sus tapas el **Café Latino** (República Argentina, 28), que suele estar muy animado por las tardes y las sirve de tortilla, y el pequeño **Abrente** (S. Pedro de Mezonzo), que cada jornada prepara una diferente de cocina. *La Estrella de Galicia* sirve su malta fresquita en **La Gallina Estrella** (al final de República Arxentina).

CATEDRAL DE SANTIAGO

1. Capilla del Cristo de Burgos
2. Capilla de Nuestra Señora de Lourdes o Santa Catalina
3. Capilla de San Antonio
4. Capilla de San Andrés
5. Capilla del Espíritu Santo
6. Capilla de la Concepción
7. Capilla de San Bartolomé
8. Capilla de San Juan Apóstol
9. Capilla de Nuestra Señora la Blanca
10. Capilla del Salvador
11. Capilla de la Azucena o de Doña Mencia
12. Capilla de Mondragón
13. Ingreso al claustro
14. El Obradoiro
15. Entrada a la "Catedral Vieja"
16. Bajada a la cripta del Apóstol
17. Palacio Arzobispal

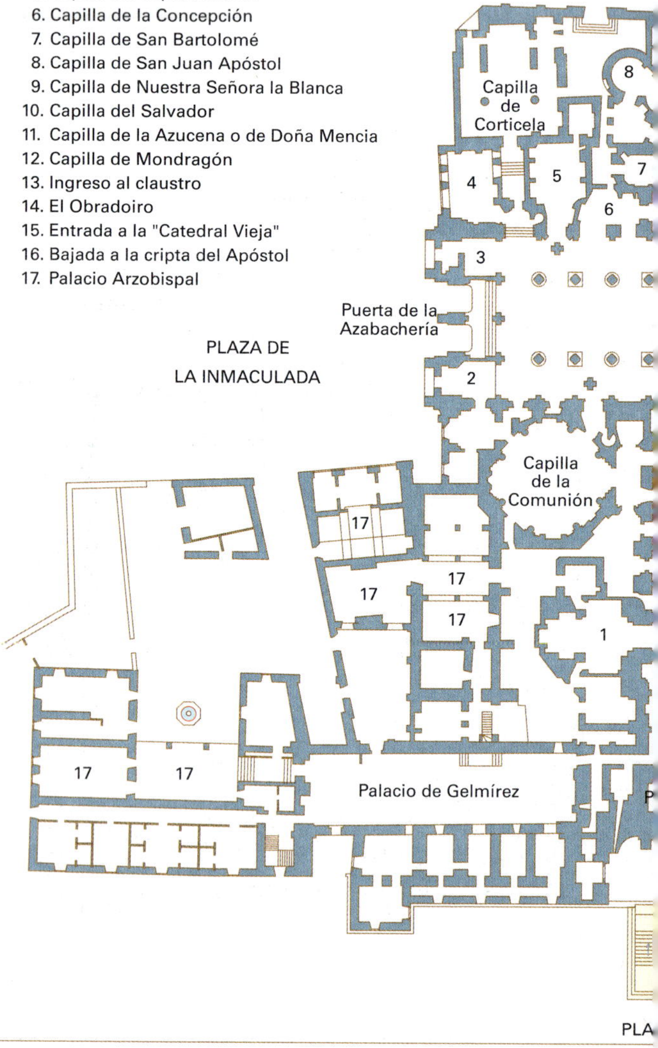

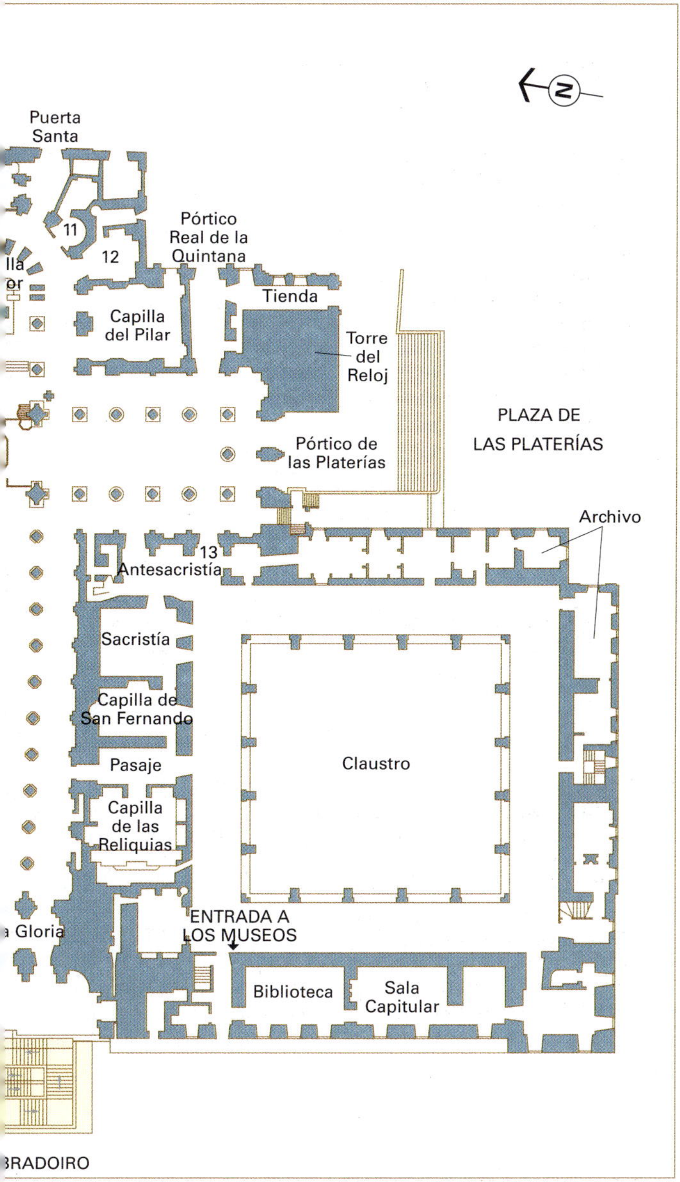
N
Puerta
Santa
11
12
lla
or
Pórtico
Real de la
Quintana
Tienda
Capilla
del Pilar
Torre
del
Reloj
PLAZA DE
LAS PLATERÍAS
Pórtico de
las Platerías
Archivo
13
Antesacristía
Sacristía
Capilla de
San Fernando
Claustro
Pasaje
Capilla
de las
Reliquias
ENTRADA A
LOS MUSEOS
a Gloria
Biblioteca
Sala
Capitular
BRADOIRO

nico primordial, hasta alguno de hace menos de un lustro.

Curiosos y aficionados al arte y la historia encontrarán en las numerosas capillas, el **Museo Catedralicio** y otras dependencias catedralicias (como el tesoro, el claustro y la bellísima cripta del pórtico, también del Maestro Mateo) lugares de extraordinario interés.

Antes de abandonar la catedral, en el centro del crucero hay que reparar en la perola donde se cuelga el famoso **botafumeiro** (habitualmente está guardado en la sala capitular), gigantesco incensario que se pone en funcionamiento en acontecimientos y ocasiones importantes, pero también cuando algún visitante ilustre o grupo pagan el servicio. Tampoco debe dejarse de cumplir el rito de saludar la **imagen del apóstol,** cosa que se hace por la espalda, como a traición. Una escalerilla que hay tras el altar mayor os conduce hasta él para besar su túnica de piedra con numerosas joyas incrustadas.

PLAZA DE CERVANTES.

LOS ALREDEDORES DE LA CATEDRAL

En los alrededores de la catedral se encuentra lo más granado del Santiago monumental. A través de un túnel que cruza bajo el palacio de Gelmírez, se deja la plaza del Obradoiro para llegar a la de la Inmaculada, a la que va a dar la entrada norte de la catedral y, frente a ella, la fachada clasicista del enorme **monasterio de San Martín Pinario,** que alberga la iglesia más valiosa de Santiago después de la catedral. Desde la de la Inmaculada se alcanza la **plaza de la Quintana,** dispuesta en dos niveles enlazados por una escalinata en la que toman el sol, cuan lagartos, los más pasotas de los habitantes: la parte alta de Vivos y la baja de Mortos, pues en tiempos hubo un cementerio. Sobre ella se alza orgullosa la **torre** más hermosa de cuantas pueblan el cielo compostelano, la **de la Berenguela,** la que marca las horas a golpe de roncas campanadas impregnando las rúas vecinas de una atmósfera entre rural y melancólica única.

El nivel inferior de la Quintana conecta con la **plaza de las Praterias.** La puerta de la catedral que se asoma a ella, cuajada de bellas esculturas románicas, es la única que se conserva del edificio original. En el centro, la elegante **fuente de los Caballos.**

LAS RÚAS: ARTERIAS DEL CASCO ANTIGUO

Todas las calles de la ciudad vieja van a dar a la catedral. Las rúas de A Raíña y O Franco ("Franco" por los peregrinos franceses, no por

MONASTERIO DE SAN MARTÍN PINARIO.

Francisco Franco, militar gallego que mandó en España durante 40 años) son estrechas y están repletas de tabernas y casas de comidas. Paralela, la **rúa do Vilar,** siempre con la torre del reloj al fondo, era la tradicional de los plateros y libreros. Es más ancha y, a tramos, está flanqueada por soportales, maravilloso invento urbanístico en una ciudad donde dos de cada tres días está lloviznando. En el nº 9 acoge la **Fundación Torrente Ballester** y en el 19 la también **Fundación Caixa Galicia** (exposiciones). La **Rúa Nova,** que discurre paralela a la do Vilar, es la más noble de todas, con edificios señoriales a ambos lados, fachadas blasonadas y hermosos portales. Dos teatros funcionan en la calle: el histórico **Principal,** del siglo XIX, y el **Salón Teatro.** En la parte más alta del casco antiguo, en un sector más tranquilo y vacío de turistas, vale la pena intentar encontrar la rúa Sal se Podes.
En la rúa da Troia es obligado hacer referencia a la más famosa novela de ambiente estudiantil y compostelano, *La Casa de la Troya,* escrita con tanta gracia y éxito por Alejandro Pérez Lugín (1915). Aquel ambiente de antaño puede recrearse en el **Museo de la Tuna,** instalado en la morada que recreó la novela.

OTROS LUGARES DE LA CIUDAD

Alrededor del casco amurallado se disponen una serie de conventos, huertas y parques. En Bonaval, el convento de San Domingos acoge el **Museo do Pobo Galego** (visita de 10 h a 13 h y 16 h a 19 h; cierra domingos y festivos. Entrada libre), donde además de las salas de antropología se halla la fantástica triple escalera de caracol de Andrade. Un precioso parque público ha sido habilitado en su huerta.
Al lado del convento surge, revestido por placas de granito que se están poniendo muy feas, el **Centro Galego de Arte Contemporánea** (visita de martes a sábado, de 11 h a 20 h y los domingos de 11 h a 14 h. Entrada libre), diseñado por el portugués Álvaro Siza.

CLAUSTRO DEL COLEGIO MAYOR DE FONSECA.

EL PÓRTICO DE LA GLORIA

ARCO CENTRAL

1. Cristo resucitado

Los Cuatro evangelistas

2. San Juan
3. San Lucas
4. San Mateo
5. San Marcos
6. Los justos

Ángeles con los elementos de la Pasión

7. La columna
8. La cruz
9. La corona de espinas
10. Los clavos y la corona que hirió a Cristo
11. La sentencia de la condena y jarra de vinagre
12. Látigo y flagelos
13. La lanza y la esponja
14. Los veinticuatro ancianos del Apocalips
15. Los ángeles conducen a los hebreos fie en forma de niños, hacia la Gloria
16. Los ángeles conducen a los justos, en forma de niños, hacia la Gloria
17. De izquierda a derecha los profetas: Jeremías, Daniel, Isaías y Moisés
18. De izquierda a derecha los apóstoles: Pedro, Pablo, Santiago y Juan

El parteluz

19. Capitel en el que se representan las
20. Tentaciones Santiago Apóstol
21. Capitel que representa a la Santísima
22. Trinidad Árbol genealógico de Cristo
23. *Santo dos Croques* (adosado al dorso d parteluz). Una tradición sostiene que la figura es el Maestro Mateo

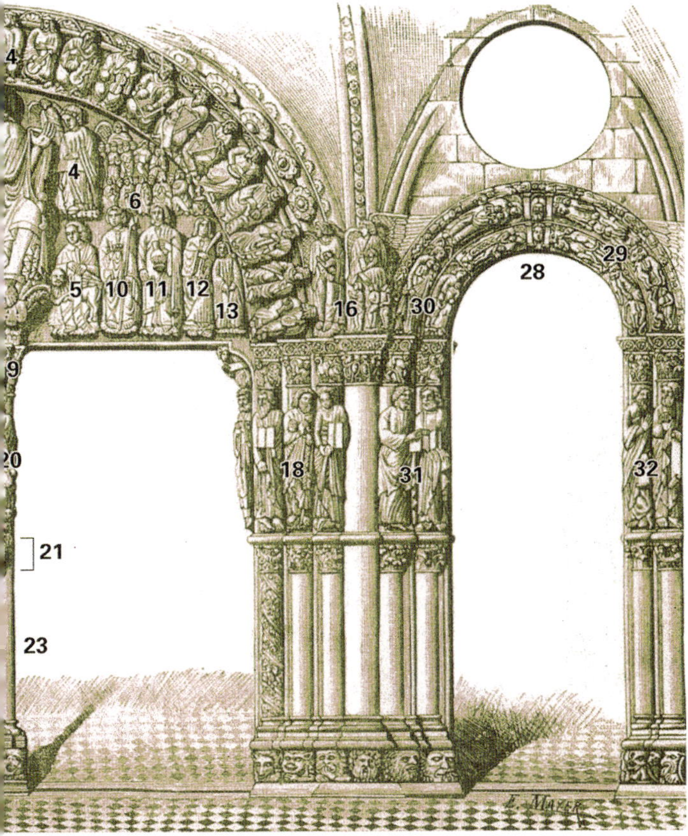

ARCO DE LA IZQUIERDA

24. Arquivolta con once figuritas coronadas que aparecen oprimidas por una moldura
25. Jesucristo en el Limbo, entre Adán y Eva y otras figuras del pueblo hebreo
26. Dos profetas menores: ¿Amós? (derecha) y ¿Abdías? (izquierda)
27. Dos profetas menores: ¿Joel? izquierda) y ¿Oseas? (derecha)

ARCO DE LA DERECHA

28. En las claves del arco, Cristo y el arcángel San Gabriel
29. Los condenados
30. Los justos son llevados por los ángeles a la Casa de Dios
31. Dos apóstoles
32. El apóstol San Bartolomé (izquierda) y el apóstol Santo Tomás (derecha)

Lo más moderno de la producción artística mundial se puede ver aquí. A Siza también se debe, en el Campus Norte, la facultad de Ciencias de la Información; cerca de ella queda la granítica y cúbica **Casa de Europa,** de César Portela.

En el hormiguero del Ensanche, todas las calles parecen iguales. Su centro está en la Praza Roxa (Plaza Roja), así bautizada –y le

CENTRO GALEGO DE ARTE CONTEMPORÁNEA.

quedó– durante las revueltas estudiantiles de los setenta. Por aquí abundan el comercio (ropa, regalos) y las cafeterías. Alguna galería de arte se encuentra en las rúas Xral. Pardiñas, A Rosa y Nova de Abaixo, y la de Caixa Galicia en la Carreira do Conde.

En el Campus Sur se disponen varios edificios neobarrocos y grandes zonas verdes. Por la parte sur, en el valle del Sar se halla la **ex colegiata de Santa María la Real de Sar,** curioso templo románico con sus pilares inclinados (laborables de 10 h a 13 h y 16 h a 19 h. Entrada libre). La ejecución del magnífico claustro es atribuido a la mano del Maestro Mateo.

El último gran proyecto urbanístico de la capital gallega es el de la gigantesca y polémica **Ciudad de la Cultura,** que está siendo levantada en el monte de Gaiás –sobre el Sar– de acuerdo con el proyecto del arquitecto americano Peter Einsenman.

DORMIR EN SANTIAGO DE COMPOSTELA

Como ciudad monumental y turística, Santiago tiene, en general, precios medio-altos, máxime en temporada alta, aunque también hay numerosos hospedajes familiares que, durante el curso, están ocupados por los estudiantes.

Para sentirse realmente en el conjunto histórico, además de los lujosos **Hostal dos Reis Católicos******* (B3 1) (pza. do Obradoiro, 1; telf. 981 582 200; fax: 981 563 094; habitación doble: 205 €) y **Hotel Palacio del Carmen******* (A2 2) (Oblatas, s/n; telf. 981 552 444; 123-200 €), se puede recurrir a algunos hostales decentes. Recomendables son los siguientes:

Hostal Alameda** (B2) 3

San Clemente, 32.
Telf. 981 588 100.
Fax: 981 588 689.
A dos minutos de la catedral, con animada terraza, restaurante y buen aparcamiento de pago enfrente. Las habitaciones más tranquilas son las de la parte posterior, orientadas a unas rurales huertas.
Habitación doble: 48 €.

Hotel Capital de Galicia*

Monte dos Postes, 29.
Telf. 981 577 437.
Fax: 981 562 150.
Está algo alejado, pero es muy recomendable por su buena relación calidad/precio. Vigila la entrada del Camino de Santiago.
Habitación doble: 36-46 €.

Hostal Mapoula** (C2) 4

Entremurallas, 10.
Telf. 981 580 124.
Fax: 981 584 089.
Muy bien situado, a un paso de la praza do Toural, y con habitaciones con baño. La escasa iluminación se debe a la angostura de la calle. A un paso queda el aparcamiento subterráneo de la praza de Galicia.
Habitación doble: 42-48 €.

Hostal Suso** (C2) 5

Rúa do Vilar, 65.
Telf. 981 586 611.
Hostal entrañable y familiar, es el preferido de los peregrinos que no van al albergue. En su terraza, que ocupa el clásico soportal, podemos desayunar sin prisas. Las habitaciones parecen reclamar una mano de pintura, pero los muebles no son viejos y está muy limpio. Habitación doble: 35-40 €.

Hostal Girasol*

Porta da Pena, 4.
Telf. 981 566 287.
Durante el curso sus habitaciones, bastante sencillas, suelen estar copadas por los estudiantes (las mejores, las que comparten la galería). No todas tienen baño.
Habitación doble: 42-48 €.

Hostal Moure* (B4) 6

Loureiros, 6 y 12.
Telf. 981 583 637.
Fax: 981 583 648.
Muy próximo al anterior, comparten sus características, quedando situados en una de las zonas más tranquilas del Casco Vello.
Habitación doble: 45-52 €.

Paz de Agra* (C3) 7

Caldeiería, 37.
Telf. 981 583 517.
A pesar de su rimbombante título, responde al concepto de la pensión tradicional, tranquila e independiente. Desde alguno de sus cuartos, en general pequeños, se divisa la fachada de la Universidad. Dispone de 13 habitaciones.
Habitación doble: 32-42 €.

Hostal La Salle* (B4) 8

San Roque, 6.
Telf. 981 584 611.
Fax: 981 584 221.
En el reborde norte del casco antiguo (muy próximo al Centro Galego de Arte Contemporánea). Dispone de muchas plazas "estilo internado".
Habitación doble: 42-52 €.

Seminario Mayor (B3) 9

Praza da Inmaculada, 5.
Telf. 981 583 009.
Fax: 981 572 867. Quien no tenga problemas con sicofonías y posi-

COMPRAS

Gastronómicas

La diminuta **Casa dos Queixos** (Bautizados, 10) resulta ideal para hacerse con piezas de San Simón, Arzúa y tetilla; otro tanto cabe decir de la neorrománica plaza de Abastos. En el ultramarinos de **Castro Crespo** (Caldereiría, 5) también hay un poco de todo, lo mismo que en **Cepeda** (plaza Cervantes).

La archiconocida tarta de Santiago nos la ofrecen por todas partes (una tienda con

solera en la rúa Acibechería), incluidas pastelerías como **Mercedes Mora** (Orfas, 10), heredera de la célebre y desaparecida Confitería Mora, **Alaska** (Rúa do Vilar, 72) y **Las Colonias** (Orfas, 30), que también despachan los típicos *croquiños do Apóstolo* de chocolate y los *caprichos de Santiago,* elaborados con almendras tostadas, azúcar moreno y huevos. Como también de pan vive el hombre, quien desee adquirir las históricas piezas de los hornos artesanales gallegos, y deliciosas pastas artesanas, deberá dirigirse a **Pan Artesán** (Troia, 8), una tienda con alma. Por fin, en el torno benedictino de **Antealtares** (de 10 h a 18.15 h) pueden ser solicitadas las pastas de té, galletas y magdalenas; en el de **Belvís,** las dominicas también venden pastas. Otra compra habitual del turista en Compostela tiene que ver con los vinos, aguardientes y otros licores gallegos (tiendas mil): la mejor selección, con la guía de expertos y posibilidad de probar antes, en **O Beiro** (Raíña).

Música

Frente a la puerta de Fonseca, ahora Biblioteca Xeral Universitaria, está **Maeloc,** platería que también reúne una cuidada selección de música gallega, desde la medieval del *Códice Calixtino* hasta los modernos cantautores (Amancio Prada) y grupos folk *(Milladoiro,* Carlos Núñez, *Berrogueto, Leilia, Mercedes Peón).* Quien prefiera a los modernos, incluido el "rock bravú", deberá visitar la zona nueva, por ejemplo **Diskopolis** (Nova de Abaixo, 13) o **Gong Discos** (pza. de Galicia).

AZABACHE, PLATERÍA Y JOYAS

El azabache y la platería, combinados en la joyería, son los productos artesanos más característicos de Compostela. Mientras que el primero se sigue trabajando, junto al marfil, en rúa do Vilar **(Mayer),** Fonte de San Miguel **(Ramón González),** Praza Feixóo y Franco, la plata puede encontrarse en todas las joyerías del casco antiguo (sobre todo en la rúa do Vilar, y, cómo no, en los puestos de Platerías), sin que falten las miniaturas del botafumeiro. Joyas de autor nos las ofrecen en **Noroeste** (rúa Xerusalén) y piezas del mismo género y otros en **Zamo Tamay** (Rúa Nova, 14) o **A Xanela do Obradoiro** (Rúa Nova, 25). **De Lage,** en su minúscula tienda, vende piedras semipreciosas y joyas (Rúa do Vilar, 29).

CERÁMICA Y OTRAS ARTESANÍAS

Si pasamos a la cerámica gallega, podemos encontrar la tradicional al comienzo de la rúa do Vilar, la creativa en **Amboa** (Rúa Nova, 22 y Acibechería) y **Maeloc,** la de **Sargadelos** en la rúa Nova 16; en el mismo número de la rúa do Vilar además de cerámica se puede encontrar el encaje de Camariñas.
Los alfares tradicionales, por su parte, están representados en el pequeño local de **Cerámica Típica** (Conga, 4).
Para poner una vela al apóstol, desde 1909 funciona la cerería de la Rúa Nova, 2.
Los mimbres y la cestería ocupan mucho espacio en **La Rabeada** (Toural, 2) o en la estrecha Caldereiría. Todo tipo de regalos artesanos en **A Mouga** (rúa Xelmírez), que también cuenta con instrumentos musicales de percusión, y una tienda de encajes de puntilla, en la misma calle, un poco más abajo.
El cuero tiene presencia en **Medialúa** (rúa Travesa, 5).
Para la dama o el caballero elegante abrió allá por 1913 la encantadora y tantas veces filmada sombrerería de la rúa do Vilar, 34.
Por último, para acabar con las sugerencias, la Universidad compostelana ha instalado la **Unitenda** para vender sus múltiples productos, desde ropa, a libros, carpetas, paraguas...

bles “contagios”, sepa que el vasto edificio del Seminario Mayor alquila sus austeras habitaciones durante el verano.
Habitación doble: 45 €.

Casa de Huéspedes As Artes

(B3) 10. Travesía de Dos Puertas, 2. Telf. 981 555 254.
Fax: 981 577 823.
A pesar de que el nombre pueda inducir a error, éste es uno de los alojamientos más recomendables de la lista. Situada en un lateral del Hostal de los Reyes Católicos y recientemente inaugurada, dispone de 7 habitaciones, con ballo, teléfono, música y hasta el detalle del albornoz. Sauna y masajes. Todo un lujo asequible por 62-92 € según habitación.

Hostal Rs Windsor***

(C1) 11. República de El Salvador, 16. Telf. 981 592 939.
Un clásico de la zona nueva, en casa de piedra con ascensor y 50 habitaciones con TV. Algo anticuado, pero en el meollo del bullicioso Ensanche.
Habitación doble: 50-60 €.

Hostal Residencia Maycar**

(f.p.). Dr. Teixeiro, 15.
Telf. 981 563 444.
Muy próximo a la plaza de Galicia y a 5 minutos de la catedral, en una calle comercial y con una de las cafeterías que cierran sus puertas más tarde en la ciudad. Dispone de 40 habitaciones sencillas pero cómodas.
Habitación doble: 42-63 €.

Una zona de pensiones y hostales muy baratos, pero con excelentes vistas a la catedral, es la de la rúa do Pombal. A destacar la **Pensión Alfonso**** (B2) 12 (Pombal, 40; telf. 981 585 685), con mobiliario renovado en madera (46-56 €) y la **Hotel Pazos Alba**** (A2 13) (Pombal, 22; telf. 981 585 338), acogedor y familiar.

■ Campings

As Cancelas, 2ª categoría (telf. 981 580 266), a 2,5 km por la carretera de A Coruña, que abre todo el año, y el **Cámping Monte do Gozo,** de 1ª categoría. (ctra. Aeropuerto, km 2-San Marcos; telf. 981 558 942). Sólo en verano, con 1.227 plazas y todo tipo de servicios.

■ Otros hoteles de precio más elevado

Es el elegante **Hotel Hesperia Compostela****** (C2 14) (Hórreo, 1; telf. 981 585 700; habitación doble: 50-140 €), uno de los clásicos de la ciudad. En los últimos años han proliferado los hotelitos con encanto que han recuperado edificios históricos.
Muy recomendable resulta el **Costa Vella**** (B3 15) (Porta da Pena, 17; telf. 981 569 530; habitación doble: 68 €), con vistas al Valdediós y San Francisco desde sus galerías.
En el cogollo del casco antiguo, muy próximos a la catedral se sitúan otros establecimientos; por poner un ejemplo, el **Hotel Rúa do Vilar***** (B3 16) (rúa do Vilar, 8-10; telf. 981 519 858), de reciente apertura; el **Hotel Real*** (C3 17) (Calderería, 49; telf. 981 569 290; habitación doble: 63-75 €), edificio del siglo XIX con 13 habitaciones repartidas en tres

ESPECTÁCULOS

En el **Auditorio de Galicia** (avda. do Burgo das Nacións, s/n; reservas en el telf. 981 571 026) se desarrolla la temporada de la Real Filharmonía de Galicia, así como ciclos extraordinarios que suelen ser más frecuentes durante el verano. Las representaciones teatrales tienen lugar en el **Teatro Principal** (Rúa Nova, 21; telf. 981 581 928) y el **Salón Teatro** (Rúa Nova; telf. 981 581 111), sede del **Centro Dramático Galego,** quedando reservado lo alternativo para las salas **Galán** (Gómez Ulla, 7; telf. 981 585 166) y **Nasa** (San Lourenzo, 51), que también programa conciertos de grupos alternativos.

Los grandes conciertos tienen lugar en un espacio tan poco apropiado como **A Quintana** (Fiestas del Apóstol) o en el **Multiusos de Sar** (rúa Diego Bernal, s/n; telf. 981 568 160).

plantas y sus techos decorados con angelitos.

Fuera del cogollo monumental, pero no muy lejos, quedan **Gelmírez***** (Hórreo, 92; telf. 981 561 100; habitación doble: 98 €) y el más moderno y agradable **San Carlos***** (Hórreo, 106; telf. 981 560 505; sobre los 110 €).

Ya en las afueras, el **Tryp Santiago****** (Restolla, 24, al lado del Hipercor; telf. 981 534 949; habitación doble: 142 €), el **Husa Ciudad de Compostela******* (avda. de Lugo, 213; telf. 981 569 320; habitación doble: 185 €) y **Puerta del Camino******* (San Lázaro, a 2 km del centro; telf. 981 569 400; habitación doble: 185 €).

Entre los de reciente apertura se cuentan el **Gran Hotel Santiago****** (f.p.) (Mestre Mateo, s/n; telf. 981 534 222; habitación doble: 110-198 €), de 143 habitaciones en un edificio de singular diseño próximo al Campus Sur; el **Tryp San Lázaro****** (f.p.) (F. Casas Novoa-San Lázaro; telf. 981 551 000; habitación doble: 140 €) o el flamante y acogedor **NH Obradoiro******* (f.p.) (avda. Burgo das Nacións; telf. 981 558 070), minimalista y rodeado de un parque, que acaba de ser inagurado en el Campus Norte, junto al Auditorio, con 159 habitaciones.

CAFÉS

La ciudad ha tejido una leyenda alrededor del **Derby** (Orfas, 29), visitado desde 1929 por Valle Inclán, los miembros de la Generación NÓS..., poetas y artistas que lo han convertido en una institución en la que, por cierto, también sirven helados. Más amplio y abrumador, por su decadente decoración, antiguos muebles y aparatosas lámparas, resulta el precioso **Café Casino** (rúa do Vilar, 35), que antes era privativo de los socios y ahora se ha convertido en un referente que acoge diversas actividades culturales.
Si uno busca las terrazas al sol, inmejorables las de la Quintana: en la parte que llaman de vivos, el **Literarios;** en la de muertos, **A Quintana** y **Santiagués,** todos con ese mobiliario metálico, que revela un mediocre gusto oficial, en las terrazas. Pero si lo que uno desea es ver gente, curiosear y cotillear, le serán más propicias las del **Azul** o el **Alameda,** estratégicamente situadas en la Porta Faxeira. Sin embargo, y como algunos desearán únicamente disfrutar del café, el **Iacobus** (Acibechería y Caldererería) le ofrece una selección de los mejores. Completan el elenco de los tradicionales el **Dakar** (Franco) y el **Candilejas** (praza de Mazarelos).
Otros cafés con encanto, instalados en antiguas casas de piedra y con buen diseño, son el **Generaciones** (plaza de Cervantes), **Pepa a Loba** (rúa do Castro), **La Gárgola** (rúa Nova, 17), **Airas Nunes** (Vilar, 17), también con restaurante, **Los Porches** (Tras Salomé), con los arcos del claustro de la antigua iglesia, y **A Caldererería** (Caldererería, 26) y **Recantos** (frente al Museo de las Peregrinaciones), decorado con imágenes de pintura renacentista. En un jardín, con fuente, flores y vistas a San Francisco, el **café del Hotel Costa Vella** constituye un verdadero oásis en este "desierto de piedra".
En la zona nueva destacan el vanguardista **Café del Bolengo** (Ramón Cabanillas, 17), de nuevo el **Iacobus** (Santiago del Estero, 8), que también ofrece raciones y comidas, y ya para los estudiantes el **Caffellate** (Nova de Abaixo, 9) o el **Café Sport** (República Arxentina, 35).

COMER EN SANTIAGO DE COMPOSTELA

Entre tanto dura el curso, resulta muy barato comer de menú. Cuando llegan las vacaciones, muchos locales cierran sus puertas (así en la zona nueva) y otros varían sus cartas colocando precios más acordes con la capacidad adquisitiva de los turistas. El casco antiguo es un lugar seguro donde comer bastante bien y sin dejarse el presupuesto en el plato donde nos traen la nota. Ésta no resulta demasiado elevada aunque se haya consumido marisco, siempre que haya sido dentro de un orden, esto es, navajas a la plancha, berberechos o almejas en plan degustación. Bogavantes, centollas, percebes y camarones son palabras mayores, y no esperéis una factura inferior a lo que cuesta una noche en el Parador.

En las numerosas casas de comidas que allí se abren sirven platos de productos de la zona de gran calidad cocinados de la manera más elemental. El caldo gallego, tan conocido en toda España, aquí, lógicamente, es auténtico porque hasta el agua es gallega. El pulpo a feira, las empanadas de maíz rellenas de pulpo, sardinas o berberechos, sabrosas y de delicada textura; los inefables pimientos del Padrón, etc. son otras delicias típicas. El postre suele ser tarta de Santiago, de almendra cubierta de azúcar molida, o alguno de los quesos más populares de la zona, como el conocido de tetilla, cremoso de leche de vaca sin curar.

■ CASAS CON MENÚ (MENOS DE 15 €)

En el Franco y A Raíña la concentración de casas de comidas es enorme, pero conviene asesorarse y elegir con tino; en general, resultan algo más económicos los de A Raíña, siempre y cuando no os salgáis del menú. Pero en todo el casco antiguo hay multitud de bares y casas que ofrecen un menú decente por poco dinero. He aquí algunos de los más celebrados.

CASA MANOLO (C3) ❶

San Bieito.

Telf. 981 582 950. Entre los que permanecen fieles durante todo el año a un estilo de elaboraciones caseras asequibles, esta casa, famosa entre estudiantes, peregrinos y turistas, destaca sobremanera por la abundancia y, se coma lo que se coma, por su invariable y económica minuta. Dependiendo de la elección, hay cosas que se salen del plato. Suele estar de bote en bote, pero aquí no se admiten reservas;

LA NOCHE

"La noche joven de la ciudad vieja" es el eslogan de un casco viejo que lucha por no acabar convertido en museo. Sus cafés y pubs, a veces instalados en antiguas carboneras y caballerizas, poseen el embrujo de las vetustas piedras y la madera.

En Antealtares y Quintana

Como son legión, hemos de distribuirlos por zonas. Una de las más visitadas es la de Antealtares, llena de terrazas en verano: aquí están **La Borriquita de Belén** (local de jazz con vinos dulces y secos de barril), la **Casa das Crechas** (santuario del folk celta), el **Paraíso Perdido** (desde su cueva, llena de recovecos, un precursor), el **Metate** (antigua chocolatería con sus máquinas), **La Carrilana** (que fue almacén de coches de tiro) o el **Modus Vivendi** (en la cuadra de un palacio barroco). En la Acibechería abre sus puertas **O Trasno Verde,** donde manda el folk.

Bajando por Xelmírez la ronda nocturna continúa por la plazoleta de Fonte Sequelo, cuya agua, por cierto, no sirve para rebajar el alcohol (no es potable). Aquí se agolpan el nuevo **Fuco Lois,** que recupera el nombre de un clásico donde antes había una imprenta, el **Tramoia,** el **Fonte Sequelo,** el meigo **Habelas Hailas** (para tomar queimada, agua de Valencia y sangría) y el histórico **Galo d'Ouro** (su absenta es terrible). En A Conga, paralela a la anterior, tiene asiento el **Conga 8,** con un nivel alto más apacible y el inferior, tipo cueva, más ruidoso. Reproduce esta distribución **La Quintana,** un local abarrotado y de moda, lo más parecido a una cárcel subterránea en la que hay fiesta. Otro de los que se transforman al anochecer es el **Café-Concerto Retablo** (rúa Nova, 13). En Tras Salomé tiene personalidad, y la música bastante alta, **La Reixa,** instalado en los bajos de un palacio renacentista.

En la zona del Mercado

Por el Cantón de San Bieito se oculta el revoltoso y nacionalista **Avante.** En Casas Reais, un antiguo **Ultramarinos** da nombre a un local tumultuoso de dos niveles, donde el humo se corta con cuchillo. Los cenáculos nacionalistas se encuentran en la rúa Entremuros y son el **Tarasca** y **O Curruncho.** Junto al antiguo Palacio de Justicia (Algalia de Abaixo) se encuentra el **Café de la Abuela,** ambivalente, y el **Artefacto Burbú,** así como otros pequeños locales de clientela fija. La Algalia de Arriba cuenta con el **Café-Teatro Garigolo,** que organiza espectáculos sencillos. Regresando al mercado, la modernidad se da cita en **Abastos;** próximo a éste, frente a la iglesia de San Fiz nos encontramos otro clásico: **La Radio.** Muy cerca (Cardenal Payá), un poema de Curros da nombre al **Nocturno,** reino de la modernidad con su decoración minimalista en la que sólo desentonan las pieles de "vaca suiza"; la música, en consonancia. La vecina circunvalación de A Cerca cuenta con el pequeño **Cuncas** (blues y jazz en la praza do Matadoiro), el **Tamboura** y el **Momo,** llamado A Rúa por reproducir en su interior una (bebidas tropicales).

En la zona nueva

De camino hacia el ensanche se hace obligatoria una parada en el irlandés **Moore's & Cª** (Rodrigo de Padrón), para empaparse de Guiness mientras suena *U2.* Los niños guapos frecuentan **La Catedral** y el **Dúplex** (República Argentina) y el **Blaster,** funcionando más como discoteca **La Cabina** (República Argentina). Los ya no tan niños prefieren **La Bolera** (General Pardiñas, 33). **La Ofisina** (Fernando III), que fue algo bohemia y progre, se ha transformado en refugio de los que ya cumplieron los 30. Los puristas del jazz acuden al **Dado Dadá** (Alfredo Brañas), con actuaciones los fines de semana. Más moderno y original resulta **El Vía,** que tiene a su lado el muy frecuentado, también de noche, café **Bolengo.** En los alrededores de la Praza Roxa abundan los abrevaderos, sin personalidad, para los más jóvenes. Se sale de la tónica el café-pub **Tía Vicenta,** de diseño. Dos discotecas con años son **Casting** (hotel Araguaney) y **Black** (hotel Peregrino).

todo lo más, es posible ponerse de acuerdo y compartir mesa. Además, la baratura no está reñida con la modernidad, patente tanto en el local (Pedro de Llano) como en la vajilla y el uniforme de los camareros.

La Bodeguilla (B4) ❷

En la inmediata rúa de San Roque, 13. Telf. 981 564 379. Con un comedor simpático en el primer piso, sirve raciones de jamón, paté, quesos, revueltos, ensaladas y otros preparados sencillos. Con buena carta de vinos.

O Dezáseis (C4) ❸

Rúa de San Pedro, 16.
Telf. 981 577 633. Es uno de los locales más típicos –aquí decimos *enxebre*– y mejor decorados de Santiago. Para comer productos y preparados de la tierra (pulpo, tortillas, carne o caldeiro, sin olvidar sus riquísimos postres, en unas antiguas caballerizas y bajo una parra.

La Crepe (B3) ❹

A Quintana. Telf. 981 577 643. En un primer piso, con vistas a la plaza, sus mini-comedores fueron instalados en las habitaciones de una noble mansión. Además de los crepes, que en Galicia más bien deberían ser conocidas como filloas rellenas, ofrece otros muchos platos y un buen menú.

A Tulla (C2) ❺

Praciña de Entrerrúas.
Telf. 981 580 889.
Su terraza, en una oculta y diminuta placita, supera con mucho al menú, que se com-

pone de varios platos entre los que optar.

MESÓN ENXEBRE (B3) 6

Costa do Cristo.
Telf. 981 582 200. El Hostal de los Reyes Católicos, además del serio –y prohibitivo– comedor de su planta noble, cuenta con este precioso y asequible mesón, que de noche suele estar ambientado con una orquestina.

O ASESINO (C2) 7

Praza da Universidade, 16.
Telf. 981 581 568. Tranquilos, que en este clásico de toda la vida, santuario de la cocina casera visitado por Unamuno o Valle Inclán, no matan a nadie. Un cocinero, cuchillo en mano, salió persiguiendo un pollo que presagiaba su fin en la cazuela, y los estudiantes de la vecina facultad de letras gritaron: ¡asesino, asesino! Los recuerdos que cuelgan de las paredes (está prohibido hacer fotos) y el trato familiar de la señora María, son un buen prólogo a su empanada, almejas en salsa, caldo, carnes asadas y postres.

REY DAVID (f. p.)

Alfredo Brañas, 25.
Telf. 981 598 114. Es uno de los más populares del Ensanche, aunque el comedor, en un sótano, puede resultar algo claustrofóbico. Variado menú a precio fijo y servicio rápido, algo que agradecen los grupos.

SAN LÁZARO (f. p.)

Baliño, 1. Telf. 981 584 344.
A la entrada del Camino en la ciudad, sobre el barrio de Fontiñas, cuenta con uno de los mejores menús de la ciudad, a elegir entre cuatro primeros y seis segundos con postre casero y vino incluidos. Pero para llegar es conveniente usar el coche, pues dista 1 km del centro. También dispone de hostal.

■ RESTAURANTES (SOBRE 24 €)

Si hay un restaurante emblemático en Santiago de Compostela ése es el **Vilas** (Rosalía de Castro, 88; telf. 981 591 000), casa fundada a principios del siglo XX, con un moderno **Anexo** (telf. 981 598 387), que hoy se ha convertido en una auténtica institución. Comer en sus elegantes salones puede desbaratar más de un presupuesto (de 30 € para arriba).
Entre los de gama intermedia podemos citar el **Alameda** (C2 8) (Porta Faxeira, 16-1°; telf. 981 586 657), fiel a las provisiones de la cocina clásica regional y de temporada y con una bodega bien surtida, o **El Estanco del Hórreo** (D1 9) (Hórreo, 26; telf. 981 563 808), de los mismo dueños que el veterano *Fornos*, que ofrece una cocina tradicional bien elaborada.

SARRIA

LUGO. 6.202 HABITANTES

Es Sarria centro de una fértil vega y amplia comarca, cuyos límites coinciden más o menos con el territorio de un antiguo condado. A la pequeña villa, itineraria y jacobea, situada en lo alto, con la llegada del ferrocarril le nació un apéndice que se ha ido extendiendo entre la estación y el río. Los peregrinos siguen frecuentando esta clásica etapa del Camino Francés gallego para aprovisionarse en su nutrido comercio, así como para degustar sus famosos derivados del porcino.

INFO Y TRANSPORTES

Oficina de Turismo del Ayuntamiento
Vigo de Sarria, 15.
Telf. 982 530 099.
www.concellodesarria.net
Podéis encontrar información general con agenda en *El Progreso* y en *La Voz de Galicia,* edición de Chantada-Sarria.

Estación de autobuses
Rúa Matías López.
Telf. 982 532 620.
Estación de ferrocarril. Ramón Cabanillas. Telf. 982 530 787. Línea Palencia-A Coruña. Es la única estación en el Camino de Santiago en Galicia.
Taxis. Telf. 982 530 004 y 982 530 028.

VISITA

En la parte alta de esta villa peregrina, en las inmediaciones de una **Rúa Maior** que forma parte del Camino de Santiago, se conserva el **torreón** de la vieja **fortaleza de Sarria,** levantada en el siglo XIII, destruida en el XV por los irmandiños, reconstruida después, comprada por un particular y habitada hasta el siglo XVIII; lo poco que hoy queda pretende rehabilitarse para albergar un museo. Muy cerca se halla la **iglesia** gótica **del Salvador,** que conserva su sencillo pantocrátor y los herrajes medievales originales en la puerta.
El antiguo **Hospital de San Antón,** hoy sede de los juzgados, acogía

IGLESIA DEL SALVADOR.

EL TAPEO

Se concentra lo mejor en los alrededores de las rúas Diego Pazos y Rías Baixas, en la parte nueva de la cuidad. Aunque, por su encanto, hay que mencionar en la zona vieja el **Anduriñas** (Maior), local frente al concello, con buenas tapas y mejor atención.

Ya en la parte nueva, algunos de los locales más visitados son **Salón** (transversal a Calvo Sotelo), típico mesón de raciones; el **Gol** (Calvo Sotelo), una pequeña *pulpeira;* **IBC** (Diego Pazos), para los que prefieran tablas de quesos y ahumados; el **Bar París** y el **Pontevella** (Diego Pazos), típicos baretos con tapas normalitas y muy buen ambiente, y la **Adega Enxebre** (Gregorio Fernández), en la misma zona, una bodega con algo más de tipismo que las anteriores. En el paseo del Malecón, con las terrazas a la vera del río, sobresalen el **Santiago,** con sus tapas de carne guisada, pollo, lacón asado y pulpo, o el **Mesón Roberto.** Otros locales nuevos y recomendables son el **Bartolo** y el **Ave Turuta.**

No debemos olvidar que lo mejor para picar algo es subir al **campo da feira** cuando hay mercado (días 6, 20 y 27), a tomar el pulpo.

a los peregrinos que volvían de Santiago con su compostela acreditativa, e incluso subvencionaba su viaje de regreso con ocho maravedís: era todo un lujo, pues ofrecía, además de cama y luz, la asistencia de un cirujano (de los de entonces, no sabemos qué sería peor...).

Un poco más lejos se encuentra el **convento da Madalena** o de los Mercedarios, de confuso origen: unos dicen que se edificó sobre las ruinas de un hospital de los Caballeros de San Juan de Jerusalén, y otros que lo fundaron hacia 1200 un par de peregrinos italianos (pueden ser ciertas ambas cosas, o ninguna). La hospitalidad de este convento con los peregrinos que a él acudían fue legendaria, alabada incluso por los papas.

La **iglesia** actual es un popurrí que conserva la fachada plateresca, el claustro gótico y la **porta dos Carros** y el campanario barrocos; el monasterio fue cárcel, cuartel y hoy es un colegio privado.

Finalmente, en el **barrio de San Lázaro** estaba el principal hospital de peregrinos de Sarria, aunque solía acoger más bien a los leprosos y similares; aún puede verse su **capilla** del siglo XVIII.

En las cercanías, a escasos 3 km, en **Barbadelo** –donde los taimados hosteleros compostelanos del medievo montaban sus "oficinas de información y turismo"–, hallaréis la **iglesia de Santiago,** un monumento nacional románico, del siglo XII, con unos curiosos capiteles historiados.

DORMIR EN SARRIA

HOTEL VILLA DE SARRIA**

Benigno Quiroga, 49.
Telf. 982 531 938.
Buen hotel bien situado en una zona no excesivamente bulliciosa. Cuartos con televisión, hilo musical y teléfono.
Habitación doble: 42-72 €.

HOTEL ROMA*

Calvo Sotelo, 2. Telf. 982 530 570. Un hostal normalillo en el casco urbano, bastante agradable.
Habitación doble: 48 €.

Otra forma de alojarse en Sarria es la de los albergues privados, que han proliferado pensando, sobre todo, en los peregrinos, pero algunos con unas instalaciones y servicios más propios de un hotel. Éste es el caso de **Don Álvaro** (Maior, 10; telf. 982 531 592), en una casa solariega del siglo XIX provista de jardín y lareira, o de **Los Blasones** (Amenerizas, 13; telf. 982 530 666), próximo al anterior.

■ TURISMO RURAL

TORRE DO BARRIO

Loseiro, San Martiño.
Telf. 982 533 727. Dista 5 km de Sarria por la ctra. de Calvor, y ocupa un pazo restaurado con 8 habitaciones alrededor de un patio.
Habitación doble: 45-60 €.

RECTORAL DE GOIÁN

Goián. Telf. 982 533 813.
www.rectoraldegoian.com
A 3 km de Vilapedre y 8 km de Sarria, la antigua casa parroquial, en granito techado con pizarra, ofrece ahora 6 cómodas habitaciones. Habitación doble: 60-85 €.

CASA CAXIGUEIRO

Sabenche, Barbadelo.
Telf. 982 534 020. A 5 km camino de Portomarín con desvío señalizado a la izda. Cuatro habitaciones rústicas con muebles de castaño: 60 €.

CASA NOVA DE RENTE

Rente-Barbadelo.
Telf. 982 187 854. A 4 km de Sarria, es un edificio restaurado y con jardín. Sólo hay una habitación doble con baño, el resto de los cuartos

COMPRAS

En **A Lacena Galega,** conocida como la *Peregrinoteca,* Jose se desvive por reunir todo tipo de objetos que puedan resultar de interés para los peregrinos y los turistas: cerámica tradicional de Bonxe y Gundivós, delicias de la gastronomía gallega (vinos de la Ribeira Sacra, miel de O Courel, orujos de hierbas, quesos de O Cebreiro, etc.), recuerdos del Camino de Santiago, etc.

deben compartirlo. Conserva en parte la estructura original de la casa, y se agradece en algunos detalles decorativos. Además no es caro: 40 € la habitación doble con baño.

■ Otros hoteles de precio más elevado

Cómodo, bien equipado y de gran capacidad (60 habitaciones) es el **Hotel NH Alfonso IX***** (rúa do Peregrino, 29; telf. 982 530 005; habitación doble: 72-82 €), el mejor de la ciudad y bastante asequible en temporada baja. Su restaurante **A Ponte Ribeira** prepara un buen menú del día.
Camino de Lugo, a 4 km de Sarria se encuentra el **Hotel Fiz de Vilapedre***** (telf. 982 534 188; www.fizdevilapedre.com; habitación doble: 60-88 €), instalado en un antiguo hospital psiquiátrico con su parte de piedra y otra más funcional, todo ello muy bien rehabilitado. Dispone de 23 habitaciones.

COMER EN SARRIA

■ Casas con menú (menos de 15 €)

Mar de Plata I

José Antonio, 36.
Telf. 982 530 724. Próxima a la estación de tren, es una popular *pulpeira* sin mayor exceso decorativo, en la cual puede comerse de todo. Cuenta con una sucursal, del mismo estilo, junto a la estación de autobuses.

Anduriñas

Rúa Maior, 29. Telf. 982 532 598. Trabaja mucho con los peregrinos, por lo que se adapta a sus gustos. Además del menú del día prepara combinados, raciones de pulpo y jamón, platos vegetarianos, etc.

Santiago

Paseo do Malecón, 15.
Telf. 982 532 564. Su menú es uno de los más demandados, con

LA NOCHE

La noche resulta más activa de lo que parece a simple vista, y se concentra principalmente en la zona del Malecón y las rúas Rías Baixas, Gregorio Fernández y Ameneirizas; hay multitud de locales, la mayoría pubs o bares de copas.
Podemos mencionar el **Bartolo,** de los más visitados; el **Turuta,** con muy buen ambiente y más cuidada decoración; **Cactus, Apetece, Código da Vinci** (muy concurrido por la cómoda placita que tiene enfrente y por el éxito de sus porrones; inconfundible por la decoración de la entrada) y el **Niky Bar.** Los adolescentes frecuentan mucho el barato **007,** donde suelen organizar fiestas. Otros locales de moda son el **Paladium** y el pub **Camino.** La discoteca por excelencia es la **Krocco's,** aunque también funciona mucho y bien la **Signum,** con sus sesiones de tarde y noche.

CAFÉS

Poca cosa reseñable para las tardes; el local con más exito es el **Central,** en la rúa Calvo Sotelo, espacioso, medianamente lujoso y muy concurrido; más normalito resulta el **Don Juan,** en la rúa Diego Pazos, y en **IBC** también se puede tomar un buen café.
En la rúa das Ameneirizas se encuentra el **Café Concierto Arche,** un local acogedor que funciona desde la tarde hasta la noche. La **Sociedad Recreativa de la Unión** tiene su café, que presenta el atractivo de estar rodeado de un elegante jardín, lo cual lo hace recomendable para familias con niños.
En la zona de O Malecón, a orillas del río, suelen estar muy concurridas al atardecer las terrazas de sus mesones y cafeterías.
Finalmente, en la zona vieja, también se puede tomar un buen café en el **Anduriñas** o en el **Camino Francés** (rúa Maior), ambos también con restaurante.

la ventaja de que puede ser degustado, si el tiempo acompaña, en una terraza a la sombra inmediata al río. Especialidad en cordero asado.

Roma

Calvo Sotelo, 2. Telf. 982 530 570. En el restaurante de este hotelito, que funciona desde 1930, se come muy bien y a un precio tan razonable que hasta el célebre chuletón de ternera puede entrar en el precio recomendado.

A Casa de Carmen

Barbadelo.
Telf. 982 532 294.
Un comedor rústico y familiar, en pleno Camino de Santiago, a 5 km de Sarria. Cocina gallega sustanciosa y buen trato.

Fiz de Vilapedre

En el hotel homónimo, a 4 km de Sarria por la LU 546. Telf. 982 534 188. En sus comedores rústicos, con muros de piedra y techumbre de madera, ofrece a diario un completo menú ordinario o, por tres euros más, otro especial. A la carta destaca por su pulpo, el chuletón, el cocido y la realización de jornadas gastronómicas.

Mesón A Pontenova

A Pontenova, Samos.
Telf. 982 546 003. A 10 km de Sarria, por la carretera de Samos, vale la pena acercarse a esta singular casa de comidas siempre de bote en bote. Su fama se la debe a las comidas caseras, a los buenos precios y a un menú sumamente nutritivo, con postres de elaboración propia. Sin embargo, su fuerte son las anguilas, la trucha, la caza en temporada y la ternera.

SIERRAS DE ANCARES Y O COUREL

RUTA DE 153 KM

Las montañas orientales de la provincia lucense ofrecen un gran interés paisajístico, ecológico y etnográfico. Destacan, entre ellas, los macizos de Los Ancares y do Courel, prolongaciones ambos de las estribaciones cantábricas, aunque de relieve más antiguo, suave y erosionado. Merced al aislamiento secular y al intenso proceso migratorio, el medio natural de una y otra sierra se mantiene en un aceptable estado de conservación, aunque la deforestación, las repoblaciones de coníferas, la apertura de pistas forestales y la caza incontrolada han causado no pocos daños. Los Ancares, con una extensión de 59.000 ha, sólo tiene protegidas 9.975 ha como reserva de caza. La declaración de reservas naturales ha puesto las bases para un mayor respeto, y en Los Ancares, donde es creciente el turismo, se demanda la creación de un parque nacional para proteger la comarca que se extiende también por tierras leonesas.

NATURALEZA Y PAISAJE

La vegetación y fauna de Ancares se compone, fundamentalmente, de brezales y piornales en el monte bajo, bosques de robles, castaños, tejos y pinos, y frondas de álamos, fresnos, abedules y avellanos. O Courel, donde las especies atlánticas se mezclan con las mediterráneas, es más pródigo en soutos de castaños, carballos y nogales e incluso hay espacios donde las hayas conviven con encinas, alcornoques y olivos.

La fauna montesa (ciervos corzos, gamos, jabalíes, zorros, ardillas, jinetas, garduñas, martas, tejones, anfibios y reptiles, azores, gavilanes, cernícalos, búhos reales, mochuelos perdices...) es rica y variada, aunque los emblemáticos urogallos ancareses han disminuido notablemente, mientras que O Courel conserva una estable población de lobos.

La dureza de la montaña ancaresa ha condicionado el carácter de los asentamientos y las actividades del hombre. El símbolo por excelencia de Los Ancares –ya una reliquia– es la palloza, una probable herencia de las viviendas celtas caracterizada por su planta circular u ovalada, la cubierta cónica de paja de centeno trenzada (colmo) y el espacio interior compartido por hombres y animales. Apenas queda ya alguna habitada, aunque todavía se continúan utilizando como pajares y para usos agrícolas. Los hórreos, de tipo astur, y la albariza, o agrupación de colmenas protegida por un muro, son otras peculiaridades de la tradición constructiva popular.

CRUCEIRO. O CEBREIRO.

EN ASCENSO HASTA LA RESERVA NACIONAL DE LOS ANCARES

Becerreá. La cabecera comarcal de la comarca montañesa, es un importante centro ganadero, con ferias los días 3 y 19 de cada mes. Está situada al paso de las carreteras N VI y A 6 y es un punto idóneo para acceder a Los Ancares lucenses.
Aunque queda en dirección opuesta al sentido en que iniciaremos la ruta, conviene señalar que a poco más de 6 km, por un desvío que aparta a la izquierda de la carretera hacia Lugo, se encuentra el antiguo **monasterio de Santa María de Penamaior,** fundado en el siglo XII e integrado poco después en el Císter.

Nuestro camino se inicia por la carretera que va a **Navia de Suarna.**

Líber. Desde esta localidad, a 9 km, se puede ascender hasta Los Ancares por el estrecho valle de los ríos Cervantes y Cancelada con inicio de trayecto en **Pontes de Gatín** (puente medieval) y llegada a la **campa de Braña.**

San Román de Cervantes. Nosotros seguiremos el camino más corto y hermoso en panorámicas: aquel que arranca 1 km después, también a la derecha, y cruza esta localidad.
Por estas tierras tuvo casa el linaje de los Saavedra, lo cual, unido al topónimo Cervantes en alusión a los ciervos, ha hecho afirmar a algunos que la familia de don Miguel de Cervantes era natural de estos pagos, algo que el gran

PALLOZA Y HÓRREO EN LOS ANCARES.

escritor siempre ocultaría por tenerlo a menos; sólo en *El Quijote,* un cautivo, que ha sido identificado con el autor, dice haber nacido en los "montes de León".

Degrada. Superado San Román, el camino se empina hacia esta localidad, pasando antes por el gran pinar de **Sete Carballos** (1.268 m). Al fondo se ven las cumbres que sirven de frontera entre Galicia y León.
En la **campa da Braña** (1.365 m) concluye la carretera. Éste es un lugar idóneo para emprender un recorridos a pie hasta la **campa de Brego** (refugio), a la cumbre de **Tres Bispos,** donde a 1.792 m se unen los obispados de Astorga, Lugo y Oviedo, y a los montes **Penarrubia, Corno Maldito** y **Mustallar.**
Si avanzamos por el desgastado altiplano con aspecto mesetario, pronto nos topamos con el albergue de montaña del Club Ancares, asentado a 1.400 m en la **campa de Fieiro.**
Camino de Piornedo, vemos el desvío a la **campa de Barreiro** (20 minutos a pie), lugar en el que cada tercer domingo de julio se

celebra la popular y concurrida **Festa Monteira de Ancares.** Es costumbre beber tres veces en la **fonte dos Namorados** para garantizar el matrimonio en los próximos dos años.

Piornedo. Por el valle del Ortigal, pasando por **Vilarello** y **Donís** (casa-torre e iglesia) llegamos hasta este pueblo, a 19 km de la campa da Braña, pomposamente anunciado como "poblado prerromano". Su conjunto histórico-etnológico es único por la presencia de varias **pallozas,** una de ellas convertida en un pequeño **museo.**

Suárbol. La carretera que desciende al Bierzo pasa por esta localidad (pallozas), siendo un punto de partida adecuado para ascender al **Cuiña;** otra sigue el valle del Ser hasta la **Pobra de Navia.**

Doiras. Para salir de Los Ancares regresamos a la campa da Braña y nos dirigimos a **Ambasmestas** (carretera A 6) por Cela y Doiras. En esta última localidad se conserva un **castillo** roquero con airosa torre del homenaje. Según cuenta la leyenda, de este castillo desapareció una doncella que, tras sufrir algún maleficio, se convirtió en cierva, siendo cazada accidentalmente por su propio hermano.

O COUREL: UN PARAÍSO VEGETAL ABANDONADO

Ambasmestas. Desde aquí hemos de subir el **puerto de Pedrafita** y seguir en todo momento el trazado del Camino de Santiago para, después de atravesar el núcleo de **O Cebreiro,** tomar en **Hospital** la carretera LU 651, vía principal para recorrer O Courel.
El modesto poblado de O Cebreiro es uno de los hitos del Camino, donde ha sido acondicionado un espacioso **albergue de peregrinos,** continuando así la tradición hospitalaria de los monjes cluniacenses de San Giraldo de Orleáns. Aquí tuvo lugar el milagro eucarístico de la transubstanciación o la conversión del pan y vino en cuerpo y sangre de Cristo. Los recuerdos del prodigio, junto con el cáliz y la patena del milagro se conservan en el interior de un bello **templo** prerrománico. La población también cuenta con una agrupación de **pallozas** bien restauradas, una de las cuales encierra una pequeña colección etnográfica.

Seoane do Courel. Es la primera población relevante del itinerario y la antigua capital municipal que celebra sus ferias el segundo y cuarto domingo de mes.

CASTILLO DE DOIRAS.

Parada y **Moreda.** Tras recorrer 2 km, sale una pista a la izquierda que se dirige hacia estas aldeas. Desde la segunda alcanzamos a pie la frondosa y exuberante **devesa de A Rogueira,** una selva en la que se mezclan robles, hayas, tejos, avellanos, abedules, castaños y acebos con otras muchas especies vegetales. En la cima, una **fuente** mana agua cristalina (calcárea) y roja (ferruginosa).
Un camino prosigue hasta la **laguna de Lucenza** (a 15 minutos). Por esta zona también están las **covas do Oso,** pero son de difícil localización sin guía.

Folgoso do Courel. Alfonso II el Casto, aún príncipe, perseguido por su tío Aurelio, fue ocultado por los monjes de Samos en esta localidad.
La capital de este país de los castaños acoge en noviembre una fiesta para exaltar el producto (en alternancia con Seoane). Por las mismas fechas pueden también saborearse la caza, los *botillos,* las *zorzas* y los jamones.

Toca ahora abandonar el Lor y subir la sierra hasta el **alto do Boi,** desde el cual arranca una pista muy accidentada hasta las canteras de pizarra de **Pacios da Serra** y a la aldea de **Vilarbacú,** al pie del monte Piapáxaro.

Quiroga. Esta población, a 23 km de Folgoso, y el valle del Sil son nuestra siguiente meta. Su mesa tiene buena fama y cuenta con caldos propios cultivados en su fértil valle (*Feira do Viño* en marzo).

San Clodio. Al otro lado del Sil, podemos contemplar un **templo** románico de origen monacal. En

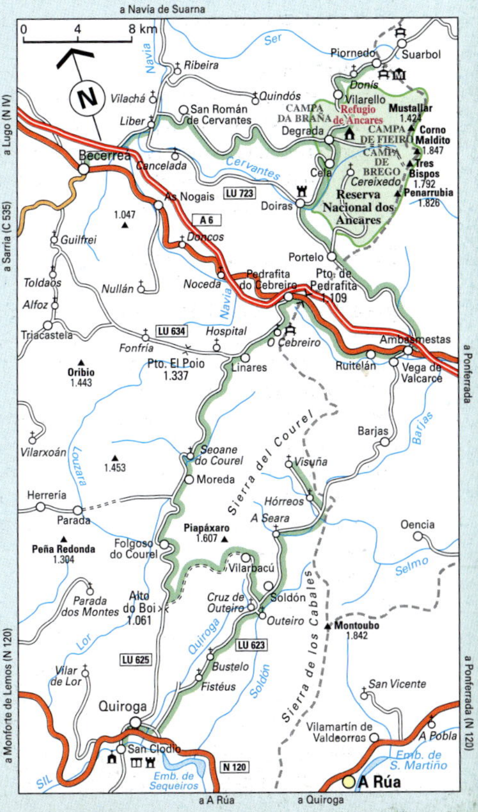

PARADA Y FONDA

Lo más recomendable es realizar esta ruta con buen tiempo, ya que en invierno y primavera, las nieves y heladas pueden dificultar la marcha. Para alojarse y comer las propuestas son variadas.

En el núcleo de **Degrada** tenemos la **Casa de Labranza-Mesón Campa de Braña** (telf. 982 111 135) y el **Hospedaje-Mesón Novo** (telf. 982 181 138). **Pedrafita do Cebreiro** cuenta con el **Hostal Rebollal**** (telf. 982 367 115), la **Casa Teixero** (Seixo, 26; telf. 982 151 362), dos pequeñas viviendas con posibilidad de participar en tareas agropecuarias, y la **Casa Carolo** (telf. 982 367 168), una casona de piedra típica, rodeada de naturaleza. En **Seoane** está el **cámping O Courel** (telf. 982 246 111) y las casas **Ferreiro** (San Xoan, 24; telf. 982 433 065), que ocupa un edificio de nueva planta, y **Valín** (Nogaredo, 5; telf. 982 155 388), una casa tradicional en el campo. **Quiroga,** por su parte, cuenta con el **Hostal Marcos*** (Secide, N 120; telf. 982 428 452), el **Hostal Río Lor*** (Conceado, Paradela de Lor, a 10 km hacia Monforte; telf. 982 428 261), ambos con buenos restaurantes, y el restaurante **Lar de Torrenováes** (rúa Arroyo, s/n; telf. 982 428 623), especializado en caza.

los alrededores están la **torre de Sequeiros,** vinculada a una leyenda de amores cuyo escenario eran los pasadizos subterráneos bajo el río actualmente embalsado, y la **iglesia de San Martiño de Torbeo** (siglo XII), con un bello ábside..

SIERRA DE LOS ANCARES.

Fisteus y **Bustelo.** Continuando por aquí, a los 16 km alcanzamos **Cruz de Outeiro,** aldea emplazada entre dos angostas hondonadas. El camino de la izquierda, abierto para explotar unas minas de antimonio, sube hasta el ya poblado de Vilarbacú, dominado por el **Piapáxaro** (1.610 m). El de la derecha recorre los montes que separan El Bierzo y Valdeorras por las típicas aldeas abandonadas de **Soldón, A Seara, Hórreos** y **Visuña.** El silencio y la soledad son los dueños de estas cumbres.

TUI

PONTEVEDRA. 5.477 HABITANTES

Ciudad fronteriza singular, Tui asemeja, desde la lejanía, una fortaleza almenada en la que hasta la catedral tiene algo de defensivo, una acrópolis que ofrece su perfil más agresivo a Valença do Minho, su vecina del sur. Fue una ciudad importante durante la edad media, y capital histórica de una de las siete provincias del Antiguo Reino de Galicia; con la reordenación provincial de 1834 perdió la capitalidad, un mazazo para el orgullo de una ciudad que pasaba por una etapa de cierta decadencia. Las relaciones con Portugal, en tiempos cargadas de reserva, impulsaron el desarrollo de la ciudad a partir de la inauguración del puente internacional, a finales del siglo pasado. Una autovía y un nuevo puente amplían hoy esas posibilidades de progreso, que también pretenden potenciarse con la presentación a la UNESCO de una candidatura conjunta, de Tui y Valença do Minho, para ser declaradas Patrimonio de la Humanidad.

INFO

Oficina de Turismo de la Xunta de Galicia
Rúa Colón, s/n. Edificio Área Panorámica. Telf. 986 601 789.
Oficina Municipal de Turismo
Caseta en la plaza de la Inmaculada. Sólo en Semana Santa y verano. www.concellotui.org
Centro de Interpretación de la Naturaleza
En el Parque Natural, en la subida al Monte Aloia.
Telf. 986 685 095.
Para informarse de las actividades diarias consultar *El Faro de Vigo*.

TRANSPORTES

Ferrocarriles. Estación Guillarei (para la línea Madrid-Vigo, telf. 986 601 255). Estación Tui: Avda. Concordia, s/n (para la línea Tui-Portugal, telf. 986 600 813).
Autobuses. Empresa *ATSA* (línea A Guarda, Tui, Vigo), praza Calvo Sotelo; telf. 986 600 022/610 255. *M. García,* (Líneas Tui-Gondomar-Baiona; Tui-A Guarda-Baiona; Tui-Vigo y Tui-Pontevedra), telf. 986 600 816.
Taxis. Paradas en Calvo Sotelo (telf. 986 600 791) y en Guillarei (telf. 986 600 160).

TUI

VISITA

Lo imprescindible ya se ve a primera vista, el casco antiguo con la catedral en el punto más alto, y un entramado de calles medievales en la ladera que se extiende a sus pies.
Fuera del recinto monumental, resulta muy agradable un paseo por la Corredoira y el convento de Santo Domingo, así como un recorrido al borde del Miño por el paseo fluvial habilitado. En los alrededores se hace muy recomendable una excursión hasta el monte Aloia, declarado Parque Natural y con una ermita en su cima.

EL RECINTO HISTÓRICO

Una ciudad tan cargada de historia como Tui no puede dejar de ofrecer al visitante un casco antiguo espectacular, un recinto que tiene dos presencias fundamentales en torno a las cuales se ordena la estructura urbana: el río y la **catedral.** Ésta comenzó a construirse a mediados del siglo XII tomando como modelo la catedral del Santiago, y mantiene de la obra románica el crucero y la portada norte, presidida por la estatua de un obispo.

La **fachada principal,** cobijada bajo por un gran pórtico con bóveda de crucería, alberga una de las obras mayores de la escultura medieval gallega; este conjunto del primer tercio del siglo XIII señala el inicio de la plástica gótica no sólo en Galicia, sino en toda la Península Ibérica, con un programa iconográfico complejo en el que abundan las imágenes de profetas, apóstoles, santos y reyes, y un tímpano dividido en tres registros con escenas de la Anunciación, la Natividad, la Epifanía o la Jerusalén Celeste, entre otras. Señalemos que el Crucificado que lleva en sus manos el profeta Jeremías, en las estatuas-columnas de la derecha, es el primero que pende de tres clavos y no de cuatro, como era la tradición hasta entonces.

El **interior** de la catedral alterna el gótico primero de las naves centrales, con la cabecera del siglo XV o el cimborrio del XVI. Las grietas en las bóvedas obligaron a colocar tirantes de piedra de refuerzo, principalmente a partir del terremoto de Lisboa de 1755. La **sillería** del coro, iniciada por Castro Canseco en 1699, es una de las mejores muestras del último barroco gallego, y también debemos destacar el **sepulcro de Diego de Torquemada,** de finales del siglo XVI. Imprescindible un paseo por el austero **claustro** y la subida al mirador, en una **torre** defensiva del siglo XV: este lugar nos

CATEDRAL DE TUI.

Casco antiguo

Alrededor de la catedral se disponen algunas tiendas de recuerdos y un par de restaurantes y cafés, pero a medida que descendemos hacia el río nos introducimos en la trama medieval de callejas en las que se ocultan algunas tabernas y mesones y unos cuantos pubs para la gente más joven. El principal incoveniente: las escalinatas y cuestas.

Calvo Sotelo-Paseo y aledaños

Es la zona comercial y más activa de la ciudad, quedando partida en dos por la carretera de Portugal. La Corredoira es un paseo tradicional, de ida y vuelta, para los que no tienen otra cosa que hacer. Por todo este sector tiene lugar el frecuentado mercado de los jueves.

ofrece la mejor perspectiva de la catedral, la ciudad, el Miño y la villa de Valença, el antiguo adversario. Al **Museo Catedralicio** (de 10 h a 13 h y de 16 h a 18 h) se accede por la capilla de Santa Catalina. Conserva una buena colección de orfebrería litúrgica (destaca una curiosa copa-relicario hecha hacia 1500 con medio coco) y algunas tallas de interés.

Si seguimos con ganas de ver arte sacro nos podemos acercar al **Museo Diocesano** (visita, de 10 h a 13 h y de 16 h a 19 h), al lado de la catedral, que guarda plate-

COMPRAS

Si somos golosos, en las **Monjas de Clausura** (rúa Monxas) podemos comprar "pececitos" de almendra, deliciosas galletitas en forma de pez.
Artesanía la encontramos en **Arquipedra** (Randulfe Matelo, s/n; telf. 986 603 363), con trabajos en cantería (para el que quiera cargar con ellos), y **Artesanía Baixo Miño** (Porta da Pía, cierra sábados por la tarde), con variadas –en tipos y precios– muestras de artesanía popular gallega.
El tradicional **mercado** se celebra todos los jueves, desde 1679, en el paseo de Calvo Sotelo, el conocido como A Corredoira; suele estar abarrotado de portugueses.

ría española e hispanoamericana y algunas piezas arqueológicas de interés.
Paseando por las empedradas callejuelas de Tui, entre sus casas nobles, esquinas y plazoletas, escaleras y abovedados pasadizos medievales encontraremos, aquí y allá, las muestras de su antiguo esplendor. Restos de la antigua muralla, monumentos a arzobispos y frailes y pequeñas **capillas** como la **de la Misericordia,** en origen renacentista pero completamente reconstruida en este siglo, o la de San Telmo, también conocida como **capela do Corpo Santo,** con su sorprendente y dinámica fachada barroca de evidente influencia portuguesa. Si bajamos a la cripta de esta iglesia veremos incluso parte de la casa en la que expiró el propio San Telmo.
Más galaica es la **iglesia de las Clarisas** o Encerradas –las rejas en las ventanas evitaban desvíos vocacionales–, debida al maestro Domingo de Andrade, y construida, como el convento, a finales del siglo XVII.
Un agradable paseo nos puede llevar hasta la **praza da Estrela,** con su magnífico mirador sobre el paseo fluvial, hacia el río y Portugal.

CLAUSTRO DE LA CATEDRAL.

FUERA DEL CASCO HISTÓRICO

El recinto de la acrópolis, en desordenadas callejuelas en torno a la catedral, agrupa buena parte de los atractivos de Tui, pero no todos. Extramuros habían surgido, ya desde la época medieval, algunas iglesias y conventos interesantes y se formaron miradores que nos permiten contemplar el agreste perfil de la villa desde la distancia. El **paseo de A Corredoira** separa sabiamente el conjunto histórico del resto de la ciudad; es una avenida arbolada en la que destaca la austera **iglesia** barroca **de San Francisco** (siglo XVIII).

Cerca del río se halla el **convento de Santo Domingo.** Su iglesia data de principios del siglo XIV, aunque su fachada es barroca. En el interior del templo resultan llamativos los púlpitos, el retablo mayor –influido por el vehemente y dinámico barroco portugués– y el **retablo de la Virgen del Rosario,** también conocido como de la Batalla de Lepanto, otra obra de inspiración lusitana en la que destaca la representación de la famosa refriega, única en Galicia, con sus barcos emergiendo abruptamente del conjunto. En el exterior, tras el claustro, se nos ofrece la mejor imagen de las dos ciudades enfrentadas, con sus trazas de fortalezas defensivas, frente a frente, separadas al tiempo y unidas por el río. A menos de medio kilómetro se

QUIOSCO DE MÚSICA EN EL PASEO DE A CORREDOIRA.

CAFÉS

Antes de entrar en la zona monumental, junto a la Porta da Pía, nos encontramos con el tranquilo y suave **Café Cocktail Museu.** El **Café Central** (rúa das Monxas) se ubica en la casa que bifurca la calle; es un local espacioso y acogedor, muy recomendable. El **Café Cocktail Amadeus** (Porta da Pía) está ascendiendo hacia la catedral; tiene una distribución peculiar, muebles de mimbre y un buen ambiente. El **Café Terminus,** frente a la espléndida fachada de la catedral, esta a medio camino entre café y cervecería. Fuera de la zona, la modernidad empapa otros cafés, que también son pubs de primera hora, como el **Boby,** más clásico, y sobre todo **La Gran Manzana** (ambos frente por frente en A Corredoira), decorado a lo Manhattan. Completa la oferta de la zona nueva el **Café Tertulia La Traviata** (Rosa Bahamonde), montado al estilo tradicional con muy buen gusto.

LA NOCHE

Caso excepcional donde los haya, el mejor día para trasnochar en Tui no es el viernes o el sábado, aunque algo de gente sale, sino el domingo, y el jolgorio se prolonga en ocasiones hasta más allá de las 6 h de la mañana.

La mejor zona es la monumental, principalmente las callejuelas empedradas que bajan desde la parte trasera de la catedral. Es sin duda una zona de marcha señorial.

Entre los locales más cuidados destacan el **3 TEMPOS** (Entrefornos), en una casa típica de bella factura y orientado para los más jóvenes, con ambiente discotequero; en la misma calle se encuentra el **BRUJAS,** muy amplio y del mismo estilo. En la paralela rúa de San Telmo, varios edificios de piedra y escasa altura acogen pubs algo más tranquilos y *enxebres:* tal es el caso del **GARUFA, LA GRUTA** y el **MOBY'S,** los tres juntitos, o de **EL GLOBO. EL BABILONIA** se encuentra en la rúa Sanz, por la que la ruta de copas se prolonga hasta la praza de Frómista (**FROMIN'S**) y la rúa de Abaixo: aquí el **BANANARAMA** dispone de una gran pantalla, karaoke y una terraza con vistas al río. Dispersos por la zona también quedan el **ANUBIS,** en plan templo egipcio; **LA SOLERA** o el **LAU** (Seixas), ambos para los más talluditos. La discoteca de referencia es **METROPOL** (rúa Generalísimo), muy próxima a la Porta Pía.

encuentra la **iglesia de San Bartolomé de Rebordáns,** una de las joyas del románico pontevedrés. Construido entre finales del siglo XI y principios del XII, es un templo de tres naves en el que destacan los rústicos capiteles historiados de la capilla mayor y un excepcional conjunto de pinturas manieristas del siglo XVI. El **cruceiro** de la plaza, frente a la iglesia, es de 1770.

Saliendo de Tui por la carretera de Gondomar, a unos 8 km, llegaremos al **Parque Natural de Monte Aloia,** que fue el primer espacio protegido de Galicia. Es una excursión completita, que nos ofrece una espléndida panorámica de los valles del Miño y del Louro, paisajes graníticos, gran número de especies forestales, caballos salvajes, ermitas y cruceiros, restos prehistóricos y castreños y una **casa forestal** de 1921 que podríamos definir como "ultrapintoresquista". Todo un mundo de posibilidades para una jornada de esparcimiento en la naturaleza.

PARQUE NATURAL DE MONTE ALOIA.

DORMIR EN TUI

A orillas del Miño, el Parador de San Telmo* (C2 1) (avda. de Portugal; telf. 986 600 309; habitación doble: 115-149 €) representa la mejor oferta para hospedarse en la ciudad.**

HOSTAL CRUCEIRO DO MONTE**

Carretera Baiona, 23.
Telf. 986 600 953.
Está un tanto alejado, a 1,5 km del centro, pero es bastante cómodo, y dispone de una amplia panorámica sobre el valle y de un buen restaurante.
Habitación doble: 40 €.

HOSTAL SAN TELMO** (A1) 2

Avda. Concordia, 84.
Telf. 986 603 011.
Cómodo, con buenos servicios y vistas al río y Portugal, aunque bastante apartado del centro (1 km), en el barrio de Guillarei.
Habitación doble: 35-45 €.

HOSTAL LA GENEROSA* (B1) 3

Calvo Sotelo, 37.
Telf. 986 600 055. En plena calle principal, frente al Seminario, es una casa de huéspedes de otro tiempo. Habitaciones sencillas, en ambiente familiar.
Habitación doble: 24 €.

■ TURISMO RURAL

La **Rectoral de Areas** (Areas, a 3 km de Tui; telf. 986 603 986; habitación doble: 60 €) permite la práctica del turismo rural en una casa de 1688. Dispone de amplias salas para reuniones o exposiciones, siendo constantes los guiños a su antiguo uso por parte de los abades (en Galicia se les llamaba así a los párrocos). Muy recomendable. **O Rozo** (telf. 986 627 979; www.orozo.com; habitación doble: 45-55 €), tan sólo a 2 km del centro de Tui, en el arrabal de Rebordáns, ocupa una casa de piedra restaurada. Lástima que tan sólo cuente con dos habitaciones.

■ OTROS HOTELES DE PRECIO MÁS ELEVADO

Es recomedable el **Hotel Colón Tui***** (B1 4) (Colón, 11; telf. 986 600 223; habitación doble: 65-85 €), bien situado y con un excelente nivel de servicios, y también con un **Aparthotel*****.
En **Guillarei** se encuentra el **Hotel Alfonso I***** (telf. 986 600 282, habitación doble: 66-86 €), muy completito y con servicios como la sauna o el hidromasaje.

FIESTAS

Las angulas del Miño son una exquisitez que no puede dejar de probarse.
Las fiestas patronales de **San Telmo** (que se prolongan durante los ocho días siguientes al domingo de Pascua) se abren con el **Festival Popular de la Angula,** el propio domingo de Pascua. A Corredoira se llena animados puestecillos que invitan a la degustación de este manjar, al que últimamente se ha añadido la lamprea.

COMER EN TUI

CASAS CON MENÚ (DE 15 A 18 €)

O VELLO CABALO FURADO
(B1) 1. Seixas, 2.
Telf. 986 603 800.
Casa madre del restaurante más conocido de Tui, ocupa una casa del casco antiguo y mantiene todo el ambiente de las vetustas tabernas. La variedad de tapas y raciones es muy grande (hasta 26 diferentes), y a ellas se pueden sumar platos económicos (sopas, caldos, ensaladillas, tortillas, paella) y otros de carne, especialidad de la casa, como los de conejo, cordero o el chuletón de ternera. Los postres son todos caseros.

A MURALLA (B2) 2
Sanz, 22. Telf. 606 910 323. Funciona como tapería, pero también como parrillada, en la que preparan rape, espada, bonito, brochetas y churrasco. Recomendable la parrillada mixta de carnes para dos o tres comensales.

O POTE (f. p.)
Ctra. de Gondomar.
Telf. 986 600 128. A 500 m del centro, y justo al borde de la vía, es una casa de comidas en la que se come bien sin gastar mucho. De primero se puede elegir alguna de sus variadas raciones, y luego optar por un plato de pescado o carne al horno.

DON SANCHO (B1) 3
Rúa Colón, 25.
Telf. 986 602 147. Es uno de los que más trabajan el menú y el plato del día, sobre todo durante la semana, con comida casera a muy buen precio.

EL MOLINO (B1) 4
Augusto González Besada, 15-17.
Telf. 986 600 291.
Más moderno que los anteriores y un tanto anodino. Tiene menú del día muy variado, pero el precio se dispara si nos vamos a las angulas o la lamprea, que suele ofrecer gran parte del año.

Y el que quiera probar el *bacalhao* a la portuguesa, no tiene más que cruzar el puente internacional.

RESTAURANTES (SOBRE 24 €)

Reseñamos aquí **O Novo Cabalo Furado** (B2) 5 (praza do Concello, s/n; telf. 986 611 215), un clásico con solera (tiene más de 80 años), con menús del día de comida casera, en pleno casco antiguo, frente a la catedral. Quien se lo pueda permitir, también ofrecen lamprea y angula en temporada, y el más asequible sábalo.

VERÍN

OURENSE. 7.094 HABITANTES

La moderna capital del val de Monterrei permanece dominada por la imponente mole del castillo condal. Tres elementos que propiciaron el crecimiento de la localidad vuelven hoy a adquirir pujanza: los intercambios con Portugal, que se manifiestan especialmente en las ferias; el vino, cuya calidad y conocimiento mejora día a día al amparo de la D.O.; y las posibilidades de sus aguas mineromedicinales, que no se acaban de concretar en la creación de un hotel-balneario.

INFO

Oficina Municipal de Turismo
Casa do Asistente.
Barrio de San Lázaro, 26.
Telf. 988 411 614.
Casa da Xuventude
Telf. 988 414 776.
La Región es el periódico de la provincia, y en la edición correspondiente de *La Voz de Galicia* también informan de los servicios y actividades culturales de la comarca. Por otro lado, Verín es una de las localidades gallegas con más páginas Web en Internet.

Autobuses. Hay buenas comunicaciones con otros pueblos de Galicia y el resto de España. Hay unos cinco autobuses a Madrid todos los días, y dos a Barcelona. Más información en la oficina de turismo.
Taxis. La parada más céntrica está en el Ayuntamiento (telf. 988 411 113); pero hay otras en La Merced (telf. 988 410 385), en la estación de autobuses (telf. 988 411 812) y en el hospital (telf. 988 414 342).
Aparcamiento. Subterráneo en la pza. do Concello; en superficie, en la Alameda.

VISITA

En el casco antiguo de Verín está la **iglesia de Santa María la Mayor** (siglo XVI) donde se venera al *Cristo de las Batallas,* atribuido por unos a Gregorio Fernández y por otros a Martínez Montañés; otras pequeñas capillas, pazos blasonados y casas modernistas animarán el paseo por la zona vieja.
La **Iglesia de la Merced** posee un retablo churrigueresco con imágenes de la titular y santos de la orden.

Edificios antiguos salpican las rúas Maior (casa modernista en el número 1), Merced, Lisa y Cruz. La extensa plaza García Barbón, a la que se asoman algunas vivien-

CASTILLO DE MONTERREI.

EL TAPEO

No existe una zona concreta, aunque desde la rúa Luis Espada hacia el casco viejo hay varios mesones recomendables. Eso sí, lo mejor son las *pulpeiras* que se instalan en la alameda los días 3, 11 y 23 de cada mes. En la avda. de San Lázaro se concentran muchos locales de tapas, como el **Mesón Galego** (se accede por una estrechísima calle entre dos altos edificios), de corte *enxebre* y tapas muy gallegas, como las empanadas. También se puede ir al **Mesón da Cruz** (rúa da Cruz), otro local de raciones y tapas. En la avenida Luis Espada, tiene fama por sus pinchos el **Chaves,** y lo que se anuncia también se come en el **Jamón Jamón,** pero si lo que se desea es conocer, pese a su pequeño tamaño y aspecto de bareto descuidado, el local más auténtico de Verín, debemos dirigirnos sin pausa hasta la **Pataca Enxebre** (pza. García Barbón, 17), que pone tapas de callos, morro, oreja y patata. Completan la oferta del centro **La Traviata** (Rosalía de Castro) o el **Vagalume** (rúa da Parroquia).
A orillas del Támega, el **Mesón do Río** ofrece, además de algo para picar, una más que aceptable terraza.

das de fines del siglo XIX y principios del XX, ha ganado muchos enteros tras ser peatonalizada. Desde la alameda se divisa, en lo alto, el castillo.

EL CASTILLO Y LOS BALNEARIOS

El **castillo de Monterrei** (visita de 10 h a 13.15 h y de 16 h a 19 h, en invierno, y de 10 h 13.15 h y 17 h 20 h en verano; los lunes y martes, cerrado) es en realidad un conjunto de edificios independientes guarnecidos por una triple muralla. En el interior, un viejo hospital de peregrinos (siglo XIV), la **iglesia de Santa María de Gracia,** con un buen retablo de piedra (siglo XIII), las tres **torres** de los siglos XIV y XV que dan al conjunto un aspecto imponente, y el balconado **palacio de los Condes** (siglo XVI), con sus airosas y elegantes galerías. Impresionante la panorámica sobre el valle desde su torre del homenaje. Un **Parador de Turismo** se construyó en los años sesenta sobre las ruinas del antiguo y cercano colegio de los Jesuitas, que había nacido en el siglo XVI con ínfulas de universidad y que llegó a tener en ese siglo más de 1.200 alumnos.
Verín es asimismo tierra de aguas mineromedicinales, buenas para poner a tono la piel y el aparato digestivo: en un radio de pocos kilómetros se pueden visitar los **balnearios** de Sousas, Fontenova, y la fuente de Cabreiroá, además de los

abandonados San Salvador de Requeixo y Caldeliñas. Si no se dispone de mucho tiempo la elección es clara: **Cabreiroá** cuenta con un hermoso **parque botánico** (visita libre de 10 h a 14 h y de 16 h a 20 h), erigido bajo el mecenazgo de García Barbón, de 72.000 m^2.

PELIQUEIROS. CARNAVAL DE LAZA.

EL ENTROIDO

El más tradicional carnaval gallego, el que hunde sus raíces en los antiguos cultos agrarios de las sociedades rurales, sobrevive en el sur de Ourense, en el triángulo formado por las localidades de Laza, Xinzo de Limia y Verín, salvando sus rasgos más originales contra viento y marea, y superando incluso la obtusa prohibición que se sufrió durante el franquismo. Los *peliqueiros* o *cigarróns,* con sus cencerros, ropajes vistosos, pelicas (pellejos de animales) y unas exóticas, coloristas y simbólicas máscaras, agreden amigablemente con zamarras o trapos con barro a los vecinos y espectadores, quienes deben invitarlos, si saben lo que les conviene, a vino en las tabernas. Algún incauto puede terminar rociado con harina y hormigas rabiosas. Quizás sean estas insólitas fiestas, tan alejadas de los carnavales tropicales, uno de los espectáculos culturales y etnográficos más atractivos de Galicia.

COMPRAS

GASTRONÓMICAS

En cualquier tienda, o en las propias bodegas, conviene hacerse con alguna botella de la última denominación de origen aprobada para los caldos gallegos, la de Monterrei. Entre los productores destacan las adegas **Gargalo** (en la ctra. al castillo de Monterrei), del diseñador Verino, **Ladairo** (O Rosal, Oímbra) y **Ribera del Támega** (Albarellos, Monterrei). En la villa podemos adquirir vinos, licores, conservas, cerámica y máscaras del carnaval en **Valle de las Aguas** (Rúa Maior, 5). Está especializada en vinos y orujos la **Bodega Casa Araújo** (Maior, 40). Para los impenitentes golosos está la **Confitería Las Titas** (Lisa, 5), conocida por sus cañas, empanadas y tartas de Santiago. Otros productos artesanos de la comarca son los envasados por *Terra de Baronceli:* mermeladas de moras silvestres, manzana, pera o naranja, castañas confitadas, pimientos asados de Oímbra, bicas de Laza o membrillo.

DORMIR EN VERÍN

Como imprescindible zona de paso a Madrid, Verín ofrece un buen número de alojamientos para elegir. Además del Parador de Turismo de Verín* (a 4 km de Verín; telf. 988 410 075; habitación doble: 126 €), hay mucha oferta de pequeños hostales baratos.**

HOTEL DOS HERMANAS*

Avda. de Sousas, 106.
Telf. 988 410 280.
Hotel de 24 habitaciones en el centro de la zona nueva del pueblo. Dispone de modestos y limpios cuartos, con opción a televisión. El precio lo hace muy aconsejable.
Habitación doble: 33 €.

HOSTAL BRASIL*

Avda. Castilla, 7.
Telf. 988 410 249.
Otro hostal en la vía principal, de mayores dimensiones y más moderno. Una buena opción.
Habitación doble: 30 €.

HOSTAL ZAPATILLAS*

Luis Espada, 34.
Telf. 988 410 729. Un establecimiento céntrico, seminuevo, bien ubicado, aunque da a la carretera nacional y es algo ruidoso. Habitaciones discretas y aceptables. El precio de la habitación doble es aproximadamente 39 €.

HOSTAL VENECIA 2*

Viriato, 1.
Telf. 988 410 864.
Se pide la llave en el restaurante homónimo de la calle Lisa y se va con las cosas al hostal, situado en una zona tranquila, cerca del Mercado, y dotado de los servicios elementales.
Habitación doble: 27 €.

■ OTROS HOTELES DE PRECIO MÁS ELEVADO

A 4 km hacia Ourense por la Ctra. N 525, en Albarelos (Monterrei), se sitúa el **Hotel Gallego***** (telf. 988 418 202; habitación doble: 60-70 €). Se halla enclavado en un paisaje precioso, rodeado de viñedos, y está muy bien equipado. Su restaurante es también recomendable. Ofrece la cocina tradicional de la zona y otras propuestas más creativas.

CAFÉS

Para la tarde hay poca cosa. Tiene encanto algún que otro local a orillas del río, no tanto por las instalaciones como por las terrazas.

Cafés como tales son el **Plaza,** más bien cervecería, en la bonita plaza de García Barbón, y el **Zapatillas,** bajo el hostal de la rúa Luis Espada, lustroso y con mayor ambiente.

Otros cafés que también sirven para tomarse las primeras copas de la nocheson el **Catedral** (Alameda), el **Meigallo** o el **Gala** (ambos en la rúa Irmáns Moreno, junto al ayuntamiento).

LA NOCHE

Para la noche está la Alameda, rodeada de múltiples locales de copas y disco-pubs, pero antes se puede tomar algo, en plan más tranquilito, en la zona del Ayuntamiento, con cafés como los ya citados en su sección o, en la misma calle, el **Lusco Fusco** y el **Sarau.** La siguiente parada puede hacerse en el **Garaje,** con buena música y mucha marcha. En plan temático están el **Revólver,** dedicado al Oeste americano; el **Coyote,** para entrar en Egipto, y la **Frontera,** también muy yanqui. Más chirriante resulta el **Alanxos.**

Entre la Alameda y la rúa da Muralla también se sitúan **Pecados, Camelot** y **Latino,** tres nombres de lo más común en la geografía española, y el más autóctono **Gallaecia.** Para el público un poquito más adulto está el **Guateque.**

COMER EN VERÍN

Casas con menú (menos de 15 €)

Los hostales, como el Brasil o el Zapatillas, disponen también de buenos restaurantes, en el segundo caso de cocina casera. Además son muy recomendables:

Gallego

Albarellos, N 525.
Telf. 988 418 202. A unos 5 km de Verín, camino de Ourense, es el clásico restaurante de carretera con hotel, pero montado con buen gusto. Cocina elaborada a buen precio.

Casa do Pulpo

Avda. de Portugal, 24.
Telf. 988 410 086.
Se trata de una excelente *pulpeira* de tintes rústicos, muy popular.

Terra de Baronceli

Campo dos Remedios, Vilamaior (a 1 km de Verín camino de Campobecerros). Telf. 988 305 640. Junto al santuario, y en la misma fábrica de conservas del mismo nombre, funciona un restaurante que cuida, sobre todo, las elaboraciones tradicionales con productos de la tierra. Funciona más los fines de semana o para cenas.

O Candil

Pazos (a 1 km del centro camino de Ourense). Telf. 988 411 120. Por encargo se puede comer en esta típica bodega, siempre raciones y platos de la comarca, y probar su vino.

Restaurantes (sobre 30 €)

El **Parador de Verín** (Alto de Monterrei, a 4 km de Verín; telf. 988 410 075), que se halla en un marco que no se aparta un ápice del "viejo estilo Paradores", cultiva los menús típicamente gallegos, sin que falten otros platos con un mínimo toque innovador.

VIGO

PONTEVEDRA. 292.059 HABITANTES

Vigo, la hoy industriosa y populosa Vigo, tuvo unos orígenes modestos. Hasta el siglo XVI no pasó de ser un pequeño pueblo de pescadores, siempre a la sombra de Baiona. El siglo XIX sería el de su fortalecimiento y despegue definitivos, con una activa burguesía que la convertiría en el primer enclave industrial de Galicia; la población, sobre todo a partir de finales de siglo, tuvo un crecimiento espectacular, lo que lamentablemente fue acompañado de un desarrollo urbano precipitado y un tanto anárquico. Durante buena parte del siglo XX continuaron los tiempos de progreso económico, con la instalación en la zona de nuevas industrias navales, conserveras, fundiciones y grandes empresas como Pescanova o Citroen; tras algún que otro período de crisis, Vigo puede seguir presumiendo de ser la locomotora económica de Galicia. De la actividad cultural nos hablan la concentración de editoriales, la Universidad y los intensos programas que se desenvuelven en los centros de Caixanova Caixagalicia, la Fundación Barrié, el Museo de Arte Contemporánea (MARCO) o el Museo do Mar. Su benigno clima y la belleza de la ría atraen a un turismo de calidad que tiene su mayor exponente en los grandes cruceros marítimos. El principal icono de progreso y modernidad, sin embargo, es el puente a través del cual la autopista del Atlántico salva la ría por el estrecho de Rande.

PLAZA DE LA CONSTITUCIÓN.

INFO

Oficina de Turismo de la Xunta de Galicia. Avda. Cánovas del Castillo, 22. Telf. 986 430 577.

Oficinas Municipales de Turismo Teófilo Llorente, 5; telf. 986 224 757 (mañana y tarde), organiza visitas guiadas, y praza do Rei, s/n (Ayuntamiento); telf. 986 810 199 (en jornada continua de 8 h a 15 h, en verano hasta las 14 h). Durante el verano funcionan tres casetas de información en la rúa do Príncipe, la praza de España y la praza da Pedra. En **internet:** la página más completa de turismo es www.turismodevigo.org; resultan igualmente interesantes www.vigoenfotos.com, con imágenes e información de todos los municipios de la ría, y www.vigo.org, municipal y con muchos enlaces.

Casa da Xuventude. López Mora, 54. Telf. 986 294 806. Con información turística. www.xuventudevigo.org

Hay agenda de información completa en *El Faro de Vigo* y en *Atlántico Diario,* periódicos de la ciudad, y también en la edición local de *La Voz de Galicia.*
El ayuntamiento edita cada mes el boletín *Siente la llamada del Ocio,* breve agenda de turismo, cultura (museos, exposiciones, teatro, conciertos) y ocio (cine, deportes, festivales, etc.), y una vez al año la revista *Disfrutar Vigo,* más centrada en los grandes proyectos urbanos y con diversos artículos, pero que también incorpora datos comentados de la hostelería; ambas pueden ser conseguidas en las oficinas municipales. De menor formato, y sufragada por los comerciantes, *Dot* se presenta como "magazine del ocio", se reparte gratuitamente en diversos locales y tiene periodicidad bimensual. Cierra esta serie *La Buena Vida,* boletín mensual y gratuito con artículos y opiniones sobre la ciudad, pero sin guía de servicios.
Internet. En el monte do Castro funciona todo el año un punto de información juvenil con el servicio Cibercastro, y otro tanto cabe decir de la Casa da Xuventude.

TRANSPORTES

Aeropuerto Vigo-Peinador. Avda. Aeroporto, s/n.
Telf. 986 268 200.

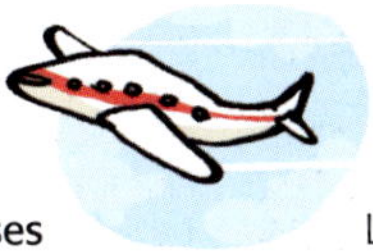

Estación de autobuses
Avda. de Madrid s/n.
Telf. 986 373 411. Líneas autonómicas, estatales e internacionales.
Estación de RENFE
Praza da Estación, s/n.
Telf. 902 240 202.
Destinos a toda España, y Valença do Minho y Oporto en Portugal.
Autobuses urbanos. *Vitrasa* (estrada de Baiona, 36; telf. 986 291 600; atención al viajero, telf. 986 207 474). Hay unas 20 líneas; la más utilizada es la circular centro (autobuses cada 15 minutos).
Taxis. *Central Radio Taxi* (avda. Madrid, 2; telf. 986 470 000 /033). *Radio Taxi Servicio* (telf. 986 272 829). *Radio Taxi Vigo* (telf. 986 252 700).
Las paradas más céntricas en avda. de Balaídos, 72 (telf. 986 295 091), Gran Vía-Corte Inglés (telf. 986 420 670) y praza de Suárez Llanos (telf. 986 232 099). Hay muchas más en la ciudad.
Aparcamientos. Los más céntricos y funcionales se hallan en Urzáiz, Mercado do Progreso, Rosalía de Castro, plaza de Portugal, Porta do Sol y Colón, 28. Sin embargo, el más futurista de todos es el de Montero Ríos y el Náutico, totalmente robotizado y con un sorprendente sistema de compuertas y ascensores. En la zona de O Castro, también resultan prácticos los aparcamientos de la praza do Rei (Ayuntamiento), Venezuela, el Corte Inglés y la Praza Elíptica (Centro Comercial).
Transportes por la ría. *Mar de Ons* (Estación Marítima; telf. 986 225 272). A Moaña y Cangas todo el año, y a las Cíes y otras rutas en verano. La más demandada es la que conduce a las islas Cíes, que forman parte del Parque Nacional das Illas Atlánticas: del 11 de junio al 11 de septiembre funcionan cuatro servicios de ida y vuelta al día, que se doblan en julio y agosto.

VISITA

Urbe moderna, dispersa y rodeada de colinas, desde la zona antigua y portuaria, es necesario caminar bastante para alcanzar otros núcleos de interés como pueden ser el parque de Castrelos y las playas. El pequeño casco vello, que está siendo recuperado, se extiende entre la agradable plaza de la Constitución y el marinero Berbés. En el Ensanche abundan los solemnes edificios de piedra con resonancias parisinas (el más emblemático: el Teatro García Barbón) y tiene asiento el MARCO (Museo de Arte Contemporánea). El parque de Castrelos, con el Museo Quiñones de León, resulta una visita ineludible.

UNA VISITA AL VIEJO VIGO

Vigo también tiene un casco antiguo, pero pequeñito y algo pobre. En este sentido no se puede comparar con las otras grandes ciudades gallegas. La ciudad vieja creció en torno a la **concatedral de Santa María de Vigo,** un edificio neoclásico levantado por Melchor de Prado en 1815 en sustitución de un antiguo templo gótico. Tras la fachada solemne y austera se esconde un sencillo interior de plan basilical. En la capilla mayor se venera al *Cristo de la Victoria,* que al parecer tuvo mucho que ver con el triunfo sobre los franceses en el enfrentamiento de 1809. Lo que no está nada claro es cuál fue la labor concreta del Cristo en la citada batalla.

Cerca de la concatedral se encuentra la praza de Juan de Villavicencio, más conocida como **A Pedra,** sede de un popular mercadillo de productos que, antes de la globalización, eran casi todos de contrabando (tabaco de batea, pantalones, ropa y bolsos que copian marcas conocidas, aparatos eléctricos y esas cosas). Muy cercana está también la rúa Pescadores, con las ostrerías dando sabor al ambiente. En la **Rúa Real,** que desemboca en el popular barrio de O Berbés, se encuentran varias imponentes casonas y pazos blasonados de los siglos XVI al XVIII. El edificio más antiguo del conjunto, que se remonta al primer Renacimiento, es la **Casa de Arines** (rúa Almeida, 4), que ha sido convertida en el **Instituto Luís de Camôes,** encargado de la difusión de la cultura y lengua portuguesas. En la **Casa da Cultura** (antiguo Ayuntamiento de la pza. da Constitución; visita, de 18 h a 21.30 h; sábado también de 11 h a 14 h; domingo sólo de 11 h a 14 h), ha abierto sus puertas el

TEATRO GARCÍA BARBÓN.

Museo Francisco Fernández del Riego, que expone la colección donada por Francisco Fernández del Riego, que fue presidente de la Real Academia Galega (pintura y escultura gallega del siglo XX).

O Berbés es el antiguo barrio de pescadores, pintoresco y tradicional, con sus casas de soportales en los que hoy se han instalado restaurantes y marisquerías, con una gran plaza peatonal remodelada dentro del proyecto *Abrir Vigo al mar,* que pese a haber sido premiado con el Premio de Arquitectura Española 2005, al menos en este sector separó de forma tajante el tradicional barrio marinero de la ría. Tras pasar por la sencilla **iglesia** barroca **de San Francisco** podemos dirigirnos a la **rúa Alfonso XII,** uno de los centros de la arquitectura ecléctica de la ciudad en el siglo XIX, con un espléndido mirador hacia la ría y las islas Cíes. En el lugar se conserva un centenario olivo, emblema de la ciudad.

El **Ayuntamiento** vigués se levantó en parte sobre el antiguo castillo de San Sebastián, en tiempos de Felipe V, pero se mantiene aún en un monte más elevado, rodeado de jardines y miradores, el **castillo do Castro.** Entre los jardines encontraréis el **monumento a los galeones de Rande,** recordando a los más de 40 barcos cargados

EL AMBIENTE DE DÍA EN VIGO (ver plano págs. 362-363)

Casco vello

El plan URBAN ha propiciado la resurrección del pequeño comercio tradicional, que se concentra en los alrededores de la colegiata; aquí también está el famoso mercado de la piedra. La especialización sigue por calles: ostreras al aire libre en la Pescadores, artesanía de mimbre en al rúa dos Cestos, tabernas en la Real y marisquerías en la Ribeira do Berbés.

Alameda

La Alameda próxima al Náutico es zona de cafeterías y del tapeo "chic", quedando su paseo central reservado para las actividades culturales al aire libre. Las terrazas del puerto son también un lugar de animación durante el buen tiempo.

Centro

El corazón de la vida urbana se desarrolla entre las calles Príncipe –peatonal y llena de comercios– y la Gran Vía, presidida por El Corte Inglés. Entre ambas abundan los cafés, los cines, los bancos y las tiendas de calidad.

As Travesas

Es el segundo centro de la ciudad, y se desarrolla alrededor de las plazas América y da Independencia. Su comercio, por la proximidad de las zonas obreras, suele ser de carácter más económico. un lugar de animación durante el buen tiempo.

VIGO DE DÍA

Ría de Vigo
Dársena nº 4
Lonxa
Astilleros
Avenida de Beiramar
Juan Ramón Jiménez
Benavente
Torrecedeira
Jacinto
Severo Ochoa
Praza Camilo José Cela
Conde
Margall
Pi y
Avenida de las
La Paz
Camilo José Cela
Praza Xoan XXIII
Alonso
A.
Ramón Soler
La Coruña
Praza Eugenio Fadrique
Tomás
Seara
Camelias
Hispanidad
Castillo de Castro
Travesía Chouzo
Camino de la López
Mora
Avenida de las
Avenida de la Atalaya
Hospital Municipal
a Playas
Av. de Castelao
La Coruña
Praza da Independencia
Cunqueiro
Álvaro
A
B
C
D
a Baiona
Praza América
Av. Camelias
Alfonso X
Regueiro
Salamanca
San Amaro
Barcelona
Zamora
Sevilla
Valencia
Baleares
Camino de Gandara
Av. de Castrelos
Centro Deportivo Municipal
Cesáreo González
Gran Vía
Gran Vía
Isaac Díaz Pardo
Carmen
Riobo
Baixada o Castaño
Santa Lucía
a Gondomar
Catabois
Conde
Pazo da Pastora
Avenida Arquitecto Palacios
Ramil
Parque Quiñones de León
Portonovo
Lagares
1
2

Estación Marítima
Dársena nº 3
Dársena nº2
Dársena nº1
a Islas Cíes
a Cangas
a Moaña
Club Náutico
Puerto Deportivo
Estación Marítima
Cánovas del Castillo
Teófilo Llorente
Ribeira
Real
Pr. A Pedra
Pescadería
Soportales del Berbés
Chao
Praza Igrexa
San Francisco
Praza da Constitución
Casa Cultura
Rúa das Avenidas
Montero Ríos
Luis Taboada
Carral
Pr. da Princesa
Porta do Sol
Monumento de Méndez Núñez
Túnel de Beiramar
Praza da Estrela
Teatro García Barbón
Ayuntamiento
Pº de Granada
Praza do Rei
Ronda de Don Bosco
López de Neira
MARCO Museo de Arte Contemporánea
Policarpo Sanz
Velázquez Moreno
Colón
C. Arenal
Compostela
Areal
Progreso
E. Iglesias
Príncipe
Avda. García Barbón
Marqués de Valladares
Ecuador
Joaquín Loriga
República Argentina
Uruguay
Rosalía de Castro
Avenida de García Barbón
Panamá
Urzáiz
Hernán Cortés
Monumento al Trabajo
Lepanto
Alfonso XIII
Praza da Estación
Estación FF.CC.
a Pontevedra
Celso Ferreiro
Taboada
Nicaragua
Paseo de los Cedros
Trv. del Marqués de Alcedo
Praza Francisco Fernández del Riego
Bolivia
Venezuela
Gran Vía
Cuba
México
Couto
Cajal
Manuel Olivier
Fernando Conde
Caracas
Amaro
Praza de España
Vázquez
Varela
Vía Norte
Navarra
Alcalde
Padres Capuchinos
Pizarro
Hospital Xeral
Puerto Rico
Praza Fernando Católico
Praza Isabel la Católica
Praza Santa Rita
Alto
Canadelo
Travesía de Vigo
Couto
Colombia
Avenida
Carretera Provincial de Madrid
Alto de San Honorato
Espino
Vizcaya
Salgueira
Montelos
Roque
San Roque
Pazo de San Roque
Gregorio
Águila
Doctor
a Portugal
A
B
C
D

VIGO DE NOCHE

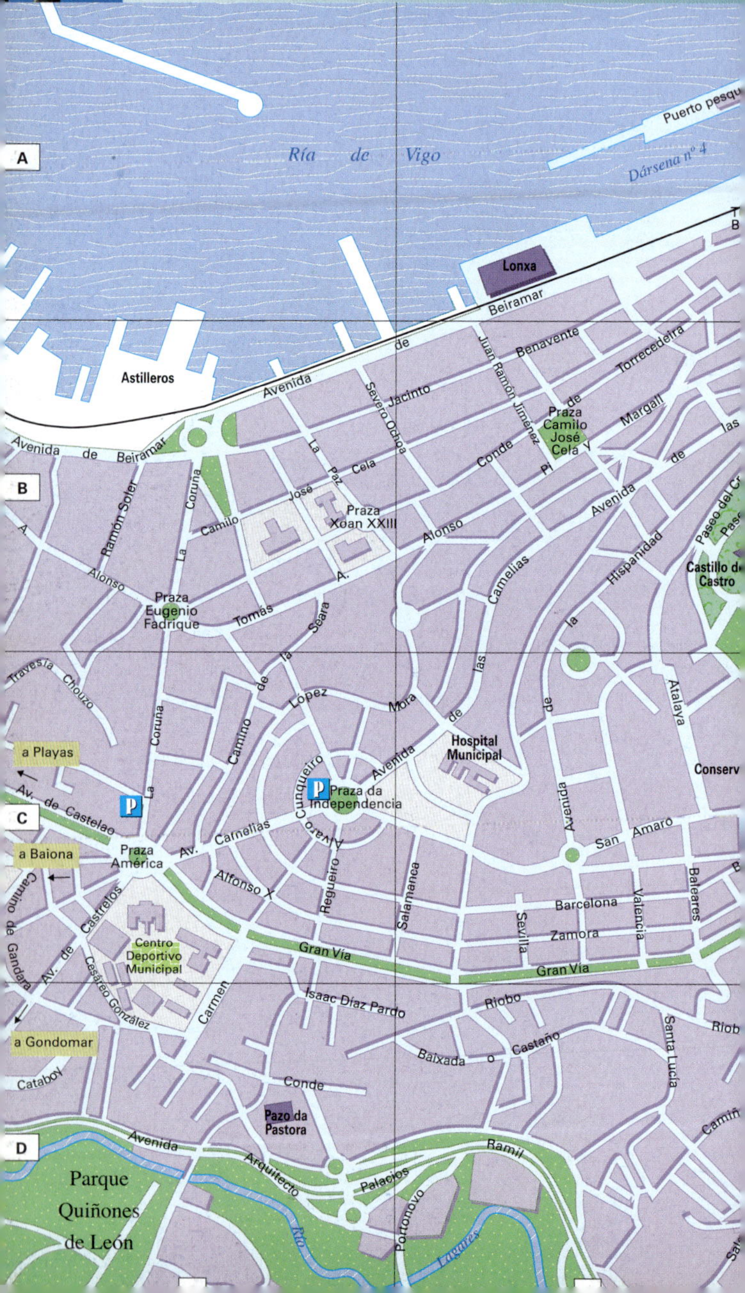

Estación Marítima
Dársena nº 3
Dársena nº2
Dársena nº1
a Islas Cíes
a Cangas
a Moaña
Club Náutico
Puerto Deportivo
Estación Marítima
Túnel de Beiramar
Cánovas del Castillo
Teófilo Llorente
Ribeira
Real
Pr. A Pedra
Pescadería
Praza Igrexa
Soportales del Berbés
Chao
San Francisco
Praza da Constitución
Rúa das Avenidas
Montero Ríos
Luis Taboada
Carral
Casa Cultura
Pr. da Princesa
Porta do Sol
Monumento de Méndez Núñez
Pr. de Compostela
C. Areal
Praza da Estrela
Ayuntamiento
Praza do Rei
Santiago
Pº de Granada
Policarpo
Teatro García Barbón
MARCO Museo de Arte Contemporánea
Lopez de Neira
Velázquez Moreno
Marqués de Valladares
Colón
Areal
Parque Castro
Ronda de Don Bosco
Progreso
E. Iglesias
Príncipe
Sanz
Avda. García Barbón
Ferreiro
Cedros
Paseo de los Celso Taboada
Ecuador
Joaquín Loriga
República Argentina
Uruguay
Rosalía de Castro
Avenida
Areal
Tr. del Marqués de A.
Nicaragua
Panamá
Urzáiz
Hernán Cortés
Lepanto
Alfonso XIII
Monumento al Trabajo
Praza da Estación
Estación FF.CC.
García Barbón
a Pontevedra
Praza Francisco Fernández del Riego
Bolivia
Venezuela
Couto
Cajal
Gran Vía
Cuba
Manuel Olivér
Fernando Conde
Caracas
Ecuador
México
Varela
Vía Norte
Amaro
Praza de España
Puerto Rico
Vázquez
Padres Capuchinos
Alcalde
Navarra
Urzáiz
Praza Fernando Católico
Pizarro
Hospital Xeral
Praza Santa Rita
Praza Isabel la Católica
a Pontevedra
Alto
Montelos
Carretera Provincial
Avenida de Madrid
Couto
Alto de San Roque
Pizarro
Colombia
Honorato
Canadelo
Travesía de Vigo
Espino
Vizcaya
Salgueira
San
Pazo de San Roque
Gregorio
Águila
Alcalde
Doctor
a Portugal
A
B
C
D

EL AMBIENTE DE NOCHE EN VIGO (ver plano págs. 364-365)

Casco vello

Animado a todas horas, la especialización por calles también se da en el tema de ocio: multitud de tabernas se alinean en la Calle Real, los pubs en Teófilo Llorente y las mejores marisquerías las encontraréis en la Ribeira do Berbés. Por aquí se sale a primera hora de la noche, hasta las 2 h de la mañana. Ésta es la zona de encuentro: a partir de aquí, la gente se desperdiga por la ciudad según el tipo de marcha que le vaya.

Areal

Areal, que había caído en el olvido, vuelve a ser una zona de moda. Cuenta con un buen número de pubs, tirando a modernos, entre los que destaca el *20th Century Rock,* y con la espaciosa cervecería *Estrella de Galicia.* El frente portuario, muy mejorado con el proyecto *Abrir Vigo ó Mar,* ha sido tomado por las terrazas.

Rosalía de Castro

Sobre los viejos almacenes ha surgido un barrio recién estrenado, en el que abundan los locales nocturnos originales, creativos y temáticos, frecuentados por un público de 25 a 35 años.

Churruca y Santiago de Vigo

A lo largo de Churruca la noche viguesa experimenta las últimas tendencias musicales y decorativas, pivotando todo ello alrededor de *La Iguana,* un emblemático local con conciertos de lo más "in". Alrededor de la iglesia de Santiago, los locales son de mayor tamaño y la decoración mejora muchos enteros, funcionando varios de ellos también como cafés y restaurantes durante el día.

de plata hundidos por una flota anglo-holandesa frente a las costas de Vigo en 1702; parece ser que aún está sumergido parte de este rico cargamento en el lugar de la batalla, por si a alguien le apetece bucear.

UN RECORRIDO POR EL ENSANCHE

En el tránsito del siglo XIX al XX se vivió el momento álgido de la expansión urbana viguesa. El modernismo y el eclecticismo gallegos alcanzan aquí algunas de sus mejores expresiones, en calles como la rúa do Príncipe, Elduayen, Colón, Urzáiz, García Barbón o Policarpo Sanz. Se trata de edificios solemnes, con fachadas totalmente graníticas, diseñados por arquitectos como Gómez Román, Jenaro de la Fuente, Antonio Palacios o el polaco Pacewicz. Por desgracia, en los años 80 la proliferación de "cajas de zapatos" de excesiva altura fue quebrando la armonía del urbanismo burgués. En la **Porta do Sol,** una plaza de aire cosmopolita y europeo, más concretamente francés, se alza el espectacular y polémico **Sireno** del escultor gallego Francisco Leiro, elevado sobre una altísima y delgada peana. Decimos polémico porque esta curiosa figura plateada, de acero fundido, fue recibida con aplausos o pitos, sin término medio, por el respetable; el Sireno, ajeno a la disputa, planea sobre sus alas mirando impávido al tendido. El **Príncipe** es una agradable calle peatonal, comercial, muy transitada, –algo así como el escaparate social de los vigueses–, donde en el año 2002 abrió sus puertas el **Museo de Arte Contemporánea (MARCO)** (visita, de martes a sábado, de 11 h a 21 h; domingo de 11 h a 15 h; con descuento, presentando el tique, en el parking del Mercado do Progreso; www.marcovigo.com), orientado principalmente a las exposiciones temporales dedicadas a la producción artística reciente en los más variados ámbitos creativos (artes plásticas, vídeo, diseño, cine, moda, etc). La remodelación del edificio en el que se ubica, antigua prisión y luego sede judicial, ha respetado la arquitectura original.

En la vecina rúa de Policarpo Sanz se encuentra el edificio neobarroco del **Centro Caixanova** que además de la sede del **Teatro García Barbón** (Antonio Palacios, 1926), remedo de la ópera de París rematado por briosos corceles de Juan Oliveira, cuenta desde 2004, en la espectacular y ecléctica **Casa Bárcena** (Jenaro de la Fuente,

SIRENO. PORTA DO SOL.

CALLE POLICARPO SANZ.

1884), ubicada entre Policarpo Sanz y Velázquez Moreno, con un nuevo **Centro Cultural** (visita, de 18 h a 21.30 h; fines de semana de 11 h a 14 h y de 18 h a 21.30 h). Su competidora del norte, **Caixagalicia,** también ha recuperado en Policarpo Sanz un elegante edificio de M. F. Quintana (1891) y creado su propio centro sociocultural en el historicista **Cine Fraga** de la rúa Uruguay (Gutiérrez Soto, 1942), en cuya fachada pueden apreciarse elementos copiados del Hostal de los Reyes Católicos y la catedral de Santiago. A las anteriores se ha sumado en 2005, completando un interesante circuito cultural, la sede de la **Fundación Barrié** (en el Banco Pastor; Policarpo Sanz, 31). Completamente robotizado (suelos y paredes móviles, paneles lumínicos cambiantes), los interiores del caserón de M. Gómez Román (1919) han sido reinterpretados por Mansilla/Tuñón con una estética op-art.

En Policarpo Sanz encontramos la **Casa das Artes**

EL TAPEO

Vigo, por ser una urbe que ha experimentado un fuerte crecimiento urbano en las últimas décadas a través de sus parroquias rurales, posee una trama policéntrica poco proclive a establecer itinerarios de vinos que, en las restantes ciudades gallegas, se encuentran perfectamente definidos. En cualquier caso, y por tratarse de la mayor aglomeración urbana de Galicia, la oferta existe, aunque dispersa. Las que siguen son las áreas con mayor densidad:

VIGO VELLO Y BERBÉS

Un primer encuentro con el espíritu de las Rías Baixas puede ser en la inmortal rúa de las ostreras (rúa Pescadores), que han visto modernizados sus puestos ubicados al aire libre, y en los bares que sirven el vino y otras raciones con que acompañarlas. En la praza da Constitución está **La Central** (patatas ali-oli, mejillones, pulpo y una celebrada ensalada de la casa); junto a ella está **Dona Branca,** vinatería, licorería, café y restaurante, con su terraza bajo un amplio arco. Es recomendable hacer una incursión en la típica y estrecha rúa dos Cesteiros para visitar **A Taberna da Curuxa** (vinos, raciones y un menú por 12 €) o hasta la praza da Princesa, que cuenta con el **Jaqueyvi** (embutidos, quesos, patés). Por fin, y aunque el progreso se ha cargado lo poco que quedaba del típico puerto de O Berbés, la verdadera cuna de Vigo, no está de más bajar hasta sus soportales para tapear en lugares como el **Pescador,** que también funciona como restaurante. En plena rúa Real hay alguna tasca de otro tiempo como el **Fai Bistés.**

ALAMEDA Y ENSANCHE

Circundando los jardines hay un buen número de taperías y mesones. Concurridos son **La Yuca** y **La Cata** (frente por frente). En el lateral de García Olloqui **El Corral** es un moderno local de tapas y vinos, bien montado, que también, como casi todos, tiene platos de comida. En la línea del mar, tiran mucha cerveza *Foster's* en el **Australian Bar,** con buena carta de batidos y pastelillos. Regresamos a nuestros vinos, con los del Bierzo, y a los pinchos de embutido, jamón y queso en **Prada a Tope** (Concepción Arenal). Sorprendente, en Castelar, es la tapería **Recoleta,** con grifos de cerveza en todas las mesas y ricas racioncitas. Y la decoración, una antigua estación del tren, manda en **Beer Station** (Montero Ríos). De vuelta a la banda contraria, la **Estrella de**

Galicia de Vigo, más conocida como *La Cervecería,* se ha convertido en un lugar indispensable para el tapeo o comer de raciones y de platos de cocina, todo ello con la compañía de la estupenda cerveza gallega, siempre fresquita y de bodega. Quien desee dar un salto de la tradición al diseño, deberá probar con el nuevo y flamante Museo de Arte Contemporánea, donde quedará extasiado en **Marcelino Pan y Vino,** local de vinos ambientado con música en el que las botellas, acompañadas por dalinianas barras de pan, cuelgan del techo en chocante composición (también para comer). Y de vuelta a lo de siempre, ningún sitio más apropiado, y a un paso del Museo, que el **Carballo** (Manuel Núñez, 3), donde tan sólo entrar ya huele a fritanga: son famosas sus taponas de calamares, empanadilla y tortilla. Al mundo de las taperías divertidas, con sus colorines y alegres detalles, pertenece **Bonano** (Dr. Cadaval, 32). Y para concluir el **Palace.**

Rosalía de Castro y Areal

Aquí se mezclan los viejos y señoriales edificios del Arenal con los nuevos de una calle en alza con gran número de locales. Esta zona es la mejor para tapear por la tarde y noche.
La Trucha (Oporto) es de los más conocidos, con buenas y variadas tapas y raciones; en la misma calle está **La Fortaleza,** que parece un tétrico castillo medieval, donde sirven tapa con la consumición; **Salsería-La Paleta del Pintor** (Rosalía de Castro, 43), se ha especializado en raciones de patatas, salchichas y pollo, pero servidas en paletas de pintor con hasta 12 salsas diferentes; **Cañas y Tapas** (Rosalía de Castro, 8) reproduce el ambiente de una taberna antigua con sus azulejos, y ofrece un largo repertorio de tapas; **Acuarela** (Rosalía de Castro, 30), más minimalista, pone tapitas muy de diseño; **La Porchaba** (Oporto con Rosalía de Castro), es una tapería fina y surtida, que ofrece un económico menú del día; **Casa Bonín** (Oporto), un restaurante también apropiado para el tapeo; y la **Taberna Lizarrán** (Canceleiro), de la conocida cadena, destaca por sus pinchos navarros. Al final de Rosalía de Castro, en la esquina con Serafín Avendaño alcanzan un excelente nivel las tapas y brochetas de **Follas Novas,** y otro tanto cabe decir de **La Oliva** (Serafín Avendaño, 11), lugares ambos a los que se acude también a cenar.

EL TAPEO (cont.)

BOUZAS Y OTROS BARRIOS

Es uno de los grandes barrios de Vigo, con tradición marinera y buenos lugares para tomar algo, sobre todo al mediodía. Merecen la pena el **Salamanca** (Covadonga), un local antiguo, descuidado pero muy concurrido y con buenas tapas, siempre de productos del mar, y **O Garfo** (Eduardo Cabello), con menos años, es una especie de mesón que no pierde el sabor marinero ni en la decoración: lo mejor son los pescaditos y una excelente empanada de zamburiñas. A los de siempre añadimos una vinatería moderna como **Cata e Come,** en la que subrayar su carta de vinos y los montaditos.

Apartándonos de la zona más céntrica y próxima al litoral, no podemos dejar de reseñar, dispersos aquí y allá, algunos lugares en los que se rinde culto al buen vino. Para comenzar está **Albar Enoteca** (Vía de la Hispanidad, 89), con hasta 170 referencias en su bodega. No lejos del anterior, **A Gula** (Hispanidad, 72) prepara tapas de diseño y también apuesta por los vinos de calidad, con muchas delicias y pulpo a la feria todos los viernes por la tarde. En la misma línea de las tapas y raciones elaboradas, es de justicia mencionar **Tapas Areal** (México, 36), en la zona del Corte Inglés y con la decoración muy cuidada. Algo más a desmano, junto al Hospital Xeral queda **La Tasca de Rita,** con su taberna y raciones de calidad (Puerto Rico, 20). Un par de kilómetros más allá de la playa de Samil, el placer de los núcleos marineros perdura en Canido, con mesones, tabernas y terrazas a pie de puerto entre las que destaca el **Bar del Puerto;** popularmente conocido como *La Mona,* es famoso por su pescadito frito.

(visita, de lunes a viernes, de 18 h a 21.30 h; sábado de 11 h a 14 h y de 18 h a 21.30 h; domingo de 11 h a 14 h), institución que además de acoger la Fundación constituida alrededor del legado del pintor Laxeiro, es sede de continuas exposiciones. Más adelante se levanta la **iglesia de Santiago,** templo neogótico del siglo XIX. La **rúa do Areal,** antiguo *areal das monxas* porque en tiempos hubo un convento femenino, fue a principios del siglo XIX el centro residencial y laboral de la burguesía catalana, instalada en la zona, con sus fábricas, desde hacía años. Los edificios construidos durante el siglo pasado, con la mediación del Ayuntamiento, son una buena muestra del historicismo más vistoso y académico. El proyecto denominado *Abrir Vigo al mar* (Vázquez Consuegra, 1995) ha recuperado buena parte de la zona entre O Areal y O Berbés, con paseos peatonales para el solaz ciudadano, pero el mar sigue sin poderse ver por las muchas barreras arquitectónicas, viejas y nuevas (así el nuevo edificio de la Delegación de la Xunta), existentes. Dos estatuas de Leiro, los *Nadadores,* marcan el principio y fin del paseo.

Museo Quiñones de León.

Por el parque de Castrelos

Para llegar a Castrelos se toma la empinada Gran Vía, avenida concebida con visión de futuro, atravesando la plaza de España, en cuyo centro se alza la monumental escultura, ascendente y en espiral, de los **Caballos** (J. Oliveira). La avenida muere en la praza de América, con otra gran escultura, ahora pétrea, titulada **Porta do Atlántico** (Silverio Rivas), ya muy próxima a Castrelos. En realidad, más que un parque es una enorme zona de recreo y descanso, que incluye jardines geométricos y racionales, armoniosos y delicados, bosques frondosos e irregulares, un gran auditorio al aire libre, un lago artificial, y uno de los principales museos de Galicia, el **Quiñones de León** (visita, de martes a viernes, de 10 h a 13.30 h; sábado de 17 h a 20 h y domingo de 10 h a 13.30 h). El museo ocupa un viejo pazo del siglo XVII, muy reformado, donado al Ayuntamiento en 1925. Destaca su colección de arqueología y, sobre todo, la pintura gallega de los siglos XIX y XX, con nombres como Villaamil, Avendaño, Sotomayor, Lloréns, y los representantes del llamado movimiento renovador del arte gallego en el primer tercio del siglo XX: Maside, Torres, Colmeiro, Laxeiro, Souto y Seoane. La obra de los artistas surgidos a partir de la guerra también está bien representada. Muy cerca del parque nos encontraremos con la **iglesia de Santa María de Castrelos,** del siglo XII, que perteneció a la orden de Malta y aún conserva en el interior restos de pinturas góticas del siglo XVI. También próximo a Castrelos, en una residencia de la rúa da Pastora tiene asiento el **Museo Etnográfico Liste** (visita, de martes a sábado, de 11 h a 14 h y de 17 h a 19 h), que reúne más de 2.100 piezas recogidas a lo largo y ancho de Galicia por Olimpio Liste. Sus áreas temáticas, a través de 11 salas, aluden a los tejidos, los oficios, la cultura del centeno, la rueda, la medicina popular o la madera tallada.

Detalle de la escultura de los Caballos.

CAFÉS

Son múltiples por toda la ciudad, todos decorados en plan bohemio y muy bien puestos. Por zonas, recomendamos:

Vigo Vello

Por fortuna, y después de muchos años de decadencia, los cafés están consiguiendo repoblar las tardes-noches del maltrecho casco antiguo. Sin olvidar el clásico y pequeño **Don Gregorio** de la Porta do Sol, en la praza da Constitución se concentran un buen número de simpáticos cafés: el **Grettel,** bien decorado, con sus cafés del mundo servidos con espumita y en vajilla italiana; el **Soportales** o, en la inmediata rúa Sombrereiros, el **Coco Café,** ambientado en torno a la moda. En el inicio de la rúa Real el espíritu portugués, caboverdiano o brasileiro se manifiesta en el **Café Lusófona,** que también vende artesanía y da tapas y cenas; los conciertos íntimos y el tango en el **Café del Arrabal;** y la originalidad del diseño y el planteamiento en **Hades:** entrad sin miedo, pues aquí conviven el café minimalista con una librería y una tienda de regalos.

Zona de la Ronda

Es el pleno centro y aquí se encuentran los cafés pioneros. **Uf** (Pracer, 19), para galleguistas y reivindicativos, es imprescindible, de los más antiguos y con el viejo sabor de un café cultural con exposiciones y conciertos. Por la zona hay también otros cafés alternativos como **La Galería** (ronda don Bosco, 21), siempre con exposiciones; **Encaprichate** (ronda don Bosco, 27) o **Anonimato Café** (Dr. Cadaval), con sus colores cálidos y de ambiente. **Máis Palá** (Manuel Núñez) está en una de las cuestas más empinadas en una ciudad famosa por sus cuestas y es difícil de encontrar, pero merece la pena. En tiempos fue foco del independentismo gallego, hoy menos activo. El piso de arriba es un espectáculo; imprescindible, con las habitaciones de una casa antigua y piano antiguo. Como orientación, decir que se sitúa frente al **Sherwood,** un café con mucha madera y billares.

Zona de Churruca

Por aquí se mezclan los cafés con innumerables pubs. El **Arco da Vella** (Churruca) es el más antiguo de la zona, pero no ha perdido ni un ápice de vitalidad; organiza exposiciones. En Cervantes se encuentra el **Café Bardo,** recogido y romántico. Más coqueto, en gran medida por su escasez de espacio, ambiente bohemio y cálida decoración, es el **Golem** (Irmandiños). El **Café da Fala** (Irmandiños) es el más coqueto, dedicado casi en exclusiva a cafés e infusiones. Y, finalmente, el **Dublín** (Martín Códax) es de los obligatorios, en plan taberna irlandesa, muy activo culturalmente y visitado por músicos folk gallegos e irlandeses.

Areal-Rosalía de Castro

En el Areal, junto al Rectorado, tenemos dos cafés-cervecerías ya clásicos; el **Metropol,** con tonos rojos, piedra y exposiciones de arte; y el **Kenzo,** étnico y preciosista, con sus paredes y techos cubiertos de pinturas simbólicas. Muy cerca de ellos, en Oporto está **Excalibur,** con sus consabidas referencias al ciclo artúrico, y en la paralela de Pablo Morillo **El Consulado,** decorado con banderines, cuadro de viejo capitán y otras referencias náuticas. En los soportales de Rosalía de Castro hay otros cafés temáticos como el japonés **Zen-i-Tal,** el holandés **Van Gogh** o el irlandés **The Irish Harp** (18 grifos de cerveza y hasta 300 maltas diferentes), que como nota curiosa cuenta, cosa rara en un local de este género, con un amable portero; se divide en varias zonas temáticas: para cerveceros, güisqueros, jugadores de mesa y amantes de la terraza-jardín, que hasta tiene una cascada. Para concluir el repertorio incluimos también **El Cafetal,** recogido y siempre animado en la calle Canceleiro.

Zona de El Corte Inglés

La Rosa Negra (Ecuador, 93) es uno de los emblemáticos, un gran café presidido por enormes óleos y cuidada decoración, con buenos cafés, licores, infusiones, lectura y juegos variados.
De estética japonesa, **The Dragon's Spirit** (Paraguay, 9) es a la vez café y santuario oriental en el que probar todo tipo de infusiones. **Lenda Moura** (Hernán Cortés, 17), es otro café de estética romántica en el que se prodigan las actuaciones. En la misma Gran Vía, pero ya en el tramo que se dirige a la pza. de América, el **Malakita** sorprende por su llamativa decoración: por ejemplo, en el suelo aparece un gran reloj del que forman parte, figurando las agujas, algunas de las mesas.

Otros

Aunque a desmano de las zonas más turísticas, en Travesas es obligado mentar el **De Catro a Catro** (Girona, 16), toda una institución cultural y literaria de la ciudad.

Bouzas, Alcabre y Samil

Si desde la zona del puerto deportivo y el muelle de transatlánticos nos desplazamos hacia el oeste por la avda. de Beiramar, pasaremos por una zona de astilleros, almacenes de congelado y antiguas fábricas de conservas. Aquí César Portela ha proyectado el nuevo **Auditorio,** un edificio cúbico, racionalista y cubierto de placas de acero para no desentonar con el entorno de grúas y barcos en reparación (será realidad en breve). A 1 km de los astilleros alcanzamos el casco urbano de **Bouzas,** en otro tiempo núcleo marinero independiente, ahora integrado en Vigo como un barrio más, pero con fuerte personalidad y un núcleo histórico estirado entre la alameda y la iglesia. Un salvaje y enorme relleno ha privado a Bouzas de su vecindad con el mar.

Siempre por la línea de la costa, la siguiente cita se encuentra en **Alcabre** (1 km) pues es aquí donde Aldo Rossi y César Portela han recuperado una conservera de 1887, con su espigón, faro y localizada entre dos playas, para adaptarla a su nueva función, que no es otra que la de acoger el **Museo do Mar de Galicia** (visita, de martes a jueves, de 11 h a 20 h; viernes y sábado de 11 h a 23.30 h; domingo de 10 h a 21 h; cierra lunes). En el interior, hasta ahora destinado a muestras temporales, a cualquiera se le va la vista hacia las pulcras estructuras constructivas, continuamente abiertas al mar a través de amplios paneles de cristal y terrazas. El conjunto es una verdadera delicia.

El recorrido litoral más o menos urbano concluye en la gran **playa de Samil,** con sus pinares, paseo y terracitas con vistas a las Cíes. A un paso del arenal ha sido levantado un nuevo museo temático, también firmado por el incansable César Portela, designado como **Verbum** o **Casa das Palabras** (visita, de martes a domingo, de 10 h a 19 h). Se trata de una gran caja de pizarra que parece flotar sobre una base de cristal y contiene, amén de las temporales, una exposición permanente muy pedagógica. Distribuida en 29 cubos con sus respectivos paneles informativos, trata el lenguaje desde el punto de vista de la ciencia, la literatura y la tecnología, en todo momento por medio de juegos y propuestas interactivos. Pese a la presencia de los escolares, el centro no ha obtenido el éxito esperado entre el público.

Más allá de Samil, con un mar cada vez más abierto, arenales, paseos ecológicos y muchos chalés, conviene proseguir la ruta hasta **Canido,** que aún conserva la gracia de los pequeños puertos de pesca y sirve como mirador sobre la vecina **isla Toralla.**

Puente de Rande.

DORMIR EN VIGO

En Vigo podemos encontrar desde lujosos hoteles de cinco y cuatro estrellas, como **Los Blasones******* (f. p.) (avda. Atlántida, 106; telf. 986 820 820; a partir de 180 €, y con una suite real de 3.850 €), el excelente **NH Palacio de Vigo****** (B4 **1**) (García Barbón, 17-19; telf. 986 433 643; habitación doble: desde 84 €), el **Ciudad de Vigo****** (B4 **2**) (Concepción Arenal, 5; telf. 986 227 820; habitación doble, según temporada: 125-176 €) o el más antiguo **Bahía de Vigo****** (A3 **3**) (avda. Cánovas del Castillo, 5; telf. 986 226 700; habitación doble: 140 €), hasta casas de huéspedes y pequeñas fondas donde se puede dormir por muy poco dinero. La mayoría de los hostales está, como en muchas otras ciudades, en torno a la estación, en las calles Lepanto y Alfonso XIII. Muchos de los hoteles de categoría media y alta aceptan, en temporada baja, bonos de agencias.

HOTEL GALICIA** (B4) 4

Colón, 11. Telf. 986 434 022.
En pleno ensanche y muy cercano al puerto, es un hotelito correcto, con habitaciones cómodas dotadas de caja fuerte, hilo musical, TV parabólica, sofás y secador (casi como un tres estrellas).
53 habitaciones de 67 a 85 €.

HOTEL JUNQUERA** (B3) 5

Uruguay, 19-21. Telf. 986 434 888.
Fax: 986 220 690.
Situado muy cerca del centro, en la zona de pubs más concurrida, nació cuando la estación de autobuses estaba en esta calle.
Habitación doble: 60-80 €.

HOTEL LINO VIGO** (C4) 6

Lepanto, 26. Telf. 986 447 004.
www.hotellino.com
Un negocio muy majo, renovado y con un buen emplazamiento, frente a la estación de ferrocarril, junto a la zona comercial y en el meollo de la movida nocturna.
46 habitaciones con TV satélite y vistas. Hidromasaje.
Habitación doble: 60-84 €.

HOTEL ARGENTINO* (C4) 7

Lepanto, 8. Telf. 986 222 026. Muy mejorado tras su reciente renovación. Habitación doble: 50-72 €.

HOTEL ARIAS* (C4) 8

Lepanto, 6. Telf. 986 223 403.
En esta calle en curva, que conoció la movida de los 80 y tuvo sobre ella un aterrador viaducto que fue dinamitado, son varios los hospedajes por la proximidad a la estación de tren. El Arias es un negocio familiar, serio, limpio y cómodo, que incorpora ascensor para discapacitados y televisión en las habitaciones. Habitación doble: 40 €.

HOSTAL CANAIMA** (C4) 9

García Barbón, 42.
Telf. 986 432 641.
Uno de los buenos hostales de Vigo, pues sus prestaciones y capacidad son más propias de un hotel. Habitaciones alegres y estupendo garaje con tarjeta a un paso.
Habitación doble: 40-60 €.

HOSTAL PRINCESA** (B3) 10

Fermín Penzol, 14.
Telf. 986 442 013. Hostal residencia con todas las comodidades.

COMPRAS

La zona comercial por excelencia es el centro de la ciudad, desde la calle Príncipe y sus aledaños hasta Urzáiz y la parte de la Gran Vía que llega hasta la plaza de España.

MÚSICA

Para buscar música podemos ir a **Elepé** (Doctor Cadaval), la tienda imprescindible, pequeña pero bien informada, con mucha oferta; tienen entradas para conciertos en toda España. También se encuentran cosas en **Honky Tonk** (Falperra; telf. 986 224 794), un pequeño negocio de compra-venta con gangas y piezas de coleccionista, y en **La Columna** (Centro Comercial Camelias), que también vende entradas para conciertos, o **Gong** (Centro Comercial Plaza Elíptica).

ARTESANÍA

En **Obradoiro Caride** (praza do Vilar, 41), se puede comprar instrumentos musicales tradicionales. **Vidrio Zatorski** (Escultor Gregorio Fernández, 6), desde luego, para vidrio modelado. En **Galga** tenéis artesanía gallega de todo tipo. Y en **Alfar** (Hernán Cortés, 4) una buena selección de cerámica tradicional de toda España, así como otras piezas de piedra, etc. Y por la calle Carral, cerca del puerto deportivo, hay varias tiendas en las que se alternan las pequeñas chucherías con bonitos objetos, ropa "marinera", motivos navales y maquetas de barcos. La tienda de **Sargadelos** está en Urzáiz, 17. También hay una "calle de los cestos", una pequeña rúa que parte de la praza da Constitución con tiendas dedicadas al mimbre; vale la pena conocerla aunque sólo sea para pasear. En esta misma vía, **Bruxarte** ofrece cerámica y artesanía gallega de autor. Ya que hablamos de cestos, los artesanos trabajan en vivo a diario en **A Casa do Cesteiro** (Real, 10), una buena iniciativa para promocionar los antiguos oficios. Y en la vecina praza da Igrexa, **Faro Vilano** tiene una buena exposición de encaje de Camariñas. Para concluir, echadle aunque sólo sea un vistazo a la **Cerería San José**

(pza. da Constitución), "un museo vivo".

Gastronómicas

El **Mercado do Berbés** nos surte de los mejores pescados y mariscos frescos.
Para las compras de vinos y otras delicias gastronómicas tenemos las clásicas **Mantequerías Arjeriz** (rúa Victoria con Carral, 12), activas desde los años 20; para acompañar, en la misma calle los golosos sucumbirán ante las especialidades monásticas, mayormente dulces, de **Abadía de Campos** (Carral, 9).
Otra tienda, montada para el turismo junto a la colegiata, del género gallego, es **O Adro.**
La firma viguesa **Aqua Terrae,** en proceso de expansión por Galicia y España, también presume de su surtido de vinos y otros caprichos gastronómicos con que disfrutarlos (República Arxentina, 12 y Velázquez Moreno, 6, este también con restaurante), que es lo mismo que se ofrece en **Casa Samaniego** (Colón, 4).
El Buen Vivir (Alfonso XIII, 1; junto a la estación de tren) es una de las enotecas mejor surtida de vinos gallegos.
Del mismo estilo, pero ahora disfrutando de las vistas a la ría y el puerto al tiempo que se cata o adquiere alguna botella, es la **Vinoteca**

Cabernet (Elduayen, 22). Una tercera, también con tapería, es **Baraciña** (García Olloqui).

Varios

Al mundo de lo especializado pertenece **Aquatinta** (pza. da Igrexa), que se dedica a la cartografía antigua. Mucho más popular, sobre todo entre los jóvenes, resulta la condonería **Pikante** (Príncipe, 22). En la misma calle, el ex-celtista Valery Karpin ha inaugurado **Mi@,** tienda de lencería moderna y atrevida fabricada en la ciudad. Y quienes sean amantes del comic, tienen su cita en **Norma Comics** (ronda Don Bosco, 22). Una tienda náutica con un poco de todo, sobre todo ropa, es **Vento de Proa** (O Berbés). En cuanto a **The English Shop** (Dr. Cadaval, 33), trae objetos de Londres y sus mercadillos para ahorrarse el viaje de compras. Y si lo que se desea es diseño alternativo gallego, con iconos divertidos para camisetas y ropa en general, acudid a **A pola na pola** (Cervantes, 19).

Más céntrico imposible; para los que gusten de la zona vieja de la ciudad. El edificio es antiguo, de principios de siglo, pero bien cuidado. Los cuartos son cómodos con teléfono y televisión, e incluso hay servicio de habitaciones las 24 horas. Habitación doble: 35-55 €.

HOSTAL ILLAS CÍES* (C4) 11

Martín Códax, 7. Telf. 986 224 378. En una de las zonas más encantadoras de la ciudad, céntrica y en plena movida nocturna. Es un edificio no demasiado nuevo, cuyas habitaciones tienen baño completo, son acogedoras y tienen televisión. Y con garaje, lo que es importante en esta zona.
Habitación doble: 30-40 €.

HOSTAL LA NUEVA PALMA*

(A3) 12. Palma, 7.
Telf. 986 430 678. Pequeño negocio familiar del casco antiguo, administrado por gente joven, con restaurante casero.
Habitación doble: 60-105 €.

■ OTROS HOTELES DE PRECIO MÁS ELEVADO

Cerca de la estación se hallan el clásico **Ensenada***** (C4 13) (Alfonso XIII, 11; telf. 986 447 440; habitación doble: 65 €), con sauna y gimnasio; el más moderno **Ipanema***** (C3 14) (Vázquez Varela, 31; telf. 986 471 344; habitación doble: 83-100 €), el funcional, pulcro y bien situado **hotel América***** (B4 15) (Pablo Morillo, 6; telf. 986 438 922; habitación doble: 79-100 €) y el **hotel Tres Luces***** (C3 16) (Cuba, 19; telf. 986 480 250; habitación doble: 60-105 €), que es uno de los mejores de su categoría y se encuentra cercano a El Corte Inglés.

COMER EN VIGO

La vasta oferta comprende desde los clásicos y finos Nuevo Puesto Piloto (f. p.) (avda. Atlántida, 98-Alcabre; telf. 986 240 992; 45 €), Las Bridas (B3 1) (Ecuador, 56; telf. 986 430 037; 42 €) y Paco Feixó (B4 2) (Areal, 28; telf. 986 435 734; 42 €), a otros establecimientos más sencillos y económicos.

■ CASAS CON MENÚ (DE 15 A 18 €)

PALO PALO (C4) 3

Martín Códax, 20.
Telf. 986 220 277. Imprescindible hacer reserva o ir horas antes, porque siempre está lleno. Son especialistas en unos platos combinados exóticos y originales, servidos en grandes bandejas.

DOMÉSTICA CAUSA (C3) 4

México, 10. Telf. 986 484 454. Cierra domingo y lunes. La originalidad domina la escena, desde la decoración (incluye una mesa redonda confeccionada a partir de la marquesina del cine Tamberlick), y la cuidada carta (llena de dibujos de Leonardo y poemas zen), a los preparados, con especialidad en tapas, ensaladas, montaditos, tigres y brochetas, para empezar, y con platos fuertes como los arroces, el bacalao relleno o el entrecot, todo ello sin olvidar los 7 u 8 postres caseros. Vinos de Galicia y Portugal.

CRE-COTTÈ (A3) 5

Oliva, 10. Telf. 986 438 226. Bonito negocio, entre clásico e informal, centrado en los crepes, que en Galicia nunca deben ser llamados así, sino filloas. Todos los días ofrece un menú variado y completo con dos platos (entre ellos siempre hay *filloas* saladas o dulces y ensaladas).

EL CAPITÁN (A3) 6

Triunfo, 5. Telf. 986 220 940. Un cocinero salido de la marina mercante prepara como pocos el pescado, las empanadas y los arroces marineros o el pulpo con *cachelos.* Con la piedra y el sabor del casco viejo. Estupendo menú por 10 €.

EL GALLINERO (B4) 7

Concepción Arenal, 1. Telf. 986 228 283. Cierra domingo y noche del lunes. Aquí sólo podréis comer pollo y huevos, eso sí, de todas las formas imaginables, y todo ello con jocosos comentarios en la carta. A destacar los revueltos.

CENTRAL PORK (C4) 8

Vía Norte, 40. Telf. 986 410 843. Es un restaurante temático para quienes no temen a don Colesterol, moderna réplica de don Carnaval. Decorado como una granja porcina, pero sin olor a purín, claro, podemos disponernos a escoger entre las tablas de jamón y embutidos curados, chorizos cocidos, lacones, zorza, raxo, oreja, morro, codillo o el churrasco servido en teja, aunque el rey indiscutible sigue siendo el cocido completo. Todo con patatas y verduras, ¡eh! Acaba de abrir una moderna sucursal, tampoco muy céntrica, en Bolivia, 15.

CHOCOLATE (C4) 9

Iglesias Esponda, 1 (junto a Irmandiños). Telf. 986 435 290. Pequeño local con dos niveles y mucha piedra que apuesta fuerte por el menú del día y a la carta tiene su especialidad en las ensaladas, los patés caseros, los solomillos ibéricos en salsa y el bacalao. Nada que ver con su homónimo de Vilaxoán…

BARCELONA (C3) 10

Barcelona, 5. Telf. 986 410 392. En un local entre rústico y viejo (más de lo segundo), vale la pena por su comida. Pasa por tener el mejor cocido de Vigo, aunque tampoco desmerecen sus *xoubas* con pimientos de Padrón o los mejillones de la ría.

BELLA TIPLE (B4) 11

García Barbón/Roupeiro. Telf. 986 491 551/ 221 668. Cierra sábado al mediodía y domingo. Original y exótico, para un público joven que busque un ambiente recogido en el que se rinde homenaje a las cupletistas de los años 20. Ofrece platos a base de carnes de canguro y avestruz, otros griegos, italianos, rusos, etc. Económico menú para los muchos empleados de la zona.

CASA PAXARIÑOS (B4) 12

Canceleiro, 9. Telf. 986 228 864. Cierra domingo. Pequeño y simpático restaurante decorado con mu-

LA NOCHE

A finales de los 70 y en los 80 surgió en la ciudad la famosa "movida viguesa", que poco tuvo que envidiar –si acaso en la promoción oficial– a su hermana madrileña. De aquí surgieron grupos musicales como *Siniestro Total, Golpes Bajos* o *Aerolíneas Federales* y personajes inclasificables como Antón Reixa. Hoy muchos de los que fueron artistas y protagonistas de esta movida se han convertido en propietarios de pubs. Ante la gran abundancia de locales, subrayaremos lo básico:

Casco Vello

En los tiempos de la movida tuvo mucha fuerza, pero Teófilo Llorente y la rúa Real se han ido vaciando de pubs. En un alto de la primera calle se mantienen **La Galerna,** con mucha maderita y música comercial, y el **Bohemia,** que tiene varios ambientes, alrededor de un patio bajo una parra, en sus casitas de piedra: taberna, pub, chunda-chunda... En la parte inferior, los más jovencitos acuden a garajes como **Atrium** o el **Tut Bar.** En la Real ponen buenos chupitos en el diminuto local de **Tipo X,** y en una de sus transversales también resisten el **Sanxenxo** con sus cócteles o **El Huevo** (quien guste podrá probar su especialidad: mistela con huevo cocido), y en la misma vía **La Casa Grande.** El reducto lésbico del Vigo Vello está en el **Plaff** (Oliva). Y para escuchar jazz tenemos el **Manteca Jazz** (Carral, 3), que los fines de semana abre hasta las 5 h y suele tener música en directo, pues cuenta con un grupo propio, varios días a la semana, organizando en junio un festival.

Zona Churruca-Estación

Es la zona que concentra más locales, algunos verdaderamente psicodélicos y vanguardistas, para gente de todo tipo y con vida hasta las 5 h. En la propia calle Churruca está el **Black Ball,** un cántico al *kitsch* más plastificado de los 60, que es el bar de copas de la rockera Silvia Superstar, cantante de los Killer Barbies. **La Iguana** con dos pisos en plan garaje y muchos conciertos de rock y música alternativa en su haber, es la sala más conocida de Vigo, y funciona desde 1990. El **SOHO** es para los que prefieran la música de los años 70-80. **La Bola de Cristal,** por su parte, y con el techo cubierto de burbujas azules, un homenaje a la Alaska de la primera época.

Rogelio Abalde, que es la calle paralela y suele estar tomada por los adolescentes, tiene la **Reserva Rock,** típica de los 70 incluso en la música; el **Patatús,** bonito y enorme local; **Modo, La Rumba, Atocha** o el original **Monstruo de un Solo Ojo.** A ellos se ha sumado hace poco **La Fábrica de Chocolate,** espacio cultural con su fuerte en los conciertos de bandas internacionales.

Cruzando la rúa Cervantes, donde **La Suite** se apunta al rollo ye-ye de la psicodelia y los vinilos (también dan raciones de ibéricos y vino, ¡curioso lugar!), nos introducimos en el meollo de una de las zonas históricas de la movida viguesa, en el que aún retumban los ecos del Ruralex y resiste **A Trincheira.** Su eje está entre Martín Codax e Irmandiños, y por aquí funcionan el **Viva Zapata,** taberna mejicana con sus esqueletos, Zapata y la inevitable Frida Khalo; o el minimalista y cristalino **Vademécum** de la vecina rúa Iglesias Esponda, que en muy poco tiempo se ha convertido en un santuario de la vanguardia electrónica, con su reservado *chill out* y conciertos casi todos los sábados. Al género alternativo pertenecen también **Lolita** (popero británico), **Bizarre** o **Auto de Fe** (Irmandiños). En la vecina Alfonso XIII, que asciende a la estación, hay cafés-pubs como el **Cabiria,** el **Choco** (jazz, música latina suave y peculiar iluminación) y, ya frente a la terminal, el **Foro,** con dos plantas. En la rúa Lepanto han resucitado muertos tan ilustres como **El Manco,** un mito de los 80 que se ha reconvertido en un *after* tecno para los más jóvenes.

Zona de Santiago de Vigo

Es un pequeño espacio que sirve de enlace entre Churruca y Rosalía de Castro. Alrededor de la iglesia se suceden, pared con pared, una serie de locales muy versátiles (algunos son a la vez cafés, restaurantes y pubs), en general cuidados y de buen tamaño, a los que acude un público de más de 30 años. El mejor decorado, por sus referencias náuticas y detalles como la gran vidriera belga, los murales de Rufino Peral o la chimenea victoriana de 1880, es el **Sete Mares;** ocupa el que había sido garaje de bomberos, y posee una enorme pantalla de video. Más polivalente, **El Ensanche** tiene dos plantas, y se transforma por completo de noche; aparece decorado en plan bohemio, con grandes maquetas de edificios modernistas y fotos de tranvías, y es asiduo de las actuaciones musicales. Otro de los del bailongueo a tope de viernes y sábado es **La Mina.** Por aquí están también el **Mao Mao,** montado por uno de los participantes de G.H. y con gente algo más jóven el **Quomo.**

Zona de Rosalía de Castro

Está de moda últimamente, para gente de 25-35 años en adelante, y proliferan los locales temáticos. El **Indian** (Canceleiro) está decorado con objetos de indios americanos, apaches, sioux...; a un oeste más evolucionado y festivo responde el **Coyote Bar** (Oporto), con su espectáculo en la barra. A otro mundo, el de los mojitos, las banderas, la salsa y el ambiente caribeño, pertenece **La Bodeguita**

LA NOCHE (cont.)

DEL MEDIO (Canceleiro), eterno remedo del célebre local habanero. A un paso tenemos dos coctelerías: **PÉRGOLA** (Pablo Morillo), donde uno elige la fruta fresca a incorporar, y **TUDO BRASIL** (Rosalía de Castro), ya os lo imagináis: sambero y con mucha caipirinha y tucanes. En la onda temática, cualquiera podrá adivinar sin dificultad cuál es la estética del **LUCKY LUKE** (Serafín Avendaño); la música, con blues sureño, rock&roll y country, muy acoplada. En la misma calle, el **POPPERS** es un local de ambiente gay. Una de las novedades, con más personalidad, de Rosalía de Castro, es el **VAN GOGH**, selecto café a la moda de Amsterdam con decoración zen, jardín japonés, terraza, biblioteca, exposiciones, actuaciones (también abre durante todo el día) y una sala *chill out* que funciona hasta las 5 h. A un género completamente diverso, en la rúa Roupeiro, pertenece el **TOURNASOL**, alegre y colorista, que da comidas, funciona como café y de noche reluce como el gran sol que ocupa su techo azul.

ZONA DEL AREAL-MONTERO RÍOS

En forma y de plena moda, aunque con el sambenito de su supuesta pijería (es cierto que se cultiva el maromo en puerta y el rollo vip en algunos sitios), Areal es pura efervescencia y pura mutación de locales. Entre los imprescindibles cabe citar el **20 TH CENTURY ROCK**, tipo estadounidense a todo lujo (sólo la decoración costó 60.000 €), con sus mitos del cine, coches, motos y hasta un tranvía enterito. El **GARAJE TORROSO** lo era, y en cierto modo lo sigue siendo, pues la decoración incluye nada menos que catorce motos auténticas, amén de un sinfín de referencias a este mundillo. También están por aquí el **BUDHA BAR**, que acaba de clonarse en Sanxenxo, el **CHICAGO**, con sus guiños a la ciudad USA, o el **FERRÉ**, de "gente guapa". Totalmente alternativo en la zona, el **7-4** apuesta por la ambigüedad y la vanguardia. Dos de los que están de moda, ambos modernillos, se sitúan en la rúa Hospital: **VERSUS** y **ARENAL X**. En la vecina rúa de Pontevedra, más chic, las puertas aparecen blindadas en el **GAULTIER** y el **BYBLOS**.

En el mismo paseo, pero hacia el Náutico (Montero Ríos), se suceden locales que tienen sus mejores horas en el verano y

chos nidos y pajaritos. Cocina informal y ligera a base de mucho entrante de picoteo, revueltos, ensaladas, carpacios, brochetas y cuatro tipos de carnes. Trabaja mucho el menú del día, a elegir entre tres primeros y tres segundos platos por menos de 10 €.

REGUERA (B4) ⓭

República Argentina, 4.
Telf. 986 225 019. Amplio comedor, cocina a la vista, camareros

con las terrazas, pero que de noche se transforman en activos pubs como **The Majestic** (por dentro, con tanto maderamen labrado, parece un galeón), **Lolatino** (evidente), **Pantalán** o **Varadero,** este último de interior laberíntico, incluso con un pequeño estanque, y un tanto pijillo. A espaldas de Montero Ríos, en la Alameda resiste con sus altos techos y decoración barroquizante **La Posada de las Almas,** para treintañeros (también disco). A medio camino, en Luis Taboada está el **Woody's.**

Más allá del centro

A medio camino entre las zonas citadas y las de Samil o Canido hay algunos locales dispersos, mayormente para el bailoteo, como el **Vauxhall** (López de Neira, 48), para última hora, o el **Émbassi** (Venezuela, 25), local enorme de piedra y acero, con buena música y lo último en tecnología. Por la Gran Vía, en dirección a Samil, tenemos el **Afterhouse,** por la que circulan conocidos Djs y que ya lo expresa todo en su nombre. Ya cerca de Samil está la disco **Código de Barras** (avda. de Europa), una de las salas más visitadas, con terraza y buena música hasta las 8 h. Ya en la playa, otro de los clásicos es el Public Samil, ahora denominado **Palladium,** que cambia de música a medida que avanza la noche. En la línea del mar también están **Cachamba,** para bailar salsa, o **Zentral** (durante el día es una vinatería), con un público de 30 a 40 años. La cosa cambia en **Spectra,** disco tecno que se apoderó de un chalé a pie de playa decorado con tonos pastel y grandes velos, y hacia Canido en **Minimal Moon** (dance), pues ambos funcionan como *after.* Un caso peculiar es el del museo Verbum. Donde ha comenzado a funcionar, pero sólo hasta las 2 h de la noche, el **Verbum Jazz Café:** un lugar tranquilo para tomarse un café o una copa con buena música, pues programa actuaciones en directo de martes a sábado.

La alternativa a la noche de Samil es la de Bouzas, pues cuenta con dos grandes discotecas que ocupan viejos almacenes portuarios: la **Sala A,** de música house, multitud de barras, grandes pantallas, laser y animación temática; y **Etro** (antigua Vigo Kapital), frente a los astilleros y retro (años 80). Justo en el extremo opuesto, en la salida hacia Pontevedra (avda. de Galicia, Teis), tiene asiento la discoteca **Dóminus.**

con pajarita, público más bien mayor y trajeado…, y sin embargo abarrote diario para disfrutar el menú (plato único casero), los combinados y unos platos de carne (ternera traída de Moraña) o pescado de calidad y a muy buen precio. Agradable sorpresa.

Casa Sánchez (B4) ⓮

Oporto, 9.
Telf. 986 225 032. Su hacer, desde 1959, es servir un buen menú del

día de los de sota, caballo y rey: con tres primeros y tres segundos a elegir, postre y café. La permanencia suele ser una garantía.

Vigo cuenta también con muchos restaurantes italianos de buen nivel, entre ellos **Il Duomo** (B4 15) (Rosalía de Castro, 14; telf. 986 116 061). El **Isola Bella** (B3 16) (Ecuador, 23; telf. 986 435 505, con menú del día económico), por su parte, prepara cocina italo-asiática. En cuanto a los vegetarianos, tres son las referencias: **Gálgala** (B3 17) (Pracer, 4; telf. 986 221 417), veterano, con tienda y al pie del Ayuntamiento; **Cúrcuma** (C3 18) (Brasil, 4; telf. 986 411 127), con cocina elaborada que varía continuamente, y **Albahaca** (C3 19) (Ecuador, 89; telf. 986 410 912), el más nuevo.

■ RESTAURANTES (MÁS DE 24 €)

Muy recomendable es pasar por **La Oca** (f. p.) (Purificación Saavedra, 8; telf. 986 371 255) aunque tengamos que ceñirnos al menú desgustación. Ofrece platos de autor de alto nivel, con base en las cocinas gallega y vasca.
Puerta del Atlántico (C4 20) (Vía Norte, 60; telf. 986 470 020) es alabado por sus carnes y sus cocidos. **Ancoradoiro** (A4 21) (Las Avenidas, al lado del club náutico; telf. 986 222 634) ofrece guisos marineros y carnes. **Casa Bonín** (B4 22) (Oporto, 2; telf. 986 439 197) está especializado en carnes –básicamente cordero– y pescados. **La Cocina de Susi** (A3 23) (Luis Taboada, 9-zona Alameda; telf. 986 436 780), de autor, ofrece pescados elaborados, carne con salsa y caza –en temporada–. Muy cerca del anterior, **Casa Esperanza** (B4 24) (Luis Taboada, 28; telf. 986 228 615) es un histórico que practica la cocina de mercado en clave autóctona. También con años atrás, **El Timón** (A3 25) (Montero Ríos, 6; telf. 986 439 107) ha evolucionado de la casa de comidas a restaurante reputado, sobre todo por sus guisos marineros.
En **Maruja Limón** (A4 26) (Victoria, 4; telf. 986 473 406; cierra lunes), se lleva la cocina tradicional gallega a un punto de experimentación que sorprende por sus combinaciones arriesgadas y divertidas.
El Mosquito (A3 27) (plaza da Pedra, 4; telf. 986 433 570) es un restaurante de siempre ubicado en el mercado da Pedra. En su carta priman los platos clásicos gallegos, entre los que destacan los guisos marineros y de carne, sin olvidar su variada oferta de mariscos.
En el restaurante **Ébano** (A4 28)(Luis Taboada, 27; telf. 986 224 540) se tiene ocasión de probar una buena elaboración de carnes y pescados en excelente conjunción con verduras de temporada. Por su parte, **El Castillo** (Parque del Castro; telf. 986 421 111/299), introduce el diseño alternativo como decoración, en un privilegiado marco. Su propuesta culinaria parte de la cocina creativa basada en la mercado.

VILAGARCÍA DE AROUSA

PONTEVEDRA. 22.789 HABITANTES

Es la población más importante de la ría de Arousa. El García toponímico fue el cardenal y arzobispo de Santiago García Caamaño el Hermoso, que concedió una carta-puebla en 1461 para que se instalara aquí un burgo marinero. La construcción de la línea férrea Santiago-Carril, la primera de Galicia, contribuyó en gran medida al fortalecimiento del puerto. Hoy, Vilagarcía ofrece muchos atractivos. El primero, por supuesto, una gastronomía dominada, como en todas las Rías Baixas, por el pescado y el marisco.

INFO

Oficina de Turismo de la Xunta de Galicia. Rúa Juan Carlos I, 37. Telf. 986 510 144.

Oficina Municipal de Turismo Parque de O Cavadelo. Telf. 647 783 468 y 986 099 200. www.ivilagarcia.com/turismo Servicios y agenda cultural en www.turvilagarcia.com

Oficina de Información Xuvenil del Ayuntamiento. Praza da Ravella, 1. Telf. 986 501 008, ext. 36. Información diaria y agenda en la edición de Arousa de *La Voz de Galicia,* en *El Faro de Vigo* y en *El Correo Gallego.*

TRANSPORTES

Estación de autobuses Avda. López Ballesteros, s/n. Telf. 986 507 723. A Santiago, Pontevedra y Vigo circula *Castromil-Monbús,* a Cambados y O Grove *Monbús-La Unión,* a Pontevedra *José Núñez* y a Catoira *Pereira.*

Estación de ferrocarril. Praza da Estación, s/n. Telf. 902 240 202. Es de las estaciones más importantes de Galicia. Todos los trenes de la línea atlántica que comunican A Coruña, Santiago y Vigo tienen parada aquí, incluidos los rápidos.

Taxis. Paradas en la praza de Galicia (telf. 986 500 347) y Arzobispo Lago (telf. 986 501 399). Otras en Conde Vallellano (telf. 986 501 015), Covadonga (telf. 986 501 016) y la estación de RENFE (telf. 986 508 864).

Puerto de Vilagarcía. Muelle de Pasajeros, 5. Telf. 986 565 129. www.portovilagarcia.com

VISITA

Por una parte, vale la pena callejear por el centro urbano y el puerto de Vilagarcía; en el primero encontraremos buenos edificios de piedra, y, cruzando el río, se alza el convento y pazo de Vista Alegre. Desde el segundo, siguiendo el agradable paseo marítimo, que bordea las playas de A Concha y Compostela, se llega al pueblo marinero de Carril.

EL TAPEO

La zona de tapeo ocupa fundamentalmente la parte baja de la villa, con calles como Méndez Núñez, Romero Ortiz, la peatonal y bulliciosa A Baldosa y la larga avda. da Mariña hasta la praza de Martín G. Abal, más conocida como praza do Castro. En A Mariña podéis picar algo en **Os Arcos,** bodega bien decorada con mucho vino de calidad, tapas y raciones de embutidos, quesos y patés; en el **Yaser,** bodega bien decorada, o el más discreto **Mesón da Mariña. La Parra,** en Méndez Núñez, es de los más concurridos, con elaboradas tapas, famosas en Vilagarcía (así los calamares en su tinta) y una buena selección de vinos. En la rúa Baldosa, nudo fundamental del tapeo local, están el imprescindible **Mesón Xentes** –todo un clásico de los chiquitos, los minibocadillos y las tapas–, **A Baldosa** y **Xesteira,** dos viejos locales en los que tomar mejillones al vapor, empanada de *xoubas,* pescaditos fritos y, en el segundo, sus célebres callos; **O Curruncho** –con su larga barra de azulejos–, el posmoderno **Insuíña** y el **Bar-Cala,** ideal para tomar contacto con los viejos del lugar. La paralela a la Baldosa, que es la rúa Xoán García, acoge **La Tasca de Patxi,** muy concurrida por su variedad de tapas de sartén y postres caseros. Otro local con decoración muy exótica es **La Parra** (Méndez Núñez, 28), cuya terraza es una primera etapa de las noches veraniegas. En la coqueta praza do Castro se sitúa la clásica taberna **Castro Bodega** (patatas bravas), otro de los muchos locales de tapeo de la zona. El bullicio del picoteo tiene continuidad en la calle Romero Ortiz, con locales como **Míudo,** con ambiente juvenil.

Algo más lejos, donde Vilagarcía se une con Carril, está la praza da Liberdade, una zona de pequeños restaurantes y marisquerías, frente a la isla de Cortegada, donde se pueden tomar buenas tapas de productos más marineros.

EL PUEBLO

El **pazo** y el **convento de Vista Alegre** forman, al sur del pequeño río Con, el más interesante conjunto monumental de Vilagarcía. El pazo se inició a mediados del siglo XVI, con un aspecto recio y almenado que se mantuvo en una reconstrucción posterior, del siglo XVII. Un pasadizo cubierto, que salva la actual carretera, lo une a la **iglesia-convento de las Agustinas Recoletas de Vista Alegre.** El convento lo fundó en 1648 el arzobispo Fernando de Andrade, quien dejó esculpidos los escudos de su familia en la sencilla fachada barroca del templo.

Podemos adentrarnos en el centro urbano por la señorial rúa de Castelao, paradigma del viejo ensanche de principios de siglo, con sus edificios eclécticos y modernistas entre los que destaca el art déco del cine Fantasio. En la praza de España se encuentra la **iglesia** barroca **de Santa Baia de Arealonga** (siglo XVII), el principal templo de Vilagarcía, obra del arquitecto Pedro Monteagudo. Desde la praza de Galicia, la rúa Conde de Arellano nos lleva hasta la avenida da Mariña, orilla que fue de la ría hasta que se ganó terreno para el muelle comercial.

El **puerto** nos permite hoy una inmejorable panorámica de la villa y de la pequeña y solitaria **isla** verde **de Cortegada,** *deitada no mar,* como dice una copla, cubierta por pinares y laureles y con dos o tres calvas en forma de praderas, milagrosamente intacta en estos tiempos de presión inmobiliaria, aunque intentos de urbanización no han faltado. En esta zona han sido creados, para el esparcimiento público, los **parques de Cavadelo** y **O Centenario.**

ALREDEDORES

La larga **playa de Compostela** y el parque del mismo nombre nos llevan al pequeño poblado pesquero de **Carril,** a sólo 2 km. Por el camino dejaremos el **pazo da Golpilleira,** con una capilla dedicada a la Virgen de Guadalupe y un pequeño y delicioso jardín. La **iglesia de Santiago de Carril** se construyó durante el siglo XVII y en su sencillo interior, bajo el altar, se guardan las reliquias de San Fidel, un mártir del siglo IV que (ya son ganas de viajar) fue traído desde Roma en 1817. El **retablo** de la cabecera también vino de fuera. Lo había diseñado en 1687 Domingo de Andrade, aunque para la iglesia del convento compostelano de Santo Domingo de Bonaval. En 1895, con la exclaustración, se desmontó y se trasladó hasta aquí, aunque sólo pudo volver a montarse una parte.

Frente a la austera fachada del templo se halla un muy buen **crucero** del siglo XVII con Adán, Eva y una simpática serpiente en el fuste.

Aunque queda un poco lejos, a unos 11 km camino de Padrón, vale la pena acercarse hasta la hermosísima desembocadura del río Ulla en la ría de Arousa. Aquí, en **Catoira,** se alzan los restos de las **torres de Oeste,** la llave de Compostela durante la edad media, la fortaleza levantada para defenderla de los ataques normandos. Aunque existen pruebas de un primitivo emplazamiento militar

TORRES DEL OESTE Y CAPILLA DE SANTIAGO DE CATOIRA.

romano, fue durante el siglo IX cuando se acometió la construcción de un fuerte defensivo de gran envergadura, reforzado ampliamente en siglos sucesivos.
Aquí murió guerreando con los vikingos el obispo Sisnando, y es muy probable que aquí mismo naciera Diego Gelmírez, el célebre y poderoso primer arzobispo de Compostela. El propio Gelmírez mandó construir la pequeña y sencilla **iglesia** dedicada al apóstol Santiago que se encuentra junto a las torres. En este lugar se celebra, el primer domingo de agosto, una desmadrada y parrandera romería que simula un desembarco vikingo.

La fiesta, que tiene lugar el primer domingo de agosto, ha sido declarada de interés turístico nacional, cobrando cada año una mayor presencia de visitantes.

CAFÉS

Como en muchos otros sitios, los cafés son locales multiusos: tapas por las mañanas, cafés por las tardes, y copas por las noches.
Las terrazas de A Mariña son de las de toda la vida, conocidas por todos y concurridas a cualquier hora. Se puede pasar una tarde relajada y soleada bajo los toldos del **España** (el café más clasico de la villa) y **Las Áncoras**, que destaca por su selección de cafés y tés importados. La nueva cafetería del parque do Centenario es una de las que se animan de noche y son frecuentadas por los que pasan de los 30. Hacia el puerto se han multiplicado los locales, todos ellos de día/noche, como el **Como en Casa** (avda. da Mariña, 3) que reproduce el ambiente de una gran ciudad (también tiene restaurante con menú), el **Lúdico,** el **Ibernia,** el **Loopys** (de madera, muy atractivo), y sobre todo el **Hook** y el **Harbor.**
En A Baldosa ocurre lo mismo con el **Vilagarcía,** un bonito café de piedra, el **Novo Centro** y el **Xoxés,** dos locales más normalillos.
El **Plaza** (pza. de Galicia), cuenta con un curioso mirador en su segunda planta.
Pero además de los clásicos cafés, merecen una mención especial dos cervecerías: el **Recanto Irlandés** –se define por su nombre– y **A Fábrica** (Juan García), también conocida como "Rías Baixas", donde sirven cerveza artesanal, hecha allí mismo, de malta pura, sin conservantes, fresquita y rica; es una de las últimas fábricas de cerveza artesanal que quedan en España.

LA NOCHE

En la avenida de Mariña se prodigan los locales de primera hora, entre ellos la renovada cervecería **A Fábrica**, amplia y muy recomendable para iniciar la noche. La marcha juvenil se ha trasladado desde la zona del Río a muchos lugares dispersos de la ciudad y, en los últimos años, hacia el puerto, con locales nuevos que no molestan a los durmientes. Aquí y allá cabe citar el **Haka** (Duque de Rivas) o el **Manga** (Gumersindo Nartallo), ambos próximos al ayuntamiento, modernos y bien decorados; el más recoleto y alternativo **Gaël** (avda. da Mariña, 90), frecuentado por cuentacuentos y cantautores; o el psicodélico **Vip** (rúa do Castro), que también se apunta a las actuaciones en vivo. Los más jóvenes se decantan por el **Neptuno**, un garito alternativo y muy activo. Ha inaugurado un nuevo y original estilo **Musgo** (Arzobispo Lago, 28), negocio camaleónico que funciona como restaurante, café teatro, bar de copas y karaoke. **La Morada** apuesta por algo tan clásico y resultón como los vídeos musicales. En la zona de ocio del puerto de Vilagarcía, de mucho éxito, destaca por sus vistas a la ría, los conciertos de fin de semana y la estructura de acero, cristal y madera, el **Harbour**, con cafetería en la planta baja y discoteca en la superior. En la misma zona, los jovencitos se van al **Maty** (avda. da Mariña, 7) y los aficcionados a los ritmos caribeños a **La Finca**. En Rosalía de Castro, que es la zona de la playa, el Villaurora es otro local polivalente, que de noche se convierte en pub y discoteca. La discoteca por excelencia es **Boss**, en la carretera de Pontevedra.

DORMIR EN VILAGARCÍA DE AROUSA

Hotel Ciprés**

Crta. Vilagarcía-Pontevedra, km 1.
Telf. 986 512 000.
www.hotelcipres.com
Próximo a Caldas de Reis se encuentra este confortable hotel.
Habitación doble: 34-45 €.

Hostal Maty**

Praza Doutor Carús, 7.
Telf. 986 506 383. Pequeño y coqueto, excelentemente situado, justito en comodidades pero cuidado y bien atendido.
Habitación doble: 25-35 €.

Hostal A Praza**

Avda. da Mariña, 16.
Telf. 986 507 311. Cuenta con 24 habitaciones dobles muy bien equipadas, entre otras cosas con TV por satélite. Tiene restaurante.
Habitación doble: 30-40 €.

Pensión Las Arenas**

Concepción Arenal, 22.
Es de lo más barato, aunque sencillo, que se puede encontrar en Vilagarcía de Arousa. Dispone de 35 habitaciones.
Habitación doble: 30-40 €.

Otros hoteles de precio más elevado

A la afueras, ubicado en un antiguo pazo rodeado de pinos, se halla el **Hotel Pazo do Rial****** (Rial, 1; telf. 986 507 011; habitación doble: 74-105 €). En el centro de la ciudad destaca el moderno **Hotel Castelao***** (Arzobispo Lago, 5; telf. 986 512 426; habitación doble: 74-105 €), inagurado en 1998, y camino de Carril el **Playa Compostela**** (avda. Rosalía de Castro; telf. 986 504 010; habitación doble: 40-75 €), aún más nuevo y a un paso del arenal.

COMER EN VILAGARCÍA DE AROUSA

Casas con menú (menos de 15 €)

Pulpería Suso

Rosalía de Castro, 118.
Telf. 986 504 816.
Es una de las casas de comidas con más éxito de Vilagarcía. En sus dos comedores, además del pulpo, se sirven pescados variados y sencillos platos de carne. Muy casero, alguno dirá que demasiado.

Churrasco A Ría

Rosalía de Castro, 122.
Telf. 986 507 306. Bien montado, a él se acude para tomar parrilladas de carne, bacalao a la brasa y, en temporada, cocido.

La Tasca de la Marina

Porto Deportivo, s/n.
Telf. 986 500 088.
Un bello local, de planta cuadrada y con mucha madera, aislado sobre el agua, con sus terrazas panorámicas en el primer piso y decoración náutica. Menú del día. Vistas a la marina.

O Bosque

Bosque, 4.
Telf. 986 501 426.
Una parrillada especializada en churrascos. Decorada en madera, su interior es espacioso y cuenta también con una terraza.

A Praza

Avda. da Mariña, 16.
Telf. 986 507 311. Es el restaurante del hostal homónimo, con su menú del día y buen trabajo en la parrilla, tanto de carnes como de pescados.

A Taberna do Carril ("Farturas")

Xolda, 3-Carril.
Telf. 986 507 876.
El puerto de Carril parece haberse especializado en las marisquerías enxebres de alto nivel, pero también cuenta con algún negocio más asequible para degustar, básicamente, algunas delicias de la ría. El apodo no engaña: aquí se come hasta hartarse.

AVISO

La selección de los establecimientos incluidos en esta guía se ha hecho siguiendo, exclusivamente, el criterio independiente de los autores. Ninguno de los hoteles, restaurantes, comercios, etc. aquí contenidos ha desembolsado cantidad alguna para aparecer en la guía.

FIESTAS

La **fiesta de la Camelia** tiene lugar cada tres años (alternándose con Vigo y Pontevedra), a principios del mes de marzo. Hay exposición y venta de las mejores camelias de la comarca y del norte de Portugal, concursos, etc. Las **patronales de San Roque** (fiesta de Interés Turístico), el 16 de agosto, se celebran con batallas de flores, combates navales, deportes y con la curiosa *Festa da Auga:* tras subir al santo a su ermita al compás de un pasodoble, los concurrentes son "bautizados" con miles de litros de agua arrojados desde los balcones de las casas; hasta 30.000 personas quedan empapadas y no dejan de pedir agua (aunque luego valoren más el vino). De carácter eminentemente gastronómico, la **Fiesta de la Almeja de Carril** se celebra al día siguiente de San Roque, para aprovechar el tirón. Más de 5.000 raciones son servidas cada año en la alameda y la zona de la lonja, pretendiendo exaltar sobre todo la almeja babosa, que es la autóctona e inmejorable, aunque también se cuelen otras cultivadas en la zona como la rubia o la japonesa. Acompañan a las almejas otros bivalvos menos conocidos (chirlas, carneiros, coquinas, bicudas, relós, etc.).

O Churrasco de Rubiáns

Avda. de Pontevedra, 12.
Telf. 986 504 735.
Un clásico para comer parrilladas de carne de cerdo o vaca, con chorizos criollos, ensaladas y patatas, todo a buen precio.

Pequeño Bar

Avda. da Mariña, 44.
Telf. 986 501 082. Uno de los nuevos, por la zona del puerto, que ofrecen un competitivo menú.

■ Restaurantes (de 30 a 40 €)

Mariscos de la ría y gallegos, pescados frescos y arroces de marisco, entre ellos el muy afamado de lubrigante, son manjares cada día más caros. Hay restaurantes ya míticos en los que degustarlos: en Carril están **Casa Bóveda** (A Mariña, 2; telf. 986 511 204), **Loliña** (Alameda, 1; telf. 986 501 281) y **Galloufa** (pza. da Liberdade, 3; telf. 986 508 746).

VIVEIRO

LUGO. 5.812 HABITANTES

Viejo puerto comercial, que atrajo en tiempos a emigrantes asturianos y catalanes, hoy Viveiro disfruta de una floreciente industria turística, entre cuyos principales atractivos destacan su casco histórico y su Semana Santa, junto a la de Ferrol, la más interesante de Galicia. En su ría, estrechada por sucesivos y no siempre oportunos rellenos, tienen cabida tanto el núcleo veraniego de Covas, con gran arenal, como el puerto pesquero de Celeiro.

INFO

Oficina de Turismo. Avda. Ramón Canosa. Telf. 982 560 879.
Oficina de Información Xuvenil del Ayuntamiento. Praza Maior, 1. Telf. 982 560 128.
El periódico con más información es *El Progreso*, aunque la edición de A Mariña de *La Voz de Galicia* trae una agenda bastante completa.

TRANSPORTES

Estación de autobuses
Se sitúa en la avenida de B. Galcerán, s/n.
Telf. 982 561 850/ 560 850.
Estación de ferrocarril (FEVE)
Telf. 982 550 722/ 981 370 401.
Taxis. En la praza de Lugo (telf. 982 560 026) y en la estación de autobuses (telf. 982 561 850), ambas paradas en la misma avenida.

VISITA

Viveiro fue una plaza fuerte amurallada, lo que condicionó la propia estructura urbana de la villa; aún se conservan en pie tres puertas de las seis que tenía la muralla. A la ría se abre la **porta de Carlos V,** o Porta do Castelo da Ponte, una regia y sólida construcción renacentista (1554), realizada en forma de arco de triunfo por un tal Pedro Poderoso, que lleva el nombre del Emperador en agradecimiento a ciertas exenciones fiscales que permitieron reconstruir Viveiro tras un incendio; viene a ser la puerta principal y la imagen más representativa de la villa, con sus escudos, sus emblemas y símbolos (fijaos en Carlos V con los atributos de Hércules), y con

EL TAPEO

No es Viveiro lugar en el que se acostumbre al tapeo, como sucede en otros lugares de A Mariña; los escasos locales se encuentran en la calle de los vinos (Almirante Chicarro), su paralela (Melitón), así como en otras zonas desperdigadas por el Viveiro monumental.

La cafetería **Fragata** (avda. Marina, 29) es una especie de mesón moderno especializado en quesos y embutidos, además de contar con cerca de 70 tipos de vinos y tapas como los montaditos de huevos de codorniz y las raciones de revueltos, que son presentadas en una sartén de hierro.En la zona de la rúa Melitón está el **Normandía,** un sitio normalucho, con empanadas y productos del mar.

En la rúa Almirante Chicharro algunos establecimientos se han ido reconvirtiendo en bares nocturnos con copas baratas, pero aún se puede picar algo en la **Cervecería Munich** o en el **Seis Vigas,** ambos sin especialidades pero con mucha gente. A los anteriores pueden sumarse para el tapeo el **Amor,** que se sitúa en la Plaza Mayor, y **El Muro,** lindando con el convento de San Francisco en la avda. de Cervantes.

Fuera de la antigua cerca, el **Galicia** es uno de los que ofrecen mejores tapas caseras (pez espada, callos, calamares en su tinta...). La *pulpeira* **O Cargadoiro** (en las galerías Verxeles, frente a la estación de FEVE), algo alejada de los anteriores, prepara el pulpo de todas las formas posibles: a la gallega, al ajillo, a la vinagreta, a la mugardesa... Compite con ella **A Taciña** y, en la misma avda. de Ferrol, el **Ría.**

Otra zona, más veraniega, es la de Cantarrana y Covas, al otro lado del puente. Locales más modernos como **O Mesón** (tablas de fiambres, jamón, quesos y otras raciones) y **El Paso** dan testimonio de ello. Alternativa más joven y desenfadada es la de la cervecería **Temple.**

Por fin, junto al puerto pesquero de Celeiro surgen locales como **O Puntal, Rancho Chico, Casa Laxa** o **Boavista,** éste también con hotel.

una imagen de San Roque, copatrón de la villa, en una hornacina del interior.

Un poco más arriba queda la **Praza Maior,** presidida por un monumento a **Nicomedes Pastor Díaz** (1811-1863), político, poeta –uno de los principales representantes del romanticismo español– y precursor del *Rexurdimento* de la poe-

FIESTAS

Las **patronales de San Roque,** que duran casi todo el mes de agosto, son las más concurridas de A Mariña; en la madrugada del 16 se sube a pie al monte San Roque, y se prolonga la verbena hasta el día siguiente, en una fiesta total con la gente joven durmiendo en sacos a la intemperie.
Y el primer domingo de julio se celebra el **Curro de Candaoso,** una de las *rapas das bestas* más conocidas de Galicia, en un monte cercano. Pero la fiesta más peculiar de Viveiro, por su carácter laico, familiar y de peñas de amigos, es la **romería do Naseiro,** conocida como *"romaxe do bo xantar";* se celebra el cuarto domingo de agosto y está declarada de Interés Turístico, pero uno necesita de algún "padrino" local para que lo introduzca en sociedad.
Son notables también el **Carnaval,** con un peculiar *entierro de la sardina,* y la **Semana Santa** (declarada de interés turístico nacional), cuyas imágenes articuladas, usadas en las *procesiones del Encuentro* y *el Descendimiento,* dan a la festividad un colorido especial.

sía en gallego durante el siglo XIX. En torno a la plaza se ordenan los clásicos edificios de granito y galerías de los siglos XVIII y XIX, y destaca entre ellos el edificio del **Ayuntamiento**, con su reloj de sol. Siguiendo la rúa Teodoro Quirós, en el cogollo de la urbe medieval, llegamos hasta la **iglesia** más antigua de Viveiro, la de **Santa María del Campo,** románica del finales del siglo XII, amplia, de tres naves, con cubiertas de madera, un rosetón y un grupo escultórico de madera policromada, el de la *Quinta Angustia,* realizado en un gótico tardío del siglo XVI: fue este conjunto traído a la iglesia en 1861, cuando se desmanteló la porta das Angustias que lo acogía.
Al lado está el **convento de la Concepción Franciscana,** también conocido como de las Concepcionistas, una sencilla construcción barroca de finales del siglo XVII con portadas también barrocas, situada junto a la encantadora **calexa das Monxas.** Frente a la iglesia encontraréis la **gruta de Lourdes** (1925), una reproduc-

PLAZA MAYOR.

Praza Maior y entorno

Presidida por la estatua del poeta Nicomedes Pastor Díaz, la Plaza Mayor acoge el Ayuntamiento y otros servicios públicos. En su contorno y A Mariña se sitúan el comercio tradicional, los cafés, etc.

Rúas de los vinos

Dos calles paralelas del casco antiguo (Melitón Cortiña y Almirante Chicarro), estrechas y empinadas, configuran el clásico reino del tapeo.

Zona de pubs

La zona de pubs y locales nocturnos de Viveiro tiene como eje la calle Pérez das Mariñas.

Covas (f. p.)

La playa y su corolario de hoteles y apartamentos, muy especialmente en verano, genera gran actividad en los muchos bares, restaurantes y locales nocturnos de Covas.

ción de la original francesa que los más píos procuran engalanar con velas y exvotos.

No muy lejos, aunque extramuros de la vieja ciudad medieval, aparece la **iglesia conventual de San Francisco,** hoy parroquial de Santiago, fundada en el siglo XIV, que conserva una de las más grandes y hermosas cabeceras de la arquitectura mendicante gallega; la fachada, el campanario, la nave y el claustro son ya del siglo XVII. Aquí están enterrados el poeta Nicomedes Pastor, antes mencionado, y la beata doña Constanza de Castro, cuyo cuerpo dicen que apareció incorrupto un siglo después de su muerte (quién sabe cómo estará ahora...).

CALLE DE VIVEIRO.

Otros rincones de la ciudad (pues tal categoría ostenta desde finales del siglo XIX) también merecen una visita: así, las dos puertas res-

CAFÉS

Viveiro está más preparado para la noche que para una tarde de cafés, pero alguno hay en la zona monumental. En la rúa Pastor Díaz se encuentra **El Café,** el mejor –casi el único–- local de este tipo, un lugar donde se organizan pequeñas exposiciones de artistas locales, decorado sencilla y agradablemente, aunque puede resultar algo pequeño. Algunos viejos cafés de la villa han cerrado sus puertas, aunque por fortuna otros han venido a cubrir su espacio y rescatar su clientela a través de una selección cafetera de calidad como la ofrecida, en la Plaza Mayor y con la ventaja de las terrazas, en el **Veracruz** o la **Boutique del Café.** Sin salir del casco viejo, incide en los aspectos culturales que tanto favorecen una buena tertulia **La Biblioteca** (Teodoro Quirós), que de noche funciona como pub. Los consabidos aires irlandeses, y el peculiar café de aquella tierra, pueden saborearse en el **Dublín.** La cafetería **Los Leones** (avda. de la Marina y rúa Pastor Díaz) es más amplia y lujosa que el anterior, decorada al estilo antiguo y muy concurrida a todas horas. El **Café Cantón,** por su parte, lo mejor que tiene es su ubicación en la praza Maior.

tantes de la antigua muralla, la sencilla **porta do Valado** –la más antigua– y la **porta la Vila**, conocida asimismo con el más devoto nombre de porta do Santo Cristo do Amparo; la **praza da Fontenova,** con sus típicas galerías; la barroca **Casa de los Leones,** cerca de la Praza Maior, o los **jardines de Noriega Varela,** junto al **Puente Mayor** de Viveiro, también llamado ponte da Misericordia, de origen romano pero reformado en numerosas ocasiones a lo largo de los siglos. Cruzando el puente se encuentra la **playa de Cobas,** provista de un paseo y un parque.

COMPRAS

El que guste de la artesanía puede pasar por el **Taller Regal** (rúa de Lourdes; Porta da Vila, telf. 982 562 589), donde se encuentra cerámica que puede recordar a la famosa de Sargadelos, aunque esta última es industrial, y la de Regal, más artesanal. Sus tonos, más pálidos, proceden del cobre, el cobalto y el hierro.

DORMIR EN VIVEIRO

HOTEL DOLUSA* (f. p.)

Suasbarras, 14.
Telf. 982 560 866. Está en Covas, cruzando el puente, en primera línea de la playa; cuartos nuevos, completos y bien cuidados, con teléfono y excelentes vistas.
Habitación doble: 35-53 €.

HOTEL EL MILLÓN*

Ctra Ribadeo, 3 Celeiro.
Telf. 982 561 191. Es uno de los que se asoman al puerto de Celeiro, antaño típico y hoy convertido en un emporio bonitero. Tiene 30 habitaciones bastante nuevas con TV parabólica.
Habitación doble: 40-55 €.

HOSTAL BOAVISTA*

Casanova, 32-Celeiro.
Telf. 982 562 290. Hospedaje con su parrillada en el bajo y habitaciones dignas con balconadas y vistas a la ría y el puerto.
Habitación doble: 35-50 €.

HOTEL VILLA*

Nicolás Montenegro, 57.
Telf. 982 561 331.
Algo más nuevo que el anterior, céntrico y en una zona tranquila.
Habitación doble: 24-43 €.

TURISMO RURAL

A 3 km escasos de Viveiro está el **Pazo da Trave,** una gran casona con torre del siglo XV que disfruta de una impresionante panorámica; tiene todos los servicios, habitaciones con decoración diversa y muebles antiguos, murales, capilla, huerta, jardín, pista de tenis, piscina... algo cara, sobre todo en temporada alta: 66-145 €.

LA NOCHE

Aquí por la noche suelen salir sobre todo los más jóvenes, quienes se concentran en la zona vieja, en tres calles paralelas: Melitón, Almirante Chicarro (la rúa de vinos, antigua rúa dos Zapateiros) y Pérez de las Mariñas. A última hora la gente cruza el puente hacia Covas.

La noche comienza en los bares de la calle de vinos y luego se pasa a locales más enfocados hacia la movida nocturna: el **Acuario** (rúa Melitón) es una especie de minidisco modernilla y kitch en la que la media de edad avanza al mismo tiempo que pasan las horas; el **Copas,** en la misma calle, llena sus amplias instalaciones con veinteañeros adictos a la música disco, aunque tampoco faltan la salsa y las gogós; **La Caseta** (Rosalía de Castro) es un lugar más tranquilo, decorado en plan feria de abril sevillana. **La Biblioteca** (Teodoro Quirós) es el refugio de los que pasan de los 30. Uno de los mejores de la lista es el **Soho Clubing** (Fernández Vitorio), conocido como "el Txiri", un local oscuro, con decoración cargada, donde pinchan buena música de los 60 y 70.

La calle con más pubs, de cualquier forma, es Pérez das Mariñas, donde se sitúan **La Cabina** (discoteca), el **Chitón** (gran local para bailar música de moda), el **Liver** (flamenco-pop y buena decoración) y el **Tris Tras** (ambiente festivo de pachanga para bailoteo). En la zona del campo de fútbol están el **BB+** y **A Noite.** Los locales de última hora son los de la zona de Covas, donde encontraremos el **Spacio** (junto a la salida del puente), fácil de reconocer por el gran mural exterior que lo decora; el **Pkdos,** con bolera, y la discoteca **Era-K.**

Otra opción muy cuidada, 8 km al noroeste camino de Ortigueira, es la de **Casa Almoina** (A Lama-S. Román de Vale, O Vicedo; telf. 982 559 293; www.almoina. com; habitación doble: 50-110 €). Es una casa tradicional, excesivamente modificada, a la que se le han añadido dos anexos acristalados para las dependencias comunes; cuenta con 6 habitaciones dobles.

■ OTROS HOTELES DE PRECIO MÁS ELEVADO

Situado en la playa de Area, el **Hotel Residencia Ego***** (telf. 982 560 987; habitación doble: 80-150 €) tiene habitaciones cómodas, bien equipadas y todas con maravillosas vistas.

Hacia el interior, recogido en el valle y con su estética de villa algodonera del sur de EE.UU., en **San Pedro de Viveiro** destaca por su capacidad e instalaciones el **Hotel O Val do Naseiro***** (telf. 982 598 434; habitación doble: 74-118 €). Una tercera opción de calidad es la del **Hotel Las Sirenas***,** que domina sobre un alto la playa de Covas (telf. 982 560 200; habitación doble: 82-150 €).

COMER EN VIVEIRO

CASAS CON MENÚ (MENOS DE 15 €)

HOSTAL SERRA (A1) ❶

Restaurante de reducidas dimensiones, muy concurrido, con precios razonables para las raciones habituales. Buen ambiente.

MESÓN DE SAN ROQUE

Monte de San Roque.
Telf. 982 561 615. Mesón especialmente animado las noches de los fines de semana, en el que, además de buena comida (churrasco mayoritariamente), se ofrece la mejor panorámica de la zona.

MESÓN PUMARIÑO

Pumariño-Chavín, a diez minutos hacia Mondoñedo.
Telf. 982 598 501. En una casa rústica, de piedra, su interior es el del típico bodegón con maderas. A probar el bacalao, la empanada, y las tortillas variadas.

CASA SEARA

Xunqueira, 25. Telf. 982 551 547. Cierra domingo. Al lado del convento de Valdeflores, del que siempre está surtido de tartas. A la manera de un mesón para tomar pescados, pero también callos y carne asada cuando hay feria. Abre al mediodía.

XOQUÍN (B1) ❷

Irmáns Vilar Ponte, 19.
Telf. 982 562 756. Cocina casera en un ambiente rústico con la piedra vista. Probad el bonito en rollo (típico de A Mariña), la lengua, los asados, sus huevos rotos con patatas y gulas, los *tigres*...

RESTAURANTES (SOBRE 30 €)

Nito (telf. 982 560 987) se encuentra unos 3 km de Viveiro, en la playa de Area (telf. 982 560 987). Sus comedores con vistas sobre el mar son el lugar ideal para degustar estupendos platos de pescado y marisco del Cantábrico, todo ello según disposición en lonja en cada temporada. Las carnes, rellenas o con salsa de queso del Cebreiro, tampoco se quedan atrás. Ofrece también un menú.

ÍNDICE DE LUGARES

ÍNDICE DE MAPAS, PLANOS Y PLANTAS

MAPAS

PLANOS

PLANTAS